독학사 2단계

심리학과

동기와 정서

SD에듀
(주)시대고시기획

머리말

학위를 얻는 데 시간과 장소는 더 이상 제약이 되지 않습니다. 대입 전형을 거치지 않아도 '학점은행제'를 통해 학사학위를 취득할 수 있기 때문입니다. 그중 독학학위제도는 고등학교 졸업자이거나 이와 동등 이상의 학력을 가지고 있는 사람들에게 효율적인 학점 인정 및 학사학위 취득의 기회를 줍니다.

학습을 통한 개인의 자아실현 도구이자 자신의 실력을 인정받을 수 있는 스펙으로서의 독학사는 짧은 기간 안에 학사학위를 취득할 수 있는 가장 빠른 지름길로 많은 수험생들의 선택을 받고 있습니다.

독학학위취득시험은 1단계 교양과정 인정시험, 2단계 전공기초과정 인정시험, 3단계 전공심화과정 인정시험, 4단계 학위취득 종합시험의 1~4단계 시험으로 이루어집니다. 4단계까지의 과정을 통과한 자에 한해 학사학위 취득이 가능하고, 이는 대학에서 취득한 학위와 동등한 지위를 갖습니다.

이 책은 독학사 시험에 응시하는 수험생들이 단기간에 효과적인 학습을 할 수 있도록 다음과 같이 구성하였습니다.

01 빨리보는 간단한 키워드
핵심적인 이론만을 꼼꼼하게 정리하여 수록한 '빨리보는 간단한 키워드'로 전반적인 내용을 한눈에 파악할 수 있습니다.
→ '빨리보는 간단한 키워드' 무료 동영상 강의 제공

02 기출복원문제
'기출복원문제'를 수록하여 최근 시험 경향을 파악하고 이에 맞춰 공부할 수 있도록 하였습니다.
→ 기출복원문제 해설 무료 동영상 강의 제공

03 핵심이론
시험에 출제될 수 있는 내용을 '핵심이론'으로 수록하였으며, 이론 안의 '더 알아두기' 등을 통해 내용 이해에 부족함이 없도록 하였습니다. (2022년 시험부터 적용되는 평가영역 반영)

04 실전예상문제
앞서 공부한 이론이 머릿속에 잘 정리되었는지 확인해 볼 수 있도록 해당 출제 영역에 맞는 핵심포인트를 분석하여 '실전예상문제'를 수록하였습니다.

05 최종모의고사
최신 출제 유형을 반영한 '최종모의고사(2회분)'로 자신의 실력을 점검해 볼 수 있으며, 실제 시험에 임하듯이 시간을 재고 풀어 본다면 시험장에서의 실수를 줄일 수 있을 것입니다.

시간 대비 학습의 효율성을 높이기 위해 이론 부분을 최대한 압축하려고 노력하였습니다. 문제들이 실제 기출 유형에 맞지 않아 시험 대비에 만족하지 못하는 수험생들이 많은데, 이 책은 그러한 문제점을 보완하여 수험생들에게 시험에 대한 확신을 주고, 단기간에 고득점을 획득할 수 있도록 노력하였습니다. 끝으로 이 책으로 독학학위취득의 꿈을 이루고자 하는 수험생들이 반드시 합격하기를 바랍니다.

편저자 드림

BDES

독학학위제 소개

독학학위제란?

「독학에 의한 학위취득에 관한 법률」에 의거하여 국가에서 시행하는 시험에 합격한 사람에게 학사학위를 수여하는 제도

- ☑ 고등학교 졸업 이상의 학력을 가진 사람이면 누구나 응시 가능
- ☑ 대학교를 다니지 않아도 스스로 공부해서 학위취득 가능
- ☑ 일과 학습의 병행이 가능하여 시간과 비용 최소화
- ☑ 언제, 어디서나 학습이 가능한 평생학습시대의 자아실현을 위한 제도
- ☑ 학위취득시험은 4개의 과정(교양, 전공기초, 전공심화, 학위취득 종합시험)으로 이루어져 있으며 각 과정별 시험을 모두 거쳐 학위취득 종합시험에 합격하면 학사학위 취득

독학학위제 전공 분야 (11개 전공)

국어
국문학

영어
영문학

심리학

경영학

컴퓨터
공학

간호학

법학

행정학

가정학

유아
교육학

정보
통신학

※ 유아교육학 및 정보통신학 전공 : 3, 4과정만 개설
　(정보통신학의 경우 3과정은 2025년까지, 4과정은 2026년까지만 응시 가능하며, 이후 폐지)
※ 간호학 전공 : 4과정만 개설
※ 중어중문학, 수학, 농학 전공 : 폐지 전공으로 기존에 해당 전공 학적 보유자에 한하여 응시 가능

※ SD에듀는 현재 4개 학과(심리학과, 경영학과, 컴퓨터공학과, 간호학과) 개설 완료
※ 2개 학과(국어국문학과, 영어영문학과) 개설 진행 중

독학학위제 시험안내

과정별 응시자격

단계	과정	응시자격	과정(과목) 시험 면제 요건
1	교양	고등학교 졸업 이상 학력 소지자	• 대학(교)에서 각 학년 수료 및 일정 학점 취득 • 학점은행제 일정 학점 인정 • 국가기술자격법에 따른 자격 취득 • 교육부령에 따른 각종 시험 합격 • 면제지정기관 이수 등
2	전공기초		
3	전공심화		
4	학위취득	• 1~3과정 합격 및 면제 • 대학에서 동일 전공으로 3년 이상 수료 (3년제의 경우 졸업) 또는 105학점 이상 취득 • 학점은행제 동일 전공 105학점 이상 인정 (전공 28학점 포함) ➜ 22.1.1. 시행 • 외국에서 15년 이상의 학교교육과정 수료	없음(반드시 응시)

응시방법 및 응시료

- 접수방법 : 온라인으로만 가능
- 제출서류 : 응시자격 증빙서류 등 자세한 내용은 홈페이지 참조
- 응시료 : 20,400원

독학학위제 시험 범위

- 시험 과목별 평가영역 범위에서 대학 전공자에게 요구되는 수준으로 출제
- 시험 범위 및 예시문항은 독학학위제 홈페이지(bdes.nile.or.kr) ➜ 학습정보 ➜ 과목별 평가영역에서 확인

문항 수 및 배점

과정	일반 과목			예외 과목		
	객관식	주관식	합계	객관식	주관식	합계
교양, 전공기초 (1~2과정)	40문항×2.5점 =100점	–	40문항 100점	25문항×4점 =100점	–	25문항 100점
전공심화, 학위취득 (3~4과정)	24문항×2.5점 =60점	4문항×10점 =40점	28문항 100점	15문항×4점 =60점	5문항×8점 =40점	20문항 100점

※ 2017년도부터 교양과정 인정시험 및 전공기초과정 인정시험은 객관식 문항으로만 출제

합격 기준

■ 1~3과정(교양, 전공기초, 전공심화) 시험

단계	과정	합격 기준	유의 사항
1	교양	매 과목 60점 이상 득점을 합격으로 하고, 과목 합격 인정(합격 여부만 결정)	5과목 합격
2	전공기초		6과목 이상 합격
3	전공심화		

■ 4과정(학위취득) 시험 : 총점 합격제 또는 과목별 합격제 선택

구분	합격 기준	유의 사항
총점 합격제	• 총점(600점)의 60% 이상 득점(360점) • 과목 낙제 없음	• 6과목 모두 신규 응시 • 기존 합격 과목 불인정
과목별 합격제	• 매 과목 100점 만점으로 하여 전 과목 (교양 2, 전공 4) 60점 이상 득점	• 기존 합격 과목 재응시 불가 • 1과목이라도 60점 미만 득점하면 불합격

시험 일정

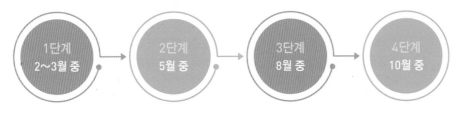

1단계
2~3월 중

2단계
5월 중

3단계
8월 중

4단계
10월 중

■ 심리학과 2단계 시험 과목 및 시간표

구분(교시별)	시간	시험 과목명
1교시	09:00~10:40(100분)	이상심리학, 감각 및 지각심리학
2교시	11:10~12:50(100분)	사회심리학, 생물심리학
중식 12:50~13:40(50분)		
3교시	14:00~15:40(100분)	발달심리학, 성격심리학
4교시	16:10~17:50(100분)	동기와 정서, 심리통계

※ 시험 일정 및 세부사항은 반드시 독학학위제 홈페이지(bdes.nile.or.kr)를 통해 확인하시기 바랍니다.

※ SD에듀에서 개설되었거나 개설 예정인 과목은 빨간색으로 표시하였습니다.

독학학위제 단계별 학습법

1단계 평가영역에 기반을 둔 이론 공부!

독학학위제에서 발표한 평가영역에 기반을 두어 효율적으로 이론을 공부해야 합니다. 각 장별로 정리된 '핵심이론'을 통해 핵심적인 개념을 파악합니다. 모든 내용을 다 암기하는 것이 아니라, 포괄적으로 이해한 후 핵심내용을 파악하여 이 부분을 확실히 알고 넘어가야 합니다.

2단계 시험 경향 및 문제 유형 파악!

독학사 시험 문제는 지금까지 출제된 유형에서 크게 벗어나지 않는 범위에서 비슷한 유형으로 줄곧 출제되고 있습니다. 본서에 수록된 이론을 충실히 학습한 후 '실전예상문제'를 풀어 보면서 문제의 유형과 출제의도를 파악하는 데 집중하도록 합니다. 교재에 수록된 문제는 시험 유형의 가장 핵심적인 부분이 반영된 문항들이므로 실제 시험에서 어떠한 유형이 출제되는지에 대한 감을 잡을 수 있을 것입니다.

3단계 '실전예상문제'를 통한 효과적인 대비!

독학사 시험 문제는 비슷한 유형들이 반복되어 출제되므로, 다양한 문제를 풀어 보는 것이 필수적입니다. 각 단원의 끝에 수록된 '실전예상문제'를 통해 단원별 내용을 제대로 학습하였는지 꼼꼼하게 확인하고, 실력을 점검합니다. 이때 부족한 부분은 따로 체크해 두고, 복습할 때 중점적으로 공부하는 것도 좋은 학습 전략입니다.

4단계 복습을 통한 학습 마무리!

이론 공부를 하면서, 혹은 문제를 풀어 보면서 헷갈리고 이해하기 어려운 부분은 따로 체크해 두는 것이 좋습니다. 중요 개념은 반복학습을 통해 놓치지 않고 확실하게 익히고 넘어가야 합니다. 마무리 단계에서는 '최종모의고사'와 '빨리보는 간단한 키워드'를 통해 핵심개념을 다시 한 번 더 정리하고 마무리할 수 있도록 합니다.

COMMENT
합격수기

저는 학사편입 제도를 이용하기 위해 2~4단계를 순차로 응시했고 한 번에 합격했습니다.
아슬아슬한 점수라서 부끄럽지만 독학사는 자료가 부족해서 부족하나마 후기를 쓰는 것이 도움이 될까 하여
제 합격전략을 정리하여 알려드립니다.

#1. 교재와 전공서적을 가까이에!

학사학위 취득은 본래 4년을 기본으로 합니다. 독학사는 이를 1년으로 단축하는 것을 목표로 하는 시험이
라 실제 시험도 변별력을 높이는 몇 문제를 제외한다면 기본이 되는 중요한 이론 위주로 출제됩니다. SD
에듀의 독학사 시리즈 역시 이에 맞추어 중요한 내용이 일목요연하게 압축·정리되어 있습니다. 빠르게
훑어보기 좋지만 내가 목표로 한 전공에 대해 자세히 알고 싶다면 전공서적과 함께 공부하는 것이 좋습니
다. 교재와 전공서적을 함께 보면서 교재에 전공서적 내용을 정리하여 단권화하면 시험이 임박했을 때 교
재 한 권으로도 자신 있게 시험을 치를 수 있습니다.

#2. 시간확인은 필수!

쉬운 문제는 금방 넘어가지만 지문이 길거나 어렵고 헷갈리는 문제도 있고, OMR 카드에 마킹까지 해야
하니 실제로 주어진 시간은 더 짧습니다. 1번에 어려운 문제가 있다고 해서 시간을 많이 허비하면 쉽게 풀
수 있는 마지막 문제들을 놓칠 수 있습니다. 문제 푸는 속도도 느려지니 집중력도 떨어집니다. 그래서 어
차피 배점은 같으니 아는 문제를 최대한 많이 맞히는 것을 목표로 했습니다.
① 어려운 문제는 빠르게 넘기면서 문제를 끝까지 다 풀고 ② 확실한 답부터 우선 마킹한 후 ③ 다시 시험
지로 돌아가 건너뛴 문제들을 다시 풀었습니다. 확실히 시간을 재고 문제를 많이 풀어 봐야 실전에 도움이
되는 것 같습니다.

#3. 문제풀이의 반복!

여느 시험과 마찬가지로 문제는 많이 풀어 볼수록 좋습니다. 이론을 공부한 후 실전예상문제를 풀다 보니
부족한 부분이 어딘지 확인할 수 있었고, 공부한 이론이 시험에 어떤 식으로 출제될지 예상할 수 있었습니
다. 그렇게 부족한 부분을 보충해가며 문제 유형을 파악하면 이론을 복습할 때도 어떤 부분을 중점적으로
암기해야 할지 알 수 있습니다. 이론 공부가 어느 정도 마무리되었을 때 시계를 준비하고 최종모의고사를
풀었습니다. 실제 시험시간을 생각하면서 예행연습을 하니 시험 당일에는 덜 긴장할 수 있었습니다.

학위취득을 위해 오늘도 열심히 학습하시는 동지 여러분에게도 합격의 영광이 있으시길 기원하면서 이만 줄입니다.

이 책의 구성과 특징

---

01 기출복원문제

'기출복원문제'를 풀어 보면서 독학사 심리학과 2단계 시험의 기출 유형과 경향을 파악해 보세요.

제 1 장 동기의 개념과 특성

제1절 동기의 구성개념들

1 동기의 개념

(1) 동기의 어원
   ① 동기의 사전적 의미는 '어떤 일이나 행동을 일으키게 하는 계기'이다.
      ㉠ 動(움직일 '동', 機 - 틀 '기') : 일을 발동시키는 계기
      ㉡ 사람이 마음을 정하거나 일을 일으키거나 하는 직접적인 원인
   ② Motivation(동기)은 '움직이다'라는 의미의 라틴어 동사 'Movere'에서 왔는데, 이것은 'to Move' 즉 '움직이게 하다'라는 의미를 가지고 있다.
   ③ 어떤 행동을 하도록 만들고, 그것을 지속하게 하며, 주어진 과제를 완수하도록 하는 데 반영되는 움직임(Movement)의 개념과 관련이 있다.

(2) 동기의 정의
   ① 인간이 행동을 하고 행동을 하도록 유도하는 요인으로, 개인의 내부에 있는 '욕구, 필요, 추진력, 충동'으로 정의되기도 한다.
   ② 넓은 의미로 어떤 장면에서 개인의 행동을 결정하는 의식적·무의식적 원인을 말한다.
   ③ 갈증 등과 같은 유기체의 내적 상태를 가리키기도 한다.
   ④ 욕구와 동의어로 사용되며, 비슷한 용어로는 '동인' 혹은 '추동'(Drive)이 있다.
   ⑤ 행동적 힘이라는 면이 강조된 말이다.
   ⑥ 인간의 행동에 대하여 가장 빈번하게 제기되는 질문인 '왜?'라는 질문은 동기를 묻는 질문이 된다.
   ⑦ 심리학에서는 행동을 일으킨 의식적·무의식적인 원인을 말한다.

(3) 동기가 내포하는 개념
   ① 인간행동을 활성화시킨다. 일정한 방식으로 행동하도록 개인 내의 활성적인 힘을 촉발시킨다.
   ② 인간행동의 방향을 설정하거나 목표를 지향하도록, 행동이 어떤 목표를 지향해서 이루어지는 현상

---

02 핵심이론

평가영역을 바탕으로 꼼꼼하게 정리된 '핵심이론'을 통해 꼭 알아야 하는 내용을 명확히 파악해 보세요.

03 실전예상문제

'핵심이론'에서 공부한 내용을 바탕으로
'실전예상문제'를 풀어 보면서 문제를
해결하는 능력을 길러 보세요.

제 1 장 | 실전예상문제

01 어떤 일이나 행동을 일으키게 하는
계기

01 다음 중 동기의 개념으로 틀린 것은?
① 어떤 일이나 행동을 일으키게 하는 결과
② 사람이 마음을 정하거나 행동을 일으키게 하는 직접적인
원인
③ 어떤 행동을 하도록 만들고 지속하게 하는 것
④ 주어진 과제를 완수하도록 하는 것

02 ② 어떤 장면에서 개인의 행동을 결
정하는 의식적·무의식적 원인
을 말한다.
③ 갈증 등과 같은 유기체의 내적 상
태, 지적되기도 한다.

02 동기의 정의에 대한 설명으로 옳은 것은?
① 개인의 내부에 있는 욕구, 필요, 추진력, 충동 등으로 정의
되기도 한다.

---

04 최종모의고사

'최종모의고사'를 실제 시험처럼 시간을
정해 놓고 풀어 보면서 최종점검을 해
보세요.

제1회 | 최종모의고사 | 동기와 정서

제한시간: 50분 | 시작 ___시 ___분 ~ 종료 ___시 ___분

코 정답 및 해설 327p

01 동기의 정의에 관한 설명으로 옳지 않은 것은?
① 넓은 의미로서는 어떤 장면에서 개인의
행동을 결정하는 의식적·무의식적 원인
을 말한다.
② 갈증 등과 같은 유기체의 내적 상태를 가
리키기도 한다.
③ 욕구와 동의어로 사용되며 비슷한 용어로
동인(Drive)이 있다.
④ 심리학에서는 행동을 일으킨 무의식적 측
면을 동기라고 일컫는다.

03 동기에 관한 행동주의 심리학자들의 설명 중
틀린 것은?
① 톨만은 기대와 가치의 상호기능이 만들어
내는 것이 행동이라고 하였다.
② 행동주의 심리학자들은 동기에서 유인자
극이 수행하는 역할을 살핀다.
③ 효과의 법칙은 파블로프의 이론으로 유기
체가 만족한 결과를 초래한 자극에 동기
부여된다는 것이다.
④ 톨만은 잠재학습을 제안하였다.

+ P / L / U / S +

시험 직전의 완벽한 마무리!
빨리보는 간단한 키워드

부록 | 빨리보는 간단한 키워드

'빨리보는 간단한 키워드'는 핵심요약집으로 시험 직전까지
해당 과목의 중요 핵심이론을 체크할 수 있도록 합니다.
또한, SD에듀 홈페이지(www.sdedu.co.kr)에 접속하시면
해당 과목에 대한 핵심요약집 무료 강의도 제공하고 있으니
꼭 활용하시길 바랍니다!

CONTENTS
목차

당신이 저지를 수 있는 가장 큰 실수는 실수를 할까 두려워하는 것이다.

- 앨버트 하버드 -

부록

빨리보는 간단한 키워드

시/험/전/에/ 보/는/ 핵/심/요/약/ 키/워/드/

훌륭한 가정만한 학교가 없고, 덕이 있는 부모만한 스승은 없다.

– 마하트마 간디 –

부록 | 빨리보는 간단한 키워드

제1장　동기의 개념과 특성

제1절 동기의 구성개념들

■ 동기의 정의

① 인간이 행동을 하고 행동을 하도록 유도하는 요인으로, 개인의 내부에 있는 '욕구, 필요, 추진력, 충동' 등으로 정의되기도 함
② 넓은 의미로 어떤 장면에서 개인의 행동을 결정하는 의식적·무의식적 원인을 말함
③ 갈증 등과 같은 유기체의 내적 상태를 가리키기도 함
④ 욕구와 동의어로 사용되며 비슷한 용어로 동인 혹은 추동(Drive)이 있음
⑤ 행동적 힘이라는 면이 강조된 말임
⑥ 인간의 행동에 대하여 가장 빈번하게 제기되는 질문인 '왜'라는 질문은 동기를 묻는 질문이 됨
⑦ 심리학에서는 행동을 일으킨 의식적·무의식적인 원인을 말함

■ 동기의 특성

① **활성화**
　　㉠ 가현적 행동
　　㉡ 지속성
　　㉢ 강렬함
② **방향**
　　유기체의 활동을 한 가지 형태에서 그와는 다른 형태로 변화시키는 조건들

■ 주요 구성개념

① 에너지　　　　　　　　　② 유전
③ 학습　　　　　　　　　　④ 사회적 상호작용
⑤ 인지과정　　　　　　　　⑥ 동기의 활성화
⑦ 욕구　　　　　　　　　　⑧ 항상성
⑨ 쾌락설　　　　　　　　　⑩ 성장동기

제2절 동기의 측정

■ 동기연구의 주제

① 동기는 적응을 도움
② 동기는 주의를 지시하고 행동을 준비시킴
③ 동기는 시간에 따라 변하고 진행 중인 행동의 흐름에 영향을 줌
④ 동기의 유형이 존재함
⑤ 동기는 접근경향성과 회피경향성을 포함함
⑥ 동기연구는 사람들이 원하는 것이 무엇인지를 밝혀줌
⑦ 동기는 번영하기 위해서 지지 조건이 필요하며, 동기의 원리는 응용될 수 있음
⑧ 타인을 동기화시키려고 할 때 쉬운 방법은 효과적이지 않으며, 좋은 이론이 가장 실용적임
⑨ 우리는 우리 행동의 동기적 기저에 대해 항상 의식하는 것은 아님

■ 동기의 표현

① **행동**
노력, 지속성, 잠재시간, 선택, 반응확률, 얼굴표정, 몸짓
② **참여 혹은 관여**
한 개인이 과제에 능동적으로 참여한 정도
③ **정신생리학**
동기와 정서가 신체의 생리에 영향을 주는 과정을 살펴보는 것
ㄱ 호르몬활동
ㄴ 심혈관계활동
ㄷ 피부전도활동
ㄹ 골격근활동
④ **뇌활성화**
뇌전도, fMRI 등의 정교한 도구를 통해 신경활동에 기반한 뇌를 측정
⑤ **자기보고**
동기의 '존재, 강도, 질'을 추론

제2장   동기이론

제1절 본능이론

■ 초기의 본능이론

① **제임스(James)**

본능은 반사와 유사하고 감각자극에 의해 유발되며 최초에는 맹목적으로 일어남

㉠ 본능적 행동이 경험을 통해 변화된다고 믿었음

㉡ 본능은 두 가지 원리에 의해 변화 가능함

- 습관이 본능을 억제할 수 있음
- 어떤 본능들은 일시적이어서 정해진 때(정해진 발달 기간)에만 유용함

② **맥두걸(McDougall)**

본능은 반사와는 다른 것으로, 모든 행동이 본능적이며 심리학자의 기본과제는 동기를 이해하기 위해 다양한 본능들을 발견하고 분류하는 것임

㉠ 의인화적 분석방법 사용

㉡ 자신의 감정을 스스로 유추하는 것이 가능

③ **비판**

㉠ 쿠오(Kuo)

- 본능에 어떤 유형이 있고 몇 가지가 있는지에 대한 합의가 없음
- 본능적이라고 알려진 행동들이 선천적인 것이 아니라 학습된 것임
- 행동은 외부자극에 의해 유발되는 것임

㉡ 톨만(Tolman)

- 어떤 행동을 본능적이라고 임의적으로 지칭하게 되면, 본능이란 개념의 설명적 가치가 없어져 버린다고 지적하였음
- 어떤 행동이 본능적이고 어떤 행동이 그렇지 않은지를 결정할 분명한 기준이 존재하지 않음

■ 동물행동학

① **개념**

행동의 '진화, 발달, 기능'에 관련된 생물학의 일종으로 많은 연구에서 본능을 강조

② **용어**

완료행동, 욕구행동, 열쇠자극 또는 신호자극, 고정행위패턴, 갈등행동, 반응연쇄, 각인

③ **인간의 선천적인 행동패턴**

얼굴표정, 수줍음 및 기타

제2절 추동감소이론

■ 추동에 대한 초기의 이론

① **프로이트(Freud)**

추동이라는 용어가 없을 당시 본능(= 동력)이라는 용어를 통해 추동의 의미를 설명

㉠ 동력 : 심적 에너지

㉡ 동력의 네 가지 특징

압력(Pressure), 목표(Aim), 대상(Object), 근원(Source)

㉢ 두 가지 부류의 동력

삶의 힘(Life Force)과 죽음의 힘(Death Force)

㉣ 프로이트 모형에 대한 비판

- 경험적으로 취약함
- 이론적 용어들이 서로 어떻게 연관되고 그것들이 관찰 가능한 사건들과 어떻게 연결되는지가 분명하지 않음
- 행동을 예측하지 못함

② **우드워스(Woodworth)**

㉠ 추동이라는 용어를 최초로 만들어냈음

㉡ 행동의 기제와 이 기제들을 추진하는 힘(추동)을 분명하게 구분하였음

㉢ 행동에 따라 그 기저에 있는 추동이 다름(즉, 배고픔이라는 추동이 음식을 먹는 것을 동기화시켰고, 갈증이라는 추동이 마시기를 동기화시킨다는 것)

㉣ 행동이 반드시 요구 때문에 일어나는 것이 아니므로, 행동의 원인으로 추동이라는 개념이 필요하였음

㉤ 추동에는 '강도, 방향, 지속성'이라는 세 가지 특성이 있음

③ **헐(Hull)**

㉠ 헐의 이론은 추동에 관한 이론 중에서 가장 큰 영향력을 가졌음

㉡ 헐의 이론은 다윈의 영향을 받은 생존모형이었음

㉢ 동기는 유기체가 기질적 요구를 만족시키기 위해 발달되는데, 그것은 동물의 생존경쟁에서 어떤 이득을 제공하기 때문이라고 가정함

㉣ 항상성 개념

기질적 요구가 추동을 불러오고 적절한 행동을 활성화시켜서, 신체를 균형상태로 돌아오게 함

㉤ 행동주의자들의 개념을 통합하였음

㉥ 주요관심문제

- 추동을 구성하는 것은 무엇이며 그 특성은 무엇인가?
- 추동이 어떻게 행동에 영향을 주는가?
- 행동에 영향을 미치는 비동기적인 요인들(학습과 같은)에는 어떤 것들이 있는가?

■ **추동감소**

① 공식

$$_sE_r = {_s}H_r \times D$$

② 행동이 세 가지 변인의 함수임을 나타내는데, '반응의 강도'와 '유기체의 추동 강도', 이 둘 간의 곱임
③ 자극과 반응 간의 짝짓기가 강화되면, 습관강도가 아주 조금씩 증가됨
④ 추동이 없다면, 반응이 일어나지 않고 행동이 강화될 수 없음

제3절 각성이론

■ **개념**

① 각성의 가장 극단에는 스트레스가 위치하고 있음
② 각성이론은 우리가 점점 각성될수록 행동이 변화할 것이라고 가정함
③ 각성이 변화할 때 어떤 경우에는 수행의 효율성이 증가되는 결과가 생김
④ 각성이 다르게 변해 극단적으로 또렷할 때는 효율적으로 반응하기가 방해를 받게 됨
⑤ 행동의 효율성이 최고로 되는 각성의 적정수준이 존재함
⑥ **여커스-도드슨(Yerkes-Dodson) 법칙**
   각성과 수행 간의 관계에서 역전된 U 함수가 나타남

■ **문제점**

① 행동적 측정치와 피질 및 자율계의 각성에 대한 측정치들 간에 깊은 관계가 없음
② 레이시의 이론이 가정하는 서로 다른 패턴의 신체반응들의 존재가 아직 분명하게 증명되지 않았음
③ 피질각성이 동기유발된 행동과 동등한 것인지는 명백하지 않고, 이 가정을 가지고 각성이 어떻게 행동을 통제하는지를 설명하는지도 분명하지 않음
④ 각성을 이해하려면 그 배후에 있는 생리적 기제만 알면 된다고 가정하고 있음
⑤ 다양한 정서들 각각에 대해 서로 다른 생리적 상태 혹은 화학적 균형들이 동반될 수 있다는 점을 시사하였을 뿐임
⑥ 각성이론이 살아남기 위해서는 서로 다른 유형의 정서들이 어떻게 활성화되는지를 이해할 수 있어야만 함

제4절 행동주의 및 사회적 학습이론

■ 조건형성을 통한 동기화된 행동

① 파블로프(Pavlov)의 신경증학습
② 왓슨(Watson)의 정서조건형성
③ **동기화된 행동의 제거**
  ㉠ 동기는 정서를 일으키는 무조건자극과 중성적인 자극을 짝짓는 것에서 비롯될 수 있는 것과 마찬가지로 유사한 방식으로 반응이 제거될 수 있음
  ㉡ 역조건형성으로 비적응적 반응이 소거될 수 있음
  ㉢ 체계적 둔감화를 통해 동기화된 행동을 둔화시킬 수 있음
④ 맛 혐오 학습

■ 동기와 조건형성의 상호작용

① **습득된 공포**
  공포가 습득될 수 있고 그것의 감소가 새로운 학습을 동기화
② 조건정서반응(CER, Conditioned Emotional Response)
③ **학습된 무기력**
  이전에 경험한 통제 불가능함으로 인해, 동기와 인지적 과정 및 정서의 혼란이 수반되는 심리적 상태

제5절 인지주의 및 사회인지

■ 기대가치이론

① **기대가치이론의 개념**
  ㉠ 개인은 당면한 상황에 대한 믿음과 가치에 대한 평가를 기반으로 자신의 태도를 개발 및 수정함
  ㉡ 한 가지 이상의 행동이 가능한 상황에서 우리는 성공에 대한 기대와 가치의 조합이 가장 큰 행동을 선택할 것임
  ㉢ 기대는 자신의 행동의 결과로 얻을 수 있을 것이라는 기대, 즉 지각된 성공 가능성을 의미함
  ㉣ 자신의 행동에 대한 유능성, 능력에 대한 신념, 과제의 난이도에 대한 판단은 기대에 영향을 미치며 이것들은 주로 과거 경험으로 형성됨
  ㉤ 가치는 과제에 대해 지각하는 매력으로, '과제를 수행하는 것이 자신에게 즐거운지, 유용한지, 중요한지, 부정적인 측면은 무엇인지' 등이 포함됨
② **로터(Rotter)의 기대-가치 개념**
  ㉠ 행동(Behavior)은 기대(Expectancy)와 가치(Value)의 곱에 의존함

$$B = E \times V$$

    ⓒ 행동(Behavior)은 주어진 상황 속 우리가 할 수 있는 모든 행동 중에서 특별한 행동 혹은 반응을 할 가능성을 의미함

    ⓒ 기대(Expectancy)는 주어진 상황에서 어떤 행동을 하면 어떤 보상이 따를 것인가에 대한 예상으로, 개인이 자기 행동 결과에 대해 갖는 주관적 기대를 의미함

    ⓔ 우리가 이전에 같은 상황을 겪지 않았더라도 과거 경험으로부터 일반화된 기대를 형성하는데, 이 일반화된 기대가 행동을 이끌 것임

    ⓜ 어떤 사건에 대한 우리의 선호는 그 사건의 강화가치에 의해 결정됨

    ⓗ 강화가치는 개인이 많은 강화들 중에서 특별한 강화에 대해 중요성 혹은 선호도를 부여하는 것을 의미함

    ⓢ 같은 시기나 상황에서 선택해야 할 다양한 기대에 직면했을 때, 자신이 선호하는 가치를 선택함

    ⓞ 로터의 통제소재
- 내통제성향
- 외통제성향

③ **엣킨슨(Atkinson, 1978)의 기대가치이론**

    ㉠ 특정한 활동에 몰두하려는 경향은 그렇게 하는 것이 '특정한', '가치 있는' 목표에 이르게 해 줄 것이라는 믿음을 갖고 있기 때문임

    ㉡ 엣킨슨은 성취에 영향을 미치는 변인으로 '성공동기', '성공확률', '성공의 유인가치'를 제시하였음

④ **브룸(Vroom, 1964)의 동기이론**

    ㉠ 동기는 자신의 노력이 어떤 성과를 가져올 것이라는 기대와 그러한 성과가 보상을 가져다 줄 것이라는 수단성에 대한 기대감의 복합적 함수에 의해 결정됨

    ㉡ 사람이 행위를 선택하는 데 미치는 요인 : '가치', '수단성', '기대'

■ 목표 설정과 목표 추구

① **목표의 개념**

    ㉠ 일반적인 수준에서 개인이 성취하려고 노력하는 것

    ㉡ 이상적인 종착점 상태에 대한 미래 중심적인 인지적 표상으로 행동을 이끌어 줌

    ㉢ 자신의 현재 성취수준과 이상적인 성취수준 간의 불일치에 주의를 집중하게 함으로써 동기를 생성함

② **목표 추구**

    ㉠ 정신적 시뮬레이션

    ㉡ 실행 의도

■ 마인드셋

숙고 마인드셋	다양한 것들(목표, 바람, 유인가)과 관련된 정보를 수집하고 고려하고자 함
실행 마인드셋	폐쇄적이고, 관심은 오직 목표 성취와 관련된 정보에만 집중하도록 좁게 초점이 맞춰짐
촉진 마인드셋	성장, 진전, 성취에 집중함
예방 마인드셋	의무와 책임감을 유지하려 하고 부정적 결과에 민감해 손실의 가능성을 회피함
고정 마인드셋	개인적 특성을 고정적이고 지속되는 특성으로 간주함
성장 마인드셋	노력을 통해 '성장, 증가, 강화'될 수 있고 자신의 유연한 특질들을 개발할 수 있다고 믿음

제3장 동기의 종류

제1절 생리적 동기

■ 욕구의 종류

생물학적 욕구	갈증, 배고픔, 성욕 등
심리적 욕구	자율성, 유능성, 관계성 등
암묵적 욕구	성취, 친애, 권력 등

■ 조절

① 생리적 박탈과 결핍은 생물학적 욕구를 만들어냄
② 욕구가 계속 충족되지 않으면 생물학적 박탈은 주의를 끌고 심리적 추동을 발생시킴
③ 추동은 동물이 행동하게끔 에너지를 불어넣고 그 행동이 신체적인 욕구를 만족시켜 주는 방향으로 향하게 함

제2절 내재적 및 외재적 동기

■ 내재적 동기

① 한 과제와 연관된 어떤 외적 보상 때문이 아니라 그 행동 자체가 보상이 되기 때문에 그 과제를 하도록 하는 동기임
② 내재적 동기는 그 활동이 향하고 있는 목표가 아니라 어떤 활동과 관련된 가치 혹은 쾌락이라고 정의됨
③ 내재적 동기는 개인적 성장에 대한 고유의 노력과 심리적 욕구 충족 경험에 의해 생겨나는 탐구, 자발적 흥미, 숙달에 대한 천성적 추구임

④ 인간은 심리적 욕구를 가지고 있기 때문에 내재적 동기를 경험함

⑤ 심리적 욕구가 환경적으로 지지되고 배려 받으면 만족되며, 자연스럽게 내재적 동기경험을 불러일으킴

⑥ 과제에 내재적으로 동기화되면, 그 과제는 '자율성, 유능성, 관계성'의 느낌을 가질 수 있는 기회를 지속적으로 제공함

■ 외재적 동기

① 외재적 동기는 외적 강화인에 대한 만족을 위한 동기를 말함

② 외적 강화인이란 칭찬이나 벌과 같이 주어진 과제 자체와는 관련이 없는 것들임

③ 외적 강화인의 종류는 '음식, 돈, 주목, 칭찬 스티커, 상, 특전, 토큰, 인정, 장학금, 사탕, 트로피, 추가점수, 졸업장, 미소, 인정, 격려, 포상' 등 다양한 방식으로 만들어짐

④ 외재적 동기는 행동을 시작하거나 지속시키기 위해 환경적으로 만들어진 것임

⑤ 외재적 동기는 활동이 향하고 있는 외적 목표들에 집중함

제3절 자극추구동기

■ 대립(반대)과정이론(Opponent Process Theory)

① **개념**

㉠ 한 자극에 의해서 처음에 만들어지는 반응상태(A)가 끝나고 나면, 이후에 상반되는 다른 반응상태(B)가 나타나게 됨

㉡ 유쾌한 느낌을 불러일으킨 자극은 이후에 혐오적인 느낌에 이해 대립되고, 처음에 혐오적 느낌의 자극은 이후에 유쾌한 느낌에 의해 대립됨

② **대립과정으로 설명되는 행동**

약물중독, 스릴을 추구하는 활동, 애착 등

제4절 사회적 동기

■ 동조현상

① **개념**

집단의 압력이 있을 때 집단이 기대하는 바대로 개인의 생각이나 행동을 바꾸는 것을 의미함

② **동조에 영향을 미치는 요인**

㉠ 집단이 자신에게 중요할 때

㉡ 집단의 모든 사람들이 같은 것을 말하거나 믿을 때

㉢ 개인주의 문화보다 집단주의 문화일 때

㉣ 자신의 의견을 공개적으로 표현해야 하는 상황일 때

ⓜ 지위가 높은 사람이 의견을 제시할 때

ⓗ 과제가 중요하면서 어려울 때

ⓢ 상대의 판단이 이해가 되지 않고 상황파악이 안 되어 적절한 설명을 찾지 못할 때

■ **복종과 순종**

① **복종**

　　㉠ 자신의 의사와는 상관없이 남의 명령에 따르는 것을 말함

　　㉡ 복종은 권위를 가진 사람의 말을 따르는 것에서 나타남

　　㉢ 상황이 불확실할 때 정보를 주는 사람이 전문가일 때 영향력을 가짐

　　㉣ 어떤 상황이 위급해 생각할 여유가 없다면 복종의 영향은 큼

② **순종**

　　㉠ 권위나 세력이 없는 경우에 타인의 말을 따르는 것임

　　㉡ 자기지각이론에 따르면 우리는 일단 어떤 행동을 하고 나면 그 행동과 일관된 태도를 받아들임

　　㉢ 처음에 타인의 작은 요구를 들어주고 나면, 이후에 보다 큰 요구도 들어줄 가능성이 높음

　　㉣ 불완전한 정보를 제시하여 동의를 얻은 이후 추가적인 정보를 알려주게 되면 처음 동의를 깨지
　　　못함

　　㉤ 상호성 규범을 제시하는 것은 순종을 유발하는 전략이 됨

　　㉥ 자신과 유사하고 존경을 받는 다른 사람들에 관한 정보는 특별한 가치를 지님

　　㉦ 희소한 것일수록 그것을 가치 있게 여겨 소유하고 싶어 함

■ **집단의 영향**

① 사회적 촉진　　　　② 사회적 태만　　　　③ 몰개성화(탈개인화)

④ 책임감 분산　　　　⑤ 이타적 행동

■ **인지적 일관성과 귀인**

① **균형이론**

　　사람 사이, 사물 사이, 사람과 사물 사이의 관계에서 균형을 이루려는 경향이 존재함

② **인지부조화이론**

　　우리는 '우리의 믿음, 태도 및 의견'을 우리의 외현적 행동과 일치하도록 유지하기 위해 노력함

③ **귀인이론**

　　㉠ 개념

　　　　우리가 경험하는 사건들과 관련하여 우리가 어떻게 판단을 내리는지 그 과정에 관한 연구를 말함

　　㉡ 세 가지 기본가정

　　　　• 우리 스스로의 행동 및 타인의 행동의 원인을 결정하려고 노력함

　　　　• 우리가 행동의 원인이라고 내리는 결론에 어떻게 도달했는지를 설명할 수 있는 규칙들이 존재함

　　　　• 특정 행동의 원인으로 귀인된 것들이 이후의 정서적 및 비정서적 행동에 영향을 줄 것임

제4장 정서의 일반원리

제1절 정서의 구성요소

■ **생리적 요소**

① 정서는 변연계, 자율신경계, 대뇌피질에 의해 조절됨
② 일반적으로 긍정적인 정서는 좌반구에서, 부정적인 정서는 우반구에서 유발됨
③ 생리적 흥분은 정서 경험을 강화함

■ **행동적 요소**

① 정서는 관찰 가능한 행동적 요소를 지님
② 정서표현은 과거에 적응적이었던 정서가 유산된 것임
③ 행동을 통한 정서 표현은 우리에게 정서 경험을 분명하게 만들고 강화함

■ **인지적 요소**

① 평가는 여러 가지 차원에서 이루어짐
② 정서는 우리의 지식과 이해에 의존하며, 상황을 어떻게 보는가, 어떤 견해를 가지고 있는가에 따라 다를 수 있음
③ 긍정정서는 상황을 긍정적으로, 부정정서는 상황을 부정적으로 평가하게 함

제2절 정서의 신경과학

■ **자율신경계와 호르몬**

① **교감신경계의 흥분**
　㉠ 불안과 같은 부정적 정서는 교감신경계 흥분수준의 상승을 반영함
　㉡ 공포는 우리가 위험에 처했을 때 쓸데없는 곳에 대한 흥미를 감소시키는 효과가 있음
　㉢ 교감신경계 흥분을 싸움 혹은 도주반응으로 말함
　㉣ 교감신경계 흥분의 효과는 우리 몸을 격렬한 근육활동에 적합하게 준비시키는 것임

② **교감신경계 흥분의 효과**
　㉠ 근육에 더 많은 혈액을 공급함
　㉡ 몸의 온도를 낮추고 호흡을 늘림
　㉢ 소화를 억제함
　㉣ 에너지 공급을 늘림

③ 부교감신경계의 흥분
  ㉠ 부교감신경계의 활성화는 교감신경계의 반대효과를 가짐
  ㉡ 맛있고 푸짐한 식사를 막 하고 났을 때 편안한 느낌을 나타냄
  ㉢ 부교감신경계 가지를 휴식과 소화체계라고 부름
④ 부교감신경계 흥분의 효과
  ㉠ 소화촉진 효과를 가져옴
  ㉡ 심장으로 들어가는 혈관을 수축시킴
  ㉢ 호흡속도를 낮추고 폐포를 수축시킴
  ㉣ 홍채근육을 수축시켜 동공을 작게 만듦

■ 정서와 뇌

① **편도체**
  ㉠ 기능
    • 좌우 양쪽에 있는 뇌구조로 뇌의 각 반구에 하나씩 있음
    • 시각, 청각, 그 외의 감각과 통증정보를 받아들임
    • 놀람반사를 통제하는 뇌교와 다른 영역들로 정보를 보냄
    • 전전두피질과 그 외의 다양한 뇌영역들로 정보를 보냄
  ㉡ 편도체손상

클뤼버-부시증후군	대상의 정서적 의미를 인식하지 못함
우르바흐-비테병	못 먹는 것이나 역겨운 것을 입에 넣거나 누구나 우호적으로 판단함

  ㉢ 편도체와 정서적 기억
    • 편도체는 공포 자체에 대해서라기보다 특정 상황이 위험하다는 것을 학습하는 것에 결정적 역할을 함
    • 편도체는 정서적 기억을 형성하는 데 중요한 역할을 하는데, 편도체 손상 시 정서적으로 반응하는 능력만을 저해함
② **시상하부**
  ㉠ 기능
    • 뇌간의 바로 위, 시상 바로 밑에 위치한 작은 뇌구조임
    • 체온, 혈당, 수분 등 신체의 내부환경을 조절하여 항상성을 유지하는 역할을 함
    • 신체 외부에서 오는 감각정보와 신체 내부의 감각을 전달하는 신경정보를 수집하여 적절한 행동을 촉진함
    • 시상하부는 자율신경계를 비정서적 조절에 활용하여 다가올 활동에 의해 항상성이 무너질 것 같다는 단서를 포착하여 몸을 준비시킴
  ㉡ 시상하부와 정서
    • 우리가 강한 정서를 경험할 때 우리 몸이 겪는 변화를 통제하는 중심구조임
    • 자율신경계(싸움 혹은 도주) 흥분을 지시하고 스트레스호르몬을 방출함

③ **섬피질(뇌섬엽)**

　㉠ 뇌도(Insula)라고도 하며, 측두엽과 두정엽 사이 주름의 깊은 곳에 위치한 피질영역임

　㉡ 앞섬피질이 혐오표정을 볼 때 특히 활성화됨이 발견되었음

　㉢ 섬피질이 피질 중 맛의 감각을 일차적으로 받아들이는 영역이고, 혐오는 맛이 나쁨을 뜻한다고 생각됨

　㉣ 섬피질활성화가 혐오스러운 사진을 볼 때뿐만 아니라 무서운 사진을 볼 때에도 증가함

　㉤ 섬피질에 회백질이 더 많은 사람은 자신의 심장박동수 변화를 감지하고 추정하는 데 더 능했으며, 일반적으로 아주 강한 정서를 느낀다고 보고했음

④ **전전두피질**

　㉠ 기능

　　• 전두엽의 운동영역 및 전운동영역 앞쪽에 위치해 있음

　　• '계획, 작업기억, 충동통제' 등 진보한 인지기능과 관련되어 있음

　　• 정서정보를 활용하여 좋은 의사결정을 내릴 수 있음을 보여주는 다수의 연구들이 있음

　　• 전전두피질에 손상을 입은 환자는 의사결정에 지속적인 문제를 가지고 있음

　㉡ 전전두피질의 손상과 정서

　　• 손상을 입은 사람은 '시각, 기억, 언어, 지능검사'에서 상대적으로 정상을 보였지만, 정서적 반응성은 없었음

　　• 대부분의 사람이 보여주는 혐오감이나 불쾌감을 전혀 비치지 않았음

　　• 불행에 빠진 타인에게 평균보다 낮은 공감능력을 보였음

■ **정서와 신경전달물질**

① **도파민**

　㉠ 다른 신경전달물질보다 더 큰 즐거움과 더 큰 문제를 일으키는 원인이 됨

　㉡ 도파민은 복측피개영역에서 생산되고, 신경세포가 이 신경전달물질을 활용하여 중격의지핵 및 전전두피질과 소통함

　㉢ 도파민 작동성 신경전달은 기대와 보상의 느낌에 있어 핵심적인 것으로 보임

　㉣ 도파민은 목표지향적 활동을 동기화하는 기능을 하는 것으로 보임

② **세로토닌**

　㉠ 세로토닌은 뇌간의 솔기핵에서 생산되며, 중추신경 전반에 분배됨

　㉡ 세로토닌 신경전달은 '기억, 식욕통제, 수면' 등 광범위한 심리적 과정에 관여함

　㉢ 세로토닌은 공격행동과 관련이 있으며, 분노경험에 대한 역할을 할 것임을 시사함

③ **베타엔도르핀**

　㉠ 엔도르핀이 분비되면 뇌간의 중심회색질영역이라 불리는 곳에서 고통을 억제하는 것을 도움

　㉡ 엔도르핀의 분비는 육체적 고통뿐 아니라 사회적 상실이나 애도의 감정도 감소하게 함

제3절 정서의 진화와 발달

■ 진화의 기본개념

① 유전자
② 돌연변이
③ 자연선택
④ 적응특성

■ 적응특성으로서의 정서

① 평균적으로 정서를 가진 개인은 그렇지 않은 개인보다 더 기능적임
② 정서가 인간본성의 한 부분이라는 것이며, 세계 어느 사람들에 의해서나 공유된다는 것임
③ 정서가 적응특성이라는 제안이 모든 정서가 기능적이라는 것을 뜻하지는 않음

■ 정서발달의 주요개념

① **공감울음**
   다른 신생아의 울음소리에 대한 반응으로 울음을 보이는 것으로, 다른 아기에게 주의 집중되는 것을 방해하는 생물학적 관점으로 볼 수 있음
② **놀람**
   인간의 신경계는 위험할 것 같은 상황에서 놀람반응을 하도록 발달해왔음
③ **사회적 참조**
   다른 사람들의 정서에 근거하여 애매한 상황에 대해 자신의 정서반응을 하는 것을 말함
④ **정서언어**
   아동이 말하기 시작하자마자(1.5세~2세) 정서어휘는 성장하기 시작하며, 2세 아동은 자신의 정서가 타인에게 어떻게 영향을 주는지 잘 알기 때문에 원하는 것을 얻기 위해서 정서를 조작할 수 있음
⑤ **애착**
   영아가 소수의 정규적인 양육자나 특별한 사회적 대상과 형성하는 친밀한 정서적 관계를 말함

■ 청소년기와 성인의 정서발달

① **청소년기의 정서**
   ㉠ 청소년은 주의 깊게 생각할 시간이 있을 때 더 나은 결정을 하지만, 충동적인 경향이 있으며 강한 욕구를 억제하는 것이 어려움
   ㉡ 또래압력 또한 청소년의 충동성과 모험심을 증가시키기 때문에 성인보다 더 자주 모험을 했고 친구가 지켜볼 때 더욱 그러함

② 성인기의 정서

　㉠ 나이가 들수록 일반적으로 정서적인 일들에 대해 더 많은 주의를 기울임

　㉡ 중년에 이른다는 것이 남은 시간을 최대한 활용하려는 성인의 동기를 증가시키는 계기가 됨

　㉢ 나이가 들면서 자신이 정서적으로 덜 표현적이고 덜 충동적이고 자신의 정서를 더 잘 통제할 수
　　있다고 평가했음

제4절 정서장애

■ 정서장애의 종류

① 우울장애

　불행한 기분이 그와 같은 심각한 반응을 불러일으키기에 충분한 명백한 촉발사건이 없음에도 오랫동
　안 지속되는 것임

② 양극성장애

　기분이 고양되어 들떠있는 상태와 기분이 침체된 상태가 주기적으로 나타나는 일련의 장애로, 조울증
　이라고도 함

③ 불안장애

　과도한 불안과 공포를 주된 증상으로 하는 장애로, 불안은 미래의 위협에 대한 정서적 반응이며, 공포
　는 현재 일어나고 있는 위협에 대한 정서적 반응을 말함

제5절 정서의 표현과 측정

■ 정서의 얼굴표현

① 태어날 때부터 귀가 먹었거나 장님인 사람들조차 동일한 표현을 함

② 전 세계 대부분의 사람들이 특정 얼굴표정을 유사하게 해석함

③ 자신이 속한 인종집단의 표현을 외부집단의 표현보다 어느 정도 더 잘 인지했음

④ 6가지 일차적 정서(분노, 행복, 놀람, 공포, 혐오, 슬픔)를 읽어내는 능력은 문화와 무관하였음

■ 정서의 측정방법

① 자기보고

② 생리적 측정

③ 행동관찰

제5장　정서이론

제1절 제임스-랑게(James-Lange) 이론

■ **제임스-랑게(James-Lange) 이론의 특징**

① 정서란 특정 상황에 대한 신체의 생리적 변화와 행동에 대한 사람들의 지각을 의미함
② 외부 자극 → 신체적 변화(특히 내부 기관)나 흥분이 일어남 → 이런 변화에 대해 지각하거나 느낌 → 감정이 일어남
③ 안면 피드백 가설은 제임스-랑게이론을 지지함

제2절 캐논-바드(Cannon-Bard) 이론

■ **캐논-바드(Cannon-Bard) 이론의 특징**

① '정서의 인지・평가, 느낌, 생리적・행동적 측면'은 동시에 일어남
② 정서적 경험과 신체적 지각이 독립적으로 발생함
③ 시상은 감정의 경험을 제어하고, 시상하부는 감정의 표현을 제어함

제3절 샤흐터-싱어(Schachter-Singer) 이론

■ **샤흐터-싱어(Schachter-Singer) 이론의 특징**

① 정서를 경험하는 데는 생리적 각성과 인지적 귀인이 모두 필요함
② 우리는 상황을 평가함에 의해서 정서를 알아냄
③ 상황에 의존하여 각성을 다르게 해석한다면, 서로 다른 상황에 배치된 사람들은 비록 동일한 각성을 갖고 있더라도 서로 다른 정서를 경험함

> **더 알아두기**
>
> **정서이론의 비교**
>
> | 제임스-랑게 이론 | 생리적 변화 및 행동이 정서를 결정
(뱀이 보인다 → 심장이 뛴다 → 나는 무서운 것이다) |
> |---|---|
> | 캐논-바드 이론 | 정서와 행동은 독립적으로 동시에 발생
(뱀이 보인다 → 무섭다, 호흡도 빨라진다, 도망간다) |
> | 샤흐터-싱어 이론 | 생리적 각성과 인지적 명명(상황에 대한 평가)으로 발생
(심장이 뛴다 왜? 뱀이 보인다 → 나는 무서운 것이다) |

제4절 안면 피드백(facial feedback) 가설

■ 안면 피드백(facial feedback) 가설의 특징

① 정서는 안면 근육의 움직임, 안면 온도의 변화, 안면 피부 속 분비선 활동 변화에 의해 발생한 감정으로부터 생겨남

② 안면 피드백은 정서를 활성화하는 역할을 함

③ 얼굴 움직임의 양상들은 개별 정서 표현을 만들어냄

강한 안면 피드백 가설	사람의 안면 근육 조직을 조작하여 정서 표현에 맞게 변환하면 그 정서 경험을 활성화할 것임
약한 안면 피드백 가설	안면 피드백이 정서를 활성화하기보다는 정서의 강도를 변화시킨다는 것임

■ 얼굴표정과 정서

① 얼굴 표정은 타고난 것임

② 인간의 얼굴은 문화적 차이에 관계없이 유사한 표정을 보임

③ 훈련을 통해 타인의 정서적 얼굴 표정을 인식하는 방법을 익힐 수 있음

④ 서양권 사람들은 동양권 사람들에 비해 정서 표현을 잘 구분하는 경향이 있음

제5절 정서의 이중체계 관점

■ 정서의 이중체계 관점의 특징

① 원시적인 생물학적 체계와 현대의 인지적 체계가 결합하여 적응적인 이중체계 정서기제를 만들어냄

② 생물학적 체계는 무의식적이고 반사적으로 반응하는, 타고난 체계임

③ 인지적 체계는 정서적 자극의 의미나 개인적 중요성을 평가해 이에 반응하는 체계임

④ 두 체계는 병렬적으로 독립적인 체계로 존재하기보다는, 서로에게 영향을 주고 보완하며 서로 도움

제6장　개별정서

제1절 공포와 불안

■ 공포와 불안의 차이

① 공포와 분노는 특정한 평가, 강렬한 느낌, 강한 생리적 각성, 뚜렷한 행동(도망이나 공격)과 연합되어 있음

② 공포는 자신 혹은 사랑하는 사람의 위험을 지각할 때 나타나는 반응으로, 위협이 사라지면 재빨리 가라앉음

③ 불안은 '무언가 나쁜 일이 일어날 것 같다'와 같은 보다 일반적인 기대를 의미함

④ 공포경험은 불쾌하고 혼란스러운 것과 동시에 유익한 것임

■ **공포와 학습**

① 갑작스런 큰 소음은 나이를 막론하고 모든 사람을 놀라게 함

② 사랑하는 사람들과 떨어지는 것은 또 다른 내장된 공포임

③ 대부분의 공포는 학습됨

■ **공포표정의 특징**

① 모든 문화의 사람들이 공포의 얼굴표정을 인식한다는 것을 발견했음

② 안쪽과 바깥쪽 눈썹을 치켜 올려 두 눈썹을 끌어 모으는 것, 눈을 크게 뜨는 것, 입술 가장자리의 근육을 아래로 수축하는 것, 아래쪽 턱의 피부를 아래와 옆쪽으로 끌어내리는 것

■ **불안의 영향**

① 불안함은 공포증이나 공황장애 등을 보일 가능성에 영향을 미침

② 정서, 특히 공포와 불안은 삶의 모든 측면에서 우리의 사고에 영향을 줌

제2절 분노

■ **분노의 개념과 특징**

① **개념**
   ㉠ 분노는 상처받았거나 공격받은 느낌, 자신을 공격한 사람에게 상처를 주거나 그 사람을 몰아내려는 욕구와 관련이 있음
   ㉡ 화가 난다는 것은 어떤 방식으로도 기분이 상하거나 침해를 당했다고 느꼈을 때임
   ㉢ 분노는 자율성, 즉 개인의 권리의 침해에 대한 반응임

② **특징**
   ㉠ 다른 정서를 불러일으키지 않으면서 사람들을 확실하게 화나게 만드는 방법을 찾기는 힘듦
   ㉡ 신랄한 모욕은 대부분의 사람들을 화나게 하지만, 또한 '공포, 슬픔, 당혹감'을 복합적으로 유발하기도 함
   ㉢ 공포는 특정 상황에 대한 거의 보편적인 반응인 반면, 분노는 개인별로 서로 다른 종류의 사건에 의해 나타남
   ㉣ 정서를 결정하는 데 있어서 사건의 객관적인 속성보다는 사건에 대한 사람들의 평가 혹은 해석이 더 중요함
   ㉤ 분노의 전형성에 잘 들어맞지 않는 상황에서 사람들이 분노를 보인다는 것 또한 특징적인 것임

■ 분노의 가설

① 좌절-공격가설

　　㉠ 기대하고 있는 만족을 얻으려는 사람의 능력을 방해하는 것이 공격적인 행동을 낳음

　　㉡ 상황에 대한 어떠한 인지적 평가도 없는 공격적 행동과 분노가 존재할 수 있다는 의미를 지님

② 인지-신연합모형(Cognitive-Neoassociationistic Model)

　　㉠ 대부분의 정서연구는 정서가 어떤 사건에 대한 평가에 관한 귀인의 결과라고 제안함

　　㉡ 이 모형에 따르면 불쾌한 사건이나 감각(좌절, 고통, 역겨운 냄새, 짜증나는 더운 날씨 등이 해당) 이 분노와 공격을 촉진시킴

제3절 슬픔

■ 슬픔의 의미

① 슬픔은 가장 부정적이고 가장 피하고 싶은 정서임

② 슬픔은 원칙적으로는 분리와 실패의 경험에서 비롯됨

■ 슬픔과 동기

① 슬픔은 우리의 관심을 내부로 향하게 하며 개인적 반성을 촉진함

② 일시적·부분적 손실에서 발생하는 슬픔은 슬픈 상황 이전의 상태로 환경을 복원하기 위해 필요한 행동을 취하도록 동기화함

제4절 정적 정서

■ 정적 정서의 종류

① 행복

② 사랑

③ 흥미 등

■ 기능과 특징

① 부적 정서의 생리적·행동적 영향을 완화하도록 도움

② 우리가 세상에 대해 생각하는 방식을 변화시키고 우리가 미래에 도움이 될 정보와 자원을 모으는 것을 도움으로써 적합도를 증진할 수 있음

③ 주의가 넓어지도록 촉진하여 환경에서 기회를 포착할 가능성을 높이고, 이 기회를 극대화하기 위해 우리가 행할 수 있는 행위의 유연성을 향상시킴

④ 환경에 의해 제공된 기회를 이용하는 것을 도움

제5절 혐오와 경멸

■ 혐오

① 혐오는 '기분 나쁜 대상이 입에 닿을지도 모르는 순간에 경험하는 극도의 불쾌감'으로 정의할 수 있음
② 어떤 대상을 멀리하고자 하는 욕구, 특히 입 안에 있는 대상을 뱉어내고자 하는 욕구를 수반함
③ 혐오가 정서라는 것에 대해 많은 논쟁이 있음

■ 경멸

① 경멸은 다른 사람보다 도덕적으로 우월하다는 느낌에서 생겨나며, 어떤 측면에서 다른 사람에 대해서 가치가 없다고 판단하는 것 이상을 의미함
② 다른 사람의 행동에 대한 부정적 평가를 포함함
③ 경멸은 오로지 사회적 상호작용에서만 나타나기 때문에 본질적으로 사회적 정서임
④ 경멸은 사회적 위계를 유지함

제6절 자의식적 정서

■ 자의식적 정서의 종류

① 당혹감
② 수치심
③ 죄책감
④ 자부심

■ 자의식적 정서의 특징

① 자의식 정서는 자기에 대한 평가를 반영함
② 자의식 정서의 발달을 위해서 우선적으로 자기의 평가가 이루어져야 함
③ 자의식적 정서는 생후 1년에서 3년 사이에 발달하기 시작함

제7장   정서와 인지

제1절 정서의 정보처리

■ **정서의 정보처리 방법**

① **설득의 중심경로와 주변경로**

중심경로	사실과 논리의 제공으로 구성되는 체계적 인지와 관련된 것임
주변경로	반복적인 홍보나 유명인의 추천 같은 피상적 요인들로 구성된 것으로, 휴리스틱인지와 관련된 것임

② **고정관념과 의사결정**

고정관념은 신속한 의사결정을 위한 또 다른 방법을 제공하며, 증거를 주의 깊게 분석하지 않는 휴리스틱을 사용하게 함

③ **긍정적 감정과 우울한 현실주의**

ㄱ 긍정적 감정은 창의성을 증진시킴

ㄴ 경미한 우울증을 겪고 있는 사람은 행복하고 낙관적인 사람들보다 더 현실적임

제2절 정서지능

■ **정의**

① 정서가 주는 정보를 처리하는 능력임

② 자신의 정서적 경험에 대한 비판적 돌아보기 및 자신의 감정에 대한 능동적 조절이라는 정서지능의 자기조절 기능을 강조했음

■ **구성요소**

① **정서지능의 3영역 10요소 모형(Mayer & Salovey, 1990)**

정서지능 구성요소	요소
정서의 인식과 표현	• 자기 정서의 언어적 인식과 표현 • 자기 정서의 비언어적 인식과 표현 • 타인 정서의 비언어적 인식과 표현 • 감정이입
정서의 조절	• 자기의 정서조절 • 타인의 정서조절
정서의 활용	• 융통성 있는 계획 세우기 • 창조적 사고 • 주의집중의 전환 • 동기화

② 정서지능의 4영역 4수준 16요소 모형(Mayer & Salovey, 1997)

영역		수준	요소
영역 I	정서의 인식과 표현	수준1 수준2 수준3 수준4	• 자신의 정서를 파악하기 • 자신의 외부정서를 파악하기 • 정서를 정확하게 표현하기 • 표현된 정서 구별하기
영역 II	정서에 의한 사고촉진	수준1 수준2 수준3 수준4	• 정서정보를 이용하여 사고의 우선순위 정하기 • 정서를 이용하여 판단하고 기억하기 • 정서를 이용하여 다양한 관점 취하기 • 정서를 활용하여 문제해결 촉진하기
영역 III	정서적 지식 활용	수준1 수준2 수준3 수준4	• 미묘한 정서 간의 관계 이해하고 명명하기 • 정서 속에 담긴 의미 해석하기 • 복잡하고 복합적인 감정 이해하기 • 정서 사이의 전환 이해하기
영역 IV	정서의 반영적 조절	수준1 수준2 수준3 수준4	• 정적·부적 정서들을 모두 받아들이기 • 자신의 정서에서 거리를 두거나 반영적으로 바라보기 • 자신과 타인의 관계 속에서 정서를 반영적으로 들여다보기 • 자신과 타인의 정서를 조절하기

③ 정서지능 5요소 모형(Goleman, 1995)

정서지능 구성요소	요소
자기인식	자신이 느끼는 감정을 재빨리 인식하고 알아차리는 능력
자기조절	인식된 자신의 감정을 적절하게 처리하고 변화시킬 수 있는 능력
자기동기화	• 어려움을 참아내어 자신의 성취를 위해 노력할 수 있는 능력 • 동기화, 만족지연 능력
타인과의 감정이입	타인의 감정을 자신의 것처럼 느끼고, 타인의 감정을 읽는 능력
대인관계 기술	인식한 타인의 감정에 적절하게 대처할 수 있는 능력

제3절 스트레스와 정서

■ 스트레스의 정의

개인에게 위협적으로 해석되어 생리적·행동적 반응을 유발하는 단일사건이나 사건들

■ 스트레스 유발요인

① 주요 생활사건
② 일상의 골칫거리
③ 좌절
④ 심리적 탈진
⑤ 대인관계 폭력

■ 스트레스가 인체에 미치는 영향

① 건강에 대한 위험성의 증가

② **심혈관계에 미치는 영향**

일과성 심근허혈증, 심근경색 등 심장병 위험성 증가

③ **면역체계에 미치는 영향**

ㄱ 교감신경계

교감신경계 각성을 높여 스트레스반응의 경고단계로 들어감

ㄴ HPA축

지속적인 흥분을 하게 되면 HPA축이 발동됨

ㄷ 코르티솔

단기간, 혹은 적당한 수준의 코르티솔 증가는 혈당을 높일 뿐 아니라 면역체계 기능도 자극하여
바이러스에서 종양까지 각종 질병과 싸우는 것을 도움

제4절 정서조절

■ **상황 초점적 전략**

정서를 유발하는 상황을 찾아 이를 피하거나 변화시키는 것임

① 상황선택 전략

② 상황수정 전략

■ **인지 초점적 전략**

스트레스를 일으키는 대상을 보지 않거나 생각하지 않으려고 하는 것임

① 주의집중의 통제

② 인지적 재평가

■ **반응 초점적 전략**

상황 그 자체나 그 정서와 연관된 평가를 바꾸려고 하기보다 정서의 체험이나 표현을 변화시키려는 목적
을 가지고 있음

① **정서표현하기** : 정화, 반추 등

② 운동하기

③ 이완시키기 등

SD에듀와 함께, 합격을 향해 떠나는 여행

기출복원문제

출/ 제/ 유/ 형/ 완/ 벽/ 파/ 악/

교육은 우리 자신의 무지를 점차 발견해 가는 과정이다.

- 윌 듀란트 -

※ 본 문제는 다년간 독학사 심리학과 2단계 시험에서 출제된 기출문제를 복원한 것입니다. 문제의 난이도와 수험경향 파악용으로 사용하시길 권고드립니다. 본 기출복원문제에 대한 무단복제 및 전제를 금하며 저작권은 SD에듀에 있음을 알려드립니다.

---

01 다음 중 동기와 정서에 대한 설명으로 옳지 <u>않은</u> 것은?

① 추동감소의 생리적 목표는 항상성이다.

② 동기와 정서는 행동을 활성화하거나 행동의 방향을 결정한다.

③ 일반적으로 동기는 내부요인에 의해 유발되며, 정서는 외부요인에 의해 유발된다.

④ 동기는 주로 광범위한 종류의 자극에 의해 유발되며, 정서는 특정 욕구에 의해 유발된다.

01 정서는 주로 광범위한 종류의 자극에 의해 유발되며, 동기는 특정 욕구에 의해 유발된다.

---

02 다음 중 남자와 여자의 성에 대한 설명으로 옳지 <u>않은</u> 것은?

① 테스토스테론은 남성과 여성 모두에게 존재하는 성호르몬으로, 성적 동기에 중요한 역할을 한다.

② 에스트로겐은 여성의 성적 동기에 핵심적인 역할을 한다.

③ 여성의 성적 욕구는 성호르몬이나 각성(질 충혈 등)으로 예측하고 설명할 수 있다.

④ 성적 행동들을 옥시토신을 분비하여 쾌감을 불러일으킨다.

02 여성의 성적 욕구는 생리적 욕구나 각성으로 예측할 수 없고, 정서적 친밀감과 같은 관계적 요인에 반응한다.

① 테스토스테론은 안드로겐에 속하는 호르몬이다. 안드로겐은 주로 남성 생식기의 성장, 발달, 기능에 영향을 미치는 모든 남성 호르몬을 말한다. 남성은 여성보다 10배 정도 더 많은 테스토스테론을 가지고 있다. 안드로겐은 에스트로겐의 전구체로 여성의 생리 작용에도 중요한 역할을 한다.

④ 옥시토신은 사회적 관계성과 유대감을 증진시키는데 분만, 모유 수유 중에도 분비되어 자녀에 대한 유대감의 근본이 된다.

정답 01 ④   02 ③

03 음악이 식사량과 관련이 있다는 연구들이 있다. 록 음악과 같은 빠르고 시끄러운 음악은 음주 섭취를 증가시키며, 느린 음악을 틀었을 때 고객의 식사량이 많아졌다. 보통 빠르게 재생되는 음악은 음식을 빨리 먹게 하는 효과가 있어 패스트푸드점과 같은 곳에서 주로 활용하는 배경음악이다.

④ 그렐린 호르몬은 식욕을 증가시키는 호르몬으로 배고픔 호르몬이라고 불린다. 그렐린의 혈중 농도는 배가 고픈 식사 전에 가장 높으며, 식사 후에는 낮은 수치로 내려간다. 그렐린은 위 운동성과 위산 분비를 증가시켜 음식 섭취를 준비하는 데 도움을 줄 수 있다. 그렐린과 반대의 역할을 하는 렙틴 호르몬은 식욕 억제와 관련된 호르몬으로 지방 세포에서 분비된다.

03 다음 중 평소보다 더 많이 먹을 수 있게 하는 요인으로 옳지 않은 것은?

① 더 빠르게 재생되는 음악
② 평소보다 더 큰 그릇의 크기
③ 더 커진 한 입의 양
④ 그렐린 호르몬의 증가

04 행동접근(활성화)체계(BAS, Behavioral Activation System)와 행동회피(억제)체계(BIS, Behavioral Inhibition System)는 인간의 기질에 바탕을 둔 비자발적이고 무의식적인 두 가지 독립적인 동기 체계이다. BAS는 음식이나 성, 더위, 고통 회피 등과 같이 원하는 특정 대상을 민감하게 감지하고 적극적으로 추구하도록 만들어주며, 자신이 바라는 바가 달성될 것이라는 기대로 인해 긍정 정서가 유발된다. 반면, BIS는 유기체가 처벌과 위험 등에 반응하여 움직임을 억제하고, 다른 위험이나 위협 단서들을 찾기 위해 환경을 조사하도록 유도하는 동기 체계이다. 따라서 BIS가 작동할 때는 부정 정서가 유발된다.

04 다음 표의 괄호 안에 들어갈 말로 옳은 것은?

BAS	BIS
행동접근(활성화)체계	행동회피(억제)체계
원하는 유인물에 다가가는 행동	혐오하는 유인물을 피할 수 있게 하는 행동
이 체계의 민감성은 보상 자극에 접근 가능성 높음	이 체계의 민감성은 즉각적인 ( ) 결과에 혐오적 조건형성이 쉽게 일어남

① 긍정
② 부정
③ 회피
④ 접근

정답 03 ① 04 ②

05 다음은 여성과 남성의 공격성에 대한 표이다. 괄호 안에 들어 갈 말로 옳은 것은?

남성	여성
물리적 공격성	( ) 공격성
때리는 행동과 같은 신체에 기인한 행동	왕따와 같은 관계성에 기인한 행동
남아의 외현적 공격성은 나이가 들수록 안정적으로 변함	여아의 외현적 공격성은 나이가 들수록 점차 증가하는 경향을 보임
남성의 공격성은 남성호르몬에 기인하며, 공격성에 대한 보상기대가 큼	여성은 공격적 행동에 대한 보상기대가 남아보다 적음

① 간접적
② 도구적
③ 생리적
④ 적대적

06 다음 중 분노에 대한 설명으로 옳은 것은?

① 분노의 주 기능은 목표에 대한 장애물에 대해 포기하도록 이끄는 것이다.
② 일반적으로 잘못을 한 후에 분노를 표현하는 사람에 비해 죄책감이나 슬픔을 표현하는 사람들이 더 많은 지위를 얻는다.
③ 분노는 자신이 중요하게 생각하는 목표의 추구에 방해가 되는 것으로 인해 발생한다.
④ 유일하게 부정적인 기능만을 가지고 있는 정서는 분노이다.

05 남성의 공격성은 신경생물학적 관점에서 테스토스테론과 같은 남성호르몬에 기인된다는 설명이 있다. 높은 테스토스테론 수준은 좌절에 대한 공격적 반응과 충동성, 일탈 행위 등과 유의미한 상관관계가 있다는 연구가 있다. 또한 최근 종단연구에 따르면 기질에 따라 까다로운 기질은 아이들이 공격성이 높게 나타난다는 보고가 있다. 남성의 공격성은 주로 신체적 공격성으로 나타나며, 여성의 경우 언어적·사회적 공격성, 즉 간접적 공격성의 특징을 보인다. 공격적 행동에 정적으로 보상을 받는 것은 공격성의 행동을 형성할 수 있다. 이러한 보상기대는 남아가 여아보다 많이 가지고 있다.
② 도구적 공격성이란 주로 유아기에 나타나는 것으로 자신이 원하는 물건을 얻기 위해 나타나는 공격성이다.
④ 적대적 공격성이란 신체적으로 다른 사람을 다치게 하려는 의도를 가지고 있는 공격성이다.

06 ① 분노의 주 기능은 장애물을 극복하도록 준비시키는 것이다.
② 일반적으로 잘못을 한 후에 죄책감을 표현하는 사람에 비해 분노를 표현하는 사람들이 더 많은 지위를 얻는다.
④ 분노는 대인관계를 명료하게 하고 성공률을 높이는 긍정적 기능을 가지고 있다.

정답 05 ① 06 ③

07 슬픔은 사회적 집단의 응집성을 간접적으로 높여주는데 소중한 사람들에게서 분리되는 것은 슬픔을 유발하기 때문에 사랑하는 사람들과 가깝게 지내려는 동기를 갖게 된다.
② 슬픔을 느끼려면 손실의 대상에 대해 강한 애착이 있어야 한다.
③ 질병, 사고, 경제적 불황과 같은 자신의 의지 밖의 실패로도 슬픔이 유발된다.
④ 슬픔은 우리의 관심을 내부로 향하게 하고 개인적 반성을 촉진한다.

07 다음 중 슬픔에 대한 설명으로 옳은 것은?

① 슬픔은 사회적 집단의 응집성을 간접적으로 높여준다.
② 슬픔을 준 대상에 대한 애착이 약할수록 슬픔을 많이 느낀다.
③ 질병, 사고, 경제적 불황과 같은 자신의 의지 밖의 실패로는 슬픔이 유발되지 않는다.
④ 슬픔은 우리의 관심을 외부로 향하게 하며 타인에게 원인을 찾도록 한다.

08 영아들은 영상 b에 더 집중하는 모습을 보인다. 영아를 연구하는 방법 중 하나인 기대위반 패러다임(violation of expectation paradigm)은 영아들이 자신의 기대에 위배되는(이상한, 비상식적인) 상황을 접했을 때 기대에 부합하는(정상적인, 상식적인) 상황보다 더 오랜 시간 응시하는 행동패턴을 기반으로 하는 연구방법이다. 영아의 이러한 행동은 기대에 위배되는 상황에 대한 일종의 '놀람' 반응이다.

08 다음 내용에 해당하는 감정으로 옳은 것은?

> 영아 연구자들은 영아의 정서반응을 알아보기 위해 이미지를 보여주고 영아의 반응을 관찰한다. 다음은 영아의 정서를 알아보기 위한 실험이다.
>
> > 영상 a : 벽을 통과하지 못하고 부딪히는 차(상식적)
> > 영상 b : 벽을 그대로 통과하는 차(비상식적)
>
> 영아에게 위 두 가지 영상을 차례로 보여주고, 이때의 영아의 정서반응을 관찰한다.

① 놀람
② 분노
③ 기쁨
④ 슬픔

정답 07 ① 08 ①

09 다음 내용에 해당하는 것으로 옳은 것은?

> • 남들에게 비웃음 당하는 게 두려워서 공부한다.
> • 남들 반응이 두려워서 질문을 하지 못한다.

① 숙달 접근 목표
② 숙달 회피 목표
③ 수행 접근 목표
④ 수행 회피 목표

10 다음 중 매슬로우의 욕구위계에 대한 설명으로 옳지 않은 것은?

① 가장 기본적이면서 강력한 욕구는 1단계인 생리적 욕구이다.
② 존중의 욕구가 충족되지 않거나 욕구에 불균형이 생기면 자아 존중감이 낮아진다.
③ 자아실현의 욕구는 자신의 부족한 점을 실현시키고자 하는 욕구로 결핍욕구에 해당한다.
④ 매슬로우가 가장 인간다운 욕구로서 중요하게 생각한 욕구는 자아실현의 욕구이다.

11 다음 내용에 해당하는 것으로 옳은 것은?

> • 아기 울음 소리가 시끄러워서 안아준다.
> • 경고음 소리가 울려 안전벨트를 맨다.

① 부적 강화
② 부적 처벌
③ 정적 강화
④ 정적 처벌

---

09 수행 회피 목표는 남들보다 못하지 않으려고 하거나 부족한 능력을 다른 사람에게 숨기려고 하는 데 중점을 둔 목표이다.
① 숙달 접근 목표의 학습 목표는 학습자 자신의 능력을 발전시키며 주어진 과제에 대해 깊이 있게 이해하는 것이다.
② 숙달 회피 목표는 학습능력이 감소하지 않도록 하거나 학업적 무능력이 드러나지 않도록 하는 데 중점을 둔 목표이다.
③ 수행 접근 목표는 성취상황에서 다른 사람에게 자신의 뛰어난 능력을 보여주려 하거나 남들보다 잘하는 데 관심이 있다.

10 자아실현의 욕구는 성장욕구에 해당하며, 결핍욕구에 해당하는 것은 생리적 욕구, 안전욕구, 애정과 소속의 욕구(사랑 또는 소속감욕구), 존중(존경)의 욕구이다.

11 부적 강화란 혐오자극을 제거함으로써 바람직한 행동을 늘리는 강화계획이다. 아이의 울음 소리와 경고음 소리는 혐오자극에 해당된다. 이것을 제거함으로써 안아주는 행동은 증가하게 되고 안전벨트를 매는 행동도 증가하게 된다.

정답 (09 ④ 10 ③ 11 ①)

12 우울증에 대한 가설 중 하나는 유전이다. 가족 내에서 공통적으로 발견되는 경향이 있으며, 입양된 가족들보다는 생물학적인 가족들 사이에서 더 공통적으로 나타난다.

③ 세로토닌수송체 단백질을 생산하는 유전자가 '짧은' 형태를 띠는 사람들은 분노나 공포를 표현한 사진을 보는 동안 편도체에서 더 강한 반응을 보였으며, 공포 조건형성의 전형적인 절차에서 위험의 신호를 더 빨리 학습하였다.

12 다음 중 정서장애에 대한 설명으로 옳지 <u>않은</u> 것은?

① 우울증에는 유전적 이유가 없다.

② 양극성 장애는 조증삽화와 우울삽화가 번갈아 등장하는 장애이다.

③ 세로토닌수송체 단백질을 생산하는 유전자가 '짧은' 형태를 띤 사람들이 '긴' 형태를 띤 사람들보다 불안장애를 발달시킬 가능성이 더 높다.

④ 강박장애가 장애로 진단되기 위해서는 강박 사고는 불안이나 고통을 유발해야 하고, 강박 행동은 행동이 취해질 때까지 불안을 야기해야 한다.

13 불안은 특정한 대상이 없이 막연히 나타나는 불쾌한 정서적 상태 또는 안도감이나 확신이 상실된 심리 상태이다. 불안은 죽음, 이별, 죄책감, 건강 등 다양한 요인이 관여할 수 있다. 걱정은 불안의 원인이 될 수 있으며, 만성적으로 걱정이나 근심이 많게 되면 불안장애가 나타날 수 있다.

13 다음 중 인지적 관점에서 '걱정하는'과 가장 유사한 정서는?

① 지루함

② 불안

③ 즐거움

④ 기쁨

14 평균적으로 중년의 사람들이 젊은 사람들보다 정서지능 점수가 높게 나타났으며, 나이가 들고 많은 경험을 할수록 정서지능을 더 배운다.

14 다음 중 정서지능에 대한 설명으로 옳지 <u>않은</u> 것은?

① 정서지능은 유동성 지능보다는 결정성 지능과 유사한 것으로 볼 수 있다.

② 자기보고된 정서지능이 높은 사람은 외향적·우호적인 경향이 있다.

③ 골먼은 정서지능의 구성요소를 '자신의 감정인식, 조절, 동기화, 감정이입능력, 대인관계기술'로 범주화하였다.

④ 일반적으로 나이가 적을수록 정서지능이 높다.

정답 12 ① 13 ② 14 ④

15 다음 중 정서의 생리적 반응의 측정 방법이 <u>아닌</u> 것은?

① 피부 전도도

② 심장 박동

③ 안면 표정

④ 읽기 속도

16 다음 중 헐(Hull)의 추동이론에 대한 설명으로 옳지 <u>않은</u> 것은?

① 추동이라는 의미는 심리적 결핍으로 인한 동기화 상태이다.

② 생리적 박탈과 결핍은 생물학적 욕구를 생성한다.

③ 추동을 감소시키는 행동들은 강화되고 동물들은 어떤 행동이 특정 추동을 감소시키는지 학습하게 된다.

④ 헐은 행동의 강도와 추동의 관계를 공식화하였다.

17 다음 중 고정 마인드셋에 대한 설명으로 옳지 <u>않은</u> 것은?

① 개인적 특성을 고정직이고 지속되는 특성으로 간주한다.

② 개인의 성격적 특질의 정도를 결정지을 수 있는 물리적 실체가 있다.

③ 고정 마인드셋을 지닌 사람은 자신의 이미지와 자존감을 보호하기 위한 방법을 찾는 데 집중한다.

④ 고정 마인드셋을 지닌 사람은 능력을 중요시하기 때문에 숙달 목표를 지향한다.

15 정서의 생리적 측면을 측정하기 위해 주로 자율신경계의 변화를 추정한다. 심장 박동 수, 혈압, 맥박, 체온, 호흡 수, 피부 전도도, 땀, 근육 긴장도 등을 측정해 정서상태를 추정할 수 있다. 또한 안면에는 80개의 근육이 있는데 이 중 36개의 근육이 얼굴 표정과 연관되고, 정서에 따라 반응하는 근육이 다르기 때문에 얼굴 움직임의 양상은 개별 정서 표현을 만들어 낸다.
읽기 속도는 정서의 생리적 반응과 관련이 없다.
① 피부 전도도는 피부의 전기적 특성을 지속적으로 변화시키는 인체의 특성이다.

16 추동이라는 의미는 생리적 결핍(배고픔, 갈증, 성, 고통, 산소결핍, 체온 조절, 배설압력, 수면, 새끼 돌보기 등)으로 인한 동기화 상태이다.

17 숙달 목표를 택하는 사람들은 새로운 것을 숙달하거나 무엇인가를 완전히 학습하고 이해하는 데 신경을 쓰며 과정을 중요시한다. 따라서 이는 성장 마인드셋을 가진 사람들이 추구하는 목표이며, 고정 마인드셋의 사람들은 똑똑해 보이는 것에 신경을 쓰고 결과를 중요시하기 때문에 수행 목표를 지향한다.

정답 15 ④ 16 ① 17 ④

18 내재 동기는 심리욕구(자율성, 유능성, 관계성) 충족을 통해 표출되며, 내재적으로 동기화된 사람은 수행하는 과제에서 '자유로움, 유능함, 정서적 친근감'의 느낌을 가질 수 있어 이 욕구를 계속적으로 충족시키고자 한다.

18 **다음 중 내재적 및 외재적 동기에 대한 설명으로 옳지 않은 것은?**

① 외재 동기는 어떤 행동을 시작하거나 지속해야 할 환경적으로 만들어진 동기이다.

② 내재적으로 동기화된다는 것은 관계성, 유능성, 창의성의 심리욕구가 충족된다는 것이다.

③ 외재 동기를 증진시키는 방법은 매력적인 유인물과 결과를 제공하는 것이다.

④ 내재 동기를 증진시키는 방법은 심리적 욕구를 충족시킬 수 있도록 지원하는 것이다.

19 편도체의 주요 기능 중 하나는 정서적으로 중요하고 혐오스러운 사건을 감지하고, 학습하고, 반응하는 것이다. 편도체가 손상되면 온순함, 정서적 중립성, 정서적 민감성 부족 등이 나타난다.
② 시상하부는 생물학적 기능들(배고픔, 포만감, 갈증, 성욕 등) 및 내분비계, 자율신경계를 조절한다.
③ 전전두엽의 정서와 관련한 기능은 인간이 기쁨이나 보상에 대한 의식적인 자각을 할 수 있도록 한다. 우측 전전두엽은 부정적 정서와 회피동기를 만들며, 좌측 전전두엽은 긍정적 정서와 접근동기를 만들어낸다.
④ 뇌섬엽은 자신의 몸 상태에 대한 내수용성 정보를 처리하고 인간이 어떻게 느끼는지에 대해 의식적으로 인식 가능한 정신적 표상을 할 수 있도록 해 준다. 사람이 무엇인가(과제가 지루한지, 수영이 재미있는지, 그 사람이 믿을 만한지 등)에 대한 느낌을 가지고 있는 것은 특히 전섬엽의 활성화 때문이다.

19 **다음 내용에 해당하는 역할을 수행하는 뇌 부위는?**

> 예전에는 집 근처의 공원에 대해 별 생각이 없었는데, 그 공원에서 고백을 받은 후로는 그 장소를 지나가기만 해도 가슴이 뛰고 설렌다.

① 편도체
② 시상하부
③ 전전두엽
④ 뇌섬엽

정답 (18 ② 19 ①)

20 다음 중 제임스-랑게 이론에 대한 설명으로 옳지 **않은** 것은?

① 정서는 특정 상황에 대해 신체가 반응하는 방식에 붙이는 이름이다.

② 제임스는 생리적 변화와 정서가 동시에 일어나기 때문에 정서의 주 원인은 환경이라고 하였다.

③ 근육 또는 신체 내부 기관에서 오는 감각은 정서의 완전한 경험에 필수적이다.

④ 곰을 보고 공포를 느끼는 이유는 곰이 무섭기 때문이 아니라 곰을 보고 도망가는 행동 때문이다.

> **20** 제임스는 생리적 변화나 행동이 먼저 나타나고 그에 대한 지각을 정서라고 하였다.

21 다음 중 안면 피드백 가설에 대한 설명으로 옳지 **않은** 것은?

① 강한 안면 피드백 가설은 따르면 정서를 표현하도록 조정하는 것은 정서의 영향을 증진시킨다는 것이다.

② 안면에서 발생한 감각 정보가 두뇌 피질에 전달되어 주관적 정서 경험을 일으킨다.

③ 얼굴 움직임은 뇌의 온도를 변화시키고 정서를 유발한다.

④ 얼굴의 움직임 양상들은 개별 정서 표현을 만들어 내는데, 이는 안면 근육이 얼굴 표정과 연관되기 때문이다.

> **21** ①은 약한 안면 피드백 가설에 대한 설명이다.
> 강한 안면 피드백 가설은 사람의 안면 근육 조직을 조작하여 정서 표현에 상응하는 양상으로 변환하면 그 정서를 경험할 것이라는 것이다. 그러나 이 가설은 논쟁거리가 되고 있으며, 많은 연구에서 실제로 약간의 영향이 있는 것으로 나타났다.

22 다음 중 정적 정서에 대한 설명으로 옳지 **않은** 것은?

① 정적 정서는 주의가 넓어지도록 촉진하여 환경에서 기회를 포착할 가능성을 높여준다.

② 뒤셴느 미소는 의도적으로 즐거움을 표현할 때 만들어지는 일종의 가짜 미소이다.

③ 행복을 표현하는 사람의 모습은 일반적으로 입모양으로 평가된다.

④ 평소 좌뇌 활동이 더 큰 사람들은 즐거운 생활 사건에 더 강하게 반응하는 경향이 있다.

> **22** 뒤셴느 미소는 치켜 올라간 뺨(눈), 눈 주변의 주름과 웃는 입모양을 포함하며 진짜 정적 정서를 표현한 미소이다.

정답 20 ② 21 ① 22 ②

23 불안은 특정한 방향성이 없는 각성과 긴장의 상태이다. 위험한 대상에서 도망치거나 대처 행동을 하도록 동기를 부여하는 것은 두려움이다.
② 경멸의 표현은 다른 사람에 대해 우월함, 자신의 지배력을 암시한다. 이러한 암시는 매우 파괴적인 사회적 결과로 이어질 수 있는데, 부부관계에서 경멸은 관계를 무너지게 할 가능성이 매우 높다.

23 다음 중 정서 기능에 대한 설명으로 옳지 <u>않은</u> 것은?

① 혐오는 삶에서 동기적으로 긍정적인 역할을 한다.

② 경멸은 사회적 위계를 유지하는 것이다.

③ 공포는 위험에 직면했을 때 신체가 재빨리 강력한 행동을 하도록 준비시킨다.

④ 불안은 위험한 대상에서 도망치거나 대처 행동을 하도록 동기를 부여한다.

24 이차 정서로써 수치심은 전반적 자기의 실패로 인해 나타난다. 죄책감은 구체적인 성취, 친사회적 행동을 실행하지 못할 때 나타나며, 자부심은 구체적인 성취나 친사회적 행동을 성공적으로 수행했을 때 나타난다. 실패에 대해 수치심은 자기에 초점이 맞추어져 있으며, 죄책감은 행동에 초점이 맞추어져 있다.

24 다음 내용에 해당하는 자의식적 정서로 옳은 것은?

> 행동보다는 자기 자신에 더 초점을 맞추고, 잘못을 인정하거나 보상하기보다는 회피하고 숨기려 한다.

① 당혹감

② 수치심

③ 죄책감

④ 자부심

25 우리 삶에서 중요한 변화는 우리에게 변화를 요구하는 스트레스를 준다. 긍정적·부정적 변화 모두 스트레스를 주며, 다시 원상태로 돌아오는 것도 스트레스를 준다.
③ 단기간의 스트레스는 자연살상세포, 백혈구, 사이토카인 분비와 같은 면역체계의 기능을 활성화한다.

25 다음 중 스트레스에 대한 설명으로 옳지 <u>않은</u> 것은?

① 스트레스는 일반적응증후군을 지칭하는 용어로 신체에 가해진 요구에 대한 불특정한 반응을 의미한다.

② 우리에게 영향을 주는 삶의 변화 중 부정적인 변화에 나타나는 반응이 스트레스이다.

③ 단기간의 스트레스는 면역체계의 기능을 활성화해 질병과 싸우도록 돕는다.

④ 장기적인 코르티솔의 증가는 해마에 점진적 손상을 입혀 기억력의 손상을 가져온다.

정답 (23 ④ 24 ② 25 ②)

26 그로스(Gross)의 반응 초점적 전략에 대한 설명으로 옳지 <u>않은</u> 것은?

① 정서조절은 정서발생 전의 선행사건 초점적 정서조절과 발생 후의 반응 초점적 정서조절로 구분된다.

② 그로스는 정서조절을 위해 개입할 수 있는 단계를 총 5가지로 세분화하였다.

③ 정서를 유발하는 상황을 찾아 이를 피하거나 변화시키는 것이다.

④ 상황선택, 상황수정, 주의집중, 인지적 재평가 전략은 정서적 경험에 앞서 선행된다.

26 ③은 상황 초점적 전략으로, 부정적인 상황을 피하거나 개선시키는 것이다. 그로스는 '상황선택, 상황수정, 주의집중, 인지적 재평가, 억제'의 5가지 정서조절 단계를 구분하였다. 억제는 이미 발생한 정서적 경험을 수정하는 데 사용한다.

① · ④ 선행사건 초점적 정서조절은 상황선택, 상황수정, 주의집중, 인지적 재평가로 정서를 조절하는 것이고, 반응 초점적 정서조절은 정서적 경험에 대한 체험적 · 행동적 · 생리적 영역에서 반응 수정을 통해 억제가 일어난다.

27 다음 중 자의식 정서의 종류와 그 특징이 <u>잘못</u> 연결된 것은?

① 수치심은 열등감, 가치가 없다는 느낌, 자기상의 손상과 관련된 정서이다.

② 죄책감은 자신의 행동을 실패로 평가한 후에 발생하며, 자신의 행동과 행위에 초점을 둔다.

③ 당혹감은 사회적 실수 뒤에 나타나며, 자신의 어떤 측면을 감추어야 하거나 스스로 점검할 필요가 있음을 나타낸다.

④ 자부심은 긍정적 정서로만 분류되며 자존감을 유지하고 고양하는 기능을 가지고 있다.

27 자부심은 자신의 성공, 성취, 긍정적 기능에 대해 느끼는 것으로 자존감을 유지하고 고양한다. 그러나 자기애와 관련될 수 있으며 공격성, 갈등적 관계, 다른 사람을 조종하는 것 같은 반사회적 행동에도 기여한다. 이러한 자부심을 오만한 자부심이라고 간주한다.

28 다음 중 인지주의 및 사회인지에 대한 설명으로 옳은 것은?

① 톨만은 유기체가 목표물에 대한 인지적 표상인 인지도를 발달시킨다고 생각했다.

② 동기는 마음속에 그리는 이상적 상태 그 자체에 의해 발생한다.

③ 목표가 너무 구체적으로 정해지면 수행자의 의지력이 감소된다.

④ 목표 달성이 불가능하더라도 수립한 목표를 밀고나가는 것은 자기효능감을 높이는 방법이 된다.

28 ② 동기는 마음속에 그리는 이상적 상태 그 자체가 아니라 불일치에 있다.

③ 목표를 구체적으로 정하면 해야 할 일에 주의가 집중돼 사고의 모호함과 수행의 가변성을 줄일 수 있다.

④ 목표를 위해 투자할 수 있는 노력, 끈기, 집중, 전략적 계획이 증대될 때 목표 이탈은 적응적 행동이 될 수 있다.

정답 26 ③ 27 ④ 28 ①

29 해당 측정법은 MSCEIT(Mayer-Salovey-Caruso Emotional Intelligence Test) 정서지능 검사로, 정서지능 측정을 위해 가장 널리 사용되는 검사이다.

① NEO-PI-R(Revised NEO Personality Inventory)은 성격의 5요인, 즉 '신경과민성, 외향성, 개방성, 우호성, 성실성'을 측정하는 가장 대표적인 성격검사이다.

③ MMPI(Minnesota Multiphasic Personality Inventory)는 미네소타대학에서 개발한 검사로, 세계적으로 가장 널리 쓰이고 가장 많이 연구되어 있는 객관적 성격 진단검사이다.

④ WAIS-V(Wechsler Adult Intelligence Scale - 5th Ed)는 성인용 웩슬러 지능 검사로, 세계에서 가장 많이 사용되는 지능검사이다.

29 다음 내용에 해당하는 정서지능 측정법은 무엇인가?

> 괄호 안에 들어갈 정서로 알맞은 것은?
>
> 수민이는 자신이 해야 할 모든 일에 대해 생각할 때 스트레스를 받고 약간 불안해졌습니다. 그녀의 상사가 그녀에게 추가 업무를 가져왔을 때 (   )을(를) 느꼈습니다.
>
> ① 압박감
> ② 우울함
> ③ 부끄러움
> ④ 죄책감

① NEO-PI-R

② MSCEIT

③ MMPI

④ WAIS-V

30 각인행동은 본능과 학습이 모두 섞여 나타나는 행동으로 보고 있다.

30 다음 중 본능이론의 한계점으로 옳지 <u>않은</u> 것은?

① 학습된 행동과 본능적 행동 간의 구분이 분명하지 않다.

② 설명하고자 하는 행동을 그 행동으로부터 추론된 본능으로 다시 설명하는 순환론적 설명을 하고 있다.

③ 본능적인 행동을 결정할 명확한 기준이 없다.

④ 본능이론으로 설명할 수 있는 행동은 각인행동뿐이다.

정답 29 ② 30 ④

31 다음 중 동기를 연구하는 관점에서 보편적 접근과 개별적 접근에 대한 설명으로 옳지 <u>않은</u> 것은?

① 인본주의 이론가들은 가장 뚜렷하게 보편적 접근방식을 선호한다.

② 보편적 접근은 가능한 한 넓은 범위의 상황에 적용할 수 있는 일반적인 법칙을 찾으려고 한다.

③ 개별적 접근은 각각의 사람을 독특하게 만드는 속성들을 관찰함으로써 행동을 이해할 수 있다고 가정한다.

④ 자아실현을 추구하는 이론가들은 개별적 차원에서 인간의 동기를 찾으려고 한다.

32 행동주의 동기이론 중 고전적 조건형성에 대한 설명으로 옳은 것은?

① 반응에 뒤따르는 결과에 따라 행동이 증가 또는 감소한다.

② 강화는 올바른 행동을 증가시키는 것이다.

③ 정적 처벌은 수업시간에 떠드는 행동을 할 때 벌점을 부과하는 것이다.

④ 중성자극이 연합에 의해 조건자극이 되는 과정을 설명한다.

33 다음 내용에서 괄호 안에 공통으로 들어갈 신경전달물질로 옳은 것은?

> 성취감과 쾌락을 느끼게 하는 (   )은 인체를 흥분시켜 살아갈 의욕을 느끼게 한다. 학습속도, 인내, 끈기, 동기부여 등에 관여한다. (   )이 결핍되거나 뇌가 (   )에 내성이 생기면 무엇을 해도 금방 질리고 쉽게 귀찮아지며, 모든 일에 쉽게 흥미를 느끼지 못하게 된다. (   )의 부족은 파킨슨병의 원인이 되기도 한다.

① 도파민
② 세로토닌
③ 엔도르핀
④ 코르티솔

31 인본주의 이론가들과 자아실현 이론가들에게서는 개별적 접근이 가장 뚜렷하다.

32 고전적 조건형성은 무조건자극과 중성자극이 반복적으로 제시되면 중성자극이 조건자극이 되어 조건반응을 일으키는 학습이론이다.
①·②·③ 조작적 조건형성에 대한 설명이다.

33 ② 세로토닌은 내측 시상하부 중추에 존재하며 체온, 기억, 정서, 수면, 식욕, 기분조절에 기여하는 신경전달물질로 부족하면 우울증의 한 원인이 된다.
③ 엔도르핀은 자연 진통 물질로, 내인성 모르핀이라고 한다. 운동, 흥분상태, 통증이 있을 때 분비되며 진통작용을 하는 마취제와 비슷해 기분을 좋게 한다.
④ 코르티솔은 급성 스트레스에 대응해 분비되며, 스트레스에 대항하여 신체에 필요한 에너지를 공급한다.

정답 31 ① 32 ④ 33 ①

34 물질적 부는 만족감을 높여주는 것으로 나타났으며, 어느 수준까지의 부는 행복에 영향을 미친다.

34 다음 중 행복에 대한 설명으로 옳지 <u>않은</u> 것은?

① 부는 행복과 관련이 없다.

② 교육 그 자체는 행복에 거의 영향을 주지 못한다.

③ 행복을 정의하기 위해 연구자들은 주관적 안녕감을 행복과 동의어로 사용한다.

④ 감사하는 삶을 사는 사람들은 삶에 대한 만족도가 높게 나타난다.

35 행복한 기분일 때는 주변경로의 영향을 많이 받아 사실이나 증거를 비판적으로 검토하지 않은 채 속단하기 쉽다.

35 다음 중 정서의 정보처리 방법에 해당하지 <u>않는</u> 것은?

① 정서는 의사결정에 직접적 영향을 미친다.

② 휴리스틱 인지는 설득의 주변경로 접근방법으로 단순한 경험 법칙에 의거해 결정을 내리는 방식이다.

③ 우울은 결정을 내리기 전 많은 정보를 수집하며, 합리적인 정보처리를 촉진한다.

④ 행복한 기분일 때 중심경로의 영향을 많이 받는다.

36
ㄱ. 망상활성체계는 외부자극에 주의를 기울일 때(각성 시) 변화가 나타나는 뇌간의 정중앙에 위치한 뉴런들이다.
ㄷ. 여커스-도드슨(Yerkes-Dodson) 법칙에 따르면, 수행의 효율성은 각성이 중간수준일 때 최대가 된다.
ㄴ. 테라토겐은 태내기 동안 태아에게 손상을 유발할 수 있는 모든 환경적 요인 즉, '알코올, 담배, 약물' 등을 의미한다.

36 다음 내용에서 각성이론과 관련 깊은 것을 모두 고르면?

> ㄱ. 망상활성체계
> ㄴ. 테라토겐
> ㄷ. 여커스-도드슨 법칙

① ㄱ, ㄴ
② ㄴ, ㄷ
③ ㄱ, ㄷ
④ ㄱ, ㄴ, ㄷ

정답 34 ① 35 ④ 36 ③

37 다음 중 정서조절 전략에 해당하는 설명으로 옳은 것은?

① 정서를 조절하기 위해 상황수정을 통해 적극적 대처를 하는 사람들이 심리적 안녕감이 높은 경향이 있다.

② 상황 초점적 전략은 이미 경험하고 있는 정서를 억제시키는 것이다.

③ 반응 초점적 전략은 특정 정서를 유발할 것 같은 상황을 피하는 것이다.

④ 인지 초점적 전략은 불편한 상황의 감정을 표현함으로써 강렬한 정서를 겉으로 방출하는 것이다.

38 다음 중 기대가치이론과 그 학자에 대한 설명이 옳은 것은?

① 머레이는 동기는 행동의 결과에 따른 보상의 가치, 보상이 따라올 가능성, 결과에 대한 자신감에 의해 결정된다고 하였다.

② 엣킨슨은 기대의 개념을 확장해 어떤 사람은 자신의 행동에 자신이 통제력이 있다고 믿고, 어떤 사람은 외부의 통제를 받는다고 지각한다고 설명했다.

③ 로터는 인간의 행동은 목표 달성에 대한 기대와 그 목표에 대한 가치의 결과로 일어난다고 하였다.

④ 브룸은 성취동기는 목표에 접근하려는 경향에서 실패를 피하려는 경향을 뺀 값이라고 하였다.

---

37 ② 상황 초점적 전략은 정서를 유발하는 상황을 찾아 이를 피하거나 변화시키는 것이다. 상황선택과 상황수정 단계를 거치게 되는데 상황선택은 단순히 특정 정서를 유발할 것 같은 상황에 들어갈 것인지 아닌지를 결정하는 것이다. 상황수정은 해당 상황에 들어가 이를 변화시키는 조치를 취하는 것이다.

③ 반응 초점적 전략은 '정서 표현하기, 운동하기, 이완시키기, 정서 표현 억제하기' 등을 통해 감정을 가라앉히는 전략을 사용하는 것이다. 이미 경험하고 있는 정서를 억제시키는 것이다.

④ 인지 초점적 전략은 상황을 다른 방식으로 생각함으로써 정서를 통제하는 것이다. 상황의 한 측면에 주의를 기울이면서 다른 측면은 무시하는 방법과 상황의 부정적인 측면에 관심을 기울이지만 덜 스트레스가 되는 방식으로 의미를 해석하는 방법이다.

38 ① 브룸(Vroom)의 동기이론에 대한 개념으로, '동기의 강도(MF) = 가치(V) × 수단성(I) × 기대(E)'로 표현된다.

② 로터(Rotter)의 통제소재 개념이다.

④ 엣킨슨(Atkinson)의 기대가치이론으로, 엣킨슨은 성취상황에 접근하려는 경향은 '성공동기, 성공확률, 성공의 유인가치'에 의해 결정된다고 하였다.

정답 37 ① 38 ③

39 존중욕구는 내적·외적으로 인정을 받으면서 어떤 지위를 확보하기를 원하는 욕구이다. 그러므로 자존감욕구가 여기에 해당한다.
① 안전욕구는 평상심과 질서를 유지하려는 욕구로, '개인적 안정, 재정적 안정, 건강과 안녕, 사고나 병으로부터의 안전'을 포함한다.
② 애정과 소속욕구는 사회적인 상호작용을 통해 원활한 인간관계를 유지하려는 하는 욕구로, 사회적으로 조직을 이루고, 그에 소속되어 함께하고자 하려는 성향을 띤다.
④ 자아실현욕구는 자기발전을 위하여 잠재력을 극대화하고 자기의 완성을 바라는 욕구이다.

39 다음 욕구위계 중 자존감욕구가 해당하는 단계는?

① 안전욕구 단계
② 애정과 소속욕구 단계
③ 존중욕구 단계
④ 자아실현욕구 단계

40 ①은 밀러와 달러드의 사회학습이론이며, 반두라의 사회학습이론은 인지적 측면이 강조되어 달러드와 밀러의 이론과 구분하기 위해 사회인지이론이라는 명칭을 사용하였다.

40 다음 중 사회인지이론에 대한 설명으로 옳지 않은 것은?

① 사회인지이론은 달러드와 밀러가 사회적 행동에 초점을 두고 헐의 학습이론을 통합한 이론이다.
② 성공, 문제해결, 적응에 필요한 주된 심리적 변인은 자기효능감이다.
③ 행동, 인지, 환경요인의 상호작용으로 인간의 행동이 결정된다.
④ 자기효능감은 성취경험, 대리경험, 언어적 설득, 정서적 각성을 주 원천으로 한다.

정답 39 ③   40 ①

제 1 장

동기의 개념과 특성

교육이란 사람이 학교에서 배운 것을 잊어버린 후에 남은 것을 말한다.

– 알버트 아인슈타인 –

제 **1** 장 | 동기의 개념과 특성

제1절 | 동기의 구성개념들

1 동기의 개념

(1) 동기의 어원

① 동기의 사전적 의미는 '어떤 일이나 행동을 일으키게 하는 계기'이다.
  ㉠ 동기(動 – 움직일 '동', 機 – 틀 '기') : 일을 발동시키는 계기
  ㉡ 사람이 마음을 정하거나 행동을 일으키거나 하는 직접적인 원인
② Motivation(동기)은 '움직이다'라는 의미의 라틴어 동사 'Movere'에서 왔는데, 이것은 'to Move' 즉 '움직이게 하다'라는 의미를 가지고 있다.
③ 어떤 행동을 하도록 만들고, 그것을 지속하게 하며, 주어진 과제를 완수하도록 하는 데 반영되는 움직임(Movement)의 개념과 관련이 있다.

(2) 동기의 정의 `기출`

① 인간이 행동을 하고 행동을 하도록 유도하는 요인으로, 개인의 내부에 있는 '욕구, 필요, 추진력, 충동' 등으로 정의되기도 한다.
② 넓은 의미로 어떤 장면에서 개인의 행동을 결정하는 의식적·무의식적 원인을 말한다.
③ 갈증 등과 같은 유기체의 내적 상태를 가리키기도 한다.
④ 욕구와 동의어로 사용되며, 비슷한 용어로는 '동인' 혹은 '추동'(Drive)이 있다.
⑤ 행동적 힘이라는 면이 강조된 말이다.
⑥ 인간의 행동에 대하여 가장 빈번하게 제기되는 질문인 "왜?"라는 질문은 동기를 묻는 질문이 된다.
⑦ 심리학에서는 행동을 일으킨 의식적·무의식적인 원인을 말한다.

(3) 동기가 내포하는 개념

① 인간행동을 활성화시킨다. 일정한 방식으로 행동하도록 개인 내의 활성적인 힘을 촉발시킨다.
② 인간행동의 방향을 설정하거나 목표를 지향시킨다. 행동이 어떤 목표를 지향해서 이루어지는 현상을 가리키는 것으로 동기가 지니는 방향이나 목표를 의미한다.
③ 인간행동을 유지시키거나 지속시킨다. 추동의 강도와 에너지의 방향을 지닌 행동을 계속해서 유지시킨다.

> **더 알아두기**
>
> **추동**
> • 사람이나 동물이 어떤 행동을 일으키도록 하는 동기 상태
> • 헐(Hull)은 기질적 욕구가 추동을 불러오고, 추동이 적절한 행동을 활성화시켜서 신체를 균형 상태로 돌아오게 한다고 주장함
> 예 굶주린 동물은 먹이를 얻도록 추동되었다. 그 외에도 '물, 수면, 산소, 성적 자극'의 박탈이 추동을 일으킨다.

(4) 동기연구의 의의

① 동기를 이해함으로써 인간의 행동을 설명할 수 있다. 왜 인간의 행동이 어떤 상황에서는 일어나고 어떤 상황에서는 일어나지 않는지 설명하는 데 도움이 된다.

② 동기는 인간의 행동을 이해하고 예측하는 데 도움이 된다.

③ 동기의 이해는 우리를 향상시킨다. 동기이론들은 어떻게 재능과 창의성을 배양하고 흥미를 개발하며 가능성을 향상시키는지에 대해 설명해 준다.

④ 동기의 이해는 우리가 목표를 설정하고 계획을 세우는 데 도움이 된다.

⑤ 동기를 이해함으로써 우리는 개인적 성장에 가치 있는 결과를 얻을 수 있다. 동기에 대한 이해는 전문지식을 얻고 수행을 높이며, 의미를 발견하고, 행복을 더욱 느낄 수 있게 도와준다.

⑥ 동기는 조직의 성과를 결정하는 데 중요한 요인이다. 조직의 지도자는 구성원들의 동기를 전제로 효과성을 높일 수 있는 경영철학을 정립할 수 있다.

2 동기의 특성

우리가 동기라고 부를 수 있는 것에 대해 직관적인 느낌은 있으나, 동기를 정의하기는 매우 어려운 것으로 밝혀졌다. 클레인지나와 클레인지나(Kleinginna & Kleinginna, 1981)는 동기와 관련하여 이를 정의하거나 비판하는 진술을 102가지나 찾을 수 있었다고 하였다. 동기에 대한 정의는 동기를 주제로 하는 교과서들마다 약간씩 다르게 정의하고 있지만, 공통적으로 언급하는 동기의 특성은 활성화적인 속성과 방향성이다.

(1) 활성화

동기의 활성화적인 속성을 말하는 것으로, 행동이 나타날 때 가장 쉽게 관찰되는 것을 말한다.

① **가현적(외현적) 행동**

㉠ 유기체가 어떤 식으로든 행동하는 것이 관찰된다면, 동기가 존재한다고 가정된다.

㉡ 관찰되는 외현적 행동이 없다면, 유기체의 동기수준이 행동을 유발할 만큼 충분하지 않은 것으로 생각할 수 있다.

ⓒ 외현적 행동이 반드시 동기의 존재를 의미하지는 않는다. 사자를 본 가젤이 공포에 얼어붙어 도망을 가지 못한다고 할 때, 우리는 가젤이 도망갈 동기가 없다고 말하는 것에 동의할 수 없다. 왜냐면 가젤이 외현적 행동은 보이지 않지만, 심박수나 아드레날린 호르몬 등의 수치는 높게 나타나기 때문이다.

ⓔ 외현적 반응이 뚜렷하지 않을 경우, 동기가 없다고 가정하려면 신중해야 한다.

ⓜ 동기는 행동을 활성화시킨다고 여겨지지만, 활성화된 행동이 항상 외현적이지 않을 수도 있다.

ⓗ 다행히도 많은 동기 상태의 경우, 동기의 변화가 외현적 행동의 변화를 가져온다.

② **지속성**

ⓙ 배고픈 동물들은 성과가 없다고 하더라도 지속적으로 먹이를 구하는 행동을 시도한다.

ⓛ 인간 역시 성공확률이 높지 않은 경우에도 지속적으로 특정한 방식의 행동을 한다.

ⓒ 행동의 지속성은 어떤 대안적 행동이 가능한가에 의해 부분적으로 좌우된다.

　예 레버를 누르면 먹이가 나오는 것을 학습한 쥐는 지속적으로 레버 누르기를 할 것이다. 그러나 그 공간에 쳇바퀴가 있는 등 다양한 반응을 할 수 있는 것들이 있다면 쥐의 레버 누르기의 지속성은 감소할 것이다.

ⓔ 다양한 반응을 보일 수 있는 상황에서 지속성이 동기의 강도를 실제로 정확하게 반영해 줄 수 있다.

ⓜ 동기연구에서는 둘 이상의 반응이 가능한 상황에서 지속성을 관찰하지 않으므로, 지속성이 동기의 한 지표로 보이는 것은 사실이다.

ⓗ 다른 요인들도 행동의 지속성에 영향을 준다는 것을 인식하는 것이 중요하다.

③ **강렬함**

ⓙ 왕성하고 활발한 행동은 소극적이고 약한 행동보다 더 동기화되었다고 할 수 있다.

ⓛ 그러나 강렬한 반응이 항상 높은 동기화를 의미하는 것은 아니다.

　예 레버를 강하게 눌러야 먹이가 나오는 것을 학습한 쥐는 힘세게 반응하는 것을 학습한 것이지, 높은 수준의 동기화가 있다고 볼 수 없다.

④ 다른 요인들을 무시할 수 있다고 가정할 때, '외현적 반응, 지속성, 강렬함'은 동기의 존재를 나타내는 합리적인 지표가 된다.

⑤ 유기체는 계속해서 활동하기 때문에 행동의 활성화가 동기의 분석에서 주요한 관심사가 되어서는 안 된다는 주장이 제기된다.

(2) **방향**

다른 연구자들은 동기의 분석에서 살펴봐야 할 것이 활성화 속성이 아니라, 유기체의 활동을 한 가지 형태에서 그와는 다른 형태로 변화시키는 조건들이라고 제안한다.

① 어떤 특정한 행동은 분명한 방향성을 가지고 있다.

　예 배가 고프면 우리는 냉장고를 찾아간다.

② 여러 가지 선택이 가능한 경우에는 방향성이 분명하지 않을 수 있다.

③ 갈증이 날 때 시원한 맥주와 오렌지 주스가 있다면 어떤 것을 더 선호하느냐에 따라 선택이 달라진다.

④ 어느 것이 더 동기 유발적인지를 알아내려면 선호도 검사를 실시하면 된다.

⑤ 지속성이나 강렬함 같은 지표들이 차이를 드러내지 못할 수도 있기 때문에, 선호도가 동기를 설명하는 지표로 더 적절할 수 있다.

⑥ 벡(Beck, 1983)은 선호도가 동기화의 가장 기본적인 지표라고 간주하고 있다.

(3) 동기연구의 근본적인 질문

① 행동의 원인

㉠ 동기의 첫 번째 근본적인 물음은 "무엇이 행동을 일으키는가?"이다.

㉡ 우리는 사람들이 행동을 하는 것은 볼 수 있지만, 그 행동의 원인은 볼 수 없다.

㉢ 우리는 사람들의 노력과 끈기는 볼 수 있지만, 그 이유는 알 수 없다.

㉣ 동기연구는 행동의 숨겨진 원인을 확인하기 위한 과학 분야이다.

㉤ "무엇이 행동을 일으키는가?"는 어떻게 동기가 '행동의 시작, 지속, 변화, 목표 지향성, 최종 행동'에 영향을 미치는지에 대한 물음이다.

㉥ 이러한 물음은 동기가 어떻게 한 사람의 행동 흐름에 관여하고 영향을 주며 설명해내는 데 도움을 주는가를 이해하는 것과 관련이 있다.

② 행동의 강도가 다른 이유

㉠ 동기의 두 번째 근본적인 질문은 "왜 행동의 강도는 다르게 나타나는가?"이다.

㉡ 같은 사람이라도 어떤 때는 욕구가 강하게 나타나고, 어떤 때는 욕구가 약하고 사라지기 쉽다.

㉢ 행동의 강도는 개인 내에서뿐만 아니라 다른 개인들 사이에서도 다르게 나타난다.

㉣ 개인 내에서 동기는 다르게 나타나며, 동기가 다르면 행동도 달라진다.

㉤ 사람은 동일한 기본적인 동기와 정서의 많은 부분을 공유하지만, 무엇이 그들을 동기화하는지는 명백히 다르다.

㉥ 한 개인의 행동의 강도가 매순간, 매일, 매년 달라지는지를 설명해야 한다.

㉦ 개인마다 같은 상황에서 열정적으로 관여하기도 하고 관여하지 않으려고 하기도 하는지 설명하는 것이 동기 문제를 설명하는 것이다.

㉧ 동기에 대한 질문은 광범위한 개인차가 존재하는 동기에 대해서 어떻게 그러한 차이가 생기고 그 차이들이 어떤 의미를 함축하는지에 대해 연구한다.

③ 동기연구는 행동에 있어서 활력(Energy), 방향(Direction), 지속성(Persistence)을 제공하는 과정들에 관심을 갖는다.

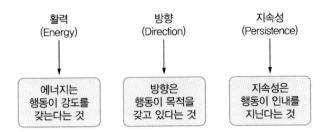

3 주요 구성개념

동기이론에서는 빈번히 사용되는 몇 개의 주요 구성개념들이 있다. 동기이론들은 이 구성개념들을 다루는 측면에서 서로 차이가 있기 때문에, 이 개념들을 이해하는 것은 서로 다른 이론들을 비교하는 데 도움이 될 수 있다.

(1) 에너지

① 동기이론의 많은 것들이 행동을 추진시키는 어떤 에너지원이 존재한다고 가정한다.

② 어떤 연구자는 모든 행동을 유발하는 에너지원이 하나라고 주장한다. 일반 에너지원을 가정하면 이 에너지를 따라 다른 방향으로 향하게 하는 어떤 메커니즘이 필요하다.

③ 특정 행동들을 유발하는 특이적인 힘이 있다고 주장하는 연구자도 있다. 이 주장에 따르면 각 행동이 자체적인 에너지원을 갖기 때문에 에너지를 활성화시키는 행동이 방향을 잡아주는 기능도 할 수 있다(예 배가 고프면 음식을 찾게 되고, 목이 마르면 물을 찾는 행동을 하게 된다).

④ 어떤 이론들은 행동의 에너지원을 명백하게 가정하지 않는다.

⑤ 에너지라는 개념이 불필요하며, 행동의 배후에 있는 어떤 에너지를 가정하지 않고도 동기를 이해할 수 있다고 제안하는 학자들도 있다.

⑥ 에너지라는 개념은 이론에 따라서 중요할 수도 있고 그렇지 않을 수도 있다.

(2) 유전

① 동기를 설명하는 이론적인 접근에서는 동기기제들이 유전적으로 유기체에게 프로그래밍되어 있다고 가정해왔다.

② **생물학적 접근의 첫 번째 형태**
  ㉠ 본능접근에 따르면 유기체 내에 에너지가 축적되어 동기화된 상태에 이르게 된다고 주장한다.
  ㉡ 동기화가 되면 동기를 감소시키기 위해 프로그래밍된 행동이 일어난다.
  ㉢ 보통 환경 내의 특정 자극들은 프로그래밍된 행동의 촉발을 일으킨다.

③ 생물학적 접근의 두 번째 형태

    ⊙ 이 접근에 따르면 신체 상태를 모니터링하고 있다가, 변화가 감지되면 행동을 활성화시키는 뇌 속의 회로들이 있다고 제안한다.

    ⓛ 이 프로그램들이 활성화되면, 선천적인 반응이든 학습된 반응이든 반응을 하려는 동기유발로 이어진다는 것이다.

(3) 학습

① 동기화된 행동에서 학습도 중요한 역할을 담당해왔다.

② 헐(Hull)은 1940년대 학습과 동기 사이의 상호관계를 개략적으로 설명하는 이론을 개발했다.

③ 이후 학자들은 목표지향적 행동을 통제하는 데 있어서 유인의 역할을 강조하였다.

④ 고전적 조건형성과 도구적 조건형성이 동기 상태의 발달에 어떻게 관여할 수 있는지를 살펴보는 연구도 진행되었다.

⑤ 어떤 동기는 관찰학습에 의해 이루어지기도 하는데, '모방'이라고 불리는 과정은 인간의 동기화 행동 대부분의 기초가 될 수 있다.

(4) 사회적 상호작용

① 우리가 다른 사람들과 갖게 되는 상호작용도 동기를 일으킬 수 있다.

② 집단의 힘은 동조하도록 하는 동기유발원이다.

③ 타인의 권위는 복종하도록 동기유발할 수 있다.

④ 타인의 존재가 위급상황에서 타인에게 도움을 제공할 가능성을 감소시키기도 한다.

⑤ 사회적 상황은 우리의 행동에 큰 영향을 미치는데, 타인의 존재가 우리의 동기를 변화시키기 때문이다.

(5) 인지과정

① 동기에 있어서 인지과정의 역할이 점점 더 인정되고 있다.

② 우리가 받아들이는 정보의 종류와 그 정보가 처리되는 방식이 우리의 행동에 중요한 영향을 미친다.

③ 하이더(Heider)의 균형이론, 페스팅거(Festinger)의 인지부조화이론, 벰(Bem)의 자기지각이론은 행동의 통제에 있어서 능동적 정보처리, 즉 사고를 강조한다.

④ 귀인이론도 타인과 자신의 행동을 해석하는 데 인지의 역할을 강조하였으며, 우리의 행동이 대체로 이 같은 해석을 기초로 할 것이라고 말한다.

> **더 알아두기**
>
> **균형이론**
> 사람 사이, 사물 사이, 사람과 사물 사이의 관계에는 균형을 이루려는 경향이 존재한다고 생각하는 것
>
> **인지부조화이론**
> 우리가 우리의 믿음, 태도 및 의견을 우리의 외현적 행동과 일치하도록 유지하기 위해 노력한다는 것
>
> **자기지각이론**
> 우리가 마치 외부인을 관찰하는 것처럼 자신의 행동을 관찰한 다음 이 관찰을 기초로 판단을 내린다는 것
>
> **귀인이론**
> 우리가 우리의 행동, 타인의 행동의 원인을 우리가 경험하는 사건들과 관련하여 판단해가는 과정에 관한 것

(6) 동기의 활성화

① 이 분야의 연구는 유기체의 상태를 감지하는 기제, 신체가 평형을 상실했을 때 동기를 유발하는 기제를 연구해 왔다.

② 초기의 이론들은 신체 상태를 감지하는 데 있어서 말초 수용기들의 역할을 강조하였다.
  - 예 입이 마른 것은 목마름을 알려주는 단서라는 것

③ 이후 반박이 늘어나면서 뇌의 중추 수용기가 더 강조되었다.
  - 예 혈당이나 혈액의 삼투압과 같은 특정 상태들을 감지하여 적절한 동기상태를 촉발할 수 있다는 것

④ 다시 특정 상태들을 감지하는 것으로 보이는 위, 장, 간 수용기가 발견됨에 따라 일부 학자들은 다시 말초기제를 강조하는 쪽으로 선회하였다.

⑤ 실제로 감지체계가 여러 개 존재하여, 일부는 신체의 내장기관에 있고, 다른 것들은 뇌 속에 있을 수도 있다.

(7) 욕구

① 욕구(Need)는 인간의 '성장, 안녕, 삶'에서 본질적이고 필수적인 조건이다.

② 환경이 욕구를 만족시켜 준다면, 우리의 삶과 건강은 유지되고 성장이 이루어지며 안녕이 따라온다.

③ 환경이 욕구를 저지하면, 삶과 건강이 위협받고 성장을 멈추게 하며 안녕이 방해된다.

④ 세 가지 범주의 욕구가 존재한다.

욕구의 종류	정의 및 예시
생물학적 욕구	뇌구조, 호르몬, 주요 신체기관을 동시에 움직여서 신체적 안녕을 조절하고 성장, 안녕, 삶에 잠재적 위험이 되는 신체적 불균형을 조정하게 하는 유기체의 생물학적 조건 예 갈증, 배고픔, 성욕 등
심리적 욕구	개인적 성장, 사회적 발달, 심리적 안녕을 촉진할 수 있는 환경과의 상호작용을 추구하는 주체적인 욕구가 기저를 이루는 내재적 심리 처리 예 자율성, 유능성, 관계성 등
암묵적 욕구	자신의 사회화 과정에서의 긍정적인 정서와 관련된 환경적 사건과의 상호작용을 추구하고, 이에 시간을 사용하는 발달적으로 획득된(사회화에 의한) 심리 처리 예 성취, 친애, 권력 등

(8) 항상성

① 연구자들은 동기가 존재하는 목적에 대해서도 서로 다른 생각들을 제시해왔다.

② 항상성은 다양한 상태들 각각에 대하여 신체의 적정수준이 존재한다는 개념이다.

③ 신체가 항상성을 유지하기 위해 적정수준을 너무 벗어나면, 그 상태들을 감지하는 수용기에 의해 동기 회로들이 촉발되고, 따라서 몸을 다시 적정수준으로 되돌리는 행동들이 시작된다.

④ 동기 상태들 중 어떤 것들은 항상성 유지를 위해 작용한다는 것이 분명하다.

(9) 쾌락설

① 동기화된 행동의 목적에 대한 가장 오래된 설명이다.

② 사람은 쾌락과 고통에 의해 동기가 유발된다고 가정한다.

③ 사람은 유쾌한 상황들에 접근하는 것을 학습하며, 고통스러운 상황을 회피하는 것을 학습한다.

④ 현대의 쾌락설은 쾌락과 고통이 하나의 연장선상에 있으며, 유쾌한 것도 상황이 변하면 바뀔 수 있다고 가정한다(예 배가 부르면 아주 맛있는 음식을 제공받아도 별로 유쾌하지 않을 것이다).

(10) 성장동기

① 성장동기는 인간이 자신의 (신체적, 심리적, 정서적) 잠재력을 완전히 발휘하도록 동기화된다는 생각을 강조한다.

② 로저스(Rogers)는 '충분히 기능하는 사람'이라는 개념과 연관시켜 성장동기를 논의하였다.

③ 매슬로우(Maslow)는 '자아실현'이라는 용어로 개인적 성취를 위해 노력하는 동기를 기술하고 있다.

④ 모든 성장동기이론은 인간이 자신의 능력을 검증하고 향상시키려는 강력한 동기를 갖고 있다고 제안한다.

제2절 | 동기의 측정

1 동기에 대한 과학적 연구

동기에 대한 연구는 동기의 기본개념에 근거하여 모든 행동에는 원인이 있다는 가정을 두고, 그 원인을 밝히기 위한 목적으로 이루어져 왔다.

(1) 과학적 연구의 절차

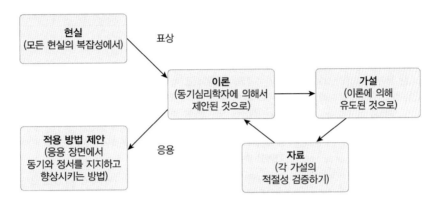

[과학적 연구의 절차]

① 이론가가 현상을 개념화하는 방법이 적절하거나 완벽하지 않을 수 있다.
② 연구자들은 검증 가능한 가설을 만들어내기 위해 이론을 활용한다.
③ 가설은 이론이 옳다면 발생해야 하는 것에 대한 예측이다.
④ 가설이 설정되면, 그 가설의 정확성을 평가하기 위해 데이터를 수집하고 연구가 수행된다.
⑤ 연구의 결과가 이론의 가설을 지지한다면, 연구자들은 이론의 타당성을 갖는다.
⑥ 결과가 이론을 지지하지 못한다면, 연구자들은 이론을 변경하거나 더 나은 이론(혹은 설명)을 찾아 나선다.
⑦ 이론은 충분하고 엄격하게 객관적으로 타당성이 실증된 이후에 더욱 유연해진다.

(2) 동기연구의 주제

동기는 적응을 돕는다.	• 환경은 항상 변하고, 동기는 변화하는 환경에 적응하는 것을 돕는다. • 동기가 결여된 사람들은 일반적으로 환경에 허둥대고 힘겨워한다. • 높은 동기수준을 가진 사람들은 일반적으로 잘 적응하고 번영한다.
동기는 주의를 지시하고 행동을 준비시킨다.	• 다른 행동들보다는 어떤 행동들을 선택하도록 주의를 안내함으로써 행동에 영향을 준다. • 동기는 우리의 주의를 획득하고 때로는 적극적으로 요구함으로써, 우리가 다른 것보다 환경의 특정한 측면에 주의를 기울일 수 있도록 한다[선택적 주의(Selective Attention)]. • 동기는 주의를 끌고, 우리가 현재 하고 있는 일을 중단시키기도 하며 다른 일을 하는 데 산만하게 하고, 동기에 적합한 행동을 하도록 준비시키며, 우리의 사고와 감정 및 행동에 대해 동기에 적합하게 우선순위를 부여한다.
동기는 시간에 따라 변하고 진행 중인 행동의 흐름에 영향을 준다.	• 주의가 계속되는가? • 동기강도는 시간에 따라 변화한다. • 사람들은 다양한 강도를 지닌 다수의 동기들이 내재되어 있고, 그중 일부가 특정 시기나 상황에서 주의를 사로잡고 행동의 흐름에 참여하여 영향을 준다. • 동기는 휴지, 출현, 만족, 좌절을 거친다. • 가장 강한 동기는 전형적으로 우리의 행동(예 시험기간에 공부)에 가장 큰 영향을 미치지만, 각각의 하위 동기(예 피곤, 문자 메시지 등)는 상황이 변하고 시간이 흐르면서 지배적으로 될 수도 있고, 진행 중인 행동의 흐름에 일련의 영향을 주고 기여할 수도 있다.
다양한 동기의 유형이 존재한다.	• 많은 사람들의 생각 속에 동기는 단일한 개념이며, 더 많은 양의 동기가 좋다는 것을 가정한다. • 동기이론가들은 다양한 유형의 동기가 존재함을 강조한다. • 내재적 동기−외재적 동기, 학습(숙달)동기−수행동기, 성공접근 동기−실패회피 동기 등 • 동기의 분석에는 '얼마나 많은지', '어떤 유형인지'를 질문한다.
동기는 접근경향성과 회피경향성을 포함한다.	• 흥미, 희망, 즐거움 vs 고통, 좌절 • 초기 동기이론 : 인간은 혐오적인 상태를 피하려고 끊임없이 투쟁한다. • 성취상황(되고 싶다, 하고 싶다) • 같은 도전상황에도 개인 간 경향성은 다를 수 있다.
동기연구는 사람들이 원하는 것이 무엇인지를 밝혀준다.	• 우리가 희망하고, 원하고, 필요하고 두려워하는 것이 무엇인지 알아야 한다. • 동기이론들은 다른 문화, 다른 인생경험, 다른 나이, 다른 역사적 기간, 다른 유전적 자질을 지니는 사람들 사이의 공통성을 식별하면서, 모든 인간들의 노력 속에 들어 있는 공통적인 것이 무엇인지를 밝힌다. • 우리에게 희망과 욕구의 어떤 부분이 인간 본성으로부터 유래했고, 또 어떤 부분이 '개인적, 사회적, 문화적' 학습으로부터 유래했는지 알려준다. • 동기의 두 측면 : 생물학적 보편성 vs 사회적 요구에 따른 적응
동기는 번영하기 위해서 지지 조건이 필요하며 동기의 원리는 응용될 수 있다.	• 개인의 동기는 사회적·환경적 맥락과 분리되기 어렵다. • 동기연구가들은 사람들의 동기가 번영하도록 하는 방식에서 동기원리를 적용하는 것을 추구한다. • 동기는 소속된 집단에 영향을 받는다. • 교육, 조직, 스포츠, 치료영역에서 다양하게 활용된다.

타인을 동기화시키려고 할 때 쉬운 방법은 효과적이지 않으며, 좋은 이론이 가장 실용적이다.	• 상식수준의 동기전략은 오히려 동기를 손상시킬 수 있다. • 자신과 타인을 동기화하는 두 가지 접근법이 있다. • 동기는 결핍된 것으로부터 발생한다. • 동기를 발생시키는 원인은 내부, 외부에 존재한다. • 내부로부터 발생하는 동기를 더 지지한다. • 좋은 이론은 문제를 해결하는 데 활용되는 실용적이고 유용한 도구이다. • 이론은 행동적 관찰을 해석하는 개념적 틀을 제공한다. • 이론은 어떻게 문제를 설명하고 해결하는지를 경험적으로 타당하게 안내한다.
우리는 우리 행동의 동기적 기저에 대해 항상 의식하는 것은 아니다.	• 어떤 동기는 우리의 의식적인 인식에 쉽게 접근 가능하다. 　예 "오늘 내 목표는 심리학책을 50페이지 읽는 것"과 같은 것 • 어떤 동기들은 비언어적 구조와 뇌 피질하부에서 유래하기 때문에 의식적인 인식을 하기 쉽지 않다. • 이러한 동기는 언어에 기반한 대뇌피질보다 정서에 기반한 대뇌피질 하부에서 유래하는 것이다. • 사람들은 왜 자신이 사회적이거나 반사회적인 행동을 하는지 의식적으로 인식하지 않는다. • 인간의 행동을 조절하는 동기와 열망, 식욕, 희망, 감정, 욕구, 정서가 항상 즉각적으로 명확하거나 의식적으로 접근 가능하지는 않다.

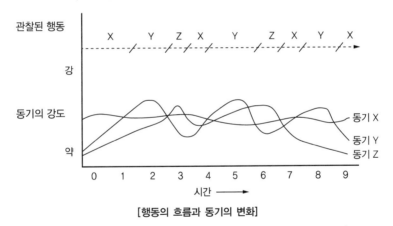

[행동의 흐름과 동기의 변화]

출처 : Cognitive Control of Action, by D. Brich, J. W. Atkinson & Bongort, in B. Weiner's (Ed.), Cognitive View of Human Motivation(pp. 71~84), 1974, New York : Academic Press에서 변용

위 그림에서 다음 내용을 알 수 있다.

① 동기의 힘은 시간에 따라 변화한다.

② 사람들은 다양한 강도의 복합적인 동기들을 품고 있으며, 누구든지 적절한 상황을 고려하여 일련의 행동에 참여하며 몰입한다.

③ 동기는 개인이 가지고 있거나 가지고 있지 않은 것이 아니라 상황의 변화에 따라 달라지는 것이다.

2 동기의 표현

(1) 동기의 과제

동기가 어떻게 표현되는지 탐구하는 것은 동기연구의 중요한 과제 중 하나이다(例 "누군가 동기화되었을 때 우리는 어떻게 말할까?, 동기화되지 않았을 때 어떻게 말할까?, 또는 아주 약간만 동기화되었거나 다른 것보다 특정한 한 가지에 더 동기화되었을 때 어떻게 말할까?").

① 다른 사람의 동기를 추론하는 방법은 두 가지가 있다.
　　㉠ 행동, 관여, 정신생리학, 뇌 활성화, 자기보고와 같은 공식적으로 관찰 가능한 동기의 증상을 관찰하는 것
　　㉡ 동기적 상태를 일으키는 것으로 알려진 선행요인에 관심을 두는 것
　　　　例 위협은 공포로 이어지고, 성취를 경험한 사람은 유능성을 느낄 수 있는데, 이 경우 위협이나 성취는 동기 상태의 선행요인

② 동기의 선행요인을 안다면 우리는 자신 있게 사람들의 동기적 상태를 미리 예측할 수 있다.

③ 이러한 선행요인은 항상 알 수 있는 것이 아니며, 대개는 동기의 표현으로부터 추론될 수밖에 없다.

(2) 동기의 표현 : 행동(Behavior)

다음에 제시된 행동의 일곱 가지 측면은 동기의 존재, 강도, 질을 나타낸다(Atkinson & Birch, 1970, 1978; Bolles, 1975; Ekman & Friesen, 1975).

① **노력** : 과제 중 발휘된 노력, 활용된 전체 역량의 비율

② **지속성** : 행동을 시작하고 나서 멈출 때까지의 시간

③ **잠재시간** : 기회가 처음 주어진 후 과제를 시작할 때까지 기다린 시간

④ **선택** : 두 가지 또는 그 이상의 행동경로가 있을 때, 특정 행동경로에 대한 선호를 나타내기

⑤ **반응확률** : 기회의 총 횟수 대비 목표 지향적 특정 반응을 나타낸 횟수(백분율)

⑥ **얼굴표정** : 코 찡그리기, 윗입술 치켜 올리기, 눈썹 찡그리기(例 혐오의 얼굴표정) 등과 같은 얼굴 움직임

⑦ **몸짓** : 앞으로 숙이기, 자세 바꾸기, 의도적으로 발·팔·손 움직이기 등과 같은 몸짓

강한 동기의 존재를 추론하는 증거	약한 동기의 존재를 추론하는 증거
• 행동이 강한 노력 • 긴 지속성 • 짧은 잠재기간 • 높은 반응확률 • 표정이나 몸짓의 표현을 보이거나, 개인이 다른 것 대신에 특정한 목표 물체를 추구할 때	• 행동이 나태한 노력 • 약한 지속성 • 긴 잠재기간 • 낮은 반응확률 • 최소한의 표정과 몸짓 표현을 보이거나, 개인이 대안적인 목표를 추구할 때

(3) 동기의 표현 : 참여 혹은 관여(Engagement)

① 참여(관여)란 한 개인이 과제에 능동적으로 참여한 정도라고 할 수 있다.

② '행동, 정서, 인지, 주체성'의 네 가지 측면의 관여가 각각 차별성을 지니고 있지만, 서로 관련되고 보완적인 구조를 지니고 있다.

③ 행동적 관여는 제시된 행동과 비슷한 표현으로 노력과 인내의 측면에서 개인이 활동하는 동안 얼마나 성실하게 참여하였는가를 의미한다.

④ 정서적 관여는 불안과 같은 부정적 감정의 부재와, 흥미와 같은 과제 개입과정에서의 긍정적 감정의 출현을 의미한다.

⑤ 인지적 관여는 얼마나 전략적으로 정보처리를 시도하고, 피상적인 학습전략보다 세련된 전략을 이용하는 방식을 배우는지를 의미한다.

⑥ 주체적 관여는 '질문하기, 선호 표현하기, 원하는 바와 욕구를 타인이 알게 하기'와 같은 활동의 흐름에 주도적이고 건설적으로 기여하는 정도를 의미한다.

⑦ 예를 들어 수업 중 나의 옆자리에 앉은 학생의 배후 동기를 추론하기 위해 '그 학생의 노력과 끈기(행동적 관여), 흥미와 즐거움(정서적 관여), 깊은 정보처리와 전략적 학습(인지적 관여), 수업의 흐름에 대한 몰입과 기여(주체적 관여)'를 관찰해 볼 수 있다.

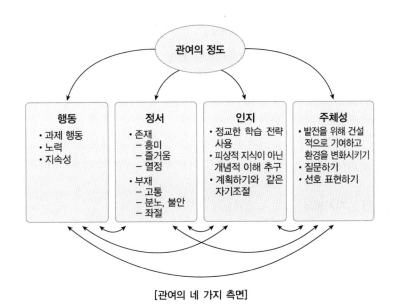

[관여의 네 가지 측면]

(4) 동기의 표현 : 정신생리학(Psychophysiology)

① 정신생리학은 동기와 정서가 신체의 생리에 영향을 주는 과정을 살펴보는 것이다.

② 사람들의 다양한 활동 참여에 따라, 신경과 내분비계는 동기와 정서상태의 생물학적 토대를 제공하는 다양한 신경전달물질 또는 호르몬을 생산·방출한다.

③ 많은 사람 앞에서 발표를 해야 한다면, 에피네프린(Epinephrine)과 코르티솔(Cortisol) 등과 같은 다양한 호르몬이 생산된다.

④ 이러한 호르몬 변화는 '심박수, 혈압, 타액, 땀' 등과 같은 다양한 반응을 정신생리학 장비를 통해 측정함으로써 파악할 수 있다.

⑤ **동기와 정서의 정신생리학적 표현**

호르몬활동	코르티솔(스트레스) 또는 카테콜아민(투쟁-도주 반응) 같은 타액 또는 혈액 내의 화학물질
심혈관계활동	심장과 혈관의 수축 및 이완(매력적 유인가, 어렵고도 도전적인 과제)
안구활동	동공 크기(정신적 활동의 정도), 눈 깜빡임(인지적 상태의 변화), 안구 운동(반성적 사고)
피부전도활동	피부 표면의 전기적 변화(중요하거나 위협적인 사건에 대한 반응)
골격근활동	지루한 복도에서의 대화(떠나려는 욕망) 중 얼굴 표정(특정 감정), 몸짓 또는 몸을 좌우로 움직이는 것과 같은 근육 조직의 활동

(5) 동기의 표현 : 뇌활성화(Brain Activation)

① 뇌활성화는 모든 동기와 정서상태의 기초가 된다.

　　예 갈증이 나면 시상하부가 활성화된다, 혐오감을 느낄 때 섬피질이 활성화된다.

② 연구자들은 신경활동에 기반한 뇌측정을 위해 매우 정교한 도구(뇌전도, fMRI 등)를 사용하여 동기 상태를 측정한다.

③ 신경활동을 관찰함으로써 동기로 표현되는 상태를 측정하고 추론할 수 있다.

④ 뇌활동의 변화는 행동·관여·정신생리학에서의 변화와 같다고 할 수 있다.

(6) 동기의 표현 : 자기보고

① 동기의 '존재, 강도, 질'을 추론하기 위해 사람들에게 면담이나 설문지의 방법을 사용할 수 있다.

② **설문지의 장점**

　　㉠ 관리가 용이하다.

　　㉡ 많은 사람들에게 동시에 진행할 수 있다.

　　㉢ 매우 세부적인 정보를 얻게 해준다.

③ **설문지의 단점**

　　㉠ 사람들의 설문내용과 실제 행동이 다를 수 있다.

　　㉡ 사람들이 느낀다고 말하는 것과 정신생리학적으로 나타난 반응과도 불일치가 나타난다.

④ 사람들이 자신의 동기라고 말하는 것들이 때때로 사람들의 행동적, 관여적, 정신생리학적, 신경적 표현으로 암시하는 동기와 다를 수 있다.

⑤ 이러한 불일치 때문에 동기와 정서 연구자들은 일반적으로 자기보고 측정보다 행동적, 관여적, 정신 생리학적, 뇌 기반의 동기와 정서 측정을 더 신뢰한다.

⑥ 자기보고는 유용한 면이 있지만 보완 및 증명 후 사용할 필요가 있다.

3 동기의 측정

(1) 동기연구의 과정

① '행동, 정서, 인지'로 표현되는 동기를 직접적으로 측정하는 방법은 거의 없다.

② 연구자들은 어떤 자극조건(S)을 조작한 다음, 어떤 행동을 반응(R)의 형태로 측정한다.

> **더 알아두기**
>
> **박탈자극 실험**
>
> 쥐를 48시간 동안 굶기고[먹이박탈 – 자극조건(S)], 미로에서 먹이를 찾아가도록 설계한다. 이때 쥐가 먹이를 찾아 움직이는 속도는 반응(R)이 된다. 먹이가 박탈되지 않았을 때보다 먹이박탈조건에서 쥐의 반응이 더 크게 나타날 것이라고 가정할 수 있다. 연구자는 먹이의 박탈기간을 조작하고 쥐가 먹이를 찾아 움직이는 속도를 측정하게 된다. 그러나 먹이의 박탈기간이 동기는 아니다.

③ 동기는 일어난 행동의 변화를 가지고 추론할 수 있다.

④ 동기라는 개념은 동물의 행동의 변화를 이해하는 데 도움을 주는데(나타난 변화를 더 잘 설명할 수 있는 대안이 없다고 가정할 때), 위 실험에서 동기는 '배고픔'이라고 할 수 있다.

⑤ 위 실험에서 동기의 강도는 미로 내에서 쥐의 반응속도로 나타날 수 있다.

⑥ 여기서 동기라는 개념은 중개변인의 역할을 한다.

> **더 알아두기**
>
> **중개변인(Intervening variable)**
>
> 중개변인은 자극과 반응 사이에 존재하여 둘을 연결시키는 역할을 하는데, 앞서 언급된 박탈자극 실험에서 동기는 먹이박탈이며, 자극인 달리는 속도는 행동변화반응으로 이를 연결시키는 역할을 하는 것이다.

⑦ 동기연구가 어려운 이유 중 하나가 동기가 이렇게 무언가를 중개하는 성질을 가질 수 있기 때문이다.

(2) 분석의 범주

① 보편적(Nomothetic) vs 개별적(Idiographic) 기출

보편적 접근	개별적 접근
• 보편적 접근의 동기연구는 일반적인 법칙을 만들어내고자 한다. • 보편적 연구는 대개 사람이나 동물의 집단을 연구하고 이들이 어떻게 유사한가를 결정한다. • 예를 들어 시상하부와 같은 동기화와 관련된 뇌구조를 규명하는 것이 보편적 접근이다. • 보편적 접근에서는 하나의 종을 연구하여 발견된 일반적인 규칙들이 다른 종들에서도 적용될 것이라고 가정할 때가 많다. • 보편적 접근은 가능한 한 넓은 범위의 상황들에 적용이 가능한 일반적인 법칙들을 찾으려고 시도한다. • 동기에서는 보편적인 접근이 우세를 보인다.	• 개별적 접근의 동기연구는 사람들이 어떻게 다른가를 살펴본다. • 각각의 사람을 독특하게 만드는 속성들을 관찰함으로써 행동을 이해할 수 있다고 가정한다. • 인본주의 이론가들과 자아실현 이론가들에게서 개별적 접근을 가장 뚜렷이 볼 수 있다.

② 선천적(Innate) vs 후천적(Acquired) 기출

100여 년 동안 심리학은 선천적 경향과 후천적(습득된 또는 학습된) 경향이 행동에 공헌하는 바에 대해 논쟁을 해왔으며, 동기에 관한 연구에서도 마찬가지로 이러한 논쟁이 진행되고 있다. 오늘날에는 선천적 동기와 후천적 동기를 모두 강조하는 분석이 계속되고 있다.

선천적	후천적
• 맥두걸(McDougall, 1970)이나 제임스(James, 1890)와 같은 초기 이론가들은 동기는 본능과 같은 선천적인 요인이라고 하였다. • 초기의 이러한 접근들이 지속되지는 않았지만, 현대까지 동기의 구성요소 중 선천적인 부분에 대해서 동물행동학자나 비교행동학자들은 계속해서 연구하고 있다.	• 20세기 중반부 동안에는 학습과 관련된 요인들에 관한 연구가 심리학을 주도하게 되었다. • 이론가와 연구자들은 행동이 어떻게 습득되는가를 연구하였고, 이를 통해 밝혀진 많은 것들이 동기 상태의 습득에도 적용이 되었다. • 이러한 연구에서 발견된 가장 중요한 동기 개념은 유인동기이다.

더 알아두기

유인동기

어떤 목표대상의 자극특성(S)과 그 대상을 향하여 행해지는 반응(R) 사이에 존재하는 매개자

예 바쁘게 과제를 하고 있는 상황에서 끼니를 해결해야 한다면 햄버거나 샌드위치가 유인이 될 수 있지만, 시간의 여유가 있는 상황이라면 햄버거보다는 내가 먹고 싶은 음식이 유인이 될 수 있다.

③ 내적(Internal) vs 외적(External)

내적	외적
• 요구[또는 욕구(Needs)]는 대개 동기의 내적 원천으로 간주된다. • 서로 다른 동기 상태들을 요구라고 개념화할 수 있다. • 요구를 감소시키게끔 행동이 촉진된다. • 요구는 행동을 활성화시켜서 어떤 결핍상태를 완화시킬 환경 내의 대상들로 유기체를 인도한다. • 요구는 흔히 생리적인 용어로 표현된다. • 일부 이론가들은 사회적 욕구나 심리적인 욕구들을 포함시키기도 한다.	• 어떤 이론가들은 동기의 외적 원천을 강조한다. • 이 이론가들은 대개 여러 가지 목표대상 혹은 사회적 관계들이 지니는 동기적 효과를 관찰한다. • 동기는 외적 환경의 변화에 의해 활성화될 수 있다.

④ 기계론적(Mechanistic) vs 인지적(Cognitive)

기계론적	인지적
• 이 관점을 취하는 학자들은 흔히 내적인 요구 상태나 생득적인 행동패턴에 관심을 가진다. • 특정 요인들의 변화가 유기체로 하여금 적절한 행동에 임하도록 동기화시킨다고 가정한다. • 학습된 동기들 중 어떤 것은 자각하지 못하는 사이에 행동을 생성해낼 수 있다고 이야기한다.	• 이 관점을 갖는 연구자들은 동기과정이 본질적으로 인지적이라고 믿는다. • 이 접근은 정보가 해석되는 방식이 동기 상태에 영향을 미친다고 가정한다. • 시험에 실패했을 때 문제가 어려웠다고 귀인하는 것과 자신의 능력이 부족하다고 귀인하는 것은 미래의 동기에 미치는 영향이 다를 것이다.

⑤ 동기는 매우 복잡해서 위에서 언급한 접근들이 모두 조금씩은 타당성이 있다.

⑥ 어떤 행동들은 위의 접근들이 다양하게 조합되어야 적절하게 설명되기도 한다.

⑦ 현재로서는 동기를 완전히 설명하는 데 가장 적절한 유일한 접근은 없는 것으로 보인다.

⑧ 어떤 접근은 다른 접근보다 특정 동기 상태를 더 잘 설명한다.

⑨ 연구대상에 따라 최선의 설명이 보편적이거나 개별적일 수 있고, 선천적이거나 후천적일 수 있고, 내적이거나 외적일 수 있고, 기계론적이거나 인지적일 수 있고, 이들 모두의 조합일 수 있다.

01 어떤 일이나 행동을 일으키게 하는 계기

01 다음 중 동기의 개념으로 틀린 것은?

① 어떤 일이나 행동을 일으키게 하는 결과
② 사람이 마음을 정하거나 행동을 일으키게 하는 직접적인 원인
③ 어떤 행동을 하도록 만들고 지속하게 하는 것
④ 주어진 과제를 완수하도록 하는 것

02 ② 어떤 장면에서 개인의 행동을 결정하는 의식적·무의식적 원인을 말한다.
③ 갈증 등과 같은 유기체의 내적 상태를 가리키기도 한다.
④ 욕구와 동의어로 사용되며 비슷한 용어로 동인 혹은 추동(Drive)이 있다.

02 동기의 정의에 대한 설명으로 옳은 것은?

① 개인의 내부에 있는 욕구, 필요, 추진력, 충동 등으로 정의되기도 한다.
② 어떤 장면에서 개인의 행동을 결정하는 의식적 원인만을 말한다.
③ 갈증 등과 같은 유기체의 내적 상태는 해당되지 않는다.
④ 욕구와는 다른 개념으로 볼 수 있다.

03 ④ 방향성
①·②·③ 활성화적인 속성

03 동기의 특징에 대한 설명 중 그 성격이 다른 하나는?

① 유기체가 어떤 식으로든 행동하는 것이 관찰된다면 동기가 존재한다고 가정된다.
② 배고픈 동물들이 성과가 없다고 하더라도 지속적으로 먹이를 구하는 행동을 시도한다.
③ 왕성하고 활발한 행동은 소극적이고 약한 행동보다 더 동기화되었다고 할 수 있다.
④ 갈증이 날 때 시원한 맥주와 오렌지 주스가 있다면 어떤 것을 더 선호하느냐에 따라 선택이 달라진다.

정답 (01 ① 02 ① 03 ④)

04 동기연구에서 행동강도와 관련되는 내용 중 괄호 안에 들어갈 말을 순서대로 고른 것은?

> 동기연구는 행동에 있어서 (A), (B), 지속성을 제공하는 과정들에 관심을 갖는다.

	A	B
①	목적	방향
②	강도	활력
③	활력	방향
④	정서	감정

04 동기연구는 행동에 있어서 활력, 방향, 지속성을 제공하는 과정들에 관심을 갖는다.

05 다음 내용은 동기의 이론적 접근 중 무엇에 대한 설명인가?

> • 동기화가 되면 동기를 감소시키기 위해 프로그래밍된 행동이 일어난다.
> • 보통 환경 내의 특정 자극들은 프로그래밍된 행동의 촉발을 일으킨다.

① 에너지
② 유전
③ 학습
④ 사회적 상호작용

05 제시문의 내용은 동기기제들이 유전적으로 유기체에 프로그래밍되어 있다는 내용으로, 동기의 구성개념 중 유전에 대한 내용으로 볼 수 있다.

정답 (04 ③ 05 ②)

06 ② 인지부조화이론 : 우리가 우리의
믿음, 태도 및 의견을 우리의 외
현적 행동과 일치하도록 유지하
기 위해 노력한다는 것
③ 자기지각이론 : 우리가 마치 외부
인을 관찰하는 것처럼 자신의 행
동을 관찰한 다음, 이 관찰을 기
초로 판단을 내린다는 것
④ 귀인이론 : 우리가 우리의 행동,
타인의 행동의 원인을 우리가 경
험하는 사건들과 관련하여 판단
해가는 과정에 관한 것

06 동기의 인지과정에 대한 대표적 이론과 이에 대한 설명이
올바르게 연결된 것은?

① 균형이론 : 사람 사이, 사물 사이, 사람과 사물 사이의 관계
에는 균형을 이루려는 경향이 존재한다고 생각하는 것
② 인지부조화이론 : 우리가 우리의 행동, 타인의 행동의 원인
을 우리가 경험하는 사건들과 관련하여 판단해가는 과정에
관한 것
③ 자기지각이론 : 우리가 우리의 믿음, 태도 및 의견을 우리의
외현적 행동과 일치하도록 유지하기 위해 노력한다는 것
④ 귀인이론 : 우리가 마치 외부인을 관찰하는 것처럼 자신의
행동을 관찰한 다음, 이 관찰을 기초로 판단을 내린다는 것

07 **심리적 욕구**
개인적 성장, 사회적 발달, 심리적 안
녕을 촉진할 수 있는 환경과의 상호
작용을 추구하는 주체적인 욕구가
기저를 이루는 내재적 심리 처리

07 다음 욕구는 어떤 범주의 욕구에 해당되는가?

> • 자율성
> • 유능성
> • 관계성

① 생물학적 욕구
② 심미적 욕구
③ 심리적 욕구
④ 암묵적 욕구

정답 (06 ① 07 ③)

08 동기화된 행동의 목적을 설명하기 위한 쾌락설에 대한 내용으로 옳지 <u>않은</u> 것은?

① 동기화된 행동의 목적에 대한 가장 오래된 설명이다.
② 사람은 쾌락과 고통에 의해 동기가 유발된다고 가정한다.
③ 사람은 유쾌한 상황들에 회피하는 것을 학습하며 고통스러운 상황을 접근하는 것을 학습한다.
④ 현대의 쾌락설은 쾌락과 고통이 하나의 연장선상에 있으며 유쾌한 것도 상황이 변하면 바뀔 수 있다고 가정한다.

09 다음 내용과 관련이 있는 개념은 무엇인가?

> 동기는 우리의 주의를 획득하고 때로는 적극적으로 요구함으로써 우리가 다른 것보다 환경의 특정한 측면에 주의를 기울일 수 있도록 한다.

① 선택적 접근
② 선택적 주의
③ 선택적 인지
④ 선택적 지각

10 동기와 추론에 대한 설명으로 옳지 <u>않은</u> 것은?

① 행동, 관여, 정신생리학, 뇌 활성화, 자기보고와 같은 공식적으로 관찰 가능한 동기의 증상을 관찰함으로써 다른 사람의 동기를 추론할 수 있다.
② 동기적 상태를 일으키는 알려진 선행요인에 관심을 둠으로써 다른 사람의 동기를 추론할 수 있다.
③ 동기의 선행요인을 안다면 우리는 자신 있게 사람들의 동기적 상태를 미리 예측할 수 있다.
④ 동기의 선행요인은 항상 알 수 있으며, 동기의 표현으로부터 추론될 수 있다.

정답 08 ③ 09 ② 10 ④

11 잠재 시간 : 기회가 처음 주어진 후 과제를 시작할 때까지 기다린 시간

11 동기의 행동적 표현과 관련된 개념 및 그 설명이 올바르게 연결되지 <u>않은</u> 것은?

① 노력 : 과제 중 발휘된 노력, 활용된 전체 역량의 비율
② 잠재 시간 : 행동을 시작하고 나서 멈출 때까지의 시간
③ 선택 : 두 가지 또는 그 이상의 행동경로가 있을 때, 특정 행동경로에 대한 선호를 나타내기
④ 반응 확률 : 기회의 총 횟수 대비 목표 지향적 특정 반응을 나타낸 횟수(백분율)

12 뇌 활성화는 모든 동기와 정서상태의 기초가 된다.

12 다음 내용에서 괄호 안에 들어갈 말로 알맞은 것은?

( )은/는 모든 동기와 정서상태의 기초가 된다.

① 신경활동
② 뇌 측정
③ 뇌 활성화
④ 시상하부 활성화

13 **설문지의 장점**
• 관리가 용이하다.
• 많은 사람들에게 동시에 진행할 수 있다.
• 매우 세부적인 정보를 얻게 해준다.

설문지의 단점
• 사람들의 설문내용과 실제 행동이 다를 수 있다.
• 사람들이 느낀다고 말하는 것과 정신생리학적으로 나타난 반응과도 불일치가 나타난다.

13 자기보고를 위한 설문지에 대한 설명으로 옳지 <u>않은</u> 것은?

① 관리가 용이하다.
② 매우 세부적인 정보를 얻게 해준다.
③ 사람들의 설문내용과 실제 행동이 다를 수 있다.
④ 많은 사람들에게 동시에 진행하는 것이 어렵다.

정답 11 ② 12 ③ 13 ④

14 동기연구의 과정에 대한 설명으로 옳지 않은 것은?

① 생리학적 측정을 통해 직접적으로 측정할 수 있다.

② 동기는 일어난 행동의 변화를 가지고 추론할 수 있다.

③ 동기라는 개념은 동물의 행동 변화를 이해하는 데 도움을 줄 수 있다.

④ 동기연구가 어려운 이유 중 하나가 동기가 무언가를 중개하는 성질을 가질 수 있기 때문이다.

15 동기연구에 대한 보편적 접근 및 개별적 접근에 대한 설명으로 옳지 않은 것은?

① 보편적 접근의 동기연구는 일반적인 법칙을 만들어내고자 한다.

② 개별적 접근의 동기연구는 각각의 사람을 독특하게 만드는 속성들을 관찰함으로써 행동을 이해할 수 있다고 가정한다.

③ 인본주의 이론가들과 자아실현 이론가들에게서 보편적 접근을 가장 뚜렷이 볼 수 있다.

④ 보편적 접근에서는 하나의 종을 연구하여 발견된 일반적인 규칙들이 다른 종들에서도 적용될 것이라고 가정할 때가 많다.

---

14 '행동, 정서, 인지'로 표현되는 동기를 직접적으로 측정하는 방법은 거의 없다.

15 인본주의 이론가들과 자아실현 이론가들에게서 개별적 접근을 가장 뚜렷이 볼 수 있다.

정답 14 ① 15 ③

SD에듀와 함께, 합격을 향해 떠나는 여행

제 2 장

동기이론

우리 인생의 가장 큰 영광은 결코 넘어지지 않는 데 있는 것이 아니라
넘어질 때마다 일어서는 데 있다.

− 넬슨 만델라 −

제 **2** 장 | 동기이론

제1절 **본능이론** 기출

---

1 행동의 본능적 구성요소

(1) 진화와 자연선택

① 진화는 시간에 걸쳐 나타나는 유기체의 진행성 변화라고 정의할 수 있다.

② 다윈(Darwin)의 생물학적 결정론은 과학적 사고에 주요한 효과 두 가지를 가져왔다.

    ㉠ 첫째, 생물학계에 진화라는 매우 중요한 관념을 유입시켰다. 이로 인해 과학자들은 기계적이고 유전적인 동기개념의 연구에 점점 더 집중하게 되었다.

    ㉡ 둘째, '인간 대 동물'이라는 이원론을 종식시켰다.

    ㉢ 다윈은 동물 행동의 대부분을 학습 이전의 자동적이고 기계적이며 유전적인 것으로 관찰하였다.

    ㉣ 다윈은 선천적인 적응적 행동을 설명하기 위해 본능을 내세웠다.

    ㉤ 본능은 신체적 물질과 유전적 자질로부터 발생하는 실체를 지닌 것이며, 유전자라는 실체에 의해 동물은 특정한 방식으로 행동한다.

③ 자연선택을 통해 환경은 유전적 변화의 진행에 영향을 미친다.

④ **자연선택의 영향**

생존력	• 생존력은 개체가 충분히 오래 살아남을 가능성을 증가시키는지에 관한 것이다. • 생존력을 증가시키는 유전자들은 유전자 군에 남고 생존력을 감소시키는 유전자들은 유전자 군에서 제거될 것이다.
출산율	• 출산율은 짝짓기의 성공과 관련된 것이다. • 많은 종들이 화려한 짝짓기 의식을 진화시켜서, 적어도 부분적으로는 이 의식들을 통해 짝짓기를 위해 누가 선택될지가 결정된다.
생식력	• 생식력은 자손의 수에 관한 것이다. • 생식력이 좋을수록 그 동물은 더 많은 자손을 산출한다. • 생식력을 증가시키는 유전자는 보존되는 경향이 있고, 그렇지 않은 유전자는 제거될 것이다.

(2) 성 선택과 성 전략

① 성 선택이란 생물체의 특정 변이가 이성에게 선호되는 경우, 생존에 불리하더라도 그 형질이 진화의 압력으로 작용한다는 것이다(예 극락조, 공작의 꽁지깃, 숫사슴의 뿔, 사자의 갈기 등).

② 성 선택은 배우자를 차지하기 위한 경쟁이 있을 때 일어난다.

③ 성 선택이 일어나는 종에서는 짝의 선택이 대개 암컷에 의해 이루어진다.

④ 수컷이 다른 경쟁자들보다 유리한 성질을 가지고 있다면, 암컷에게 선택되어 짝짓기할 확률이 높아질 것이다.

⑤ 성 선택이 수컷에 의해 이루어지는 것은 암컷의 한정적인 출산 수와 출산 후 양육 문제 때문이다.

⑥ 암컷에게 최적의 전략은 자신의 자손의 생존 가능성을 가장 크게 해주는 짝을 선택하는 것이다.

(3) 인간의 배우자 선택

① 진화론은 남성과 여성이 서로 다른 특성들에 끌리게 될 것이라는 것을 시사한다.

② 여성은 자신과 아이들을 부양할 수 있는 자원을 소유한 남자에게 매력을 느끼게 된다.

③ 남자들은 짝을 얻기 위한 경쟁에 처하게 되고, 자신의 자원을 과시하는 행동을 하게끔 동기화된다.

④ 여성들은 사회경제적 지위, 야심, 기질 및 지성에 더 비중을 두는 편이다.

⑤ 여성들은 최선의 자원을 가진 남자들을 놓고 경쟁을 벌이는데, 한 연구는 이때 여성들이 자신의 외양을 좋게 보이려는 것이 사실임을 알아냈다.

⑥ 사람들의 보이는 상대에 대한 선호도가 진화모형에 잘 들어맞는다.

⑦ 환경에 가장 잘 대처하는 유기체가 자연선택에 의해 생존하게 될 것이다.

⑧ 특정 행동들의 발현을 통제하는 유전자들은 발현된 행동이 적응적일 경우 계속해서 그 종에 남아있게 된다.

⑨ 유기체가 일생 동안 환경과 갖는 상호작용을 통해 많은 행동들이 학습된다.

⑩ 살아가는 동안 새로운 행동을 학습하는 능력은 유전적으로 결정되는 것임이 틀림없다. 학습능력이 그들의 환경에서 일어날 수 있는 변화에 더욱 잘 적응할 수 있게 만들어 주기 때문이다.

2 초기의 본능이론 [기출]

(1) 본능이론의 흐름

① 인간과 동물 모두에서 동기화된 행동에 대한 설명으로서의 '본능'은 1800년대 후반부터 1900년대 초기 사이에 인기가 절정에 달했다.

② 이 개념이 인기가 있었던 이유는 부분적으로는 인간과 동물을 연결하는 이론적 다리로서의 유용성 때문이다.

③ 본능이라는 개념이 인기를 얻어가면서 모든 행동을 본능적인 것으로 설명하는 것이 유행이 되었는데, 이것을 '명명의 오류'라고 부르게 되었다.

> **더 알아두기**
>
> **명명의 오류**
> 단순히 무언가를 본능이라고 명명한다고 해서 그것이 행동을 설명하지는 않는다는 것이다. 누군가의 공격적 행동을 보고 공격본능이라고 그 행동을 설명할 수 있다. 그러나 이것의 문제는 그 행동을 설명하는 이론적 근거가 없으며, 단지 그 행동을 명명했을 뿐이라는 것이다.

④ 행동을 설명하기 위해서는 그 행동을 이끌어낸 조건 및 그 행동으로 인한 결과가 무엇인지 설명해야만 한다.

⑤ 설명은 인과관계의 규명이 포함되는 것을 가정하는데, 행동의 명명은 인과관계에 관한 정보를 주지 않는다.

⑥ 본능적 행동과 학습된 행동은 분명히 구별되지 않는데, 이것은 정의의 혼란이 있었기 때문이다.

⑦ 결국 본능개념은 사실상 배제되기에 이르렀다.

⑧ 초기의 본능접근들이 중요한 이유는 이들이 인간과 동물행동의 연속성을 강조하였기 때문이다.

⑨ 본능접근은 이후에 동물행동학적 이론들이 확립될 수 있는 기반을 마련하였다.

⑩ 초기의 본능이론들이 직면한 문제들은 본능이라는 개념을 결국 더욱 상세히 정의할 수 있게 만들었다.

(2) 제임스(James)

① 본능은 반사와 유사하고 감각자극에 의해 유발되며 최초에는 맹목적으로 일어난다(James, 1890).

② '맹목적으로 일어난다'는 것은 그 행동이 적절한 조건 하에서 자동적으로, 그리고 그 행동의 결과나 목표를 알지 못하는 상태에서 일어난다는 것이다.

③ 제임스는 '모든 본능은 충동이다'라고 주장했는데, 이것은 본능을 동기라는 영역에 정당하게 속하는 것으로 인정하는 말이다.

④ 본능적 행동이 경험을 통해 변화된다고 믿었다. 예를 들면, 화가 나는 어떤 행동을 처음 보게 될 때 처음에는 화가 나지만 자꾸 보게 된다면 무감각해질 수 있는데, 이는 화나는 본능이 억제되기 때문이라는 것이다.

⑤ 본능은 두 가지 원리에 의해 변화 가능하다.
  ㉠ 습관이 본능을 억제할 수 있다는 것이다.
    • 학습은 어떤 본능이 발전하거나 사용되는 정도를 제한하는 것으로 생각되었다.
    • 선생님이 학생들에게 공포의 본능을 유발시킨다면 호기심이나 창의성이라는 본능이 차단될 수 있다.
  ㉡ 어떤 본능들은 일시적이어서 정해진 때(정해진 발달 기간)에만 유용하다고 제안한다.
    예 갓 깨어난 병아리가 태어난 첫날 맨 처음으로 본 움직이는 물체를 따라다니지만, 나중에는 움직이는 물체를 피한다.
  ㉢ 제임스가 제안한 이들 두 원리는 결정적 시기와 각인이라는 동물행동학적 개념의 선구로 중요한 역할을 하였다.

⑥ 제임스는 본능적 행동이 반사와 학습의 중간적인 것으로 그 양쪽 모두에 걸쳐있다고 보았다.

⑦ 제임스는 모든 행동을 본능과정을 통해 설명하려 하지는 않았다.

⑧ 그는 '인간은 다른 동물들이 가진 모든 본능을 가지고 있고, 거기에 더하여 인간에게만 있는 본능들도 많다'고 믿었다.

⑨ 인간의 진화기간 동안 어떻게 적응적인 역할을 하였는지를 이해하는 것이 행동이 어떻게 동기화되는지를 설명하는 것이라고 생각하였다.

⑩ 반사와 본능과 학습된 행동을 서로 어떻게 구분할지를 분명히 기술하지 않았다.

〈제임스가 기술한 인간의 본능〉

경쟁심	호기심	호전성
사회성	사냥	공포
비밀스러움	깨끗함	욕심
겸양	건설성	질투
놀이	부모의 사랑	

(3) 맥두걸(McDougall)

① 맥두걸은 본능을 제임스와는 다르게 본 이론가였다. 즉, 본능을 반사와 같은 것이라고 생각하지 않았다.

② 모든 행동이 본능적이며, 심리학자의 기본과제는 동기를 이해하기 위해 다양한 본능들을 발견하고 분류하는 것이라고 여겼다.

③ 본능은 단지 특정한 방식으로 반응하려는 성향이기만 한 게 아니라, 그 이상이다.

④ 모든 본능은 인지적(Cognitive), 정동적(Affective), 의욕적(Conative)이라는 세 가지 구성요소로 이루어져 있다고 보았다.

인지적 구성요소	• 본능을 만족시킬 수 있는 대상에 대해 아는 것이다. • 모든 행동은 동기를 만족시킬 목표들에 대한 사고로 구성된다.
정동적 구성요소	• 대상에 대한 감정, 즉 정서를 의미한다. • 모든 행동은 행동에 의해 자극된 정서로 구성된다.
의욕적 구성요소	• 대상을 향한 또는 대상에게서 벗어나려는 노력을 의미한다. • 모든 행동은 목표에 도달하기 위한 의도적인 노력으로 구성된다. 예 배고픈 쥐는 배고픔을 해결해 줄 수 있는 대상에 대해 약간의 지식을 갖고 있고, 배고플 때에는 정서적 각성을 보이며, 배고픔을 해결해 줄 수 있는 대상을 얻을 수 있는 쪽으로 지속적으로 노력할 것이다.

⑤ 어떤 목표를 향한 노력을 본능적 행동의 목적성의 한 예로 보았다.

⑥ 동기적 행동이 향하고 있는 목표를 확인함으로써 활성화된 본능이 어떤 것인지 규명할 수 있다고 믿었다. 맥두걸은 동기의 목적론을 주장했는데, 행동이 어떤 궁극적인 목적을 수행한다는 생각을 가지고 있었다.

⑦ 맥두걸에 따르면 본능이 4가지 수행방식으로 수정될 수 있다고 하였다.
    ㉠ 본능은 외부 대상뿐 아니라 그 대상에 대한 생각에 의해 활성화될 수 있기 때문에, 본능을 유발할 수 있는 대상이나 생각의 종류가 변할 수 있다.
    ㉡ 다른 수행들에서도 같은 본능적 활성화가 일어날 수 있다. 유아가 기어다니는 행동과 학생이 궁금한 것을 알기 위해 과학책을 찾아보는 것은 모두 호기심을 충족시키기 위함이다.
    ㉢ 여러 본능이 동시에 유발될 수 있고, 그 결과 일어나는 행동이 자극된 본능들의 혼합일 수 있다. 맥두걸은 10대의 성 행동이 호기심 본능과 짝짓기 본능의 혼합이라고 하였다.

    ⓔ 본능적인 행동이 특정한 상황 하에서만 일어날 수 있다. 집에서는 자기주장을 강하게 내세우는 아이가 학교에서는 순종적일 수 있다.

⑧ **맥두걸의 분석방법**

    ㉠ 맥두걸은 의인화적인 분석방법을 사용했다. 의인화는 대상이나 동물에게 사람의 특징을 부여하는 것이다(예 자신의 애완용 고양이가 새를 죽인 것에 죄책감을 느끼고 있다고 생각하는 것은 고양이를 의인화하는 것이다).

    ㉡ 자신이 어떤 상황에서 어떻게 느낄지 질문하면 그 감정을 스스로 유추할 수 있다고 믿었다.

    ㉢ 오늘날에는 의인화가 분석의 방법으로 부적절한 것으로 여겨지고 있다. 어쩌면 인간 이외의 동물은 죄책감을 전혀 경험하지 못할지도 모른다.

⑨ **맥두걸 이론의 문제점**

    ㉠ 맥두걸의 목적론은 인간에게 적용할 경우에는 완전히 비논리적인 설명은 아니지만, 동물행동에 대해서는 좋은 설명이 되지 못한다.

    ㉡ 프로이트(Freud)를 비롯한 많은 이론가들은 인간도 자신의 행동의 이유를 대체로 자각하지 못하는 경우가 흔하다고 주장한 바 있다.

    ㉢ 의인화를 분석방법으로 사용하는 것은 자신의 주관적 경험에 의해 연구가 편향될 수 있다.

    ⓔ 본능과 학습을 뚜렷이 구분하지 않았다. 많은 경우 두 가지 개념들이 서로 중복되었다.

〈맥두걸이 기술한 인간의 본능〉

부모의 돌보기	동정심	투쟁
자기주장	호기심	굴복
음식 찾기	짝짓기	혐오
건설성	도피	간청
사교성		

---

(4) 초기의 본능이론들에 대한 비판

① **쿠오(Kuo, 1921)의 견해**

    ㉠ 초기의 본능이론들은 본능에 어떤 유형이 있고 몇 가지가 있는지에 대한 합의가 없다고 보았다. 본능의 목록으로 나열된 것들이 임의적이고 자기의 개인적인 관심에 의존한다는 입장이다.

    ㉡ 본능적이라고 알려진 행동들이 선천적인 것이 아니라 학습된 것이라고 주장하였다. 맥두걸과 같은 심리학자들이 행동이 향하고 있는 목표에 도달하기 위해 학습되어야 했던 반응들을 무시하는 과오를 범했다고 생각하였다.

    ㉢ 행동은 외부자극에 의해 유발되는 것이라고 주장하며, 행동이 대개 유전적인 프로그래밍의 결과라는 본능론자들의 가정을 거부하였다.

② **톨만(Tolman, 1923)의 견해**

    ㉠ 쿠오와 달리 톨만은 자신이 지적한 문제점들이 해결되면 본능이라는 개념 자체를 살릴 수 있다고 믿었다.

ⓛ 어떤 행동을 본능적이라고 임의적으로 지칭하게 되면 본능이란 개념의 설명적 가치가 없어져 버린다고 지적하였다.

ⓒ 어떤 행동이 본능적이고 어떤 행동이 그렇지 않은지를 결정할 분명한 기준이 존재하지 않는다.

ⓓ 본능이라는 개념을 주관적 용어가 아니라 행동적 용어들로 재구성하면 살릴 수 있다고 믿었다.

ⓜ 행동이 지향하고 있는 행동적 목표에 강조점을 두고, 행동의 목표는 고정(본능)되어 있지만 그 목표에 도달할 수 있는 방법(실제 반응들)은 다양할 수 있고 따라서 학습을 통해 수정 가능하다고 믿었다. 배가 고플 때 먹을 것을 얻기 위해 하는 행동은 본능적이지만 먹이를 얻는 데 필요한 행동은 융통성이 있는 것이고 학습되는 것이다.

③ 쿠오, 톨만 및 다른 연구자들의 비판은 초기의 본능개념에 심각한 타격을 주어서 한동안 이 용어가 심리학 교과서에서 사라졌다.

④ 현재도 심리학개론서나 동기에 관한 교재에서는 본능적 행동에 관한 주제를 무시하는 것이 일반적인 일이다.

⑤ 본능이라는 개념이 미국 심리학에서는 사라졌지만, 유럽 생물학의 한 분파인 동물행동학이라는 학문에서는 아직도 살아있다.

3 동물행동학(Ethology)

(1) 동물행동학의 개념

① 생물학의 한 특수 분야로 행동의 '진화, 발달, 기능'에 관련된 것이다.

② 동물행동학적 접근이 본능적 행동의 연구에 국한된 것은 아니지만, 동물행동학의 많은 연구가 본능을 강조하였다.

③ 동물행동학적 접근 역시 초기의 본능이론에서와 마찬가지로 학습된 행동과 본능적 행동 간의 구분이 분명하지 않다.

(2) 동물행동학 용어

완료행동	크레이그(Craig)가 이야기한 것으로, 특정한 자극에 대하여 일어나는 잘 통합된 고정적 반응패턴을 의미하며 이는 선천적이며 상동적이다. 예 먹고, 씹고, 삼키는 것과 같은 것
욕구행동	학습을 통해 수정이 가능하며 환경에 따라 융통성 있게 변하고 적응적인 항상 움직이는 탐색적인 행동을 말한다. 예 쥐가 자신의 환경 내에서 먹이를 어디서 찾을 수 있는지를 학습하는 것
열쇠자극 또는 신호자극	어떠한 행동이 일어나도록 하는 자극으로 환경적인 것일 수도 있고 같은 종 구성원의 행동의 결과일 수도 있다.
고정행위패턴	열쇠자극에 의존해 일으키는 반응을 말하는 것으로, 융통성이 없고 상동적이며 맹목적인 종 특유의 운동패턴을 말한다.

갈등행동	두 개 이상의 신호자극이 동시에 존재할 때 일어나는 반응행동이다.
반응연쇄	행동은 단 하나의 열쇠자극에 의해 방출되기만 하는 것이 아니라 일련의 반응들을 수반하는 경우가 많은데, 어떤 고정행위패턴의 방출이 대개 다음 열쇠자극이 등장하게 만들고 이에 따라 다음 순서의 행동이 방출되는 식이다. 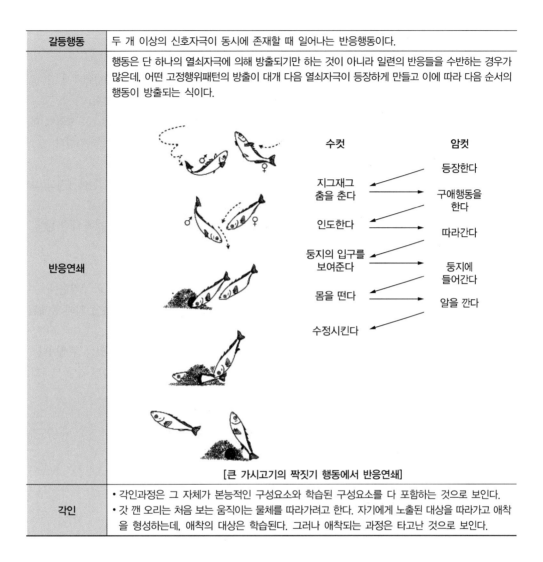 [큰 가시고기의 짝짓기 행동에서 반응연쇄]
각인	• 각인과정은 그 자체가 본능적인 구성요소와 학습된 구성요소를 다 포함하는 것으로 보인다. • 갓 깬 오리는 처음 보는 움직이는 물체를 따라가려고 한다. 자기에게 노출된 대상을 따라가고 애착을 형성하는데, 애착의 대상은 학습된다. 그러나 애착되는 과정은 타고난 것으로 보인다.

(3) 인간의 선천적인 행동패턴

① 얼굴표정

ㄱ 미소, 울음, 찡그림, 눈썹 치켜 올리기는 모든 문화에 걸쳐서 적절한 상황에서 관찰된다.

ㄴ 기쁨, 슬픔, 공포, 놀람, 혐오감 등의 정서표현은 특정한 얼굴 움직임과 확실한 관련이 있다.

② 수줍음

ㄱ 각성이 쉽게 되는 유전적 성향을 물려받은 아이들은 사회적 상황에서 억제를 보일 가능성이 더 높다.

ㄴ 수줍음의 유전적 경향이 발달하기 위해서는 어떤 형태로든 만성적인 환경적 스트레스에 노출되어야 한다.

ㄷ 특정한 방식으로 행동하도록 유전적으로 결정된 성향들도 그 발현을 위해서는 적당한 환경적 상황을 필요로 한다.

③ 그 밖의 선천적 행동들

ⓗ 통통한 볼, 큰 눈, 작은 입, 큰 머리가 어른들의 껴안아주는 행동을 방출한다.

ⓛ 키스는 유아식을 먹이는 행동에서 온 것이며, 연인들의 어린애 말투는 상대방에게서 귀여워하는 행동을 촉발하여 연인들 간의 결속을 더욱 공고히하기 위한 것이라고 한다.

ⓒ 위협을 받으면 똑바로 서서 숨을 들이쉬는데, 이렇게 하면 우리의 몸집이 겉으로 보기에 더 커진다. 이것은 침팬지들이 사용하는 기본적인 행동패턴과 같은 것들이라고 이야기한다.

ⓔ 영장류에서는 노려보는 것이 자주 사용되는 위협적 몸짓이다.

ⓜ 자폐증과 연관된 여러 가지 특성들 즉, 시선회피와 같은 행동은 보통 아이들에게서도 보인다. 정상적인 아이가 낯선 사람과 상호작용하는 상황에서 나타나는 모습이다.

ⓗ 우울장애의 진단과 치료들의 효과를 판단하는 데에 시선 맞추기, 자신의 환경에 대한 탐색, 사회적 행동 등이 유용하게 이용된다.

④ 동물행동학자들은 언어의 유전될 수 있는 특징들을 지적하였다.

ⓗ 조류의 지저귐 발달과 인간의 언어발달이 여러 가지로 유사한 점이 있다고 주장한다.

ⓛ 새와 어린이 모두 학습능력이 최고조인 결정적 시기가 있으며, 뇌의 한쪽에 의해 통제된다.

ⓒ 성 활동과 공격행동이 대체로 선천적인 것이라고 보고 있다.

ⓔ 그러나 인간에게서 공격성의 선천성 여부는 이론가들 간에 많은 논란이 있는 주제이다.

ⓜ 인간의 성행동과 공격행동은 너무나 복잡한 것이어서 선천적인 경향과 학습된 경향 모두가 어떤 역할을 할 가능성이 높은 것으로 보인다.

제2절 추동감소이론

1 추동에 대한 초기의 이론

(1) 프로이트(Freud)의 본능

① 프로이트(1915)는 개체 내부에 있는 힘이 행동을 활성화한다고 생각했다.

② 프로이트는 동력이라는 뜻의 독일어 Trieb를 사용했는데, 영어로 본능(Instinct)으로 번역되었다.

③ 당시에는 추동이라는 용어가 존재하지 않았고, 1900년대 초기의 동기이론들이 전형적으로 본능이라는 용어를 사용했었다.

④ 여러 면에서 프로이트는 최초의 추동이론가로 볼 수 있다.

(2) 프로이트의 동력

① 심적 에너지

ⓐ 프로이트는 동기에 대해 최초로 에너지라는 개념을 사용한 이론가들 중 하나였다.

ⓑ 동기에 대한 묘사에서 심적 에너지라는 용어를 사용하였지만, 그 개념을 확실히 정의한 적이 없었다.

ⓒ 프로이트는 심적 에너지가 원초아(Id)라고 불리는 성격구조에 축적된다고 믿었다.

ⓓ 심적 에너지는 어떤 요구(Need)가 있을 때 축적된다.

ⓔ 우리는 심적 에너지를 행동으로 옮기는 것으로 요구를 만족시킨다.

> **〈심적 에너지의 요구충족 과정〉**
> 신체가 음식을 필요로 하는 요구가 생긴다. → '음식 획득하기'에 대한 심적 에너지가 축적된다. → 우리는 이 에너지를 음식을 얻으려는 의도를 지닌 행동을 생성하는 데 사용한다. → 요구는 더 이상 존재하지 않는다.

ⓕ 일반적으로 외적이든 내적이든 에너지의 증가는 혐오적인 것으로 생각되었다.

ⓖ 자극의 감소는 유쾌한 것으로, 자극의 증가는 불쾌한 것으로 간주되었다.

ⓗ 배가 고픈 것은 심적 에너지를 증가시키는 불쾌한 일이며, 잘 먹는 것은 심적 에너지를 감소시키기 때문에 유쾌한 일이라고 하였다.

② 동력의 네 가지 특성

ⓐ 프로이트는 동력이 압력(Pressure), 목표(Aim), 대상(Object), 근원(Source)이라는 특성을 지닌다고 하였다.

ⓑ 압력은 힘(Impetus)이라고도 불리며 힘의 강도를 나타낸다. 힘이 강할수록 행동은 더욱 크게 동기화된다.

ⓒ 동력의 목표는 만족이며, 자극의 제거나 감소에 의해 얻어진다. 자극의 감소가 불완전하면 동력이 부분적으로만 만족될 것이다.

ⓓ 동력의 대상은 개인 안에 있을 수도 있고 밖에 있을 수도 있는데, 이는 동력이 만족되는 수단이다.

ⓔ 새로운 것을 학습하면서 동력의 대상은 개인의 일생 동안 변화할 수 있다.

ⓕ 만족을 줄 수 있는 하나의 대상에 동력이 밀접하게 연결되면, 고착되어 동력의 대상이 제한될 수 있다.

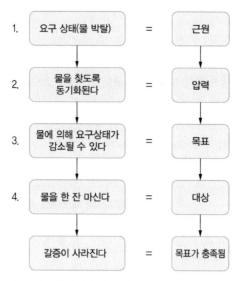

[프로이트의 동력의 네 가지 특성과 행동과의 관련]

대상이 물이 될 수 있지만 맥주나 주스, 커피 등과 같은 대상으로 변화할 수 있다. 그리고 탄산음료를 꼭 먹는다면 대상이 탄산음료에 고착된 것이다.

(3) 두 가지 부류의 동력

① 프로이트는 삶의 힘(Life Force)과 죽음의 힘(Death Force)을 두 가지 동력으로 보았다.

② 삶의 힘은 에로스(Eros)라고 하는 삶을 유지하는 힘과 성적인 힘을 지배하는 리비도(Libido)로 구성된다.

③ **리비도(Libido)**

㉠ 사춘기 이전 생식의 힘이 성적으로 민감한 다양한 신체 부위들과 연관된 개별적인 힘들로 존재한다.

㉡ 사춘기가 되면 개별적인 힘들이 하나로 합쳐지고, 그 주요기능은 종을 유지하는 것이다.

㉢ 발달 도중의 외상이나 부적절한 양육이 성적 에너지를 부적절한 대상으로 전위되게 할 수 있다고 믿었다.

더 알아두기

전위

특정 동력과 관련되어 있지 않은 행동으로 에너지가 방향을 바꾸어 흘러가는 것을 말한다. 어떤 사람이 성적 에너지를 발산할 이성의 상대가 없으면, 그 에너지가 누드 사진을 보는 것으로 전위될 수도 있다.

---

④ **에로스(Eros)**

삶 유지 동력은 배고픔 및 갈증과 같은 개체를 보존하는 것과 관련된 행동들을 통제한다. 프로이트는 이들의 존재를 지적하면서도 그에 대해 자세하게 기술하지는 않았다.

⑤ **죽음의 힘 타나토스(Thanatos)**

ⓐ 죽음의 힘 및 그와 연관된 에너지 타나토스는 삶의 힘과 정반대의 것이다.

ⓑ 일반적으로 죽음의 힘은 공격성의 사례를 제외하면 행동에서 직접 관찰할 수 없다.

ⓒ 프로이트는 공격성이 죽음의 힘을 외부로 다른 사람들에게 전위시킨 결과라고 믿었다.

ⓓ 공격성은 삶의 힘과 죽음의 힘 모두에게 만족할 만한 타협안을 의미한다.

ⓔ 죽음의 힘 에너지가 공격적인 행동에 의해 감소되면서 개인의 삶 또한 유지가 되는 것이다.

(4) 동력의 다른 표출

① 동력은 그 자체는 변하지 않지만, 개인의 일생 동안 다양한 변화 및 수정을 거쳐 행동적 표출이 바뀔 수 있다.

② 역전(Reversal)에서는 동력의 목표가 갖는 능동이 수동성으로(반대의 경우도 가능) 변경된다.

③ 선회(Turning Round)는 동력의 대상이 타인에게서 자신으로 변화가 일어나는 것이다.

④ 억압(Repression)은 프로이트 모형에서 핵심적인 중요성을 지니는데, 즐거움보다 고통이 더 클 경우 그 동력을 억압한다고 주장한다.

⑤ 프로이트의 동기는 많은 부분이 무의식적이라는 것이다.

(5) 프로이트 모형에 대한 비판 [기출]

① 이 이론은 경험적으로 취약하다. 즉, 임상장면 외에서의 연구를 통한 검증이 필요하다.

② 프로이트의 이론적 용어들은 서로 어떻게 연관되고 그것들이 관찰 가능한 사건들과 어떻게 연결되는지가 분명하지 않다. 이 이론에 따르면 같은 현상에 대해 여러 가지의 해석이 가능하며, 상반되는 해석 또한 가능하다.

③ 이 이론은 행동을 예측하지 못한다는 것이다. 이 이론은 어떤 사실이 있은 뒤 행동에 대해 설명할 수 있지만, 특정 경험이 어떻게 미래의 행동에 영향을 미칠지는 확실하게 예언하지 못한다.

④ 프로이트의 정신분석이론은 최초의 추동이론이었지만, 추동이라는 개념을 더욱 완전하게 발달시킨 것은 미국 심리학의 몫이었다.

2 추동(Drive)

(1) 추동의 개념

① 추동이라는 용어는 우드워스(Woodworth, 1918)에 의해 최초로 만들어졌다.

② 개체 내부에 있는 힘이 행동을 활성화한다는 생각은 프로이트가 먼저 제안하였다.

③ 동기적 구성개념인 추동은 유기체의 항상성(Homeostasis) 균형유지와 관련된 것으로 여겨졌다.

> **더 알아두기**
>
> **항상성(Homeostasis)**
> 신체적 기제들이 신체를 어떤 적절한 수준으로 유지하려고 노력하는 과정을 말한다.

④ 유기체 내에서 어떤 결손 혹은 과잉상태가 존재하면 몸을 다시 적당한 균형상태로 만들려는 추동이 활성화되는 것으로 생각되었다.

⑤ 추동이라는 개념은 어떤 생리적 요구(Need, 배고픔과 같은)에 신체적 욕구(허기를 없앰)를 충족시킬 수 있는 행동(음식 먹기)들을 하도록 하는 동기를 의미한다.

⑥ 요구상태가 존재하면 유기체는 어떤 방식으로든 요구를 감소시키도록 동기화된다.

⑦ 추동의 한 가지 기본특성은 그것이 행동의 에너지원이 된다는 것이다.

⑧ 추동은 유기체가 반응을 시작하게 하는 원인을 제공한다.

⑨ 요구상태를 감소시키는 행동은 추동상태 역시 감소시킨다.

(2) 추동개념의 성립

① 추동개념의 성립은 제임스(James)와 맥두걸(McDougall)의 초기 본능접근이 신뢰를 잃고 있을 때 나타났다.

② **추동과 본능**

　㉠ 추동도 생물학적 기초를 가진 것으로 생각되어 본능이라는 개념에서 크게 벗어나지 않는다.

　㉡ 추동의 관점에서 '배고프다'라는 느낌은 음식을 찾는 본능의 결과가 아니라 배고픔이라는 추동의 결과로 볼 수 있다는 것이다.

　㉢ 추동개념에서는 시상하부의 역할을 보여주기 시작했던 생리학적 연구와 잘 들어맞아 뇌 구조가 동기화된 행동에서 몸의 상태를 감지한다고 가정했다.

　㉣ 본능에도 그러한 기초가 있는 것으로 생각되었지만, 본능적 행동과 연관된 신경체계의 소재를 찾지는 못하였다.

③ 유기체는 동기화되었을 때 더욱 활동적으로 된다.

3 우드워스(Woodworth)의 추동이론

(1) 의의

① 우드워스는 추동이라는 용어를 최초로 만들어냈다.

② 행동의 기제와 이 기제들을 추진하는 힘(추동)을 분명하게 구분하였다.

③ 행동에 따라 그 기저에 있는 추동이 다르다. 즉, 배고픔이라는 추동이 음식을 먹는 것을 동기화시키고, 갈증이라는 추동이 마시기를 동기화시킨다는 것이다.

④ 행동이 반드시 요구 때문에 일어나는 것이 아니므로, 행동의 원인으로 추동이라는 개념이 필요하였다.

(2) 추동의 특성

① **강도**

㉠ 추동의 강도라는 특성은 추동이 활성화 성질을 갖는다는 사실을 가리킨다.

㉡ 추동이 존재하면 유기체가 민감화되어, 이전에는 인식하지 못하던 자극에 반응하게 되거나 추동의 존재가 전반적인 활성화를 가져와서 활동을 낳는다는 것이다.

② **방향**

㉠ 각각의 동기에 추동이 하나씩 대응되는 여러 가지 다른 종류의 추동이라는 개념을 선호하였다.

㉡ 접근하거나 회피하려는 경향은 해당 추동상태의 특성으로 간주하였다.

③ **지속성**

추동은 현재 존재하고 있는 상황과 선호하는 상황 간의 차이가 줄어들 때까지 행동을 지속시키는 기능도 한다.

4 헐(Hull)의 추동이론 [기출]

(1) 추동이론의 이론적 근거

① 헐의 이론은 추동에 관한 이론 중에서 가장 큰 영향력을 미쳤다.

② 헐의 이론은 동기이론의 한 유형을 제시했고, 거기서 나온 포괄적인 다른 접근들은 오늘날에도 여전히 중요하다.

③ 헐의 이론은 다윈의 영향을 받은 생존모형이었다.

④ 동기는 유기체의 기질적 요구를 만족시키기 위해 발달되는데, 그것은 동물의 생존경쟁에서 어떤 이득을 제공하기 때문이라고 가정한다.

⑤ 헐은 항상성 개념을 포함시켰는데, 기질적 요구가 추동을 불러오고 적절한 행동을 활성화시켜서 신체를 균형상태로 돌아오게 한다고 생각했다.

⑥ 헐은 행동주의자들의 개념을 많이 통합하였다.

ㅤㅤㄱ 헐의 행동분석은 왓슨(Watson)과 유사해서 매우 기계론적이었다.

ㅤㅤㄴ 기대, 목적, 인지와 같은 개념들에는 전혀 중요성을 두지 않았다.

ㅤㅤㄷ 손다이크(Thorndike, 1913)의 효과의 법칙의 영향도 많이 받았다.

ㅤㅤㄹ 손다이크의 생각과 동일하게, 자극과 반응의 짝짓기 뒤에 강화가 얼마나 자주 일어나는가의 함수로 습관이 더욱 강해진다고 생각했다.

ㅤㅤㅁ 추동이 감소될 때 강화가 일어난다고 믿었다.

⑦ 헐의 기본입장은 학습이 일어나는 이유가 유기체의 동기적 조건이 변화하기 때문이라는 것이다.

⑧ 심리학적 체계의 다양한 구성요소들을 수학적으로 기술하는 공식의 전개가 많은 부분을 차지했다.

⑨ **헐의 주요관심문제**

ㅤㅤㄱ 추동을 구성하는 것은 무엇이며, 그 특성은 무엇인가?

ㅤㅤㄴ 추동이 어떻게 행동에 영향을 주는가?

ㅤㅤㄷ 행동에 영향을 미치는 비동기적인 요인들(학습과 같은)에는 어떤 것들이 있는가?

(2) 추동감소

① 헐은 행동의 강도가 학습 및 동기와 어떻게 관련되는지 표현하는 공식을 개발했다.

$$_sE_r = {_s}H_r \times D$$

- $_sE_r$ = 행동의 강도
- $_sH_r$ = 학습된 반응 또는 습관
- D = 추동의 강도

※ $_sH_r$와 D가 어느 하나라도 0이면, 행동이 전혀 일어나지 않는다는 것에 주목해야 한다.

예 쥐가 레버를 눌러 먹이를 얻는 행동을 학습했다면, 레버를 누르는 행동($_sH_r$)은 강할 것이다. 또한, 쥐가 배가 고프다면 추동(D)도 높을 것이다. 그렇다면 $_sH_r$와 D가 곱해지므로, 행동의 강도는 높아질 것이다. 그러나 레버를 누르는 행동이 학습되지 않았거나 배가 고프지 않다면, $_sH_r$와 D 중 하나가 0이 되기 때문에 행동은 일어나지 않는다는 것이다.

② 헐의 공식은 행동이 세 가지 변인의 함수임을 나타내는데, '반응의 강도'와 '유기체의 추동의 강도', 이 둘 간의 곱이다.

③ 자극과 반응 간의 짝짓기가 강화되면, 습관강도가 아주 조금씩 증가된다고 믿었다.

④ 강화를 구성하는 것이 무엇인지를 이해하는 것이 중요하다고 하였다.

⑤ 헐은 강화가 추동이 감소할 때 일어난다고 믿으며, 학습의 추동감소모형을 주장하였다.

⑥ 추동이 없다면, 반응이 일어나지 않고 행동이 강화될 수 없다.

(3) 일반화된 추동과 유인

① 추동의 자극은 여러 가지(배고픔, 갈증, 성 등)일 수 있어도, 추동 그 자체는 단일하며 일반적이다.

   ⊙ 각각의 동기 상태에 대해서 서로 다른 추동을 제안했던 우드워스와 달리, 헐은 오로지 하나의 일반화된 추동상태가 존재한다고 믿었다.

   ⓒ 일반적 추동이라는 개념은 추동이 행동을 활성화시키기는 하여도 특정한 목표로 행동을 이끄는 것은 아니라고 생각하였다.

   ⓒ 추동의 중요한 특성은 그것이 행동의 에너지원이라는 것이다.

   ⓔ 행동의 방향을 제공하는 것은 추동자극이다.

   ⓜ 일반화된 추동은 행동의 기저에 있는 힘 역할을 하며, 추동자극이 방향타 기제로 작용한다.

② 행동 전개에서 추동의 중요한 세 가지 측면은 다음과 같다.

   ⊙ 추동이 없이는 추동감소가 일어날 수 없고 학습도 일어날 수 없다.

   ⓒ 추동이 없이는 행동이 일어날 수 없다.

   ⓒ 행동에 방향성을 제공하는 추동자극은 추동상태의 존재에 의존한다.

③ 헐은 K로 표시되는 유인동기라는 개념을 추가하였다.

   ⊙ 강화의 양이나 질 같은 요인들이 습관강도, 즉 학습보다는 수행에 영향을 미친다는 것을 발견하였다.

   ⓒ 보상이 적을 때보다 클 때 더 강하게 수행하지만, 보상이 더 크다고 더 빨리 학습하는 것은 아닌 것으로 보았다.

   ⓒ 헐의 초기이론(1943)은 동기가 행동의 내적인 에너지원이라는 생각에 기초를 두었지만, 이것으로는 부족하다는 것을 깨닫고 유인동기(목표의 특성)라는 구성개념을 추가하였다.

$$_sE_r = {_s}H_r \times D \times K$$

- $_sE_r$ = 행동의 강도
- $_sH_r$ = 학습된 반응 또는 습관
- D = 추동의 강도
- K = 유인동기

   ⓔ 유인동기란 행동이 지향할 수 있는 다양한 목표들의 바람직한 정도라고 할 수 있다.

   ⓜ 헐은 유인이 고전적 조건형성이라는 절차를 통해 학습된다고 믿었다.

   ⓗ 추동은 요구와 연결되어 있지만, 유인은 학습된다고 생각하였다.

   ⓢ 초기에 추동의 감소가 강화를 일으킨다는 설명을 수정하여, 추동자극이 감소될 때 강화가 일어난다고 제안하였다.

(4) 추동이론의 문제점

① 추동은 신체적 욕구에서 출현하는 것을 전제하는데, 어떤 동기들은 생물학적인 욕구의 유무와 상관 없이 등장하기도 한다. 섭식이 강한 생물학적 욕구임에도 불구하고, 신경성식욕부진증 환자는 음식 을 먹지 않았고, 먹고 싶어 하지도 않았다.

② 헐의 두 번째 주요 구성요소는, 추동이 행동의 전반적 활성요인이며 추동자극이 그 활성화를 이끌어 주는 방향타 기제를 제공한다는 가정이었다. 그러나 배고픈 쥐에게 먹이의 출현을 알리는 환경단서 가 선행되었을 경우 배고픈 쥐에게서 활동이 증가한다는 것을 발견했다. 즉, 환경조건을 일정하게 유지하면 활동수준이 거의 변하지 않는다는 것이다.

③ 헐은 강화가 일어나기 위해서는 욕구의 감소가 필요하다고 하였지만, 셰필드(Sheffield)의 연구는 강화가 학습을 일으키기 위해서는 추동이 감소되어야 하는 것도 아니고 욕구가 감소되어야 하는 것 도 아님을 보여주었다.

제3절 　각성이론

1 각성이론의 개념 [기출]

(1) 각성의 개념

① 개념적으로 각성의 가장 극단에는 스트레스가 위치하고 있다. 각성수준이 너무 낮으면 우리는 잠을 잔다. 중간수준의 각성상태에서는 우리가 깨어 있고 주의를 기울이고 있으며, 각성수준이 높을 때에 는 불안과 스트레스 및 분노가 나타난다.

② 각성이론은 우리가 점점 각성될수록 행동이 변화할 것이라고 가정한다.

③ 각성이 변화할 때 어떤 경우에는 수행의 효율성이 증가되는 결과가 생긴다.

④ 각성이 다르게 변해 극단적으로 또렷할 때는 효율적으로 반응하기가 방해를 받게 된다.

⑤ 수행의 효율성이 최고가 되는 각성의 적정수준이 존재한다.

⑥ **여커스-도드슨(Yerkes-Dodson) 법칙**

수행의 효율성은 각성이 중간수준일 때 최대가 된다. 또한, 과제의 특성에 따라서 쉬운 과제는 각성 수준이 상대적으로 높을 때, 그리고 어려운 과제는 각성수준이 상대적으로 낮을 때 수행의 효율성이 최대가 된다.

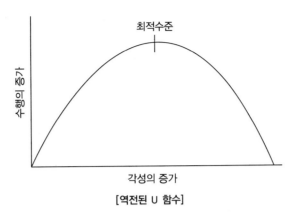

[역전된 U 함수]

수행과 각성 간의 관계를 나타내는 함수로 각성이 증가하면 수행은 어느 지점까지는 증가하지만 적절한 수준을 넘어가면 각성의 증가가 수행수준의 감소를 초래한다[출처 : Hebb, D. O. (1955). Drives and the Conceptual Nervous System (CNS)].

⑦ 예를 들어, 시험을 볼 때 우리가 너무 긴장을 하면(지나친 각성) 오히려 불안감 때문에 시험을 망치게 되고, 너무 편안한 상태(각성되지 않음)가 되어도 시험에 집중이 되지 않아 시험을 잘 볼 수 없다.

⑧ 각성과 수행 간의 관계에서 역전된 U 함수는 모든 과제에서 동일하게 나타나는 것은 아니며, 각성과 행동 간의 관계는 각성이론이 나타내는 것보다는 더 복잡하다.

(2) 망상활성체계(RAS, Reticular Activating System)

① 각성이론은 모루치와 매구운(Moruzzi & Magoun, 1949)이 각성에 있어서 망상체가 하는 역할을 발견하면서 강력한 지지를 받게 되었다.

② 망상활성체계(RAS)는 뇌간의 중앙부에 위치한 뉴런(신경세포)들로 연수수준에서부터 시상수준까지 이어진다.

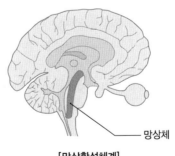

[망상활성체계]

③ 모루치와 매구운(Moruzzi & Magoun)은 RAS를 전기로 자극하면 피질의 전기적 활동이 변화되는데, 이 변화가 외부자극에 주의를 기울일 때 나타나는 변화와 구별이 불가능함을 발견하였다.

④ **뇌전도(EEG, Electroencephalography)가 보여주는 것**

　　㉠ 조용히 쉬고 있는 사람은 EEG를 통해 피질의 규칙적인 전기적 활동을 보인다.

　　㉡ 휴식 상태에 있는 세포들은 전기적 활동이 일어나는 시기가 비슷한 경향이 있어, '알파파'라는 전기적 활동패턴으로 이어진다.

　　㉢ 주변이 시끄러운 것과 같은 상황에서 경계행동을 하는 동안, EEG는 피질세포들이 서로 독립적으로 활동하는 경향이 있어서 '베타파'라는 활동패턴이 생겨난다.

　　㉣ 알파파는 편안한 상태에서, 베타파는 각성된, 즉 환경의 변화에 대처할 준비가 되어있는 사람에게 나타난다.

⑤ RAS를 직접 자극하면 외부자극이 베타파 활동을 유도하는 것과 똑같이 베타파가 발생하는 것이 발견되었다. RAS가 유기체를 활성화시키는 데 어떤 역할을 하는 것으로 보인다.

⑥ 각성에서의 RAS의 역할에 대한 발견으로 활성화 이론가들은 정서와 동기가 피질의 각성과 동등한 것이라고 주장하게 되었다.

(3) 햅(Hebb)의 이론과 레이시(Lacey)의 연구

① **햅(Hebb)의 이론**

　　㉠ 햅은 감각정보가 두 가지 역할을 한다고 믿었다. 한 가지는 단서기능으로 정보를 제공하는 것이고, 다른 하나는 각성기능으로 개체를 각성시키는 것이다.

　　㉡ 자극에 의해 개체의 피질이 각성되지 않으면 자극의 단서기능은 아무 효과가 없을 것이다.

　　㉢ 햅에게서 동기란 RAS에 의한 피질의 활성화이다.

> 사람이 받아들인 감각자극 → RAS로 보내짐 → 시상 → 피질

　　㉣ 시상으로부터 오는 감각정보를 피질이 처리할 수 있도록 피질을 활성화시킨다.

　　㉤ 역으로 피질이 RAS로 섬유를 내려 보낸다는 사실 또한 알려져 있다.

　　㉥ 피질은 외부 혹은 내부자극이 적을 때에도 RAS를 활성화시켜 각성을 높게 유지할 수 있다.

　　㉦ 잠자리에 누워 내일 치를 시험에 대해 생각하면 RAS가 활성화되고, 이것이 다시 피질을 각성된 상태로 유지시켜 잠들기가 힘들어진다. 외부 자극뿐 아니라 생각도 사람의 각성을 초래할 수 있다.

② **레이시(Lacey)의 연구**

　　㉠ 레이시(1967)는 각성의 종류가 한 가지 이상이라고 제안하였다.

　　㉡ 행동적 각성(반응하고 있는 유기체가 나타내는 것), 자율신경적 각성(신체기능상의 변화로 알 수 있는 것), 피질각성(비동기화된 빠른 뇌파가 보여주는 것)으로 구분할 수 있다.

　　㉢ 위 세 가지 각성이 함께 일어날 때도 많지만, 반드시 그런 것은 아니며 이들은 독립적이다.

　　㉣ 상황에 따라 서로 다른 신체적 반응패턴들을 낳는다(혼수상태의 환자들이 정상적인 EEG를 보이기도 하며, 수면 시와 같은 EEG를 나타내고 있는 사람들에게서 정상적인 반응이 관찰될 때도 있다).

　　㉤ 레이시의 각성모델에서는 신체의 여러 체계들로부터 오는 피드백이 각성체계에 직접적인 영향을 미칠 수 있다는 것을 보여준다.

(4) 각성이론의 문제점

① 행동적 측정치와 피질 및 자율신경계의 각성에 대한 측정치들 간에 깊은 관계가 없다.

② 레이시의 이론이 가정하는 서로 다른 패턴의 신체반응들의 존재가 아직 분명하게 증명되지 않았다.

③ EEG로 알 수 있는 피질각성이 동기유발된 즉, 정서적인 상태를 나타낸다는 것이 각성이론의 일반적인 가정이다. 그러나 현재 피질각성이 동기유발된 행동과 동등한 것인지는 명백하지 않고, 이 가정을 가지고 각성이 어떻게 행동을 통제하는지를 설명하는지도 분명하지 않다.

④ 각성을 이해하려면 그 배후에 있는 생리적 기제만 알면 된다는 것이 각성이론의 가정이다. 그러나 각성을 완전히 이해하려면 환경요인들 및 유기체의 과거에 대하여 알 필요가 있기 때문에 생리적 기제만 가지고 설명하기는 어렵다.

⑤ 다양한 정서들 각각에 대해 서로 다른 생리적 상태 혹은 화학적 균형들이 동반될 수 있다는 점을 시사하였을 뿐이다.

⑥ 각성이론이 살아남기 위해서는, 서로 다른 유형의 정서들이 어떻게 활성화되는지를 이해할 수 있도록 설명해 주어야 한다.

2 수면

(1) 수면의 일반적 특성

① 대부분의 각성이론들은 수면을 각성이 없거나 낮은 상태로 간주한다.

② 사람이 대략 48시간 동안 잠을 자지 않으면, 높은 수준의 주의와 인지적 처리를 요구하는 길고 복잡한 과제에서 수행을 지속하는 데 문제가 생긴다는 것을 발견하였다.

③ 우리가 피곤하면 잔다는 것이 일반적 상식이지만, 종일 누워있던 사람도 정상적인 활동을 한 사람과 마찬가지로 잠을 잔다.

④ 디멘트(Dement)는 사람이 자는 이유는 특정 시간대에는 활동의 효율성이 최저수준으로 떨어지기 때문일 수 있다고 제안하였다.

⑤ 디멘트는 사람의 효율성이 최하일 때에 어떤 행동을 하는 것을 수면이 방지해 주는 역할을 한다고 주장하였다.

⑥ 웹과 애그뉴(Webb & Agnew, 1973)는 반응하는 것이 불필요하거나 위험한 시기에 유기체가 반응하지 않도록 수면이 막아주기 때문에, 수면은 적응적인 가치가 있다고 제안하였다.

⑦ 동물에 따라 수면주기는 다른데, 이것은 반응하는 것이 자신에게 불이익을 주는 기간이 동물에 따라 다를 것이기 때문이다.

⑧ 사람에 따라 노인들은 젊었을 때보다 더 자기도 하고 덜 자기도 한다.

⑨ 건강한 노인들이 젊은 성인들과 비교했을 때 낮잠을 더 많이 자고 밤에 더 짧고 자주 깨며, 저녁에 일찍 잠든다는 것을 발견하였다.

(2) 수면의 단계

① 수면의 0~5단계

0단계	편안하게 깨어있는 상태로 알파파가 나타난다.
1단계	처음 잠든 후 10~15분 정도 진행되며, EEG 형태는 낮은 진폭의 빠르고 불규칙한 파장이 나타난다.
2단계	대략 15분 정도 EEG는 파의 진폭이 점점 더 크고 느려진다.
3단계	15분 정도 지속되며 느린 파들이 충분히 더 많아진다.
4단계	잠든 지 30~45분 정도 후에 이르는 단계이며, 얼마간의 시간이 지나면 EEG 형태가 3단계, 2단계로 마지막으로 5단계로 바뀌기 시작한다.
5단계	• 잠자는 사람의 눈이 보통 눈꺼풀 아래에서 빠르게 움직이기 시작하며, 턱 근육에서 측정되는 근육의 긴장이 아주 낮다. • 이 단계를 렘(REM, Rapid Eye Movements) 수면 단계라고 부른다.

② Non-REM(NREM) 수면

ⓐ 이 단계에서는 안구운동이 관찰되지 않으며, 서파수면(Slow-Wave Sleep)이라고도 불린다.

ⓑ 3단계와 4단계 동안 진폭이 크고 느린 델타파가 우세하게 나타나는 수면이다.

ⓒ 4단계 수면은 나이가 들어감에 따라 점점 줄어든다.

ⓓ 건강한 노인에게서 3단계 수면과 4단계 수면이 크게 감소한다는 것이 발견되었다.

ⓔ 코골이가 일어나는 것은 대개 NREM 수면 동안이다.

③ REM 수면

ⓐ 4단계 수면의 대부분은 이른 밤에 일어나는 반면, 대부분의 REM 수면은 그 후에 일어난다.

ⓑ REM 수면이 대부분 꿈과 관련되지만, 다른 수면단계에서도 꿈이 일어난다.

ⓒ REM 수면 동안의 꿈은 정서적인 의미를 담고 있거나 삶과 비슷한 경우가 많다.

ⓓ NREM 수면 동안에 보고되는 꿈은 보다 비정서적이고 두서없는 생각이라고 이야기되는 경우가 많다.

ⓔ 안구운동의 빈도는 꿈의 기이성, REM 꿈의 강도 및 정서성과 관련되는 것으로 보인다.

ⓕ REM 수면 동안의 피질의 EEG 활동은 1단계 수면 시와 아주 유사해 보이고, 또한 여러 가지 측면에서 깨어 있는 사람의 EEG 활동과 유사해 보인다.

ⓖ EEG는 깨어있는 것으로 보이지만, REM 수면 중인 사람을 깨우기는 힘들다.

ⓗ 이 수면 시 골격근의 긴장 또한 상실되는데, 뇌 안에 있는 운동뉴런의 억제가 그 원인으로 사실상 일시적인 마비에 해당한다.

ⓘ 신생아는 수면시간의 대략 50%가 REM 수면이며, 나이가 들기 시작하면서 감소하는 경향이 있다.

ⓙ 연구결과 REM 수면은 꿈꾸기와 동시에 일어난다는 것이다.

(3) 꿈과 수면박탈

① 꿈

- ㉠ 연구결과에 따르면 모든 사람들이 꿈을 꾼다.
- ㉡ REM 기간 동안 사람을 깨우면, 꿈을 꾸지 않는다고 말하는 사람도 자신이 생생한 꿈을 꾸고 있었다는 것을 발견한다.
- ㉢ 보통 밤마다 100분 정도 꿈을 꾸는데, 꿈을 꾼 직후에 바로 깨어나지 않는 한 기억은 나지 않는다.
- ㉣ 대부분의 꿈이 짧은 것으로 보이지만, 길게는 한 시간이나 되는 꿈도 가끔 있다.
- ㉤ 대부분의 꿈은 그 배경이 보통 일상적인 상황이며, 대개 지나치게 정서적이지는 않다.
- ㉥ 정서적인 꿈의 65% 정도가 부정적인 정서를 담고 있다.
- ㉦ 이른 밤에 꾸는 꿈은 그 날의 사건을 소재로 하는 경향이 있고, 밤이 깊을수록 꿈은 저장된 기억을 소재로 하는 경향이 있다.
- ㉧ 나이가 적은 사람들이 나이가 더 많은 사람들보다 자신의 꿈을 더 빈번히 회상한다.
- ㉨ 중년 남성과 여성은 청년보다 꿈에서 공격성, 우호성 및 정서를 더 적게 보였다.

② 수면박탈

- ㉠ 수면박탈의 효과가 부정적인 것만은 아닌데, 우울증 환자들의 경우 하룻밤을 꼬박 새게 하면 환자의 1/3~1/2에게서 항우울효과가 나타난다.
- ㉡ 꿈박탈은 자고 있는 사람에게서 급속안구운동이 일어나는가를 보다가 그것이 일어나면 자고 있는 사람을 재빨리 깨우는 것이다.
- ㉢ 꿈박탈 후 피험자들을 잘 수 있게 허용해 주자 정상보다 훨씬 더 많이 꿈을 꾸었다.
- ㉣ 이렇게 꿈꾸는 양이 정상보다 많이 증가하는 일이 박탈기간 뒤 며칠 동안 계속되었다.
- ㉤ 약물사용으로 인해 REM 박탈이 일어날 수 있다.
- ㉥ 약물들을 갑자기 끊으면 REM 반동이 일어나고 꿈꾸기가 증가되어 생생한 악몽을 꾸게 된다.

제4절   행동주의 및 사회적 학습이론

1 고전적 조건형성 [기출]

(1) 고전적 조건형성의 개념

① 고전적 조건형성의 의미

무조건반응(UR)을 발생시키는 무조건자극(US)과 연합된 중성자극(NS)이 반복적인 노출을 통해 조건자극(CS)이 되어 무조건반응(UR)과 유사한 조건반응(CR)을 일으키는 원리를 고전적 조건형성이라 한다. 고전적 조건형성은 우리가 무조건적인 대상이나 자극이 아닌 중성적인 대상이나 자극에도 무조건적인 반응과 행동을 하는 원리와, 특정 개인에게 반응과 행동을 유발하는 대상과 자극의 다양성에 대한 설명을 제공한다. 고전적 조건화(Classical Conditioning), 반응 조건화(Respondent Conditioning), 파블로프 조건화(Pavlovian Conditioning)라고도 불린다.

② **자극과 반응**

유기체가 환경과 상호작용할 때, 유기체에게 영향을 끼칠 수 있는 것들을 모두 자극(Stimulus)이라고 부르며, 이러한 자극에 대한 유기체의 대응을 반응(Response)이라고 부른다.

㉠ 무조건자극(US, Unconditioned Stimulus)

유기체로 하여금 자연적이며 자동적인 반응을 일으키게 하는 자극이다. Pavlov의 고전적 조건형성이론에서 음식은 타액이라는 반응을 유발하는 무조건자극이다.

㉡ 무조건반응(UR, Unconditioned Response)

무조건자극을 유기체에게 제시했을 때 나오는 자연적이며 자동적인 반응을 가리킨다. Pavlov의 고전적 조건형성이론에서 음식으로 유발된 타액분비를 무조건반응이라고 한다.

```
US  ─────────────►  UR
고기                침 분비
```

㉢ 조건자극(CS, Conditioned Stimulus)

훈련을 통해 반응을 유발하는 자극을 조건자극이라고 한다. 파블로프의 고전적 조건형성 실험에서 훈련을 통해 종소리를 듣고 타액반응을 유발하게 될 때 종소리는 조건자극이 된다.

㉣ 조건반응(CR, Conditioned Response)

원래는 그 반응과 결합되어 있지 않았던 자극에 대하여 나타나는 반응으로, 이전의 중립자극에 대하여 학습된 반응이다. 종소리에 대한 타액분비는 조건반응이다.

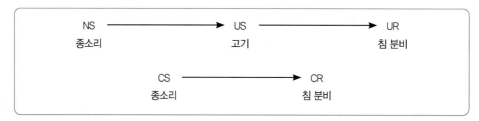

```
NS  ─────────►  US  ─────────►  UR
종소리          고기            침 분비

CS  ─────────►  CR
종소리          침 분비
```

㉤ 중성자극(NS, Neutral Stimulus)

일반적으로 반사반응을 일으키지 않는 자극이다. 위 과정에서 처음에 제시된 종소리는 중성자극이고, 이후에 고기 없이 반응을 유도하는 종소리는 조건자극이 된다.

③ 고전적 조건형성의 기본과정

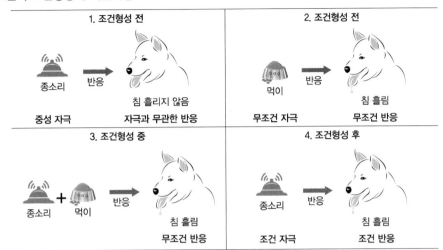

1. 조건형성 전	개에게 고기(US)를 주면 침(UR)을 흘린다.
2. 조건형성 전	종소리(NS)는 개에게 아무 의미가 없는 자극이므로, 종소리는 아무런 반응을 유도하지 않는다.
3. 조건형성 중	종소리(NS)를 들려주고 고기(US)를 주면, 개는 고기 때문에 침(UR)을 흘린다. 아직까지 종소리는 중성자극이기 때문에, 단독으로 타액반응을 유도하지는 않는다. 이 과정을 반복한다.
4. 조건형성 후	종소리(CS)만 들려주어도, 개는 침(CR)을 흘린다. 종소리는 고기와 연합이 되어 조건자극(CS)이 되고, 개는 종소리를 들어도 타액반응을 보인다.

④ 조건형성의 기본현상

획득	조건자극에 의해 새로운 반응을 학습하는 것을 말한다.
소거	• 무조건자극(US) 없이 조건자극(CS)만 제시하는 절차를 소거라고 부른다. • 침분비 조건형성에서 획득단계 후에 종소리가 음식 없이 제시되면, 침의 양은 점차 감소하고 나중에는 완전히 사라진다.
자발적 회복	소거를 시키고 시간이 지난 다음 조건자극을 다시 제시하면, 조건반응이 일시적으로 나타난다.
일반화	특정 조건자극에 대한 고전적 조건형성이 일어난 후에 무조건 자극과 짝지어진 적이 없는 자극에 조건반응이 나타나는 현상을 말한다.
변별	일반화와 반대로 피험자가 한 자극에는 반응하면서 비슷한 자극에는 반응하지 않는 것을 학습하는 것을 말한다.

(2) 조건형성을 통한 동기화된 행동

① 파블로프(Pavlov)의 신경증학습

> **〈파블로프의 신경증실험〉**
>
> 개에게 물체의 모양을 변별하는 실험을 하였다. 원그림에서는 고기를 주고 타원그림에서는 고기를 주지 않자, 원그림에서만 타액을 분비하였다. 이후 타원의 모양을 조금씩 원에 가깝게 만들어 가며 실험을 하였다. 개는 타원과 원이 거의 비슷한 모양이 되자 둘을 구분하지 못하였고, 실험이 끝난 몇 주 후에는 이전까지 순하던 개는 실험실에 들어가려고도 하지 않았고 난폭해져 장치를 물어뜯기도 하였다.

- ㉠ 개의 신경증은 점점 더 어려워지는 변별과제 때문인 것으로 보인다.
- ㉡ 개가 실험을 하는 방에 들어가지 않으려는 것은 좌절감을 주는 상황을 피하려는 강력한 동기를 보여준다.
- ㉢ 이후 연구자들은 신경증은 유기체가 예측을 할 수 없고 통제가 불가능하다는 것에 의해 생성된다고 주장하였다.
- ㉣ 자신을 통제할 수 있는 능력은 동기적으로 중요한 특성을 가진다.

② 왓슨(Watson)의 정서조건형성

> **〈왓슨의 공포학습실험(1920)〉**
>
> 왓슨은 생후 9개월의 유아인 알버트에게 흰쥐를 무서워하도록 조건형성시켰다. 흰쥐를 알버트 앞에 제시하고, 알버트가 쥐를 만지면 쇠막대기로 큰 소리를 냈다. 두 번 만에 알버트는 쥐를 겁내게 되었고, 7번 진행되자 쥐를 보면 바로 울고 도망가기 시작했다. 이후 알버트는 흰쥐만이 아니라 흰색의 토끼, 개, 모피코트와 같은 유사한 대상들을 보고도 울기 시작했다.

- ㉠ 알버트는 북실북실한 모양을 띠고 있는 물체에 대해서도 부정적인 반응을 보였다.
- ㉡ 고전적 조건형성된 정서적 반응은 비교적 영구적일 수 있는 것이다.
- ㉢ 이후에 진행된 신경증실험에서는 해결하기 어려운 과제와 그것을 수행하지 못하였을 때 강한 벌칙이 작용하면 신경증이 발병함이 발견되었고 그것은 일상에까지 일반화되었다.
- ㉣ 신경증적인 동물들은 자는 동안 빠르고 불규칙한 심장박동을 보였고, 외적 자극에 대해 그 종류와 관계없이 아주 민감했다.
- ㉤ 떠돌이 개에게 습격을 당한 양떼들 중 죽는 것은 언제나 신경증에 걸린 양들이었다.
- ㉥ 새끼 양에게 고전적 조건형성을 시키는 동안, 실험실에 어미가 존재하기만 하면 실험 신경증으로부터 보호될 수 있음이 발견되었다.

③ 동기화된 행동의 제거

- ㉠ 동기가 정서를 일으키는 무조건자극과 중성적인 자극을 짝짓는 것에서 비롯될 수 있는 것과 마찬가지로 유사한 방식으로 반응이 제거될 수 있다.
- ㉡ 역조건형성으로 비적응적 반응이 소거될 수 있다. 즉, 부정적인 조건자극을 긍정적인 무조건자극과 짝지으면 서서히 그 혐오성을 잃어간다.

ⓒ 체계적 둔감화는 공포를 불러일으키는 자극과 긍정적인 반응을 유발하는 자극을 함께 제시함으로써 불안이나 공포를 제거하는 행동수정기법이며, 약한 자극부터 시작하여 강한 자극까지 단계적으로 수위를 조절하여 부정적인 상황에 둔감해지도록 하는 것이다.

(3) 학습된 혐오

① 맛 혐오 학습

ㄱ 먹는 것은 생존에 필수적인 것이지만, 먹는 것으로 생명에 위협을 받을 수도 있다.

ㄴ 위험한 물질을 먹는 것을 회피할 수 있는 것은 선천적이지 않고, 대부분 후천적으로 학습되는 것이다.

ㄷ 가르시아(Garcia)는 개인적인 경험으로 이 부분에 관심을 갖고 연구를 수행하였다.

> **〈맛 혐오 실험〉**
> • 쥐들에게 일반적인 물과 사카린(단맛) 맛이 나는 물을 먹게 하였다.
> • 일부 쥐들이 사카린 물을 마실 때 감마방사선에 노출시켰다(방사선은 구토를 유발함).
> • 방사선에 노출된 쥐들은 사카린 물을 회피하였다.
> • 방사선 수준이 높을수록 단맛의 물에 대한 혐오가 심해졌다.
> • 단맛의 물이 구역질에 대한 조건자극(CS)이 되어, 쥐들은 '조건 맛 혐오(조건음식회피)'를 습득하였다.

ㄹ 맛 단서가 구토에는 잘 연합되지만, 전기충격에는 잘 연합되지 않았다. 그러나 시청각 단서는 전기충격과 쉽게 연합되지만, 구토와는 연합되지 않았다.

ㅁ 쥐들이 무엇을 학습하는가는 이들의 생물학적 적응과 연관이 있는 것으로 보인다.

② 종에 따른 연합가능성

ㄱ 환경 내의 어떤 사건들이 쉽고 빠르게 연합될 수 있는 가능성을 '준비된 연합', 학습할 수 없는 것으로 보이는 연합들을 '역 준비된 연합'이라고 한다.

ㄴ 학습은 될 수 있어도 연합이 형성되기 위해서 그 사건에 대한 여러 번의 경험이 필요한 것을 '준비되지 않은 연합'이라고 한다.

ㄷ 어떤 종은 일련의 환경 상황들에 대해 반응하는 것을 빨리 학습할 수도 있지만, 그렇지 못할 수도 있다.

ㄹ 진화가 어떤 종류의 연합은 쉽게 형성되도록 준비시킨 동시에 다른 연합은 어렵거나 불가능하게 만들었다.

ㅁ 학습된 맛 혐오가 사람에게서도 증명되었는데, 암 환자들이 메스꺼움을 야기하는 약물을 받기 전에 먹은 음식은 메스꺼움과 연합되어 그 음식에 대한 혐오가 형성되었다.

ㅂ 학습에는 생물학적 제한이 존재하며, 우리가 동기를 이해하려면 반드시 이것을 고려해야 한다.

2 조작적 조건형성

(1) 조작적 조건형성의 개념

① 효과의 법칙

⊙ 손다이크는 동물의 비반사적 행동이 경험의 결과로 어떻게 수정되는지 체계적으로 연구하였다.

ⓛ 어떤 반응의 결과가 그 반응과 환경 내의 어떤 자극 간의 연결을 증강시킨다는 것이다.

ⓒ 유기체가 만족을 얻은 상황을 유발하는 행동은 빈도가 더 높아지고, 불편함을 만드는 상황을 유발하는 행동은 빈도가 더 낮아진다.

ⓔ 효과의 법칙은 현재 우리가 사용하고 있는 강화(Reinforcement)라는 개념의 전신임이 분명하다.

② 조작적 조건형성

⊙ 스키너는 레버를 누르면 먹이가 나오는 실험상자를 만들어 조작적 조건형성을 연구하였다.

ⓛ 쥐가 레버를 누르는 것과 같은 행동은 일반적으로 중요한 결과를 일으키는 도구적인 역할을 한다.

ⓒ 스키너는 결과를 통해 행동이 증가되거나 약화되는 이러한 학습을 '조작적 학습(조작적 조건형성)' 또는 '도구적 학습(도구적 조건형성)'이라고 하였다.

ⓔ 이 학습의 중요한 특징은 피험자가 환경 내에서 가장 중요한 자극, 즉 강화물에 대해 상당한 통제를 하고 있다는 것을 의미한다.

③ 조작적 조건형성과 동기의 관계

⊙ 스키너는 강화가 자극과 반응 간의 연결을 증강시키는 역할을 한다는 측면보다 반응 자체를 증강시켜 그것의 발생확률을 높인다고 생각했다.

ⓛ 스키너는 동기적 구성개념을 끌어들이지 않고 행동을 분석하였지만, 강화의 효과는 행동을 동기화시키는 것이라는 주장도 논리적으로 맞는 것이라고 할 수 있다.

ⓒ 강화의 동기적 특성 때문에 일부 이론가들은 강화와 유인동기가 같은 현상에 대한 두 개의 이름이라고 제안하게 되었다.

ⓔ 이론적 관점에 따라 강화를 유인동기의 증거로 해석할 수 있고, 유인동기를 강화의 관점에서 분석할 수 있다.

ⓜ 중요한 점은 조작적 절차가 새로운 행동의 습득을 초래하는데, 새로운 행동의 습득을 동기화시키는 것이 그 행동의 결과라는 것이다.

(2) 행동의 증가 강화물

① 강화물의 크기

⊙ 학습에서 강화란 결과에 따르는 행동의 강도를 증가시킨다는 의미를 가지고 있다.

ⓛ 다른 조건이 같을 때 강화물의 크기가 클수록 빠른 학습이 일어난다. 예를 들면, 먹이를 1개 받은 쥐보다 6개 받은 쥐들의 학습이 더 빨랐다.

ⓒ 큰 강화물은 강화 지연의 부정적인 효과를 상쇄하기도 한다.

ⓔ 자주 제공하는 적은 양의 강화물이 가끔 주어지는 많은 양의 강화물보다 빠른 학습을 일으키는 결과도 있다.

ⓜ 강화물의 크기와 효율성과의 관계는 직선적이지 않다. 일반적으로 강화물의 크기를 증가시킬수록 그 증가분으로부터 얻어지는 이득은 점점 더 줄어든다. 임금의 차이와 일과의 관계연구에 따르면, 보너스를 받은 학생이 받지 않은 학생에 비해 더 많은 일을 하였으나, 보너스 액수의 차이는 일의 생산성과는 차이가 없었다.

ⓗ 강화량이 행동의 지속성을 더 높이는 것으로 보이지는 않는다.

ⓢ 강화가 존재하는 한에서는 큰 강화가 수행을 증가시키지만, 강화가 없어지면 행동이 재빨리 감소된다.

ⓞ 강화로 인해 정적 대비와 부적 대비가 나타난다.

더 알아두기

정적 대비 vs 부적 대비

정적 대비	적은 보상을 받던 집단이 강화량이 중간 정도로 바뀌자 통제집단보다 수행이 더 좋아지는 효과
부적 대비	강화를 크게 받으면 강화가 없어졌을 때 수행을 더 빨리 멈추게 되는 효과

---

② **강화물의 질적 차이**

ⓐ 어떤 종류의 강화물이 제공되는가가 학습의 효과에 차이를 준다.

ⓑ 빵과 우유를 받은 쥐들이 해바라기 씨를 받은 쥐들의 수행을 능가한다.

ⓒ 밀기울(밀에서 가루를 빼고 남은 찌꺼기)을 제공받은 쥐들이 해바라기 씨를 받은 쥐들보다 수행이 높았다.

ⓓ 동물과 사람에게 과제를 시키고 두 개의 강화물 중 하나를 선택하게 할 경우, 더 강력하게 선호하는 강화물이 있음이 나타났다.

ⓔ 선호하는 강화물을 활용하면 강화절차의 효율성을 향상시킬 수 있다.

ⓕ 일반적인 강화의 질 효과가 존재하여 강화의 양과 아주 비슷한 양식으로 수행을 조정한다.

③ **정적 강화와 부적 강화** 기출

ⓐ 정적 강화와 부적 강화의 두 가지 모두 행동 강도를 증가시키는 것이다.

ⓑ 정적 강화는 어떤 행동의 후속결과가 그 행동을 이후에 발생시킬 가능성을 증가시키는 것이다.

ⓒ 부적 강화는 행동이 어떤 자극의 제거나 자극강도의 감소를 통해 증가하는 것이다.

ⓓ 정적 강화물은 일반적으로 유기체가 원하는 것들이다.

　　예 칭찬, 음식, 인정, 실력향상, 돈, 성공, 다양한 선물 등

ⓔ 불쾌한 상황을 만드는 자극들은 부적 강화물이라고 한다.

　　예 소음, 악취, 잔소리, 체벌, 벌점 등

ⓕ 정적 강화물이 상황에 따라 부적 강화물이 되기도 하며, 정적 강화와 부적 강화를 구분하기가 불가능한 경우도 있다.

④ **일차 강화물과 이차 강화물**

ⓐ 일차 강화물은 선천적으로 효과가 있는 것으로 보이는 것으로, 학습경험에 의존하지 않는 강화물이다.

ⓛ 일차 강화물은 그 자체의 성질로 인해 반응을 증가시킨다.

ⓒ 음식, 물, 성적 자극, 수면, 원하는 활동 등이 일차 강화물이다.

ⓔ 이차 강화물은 선천적인 것이 아니라 학습에 의존하는 강화물로, 조건 강화물이라고도 한다.

ⓜ '칭찬, 인정, 미소, 박수' 등이 해당되는데, 보통 다른 강화물들과 짝지어짐으로써 강화력을 획득한다.

ⓗ 일반화된 조건 강화물은 어떤 자극이 단 하나의 일차 강화물과 짝지어진 것이 아니라, 여러 개의 일차 강화물과 중복된 짝짓기가 된 강화물이다.

⑤ **토큰(Token)과 토큰경제(Token Economy)**

ⓐ 돈은 다양한 행동을 유지하는 데 사용될 수 있는 일반화된 조건 강화물이며, 그것으로 강화물들을 살 수 있어 다른 강화물들에 대한 신호 역할을 하는 토큰이다.

ⓛ 토큰경제에서는 적절한 행동에 대한 보상으로 토큰이 사용되며, 이 토큰은 원하는 물품으로 교환될 수 있다.

ⓒ 토큰경제는 다루기 힘들고 부적절한 행동을 통제하는 다른 방법들을 대체하는 하나의 가능한 대안이 되었다.

ⓔ 헛기침을 감소시키는 문제, 철자법 수정 등에서 토큰을 사용하여 행동을 수정하는 데 대한 성공을 보고하였다.

ⓜ 안전과 관련된 산업현장에서 토큰은 안전한 행동을 증진하고 사고와 부상을 처벌하였다.

ⓗ 토큰경제는 보다 관습적인 방법으로는 수정하기 어려운 것으로 밝혀진 행동들을 수정하기 위해 다양한 장면에서 사용될 수 있다.

⑥ **강화물의 역할**

ⓐ 학습이 일어나기는 하지만 즉시 수행으로 전환되어지지 않는 학습을 잠재학습이라고 한다.

ⓛ 잠재학습은 그것을 수행해야 할 어떤 이유가 있을 때까지는 드러나지 않고 있다가, 수행을 유발하는 자극이 있을 때 행동으로 나타난다.

ⓒ 새로운 반응의 학습에는 강화가 필요하지 않지만, 그 반응을 수행하기 위해서는 강화가 필요하다(Tolman & Honzik, 1930).

ⓔ 톨만은 강화물이 연합학습을 자극할 뿐 아니라 연합망의 일부가 된다고 하였다.

ⓜ 동물에게 특정 강화물이 특정 반응에 뒤따를 것에 대한 '기대를 형성한다'고 하였다.

ⓗ 강화의 사용을 통한 행동의 수정 및 발달은 행동에 유연성과 변화가능성을 부여한다.

ⓢ 강화가 확장되거나 철회됨에 따라 우리는 지속적인 강화를 받을 수 있는 방식으로 행동하도록 동기화될 것이다.

3 동기와 조건형성의 상호작용

(1) 습득된 공포

① 밀러(Miller, 1948)는 공포가 습득될 수 있고, 그것의 감소가 새로운 학습을 동기화시킨다고 하였다.

② 공포와 연합된 단서들은 신경증적 행동을 동기화시키고, 이런 행동이 다시 불안의 일시적인 감소에 의해 강화된다는 것이다.

③ 어떤 자극이 혐오자극임이 학습되고 그에 따라 동기적 특성을 갖게 된다.

④ 습득된 공포가 원래의 공포 조성 상황과는 독립적인 다른 행동들에 에너지 공급을 한다는 것이다.

⑤ 공포반응을 습득한 쥐들은 장난감 공기총이 내는 소리에 대해 다른 쥐들보다 더 깜짝 놀라는 반응을 보였다.

⑥ 회피행동에는 고전적으로 조건형성된 공포반응 그리고 습득된 공포의 감소로 강화되는 조작적 반응이 관여한다.

(2) 조건정서반응(CER, Conditioned Emotional Response)

① 레버 누르기로 먹이 먹기를 학습한 쥐에게, 레버를 누르면 소리와 함께 전기충격을 가한다.

② 소리와 전기충격은 고전적 조건형성을 사용한 절차이고, 레버 누르기와는 독립적이다.

③ 소리만 따로 제시하면, 소리가 먹이를 얻기 위한 레버 누르기를 억제하게 된다.

④ 레버 누르기가 중단되는 이유는 소리가 전기충격과 짝지어진 결과 공포를 낳게 되기 때문이다.

⑤ 소리가 나면 조건형성된 공포가 동물에게 생성되고, 이는 진행 중인 행동(레버 누르기)을 억제하는 효과를 낸다.

⑥ 긍정적인 정서나 동기 상태와 연관된 자극 또한 조건 동기유발인이 될 수 있다.

⑦ 그러나 긍정적 상태를 기반으로 한 습득된 동기에 대한 증거는 그다지 확실하지 않다.

⑧ 미래에 부정적인 사건들을 피할 수 있도록 환경자극을 부정적 사건들과 연합하는 것이 특정 자극을 긍정적 사건과 연합하는 것보다 더 적응적이기 때문일 것이다.

(3) 학습된 무기력 기출

① 학습된 무기력의 개념

㉠ 학습된 무기력은 이전에 경험한 통제 불가능함으로 인해, 동기와 인지적 과정 및 정서의 혼란이 수반되는 심리적 상태라고 정의할 수 있다.

㉡ 학습된 무기력은 피할 수 없는 충격과 고통이 무기력해지는 것을 가르치는 것으로 보인다는 것이다.

㉢ 이 현상은 회피 학습에서의 파블로프식 조건형성과 조작적 조건형성의 상호작용에 관한 연구에서 발전되었다.

㉣ 전기충격과 같은 혐오적 자극을 피하려는 행동을 하는 것은 당연한 반응으로, 혐오적인 자극으로부터 도피하는 것이 강화적이기 때문이다.

ⓛ 그러나 이전에 도피 불가능한 전기충격을 반복 경험한 동물은 자신이 전기충격을 막는 데 무기력했음을 학습하였고, 전기충격을 피할 수 있음에도 그것을 깨닫지 못한다.

ⓑ 무기력을 학습한 개들은 실험상황이 아닌 상황에서도 일반적인 개의 행동이 아닌 바닥에 풀썩 주저앉는 등 복종의 자세를 취한다.

ⓢ 무기력은 원래 개에게서 증명되었지만 여러 다른 종에서도 나타났다. 특히, 쥐는 무기력을 증명하기 가장 어려운 개체이지만 무기력이 일어났다.

② **무기력의 증상**

셀리그만(Seligman)은 무기력에는 네 가지 주요증상이 존재한다고 생각했다.

수동성 (동기의 결손)	• 고통스러운 상황을 겪은 유기체는 그것을 피하기 위한 행동을 학습하고서도 하지 않는다. • 셀리그만은 무기력한 상황에서 동물이 보이는 수동성은 사건을 통제할 수 없기 때문에 생겨나는 동기결손의 결과라고 믿었다.
학습의 지체 (연합적 지체)	• 무기력한 상황에 노출된 동물에게는 학습결손이 생겨난다고 지적하였다. • 전기충격에 노출된 개는 나중에 전기충격을 회피하는 것을 학습하는 속도가 매우 느리다. • 무기력한 동물은 자신의 행동이 어떤 상황의 결과를 반영하지 않음을 학습하며, 이는 앞으로 일어나는 일에 자신이 영향을 미칠 수 있다는 사실을 더욱 깨닫기 힘들게 만든다.
신체적 효과	무기력하지 않은 동물에 비해, 무기력한 동물은 훨씬 덜 공격적이라고 보고하였다.
시간에 따른 무기력의 감소	• 학습된 무기력이 시간이 지남에 따라 감소된다고 하였다. • 그러나 피할 수 없는 충격이 가해지는 훈련을 여러 회기 동안 시키면, 비교적 영구적인 무기력이 초래된다.

③ **무기력의 원인과 예방**

㉠ 학습된 무기력은 유기체가 자신에게 일어나는 일을 통제할 수 없다는 것을 학습하는 행위에서 비롯된다는 것이 이 현상의 핵심이다.

㉡ 행동이 특정한 환경을 변화시키는 데 효과가 없을 것이라는 예상 → 다른 상황에서도 환경을 통제하려는 시도가 급격하게 감소(무기력한 유기체는 근본적으로 포기를 해버림)

㉢ 과거에 성공하지 못했다는 사실이 미래의 행동에 대한 동기를 박탈하는 효과를 낸다.

㉣ 성공(통제)하지 못한 것이 극에 달하면, 유기체가 반응을 전혀 하지 않을 수도 있다.

㉤ 자신의 환경을 통제할 수 있다는 것을 가르치면, 학습된 무기력이 감소될 것이다.

㉥ 학습된 무기력의 형성을 막으려면, 동물을 무기력한 상황에 처하게 만들기 전에 먼저 동물에게 자신의 환경을 통제하는 것을 가르치는 것이 중요하다.

㉦ 셀리그만은 학습된 무기력이 사람에게서 나타나는 반응성 우울증의 증상과 유사하다고 제안하였다.

더 알아두기

반응성 우울증

외부 사건에 대한 반응으로 나타나는 우울증이며, '실직, 사랑하는 사람의 죽음, 실연, 경제적 문제, 신체적 장애, 노령' 등과 같은 사건들이 원인이 됨

ⓥ 반응성 우울증에 걸린 사람에게는 자신의 환경을 변화시키는 데 있어서 자신의 행동이 어떻게 효과적일 수 있는지 보여주는 치료가 도움이 될 수 있음을 시사한다.

ⓩ 동물의 학습된 무기력과 인간의 우울증 간에 유사성이 있다는 제안은 이론가들 사이에 큰 논쟁을 불러일으켰다.

ⓧ 셀리그만과 동료들은 통제력의 부재가 개인의 능력 부족에서 비롯될 수도 있고, 통제가 불가능한 요인들에서 비롯될 수도 있다는 것으로 자신들의 이론을 재평가하고 재구성하였다.

ⓚ 중요한 것은 학습된 무기력 상황은 동기의 결손을 낳고 이것이 다양한 상황에서 이후의 행동에 영향을 줄 수 있다는 것이다.

ⓔ 무기력연구에서 나온 결과는 미래의 행동에 대한 동기를 수정하는 데 있어서 고전적 조건형성과 조작적 조건형성 상황에서 형성된 과거경험이 중요하다는 점을 지적하고 있다.

4 관찰학습

(1) 관찰학습의 개념

① 관찰학습의 정의

㉠ 관찰학습에 대한 연구는 인간행동의 많은 부분이 대리학습에서 비롯된다는 생각에 기초를 두고 있다.

㉡ 밀러와 달러드(Miller & Dollard, 1941)는 모방행동을 사회적 행동에 초점을 두고 헐의 학습이론을 통합하여 사회학습이론을 제안하였다. 대리학습이 조작적 조건형성의 한 형태라고 가정하며, 모방행동이 습관이 된다고 하였다.

㉢ 반두라(Bandura, 1963)는 관찰학습과 대리강화의 개념을 적용해 폭넓은 개념의 사회학습이론을 발표하였으며, 이 이론은 인지적 측면이 강조되어 이후 사회인지이론(1977)으로 명명하였다.

㉣ 반두라(Bandura)는 인간이 기능하는 것은 특정 행동과 이를 통제하는 조건 간의 상호작용의 결과로 이해할 수 있다고 하였다.

㉤ 사람들은 모델을 관찰함으로써 '대리강화'나 '대리처벌'을 경험한다.

㉥ 관찰하고 있는 것과 같은 상황에서 행동의 결과를 예측하는 것을 학습한다.

㉦ 사회학습이론이라는 이 접근은 사회적 조건들이 행동의 중요한 결정요인이라는 것을 강조한다.

㉧ 특히 자신과 유사하거나, 성공적이거나 존경스러운 사람으로 지각하는 사람에게서 학습할 가능성이 높다.

㉨ 사회학습이론은 관찰을 통해 학습하는 능력은 우리가 시행착오를 겪지 않고도 행동패턴을 구축할 수 있게 해준다고 주장한다.

② 관찰학습과 동기

㉠ 우리는 환경 내에 있는 특정 대상들에 의해 동기화되는 것을 학습하고 특정 상황에 대한 정서적 반응을 모방을 통해 학습한다.

㉡ 인간은 스스로의 행동에 대해 스스로 강화하고, 부적절한 행동에 대해서는 스스로를 처벌한다.

   © 자기강화는 주로 동기적 효과를 통해 수행을 증가시킨다.

   ② 스스로를 강화시킬지를 결정하기 위해, 우리는 자신의 행동을 다른 사람들의 행동이나 자신의 과거 수행과 비교한다.

   ⑩ 우리는 다른 사람들이 우리의 행동에 어떻게 반응했는가를 짚어보는 것으로 우리의 행동을 평가한다.

   ⓗ 우리는 다른 사람들에게서 관찰되는 기준을 수행의 기준으로 삼는 경향이 있다.

   ⓢ 관찰학습은 반응의 연습이나 강화 없이도 일어난다는 것이다.

   ⓞ 반두라는 인간의 인지능력이 특정 결과를 낳을 것이라는 기대를 현재의 동기유발인으로 변환시킨다고 주장하였다.

(2) 모방의 과정

① 주의, 파지, 운동재현, 동기

   ㉠ 다른 사람의 행동을 모방하는 과정

> 모델의 행동(정보)에 주의를 기울여야 한다. → 정보는 심상과 언어적으로 유지되는 파지 과정으로 저장된다. → 운동재현 과정을 통해 학습된 것이 얼마나 수행으로 변화되는가가 결정된다. → 모델이 특정 행동을 수행하고 강화받는 것을 보면, 자신도 특정 행동 후에 강화받을 것이라는 기대를 형성한다.

   ㉡ 언어적 기억부호와 심상 기억부호 모두 관찰된 행동을 재생산하는 데 길잡이 역할을 한다.

   ㉢ 시연을 실제로 하든, 머릿속에서 하든 상관없이 시연은 행동의 수행을 개선한다.

   ㉣ 반두라는 시연이 정확한 반응의 증강보다는 관찰된 행동의 회상을 주로 돕는다고 보았다.

   ㉤ 우리가 행동을 관찰하고 상징적으로 저장했다고 해도, 정확한 반응패턴들을 순서대로 연결시킬 수 있어야 그 행동을 흉내 낼 수 있다.

   ㉥ 우리의 반응은 관찰된 행동에 대한 대략적인 근사치이다.

   ㉦ 실제 행동을 따라하고 그 결과에 대해 받는 정보의 피드백 결과로 이 근사치를 정교화한다.

   ㉧ 관찰자들은 자신도 특정 행동 후에 강화받을 것이라는 기대를 형성한다.

   ㉨ 강화는 학습을 수행으로 변화시키는 유인가로 작용한다.

② 대리강화

   ㉠ 행동이 반응에 대한 직접적인 강화에 의해 영향을 받기도 하지만, 모델이 하는 행동의 효과를 관찰하는 것의 영향을 받기도 한다.

   ㉡ 특정 행동에 대해 모델이 강화를 받는 것을 보면, 우리도 그 행동을 할 가능성이 높다.

   ㉢ 반대로 특정 행동에 처벌을 받는 것을 본다면, 스스로 그 반응을 할 가능성은 낮아진다.

더 알아두기

대리강화

특정 행동에 대해 모델이 강화를 받거나 처벌을 받는 것을 보면 자신도 그 행동을 수정한다는 것

---

② 대리강화는 관찰학습과 구분되는데, 관찰학습에서는 우리가 반드시 특정 행동의 결과를 관찰하지 않고 단지 그 행동만을 관찰하는 것으로도 학습할 수 있기 때문이다.

⑩ 모델이 수행한 특정 행동의 효과(보상 또는 처벌)를 관찰하는 것이 우리가 모방행동을 수행할 확률을 높일 것이다.

⑪ 강화나 처벌의 관찰이 관찰학습에 반드시 필요한 것은 아니지만, 우리가 관찰한 행동을 실제로 수행할 가능성을 높일 수 있다.

④ 대리강화가 중요한 이유는 보통 때 억제되고 있던 동기화된 행동의 억제를 풀 수 있기 때문이다.

> **〈대리강화의 적용〉**
> 시험에서 부정행위를 한 사람이 좋은 성적을 받는 것을 관찰한다면, 우리는 부정행위를 하도록 동기화될 것이다. 반대로 공익에 도움이 되지 않는 충동을 억제하는 것을 학습하는 것은 사회화의 한 측면이 될 수 있다.

⑥ 반두라는 대리강화가 우리가 받는 보상을 비교해 보는 참조기준 역할을 한다고 지적하였다. 우리가 어떤 행동을 했을 때 작은 보상을 받았는데, 다른 사람은 큰 보상을 받는 것을 관찰하게 되면 우리의 보상효과는 떨어진다.

④ 대리강화를 통해 우리가 어떤 것을 관찰하였느냐에 따라, 행동을 동기화시키거나 행동의 동기를 박탈하는 작용을 할 수 있음을 분명하게 알 수 있다.

5 학습과 공격성

학습은 때로는 공격반응이 촉발될 때 존재하는 자극과의 연합(고전적 조건형성)에서 비롯될 수 있다. 또한 공격행동이 보상되기 때문에 일어날 수도 있다(조작적 조건형성). 한편, 공격반응은 다른 사람을 관찰하거나 텔레비전 등 매체에서의 관찰을 통해 일어날 수 있다. 우리가 공격반응을 학습하는 것과 동일한 과정을 거쳐서, 공격반응을 억제하는 것 또한 학습할 수 있다.

(1) 고전적 조건형성과 공격성

① 실험에 따르면 총이 있는 조건이 없는 조건보다 실험 참가자들이 더 공격적인 행동을 하도록 만들었다.

② 연구자들은 총이 과거에 공격성과 짝지어졌기 때문에, 더 많은 공격성을 일으키는 상황단서 역할을 하였다고 주장하였다.

③ 영화를 본 사람들은 주인공이 한 행동이 공격성과 연합이 되어, 그 주인공과 같은 이름의 사람에게 더 공격적으로 행동하였다.

④ 과거에 고전적 조건형성 과정으로 형성된 연합의 결과로 인해, 공격행동에 변화가 일어날 수 있다.

⑤ 여러 연구를 토대로 인간의 공격성 중 어떤 것은 고전적 조건형성의 결과로 이해할 수 있다는 결론을 내릴 수 있다.

⑥ 특히 거의 생각하지 않고 공격적으로 반응하는 충동적 공격성은 고전적 조건형성에 좌우되기 쉬운 것으로 보인다.

⑦ 그러나 고전적 조건형성이 인간이 범하는 모든 종류의 폭력에 대해서 설명하지는 못한다.

(2) 조작적 조건형성과 공격성

① 조작적 조건형성 원리가 학습된 공격행동에도 관련되는 것으로 보인다.

② 이 원리는 반응이 어떤 결과를 초래하고 그 결과가 강화적이면, 그것을 초래한 행동의 확률이 미래에는 더 높아진다는 것이다.

③ 친구의 장난감을 갖고 싶어 친구를 때리고 장난감을 빼앗은 아이는, 자신이 원하는 것을 얻기 위해 친구를 때릴 가능성이 높아진다.

④ 공격행동에 대해 칭찬을 받은 집단은, 그렇지 않은 집단에 비해 더 공격적인 행동을 하였다.

⑤ 언어적 강화가 공격행동뿐만 아니라 다른 공격반응을 증가시킬 수 있다.

⑥ 공격행위 그 자체가 강화적일 수 있다. 다른 쥐들을 죽였을 때 보상이 전혀 주어지지 않는 데도 그런 행동을 하는 쥐들이 있음이 발견되었다.

⑦ 인간이 공격성을 보상적인 것으로 생각하는가는 분명하지 않지만, 공격행동은 강화될 수 있으며 이차 강화에 의해 유지될 수 있다.

⑧ 어떤 사람의 공격행동 다음에 긍정적인 결과가 뒤따르면 공격반응의 확률은 더 높아진다.

⑨ 공격반응에도 다른 행동과 같은 강화의 규칙이 적용된다는 것이 명백해 보인다.

(3) 모방된 공격성

① 반두라의 실험에 따르면 공격적인 행동을 본 유치원 아이들은 자신이 본 것과 동일한 새로운 종류의 공격행동을 모방하는 경향이 있었다.

② 아이들은 행동뿐 아니라 자신이 들은 언어를 사용하는 경향도 있었다.

③ 모방의 정도가 큰 것은 실제 모델을 본 경우이지만, 통계분석 결과 영화로 모델을 보는 것도 모방된 공격행동을 초래하며, 실제 모델을 본 것과 같은 효과를 내는 것으로 나타났다.

④ 다른 사람이 공격적으로 행동하는 것을 관찰하는 것이 새로운 공격반응에 대한 모델이 될 뿐만 아니라 아이들의 일반적인 공격행동을 누르고 있던 억제를 없애는 효과가 있었다.

⑤ 반두라가 수행한 연구가 비판을 받기도 하지만, 공격행동이 모방을 통해 학습될 수 있다는 점을 부인하기는 힘들다.

제5절 　인지주의 및 사회인지 [기출]

앞에서 다룬 행동동기들은 대개 사고하는 목표지향적 유기체를 가정하지 않는 것들이었다. 동기화된 행동 중 일부 종류는 고정적이고 기계적인 성질을 갖고 있다고 할 수 있으나, 어떤 동기 상태들은 합리적으로 사고하는 유기체라는 관점에서 잘 설명될 수 있다. 이러한 접근들을 일반적으로 인지적 이론이라고 부른다.

1 기대가치접근

(1) 톨만의 목적성 행동

① **톨만이론의 개념**

　　㉠ 우리가 행동을 이해하기 위해서는 행동 그 자체를 하나의 현상으로 연구해야 한다.

　　㉡ 행동에 대한 환원론적 접근이 아닌 전체주의적 접근을 주장하며, 행동은 몰(Mole) 단위적이라고 하였다.

> **더 알아두기**
>
> **환원론적 접근**
>
> 헐의 주장과 같이, 행동을 최소 크기의 요소들로 환원시켜 이해하려는 접근

　　㉢ 몰 단위 행동의 특성

> **더 알아두기**
>
> **몰 단위 행동(Molar Behavior)**
>
> 몰(Mole)은 원자와 분자의 수량, 즉 물질의 양을 나타내는 단위로, 물질 입자를 포함하는 물질의 집단을 1몰이라고 정의한다. 몰 단위 행동은 대단위 행동이라고도 하며, 이와 대비되는 개념으로는 분자 단위 행동(또는 소단위 행동)이 있다.

　　　　• 행동은 항상 어떤 특정한 목표를 향하거나 또는 그것과는 멀어지는 쪽을 향한다. 또한 어떤 행동은 목표를 달성할 때까지 계속된다.

　　　　• 어떤 목표로 향하는 행동은 일관된 패턴의 반응을 보인다. 학교에 가는 목표와 데이트를 하러 가는 목표의 반응패턴은 아주 다르다.

　　　　• 행동은 선택적이라는 특성을 가지는데, 목표를 향한 경로 중 가장 짧고 간단한 경로를 선택한다. 학교에 가는 여러 방법 중 우리는 보통 가장 빠르고 쉬운 방법을 택한다.

　　㉣ 톨만은 관찰된 행동을 이해하기 위해 우리가 알아야 할 것은 '행동이 향하는 목표', 유기체가 목표에 도달하기 위해 '행동하는 방식', 목표에 도달하는 데 '가능한 경로'라고 하였다.

　　㉤ 톨만은 유기체가 구체적인 자극-반응 간의 연결을 학습하는 것이 아니라, 어떤 행동이 어떤 목표에 이르게 해주는지를 학습하는 것이라고 하였다.

② **행동의 목적과 학습**

  ㉠ 톨만은 어떤 유기체든지 그 행동은 인지와 목적에 의해 그 특성이 정해진다고 하였다.

  ㉡ 행동의 목적성은 관찰된 행동에 의해 객관적으로 정의되는 것이다.

  ㉢ 행동의 목적성은 주관적인 무언가에 대한 추측에 의해 정의되는 것이 아니다.

  ㉣ 유기체의 어떤 행동은 목표에 도달하기 위한 목적을 가지고 있지만, 그것이 원하는 행동을 학습시키는 데 있어서 학습을 받는 사람과 시키는 사람의 동기는 다를 수 있다.

  > **〈사례〉**
  >
  > 강아지가 집안에서 자꾸 신발을 물어뜯을 때, 이 행동을 교정시키기 위해 그때마다 바깥으로 내보낸다. → 강아지는 나가고 싶을 때마다 신발을 물어뜯는다.
  >
  > ∴ 주인은 신발을 물어뜯는 행동을 교정하기 위해 바깥으로 내보내는 행동을 하는데, 강아지는 바깥으로 나가기 위해 신발을 물어뜯는다.

  ㉤ 위 사례에서 보듯이 행동을 수정하려고 노력할 때, 그 결과가 항상 우리가 예상한 대로는 아니라는 것이다.

  ㉥ 강아지가 이렇게 행동하는 것은 주인이 신발을 물어뜯는 행동과 바깥으로 내쫓기는 것 사이에 수반성을 부여했기 때문이다. 강아지는 미래에 이 특정한 행동이 바깥으로 나가는 목표에 이르게 해 준다는 것을 학습한 것이다.

  ㉦ 특정 행동이 수행되기 위해서는 동기화되어 있어야 한다. 왜냐하면 학습은 행동변화 없이도 일어날 수 있는데, 강아지가 밖으로 나가고 싶을 때 신발을 물어뜯는 것을 학습하게 되었다 해도, 신발을 물어뜯는 행동을 하지 않으면 학습이 된 건지 알 수 없기 때문이다.

③ **인지도(Cognitive Map)의 발달**

  ㉠ 유기체는 자신의 환경에 대한 인지도, 즉 특정 목표가 발견될 수 있는 장소를 발달시킨다.

  ㉡ 톨만은 목표에 도달하는 반응을 학습하는 것이 아니라, 어디서 강화가 발견될 수 있는지에 관한 일반적인 개념을 학습하는 것이라고 하였다.

  ㉢ 현재 활성화된 동기상태를 완화시켜 줄 목표들에 대한 인지적 표상과, 또한 그 목표물의 위치에 대한 인지적 표상(인지도)이 생기게 된다.

  ㉣ 동물은 보편적으로 반응학습보다 장소학습을 한다.

  > 장소학습 연구에서 쥐가 먹이를 찾기 위해 같은 길로 먹이 찾기를 계속하는 것이 아니라 먹이의 위치를 달리해도 효율적으로 그 먹이를 찾기 위한 학습을 한다.

  ㉤ 보상을 찾을 수 있는 장소를 학습하는 것이 어떠한 행동을 학습하는 것보다 더 쉽다는 것을 보여주는 것으로 여겨진다.

  ㉥ 톨만의 실험은 동물이 인지도의 성격을 띠는 환경에 대한 기대를 발달시킨다는 생각을 지지한다.

  ㉦ 장소학습보다 반응학습이 더 쉬울 때도 있다는 것을 보여주는 다른 연구결과도 나타났다.

◎ 상반된 두 결과에 대한 해결책으로 진행된 한 연구는 반응학습과 장소학습이 모두 일어날 수 있고, 어떤 종류의 학습이 일어나는지는 상황 내 단서의 현저성에 의존한다고 하였다.

> **더 알아두기**
>
> **현저성**
> 어떤 자극(대상이나 속성)이 다른 것과 비교해서 두드러지게 보이는 것으로, 현저성을 높이는 속성으로는 '색, 방향, 운동' 등이 있음

ⓩ 상반된 결과를 해결하기 위한 다른 연구에서는, 뇌 속에 서로 다른 회로들이 있어서 한편에서는 인지적 학습을 매개하고, 다른 한편에서는 자극-반응학습을 매개한다고 하였다.

④ **기대의 발달**

ⓒ 행동에는 목적성이 있으며, 특정한 행동이 구체적 목표로 이르게 한다는 것을 학습하는 과정에서 기대가 형성된다.

ⓛ 한 가지 기대는 특정한 행동이 구체적 목표로 이르게 할 것이라는 것이다.

ⓒ 또 한 가지 기대는 구체적 목표가 특정 위치에서 발견될 수 있다는 것이다.

> 3개의 경로를 통해 먹이상자에 도착할 수 있는 미로상자가 있다. 두 개의 경로(A, B)는 공통으로 지나는 지점을 가지고 있으며, 나머지 경로(C)는 전혀 다른 경로이다. 이 미로에서 먹이상자를 찾아가는 경험을 한 쥐들은 먹이를 찾기 쉬운 경로(A-B-C) 순서대로 자신이 선호하는 경로를 발달시킨다. 이후 A경로를 차단하자 B경로로 먹이상자를 찾는 것이 아니라 C경로를 선택하였다.

ⓔ 위 실험은 일종의 인지도를 소유한다는 것을 의미하며, 이 실험 역시 비판을 받았지만, 동물이 그들이 처한 환경 내에서 어떻게 행동하며 동기는 어떤 영향을 받는지 이해하는 데 기대라는 개념을 적용할 수 있다.

ⓜ 톨만은 다음과 같이 동기의 목록을 만들었다.

일차적 동기	내적인 변화에 의해 주로 촉발되는 동기 예 먹이, 물, 성을 추구하려는 동기, 배설하려는 동기, 고통을 피하려는 동기, 휴식하려는 동기, 특정한 종류의 접촉을 경험하려는 동기, 공격하려는 동기, 호기심을 감소시키려는 동기, 특정한 감각운동의 결핍을 충족시키려는 동기 등
이차적 동기	외적인 조건에 의해 주로 촉발되는 동기 예 친목, 지배성, 의존성, 복종 등
학습된 동기	원래는 개인의 기초적인 동기와 연합되었던 것으로 생각되는데, 결국에는 그것이 유도되어 나온 초기의 동기와는 상당히 독립적으로 행동을 통제하는 동기 예 부, 출세와 같은 문화적인 목표

⑤ 톨만은 '반응'을 연구하는 것보다 행동이 향하고 있는 '목표'를 규명하는 것을 중요하게 생각하였다.

(2) 레빈(Lewin)의 장이론(Field Theory)

① 장이론의 개념

⊙ 한 개인에게 작용하는 모든 힘의 결과로만 행동을 해석할 수 있다.

ⓒ 어떤 대상의 반응은 그것이 포함된 장 내에서 그 대상에 작용하는 모든 힘의 결과이다.

ⓒ 인간의 행동적 힘은 방향과 크기를 가진다.

ⓒ 개인이 선택하는 최종적인 행동경로는 방향과 크기를 가진 힘의 장에 의해서 결정된다.

ⓜ 레빈은 행동을 일으키기 위해 작용하는 힘들이 계속 변화한다는 점을 강조하였다.

> 연을 날린다고 할 때 연의 반응은 그것에 작용하는 힘들이 이루는 장에 달려있다. 즉, 바람 조건, 중력, 연 날리는 사람의 기술, 연의 저항력 등 이렇게 연이 날아가는 행동을 결정하는 데는 여러 가지 힘들이 작용한다. 마찬가지로 인간의 행동도 개인에게 작용하는 모든 힘에서 비롯된다는 것이 장이론이다.

ⓗ 행동적 힘은 내적 요구에서 비롯되는 그 사람의 긴장상태, 이들 요구를 만족시킬 수 있는 목표의 특성, 그리고 그 사람과 목표 사이의 심리적 거리의 함수이다.

② 긴장(개인 내부적 영역의 동기적 특성)

⊙ 긴장은 레빈이 사용한 동기적 구성개념이다.

ⓒ 어떤 잠재적 요구가 실제 요구가 될 때 긴장이 존재한다.

　　⑩ 개인 내부적 영역 내의 어떤 영역은 물에 대한 잠재적인 요구를 나타낼 수 있고, 몸이 탈수되면 이 특정한 영역이 긴장상태에 있게 된다는 것이다.

ⓒ 레빈은 긴장이 생성되는 두 가지 요구인 생리적 요구와 심리적 요구를 가정하였다.

생리적 요구	배고픔, 갈증과 같은 요인들이 포함된다.
심리적 요구 (유사 요구)	매우 다양한 요구로 '주말에 여행을 가고 싶다, 혹은 밀린 청소를 하고 싶다'와 같은 것들이다.

ⓒ 각각의 요구가 긴장이라는 형태로 자기만의 독자적인 동기적 힘(에너지)을 생성한다.

ⓜ 긴장상태에 따라서, 심리적 환경 내에 특정한 종류의 목표 대상들이 존재한다.

ⓗ 목표에 도달하는 것이 요구를 충족시켜서 긴장을 감소시킨다.

ⓢ 목표는 구체적인 물리적 대상 또는 어떤 사람의 이름을 기억하는 것 혹은 수학 문제를 푸는 일 같은 인지적 행위일 수 있다.

ⓞ 레빈은 긴장이라는 상태가 과제와 연관된 행동이 완결될 때까지 행동을 계속해서 동기화시킨다고 생각했다.

ⓩ 자이가르닉(Zeigarnik, 1927)은 완결되기 전에 중단된 과제는 끝까지 완성하도록 허용된 과제보다 더 자주 회상됨을 발견하였다.

ⓩ 과제가 어떤 이유에서건 완결되지 않으면 그 긴장은 과제를 완결하게끔 그 사람을 계속해서 동기화시키며, 그 과제의 여러 가지 면들은 완결된 과제의 경우보다 더 기억이 잘 나게 된다.

③ **심리적 환경**

ㄱ 심리적 환경은 실제 세계와 동일한 것이 아니라 그 사람이 자각하고 있는 모든 심리적 사실로 구성된 것이다.

ㄴ 긴장상태가 충족된다는 것은 개인 내부적 영역에서 요구를 만족시킬 적절한 심리적 사실로 이동한 결과라고 개념화하였다.

　　예 심리적 사실은 냉장고에 음식이 있다는 우리의 지식이기도 하며, 배가 고프면 우리를 냉장고로 가게 하는 지식이기도 하다.

ㄷ 개인 내부적 영역 내에 어떤 요구상태가 존재하면 그 요구를 만족시킬 수 있는 환경 내의 영역들이 그 요구와 관련하여 어떤 가치(유인가, 유인성)를 획득한다.

ㄹ 유인가는 긍정적일 수도 있고 부정적일 수도 있다.

ㅁ 유인가 자체는 에너지 공급인이 되는 특성이 전혀 없지만, 심리적 사실들 중 요구를 만족시키는 어떤 것이 더 매력적인지 결정한다.

　　예 배고픔은 동기(에너지 공급인)가 된다. 이때 피자나 치킨은 유인가가 높지만, 샐러드는 유인가가 낮다는 것이다.

④ **레빈이론의 문제점**

ㄱ 용어의 정확한 정의가 없어 여러 가지 다른 해석이 가능하다

ㄴ 심리적 사실이 순간순간 변할 수 있지만, 레빈은 변화의 원인을 설명하지 않았다.

ㄷ 레빈의 분석은 행동이 일어난 뒤 그 조건이 무엇이었는지 추측하고 있다.

ㄹ 개념의 모호성으로 인해 그의 모형을 가지고 행동을 예측할 수 없다.

⑤ 레빈이론의 심각한 결함에도 그의 이론이 중요한 이유는 톨만과 마찬가지로 동기의 인지적 특성을 강조했기 때문이다. 특히 행동을 동기 유발하는 데 있어서 심리적 요구는 흔히 사고와 동등한 것이어서 물리적 요구만큼이나 중요하다는 것이다.

(3) 기대가치이론 기출

① **기대가치이론의 개념**

ㄱ 개인은 당면한 상황에 대한 믿음과 가치에 대한 평가를 기반으로 자신의 태도를 개발 및 수정한다.

ㄴ 한 가지 이상의 행동이 가능한 상황에서 우리는 성공에 대한 기대와 가치의 조합이 가장 큰 행동을 선택할 것이다.

ㄷ 기대는 자신의 행동의 결과로 얻을 수 있을 것이라는 기대, 즉 지각된 성공 가능성을 의미한다.

ㄹ 자신의 행동에 대한 유능성, 능력에 대한 신념, 과제의 난이도에 대한 판단은 기대에 영향을 미치며 이것들은 주로 과거 경험으로 형성된다.

ㅁ 가치는 과제에 대해 지각하는 매력으로, '과제를 수행하는 것이 자신에게 즐거운지, 유용한지, 중요한지, 부정적인 측면은 무엇인지' 등이 포함된다.

② **로터(Rotter)의 기대-가치 개념**

    ㉠ 행동(Behavior)은 기대(Expectancy)와 가치(Value)의 곱에 의존한다.

$$B = E \times V$$

    ㉡ 행동(Behavior)은 주어진 상황 속 우리가 할 수 있는 모든 행동 중에서 특별한 행동 혹은 반응을 할 가능성을 의미한다.

    ㉢ 기대(Expectancy)는 주어진 상황에서 어떤 행동을 하면 어떤 보상이 따를 것인가에 대한 예상으로, 개인이 자기 행동 결과에 대해 갖는 주관적 기대를 의미한다.

    ㉣ 우리가 이전에 같은 상황을 겪지 않았더라도 과거 경험으로부터 일반화된 기대를 형성하는데, 이 일반화된 기대가 행동을 이끌 것이다.

    ㉤ 어떤 사건에 대한 우리의 선호는 그 사건의 강화가치에 의해 결정된다.

    ㉥ 강화가치는 개인이 많은 강화들 중에서 특별한 강화에 대해 중요성 혹은 선호도를 부여하는 것을 의미한다.

    ㉦ 같은 시기나 상황에서 선택해야 할 다양한 기대에 직면했을 때, 자신이 선호하는 가치를 선택한다.

    ㉧ 로터의 통제소재

내통제성향	스스로의 행동에서 보상과 강화가 비롯된다고 생각한다. 즉, 자신이 스스로의 행동에 대한 통제력을 가지고 있다고 믿는다.
외통제성향	자신이 받는 보상 혹은 처벌이 자신의 통제 밖에 있다고 생각한다. 즉, 이러한 성향의 사람들은 '좋은 일, 나쁜 일'을 모두 '운, 타인, 상황' 등과 같은 자신의 힘이 미치지 못하는 다른 조건들에 좌우된다고 믿는다.

③ **엣킨슨(Atkinson, 1978)의 기대가치이론** 기출

    ㉠ 특정한 활동에 몰두하려는 경향은 그렇게 하는 것이 '특정한', '가치 있는' 목표에 이르게 해 줄 것이라는 믿음을 갖고 있기 때문이다.

    ㉡ 엣킨슨은 성취에 영향을 미치는 변인으로 '성공동기', '성공확률', '성공의 유인가치'를 제시하였다.

      • 수행에 대한 기대는 감정과 연관되는데, 하나는 목표접근동기로 목표를 성취하고자 하는 동기이고, 다른 하나는 실패를 하지 않기 위한 동기로 실패회피동기이다. 성취동기를 (성공에) 다가가려는 경향과 (실패에 대한 두려움으로) 물러서려는 경향 사이의 갈등으로 표현하였다.

      • 성취동기를 성공에 다가서려는 경향에서 실패를 피하려는 경향을 뺀 값으로 표현하였다.

> • 목표접근지향 = 성공에 대한 동기 × 주관적 성공 가능성 × 성공에 부여하는 가치
> • 실패회피경향 = 실패를 피하려는 동기 × 실패의 가능성 × 실패에 대한 가치 하락 정도
> • 성취동기 = 목표접근지향 − 실패회피경향

      • 성공에 대한 기대가 높다는 것이 반드시 성취행동으로 연관되지는 않는다. 성취행동의 동기에는 실패를 피하고자 하는 동기의 정도가 고려되어야 하며, 성공기대가 높아도 실패회피 역시 클 경우 성취동기의 값은 낮을 수 있다.

ⓒ 행동 주체의 성취동기에 따라 난이도에 따른 과제의 선택이 달라질 것이다. 성취동기가 높은 사람은 중간 정도의 난이도(쉬운 과제는 성취감을 주지 않고 어려운 과제는 성공확률이 낮기 때문)를, 성취동기가 낮은 사람은 아주 어려운 수준이나 아주 쉬운 수준의 난이도(어려운 과제는 실패를 해도 변명을 할 수 있으며, 쉬운 과제는 성공확률이 높기 때문)를 선택할 것이다.

④ **브룸(Vroom, 1964)의 동기이론**

ⓐ 동기는 자신의 노력이 어떤 성과를 가져올 것이라는 기대와 그러한 성과가 보상을 가져다 줄 것이라는 수단성에 대한 기대감의 복합적 함수에 의해 결정된다.

ⓑ 사람이 행위를 선택하는 데 영향을 미치는 요인

가치 (Valence)	행위의 결과로 얻게 되는 보상에 부여하는 중요도
수단성 (Instrumentality)	행위의 1차적 결과가 2차적 결과로서의 보상을 초래할 가능성
기대 (Expectation, Expectancy)	자신의 행동을 통해 1차적 결과물을 가져올 수 있으리라는 자신감

ⓒ 어떤 행위를 수행할 것인가의 여부를 결정하는 데는 그 일이 가져다줄 가치, 그 일을 함으로써 기대하는 가치가 달성될 가능성, 자신의 일 처리 능력에 대한 평가가 복합적으로 작용한다.

ⓓ 동기의 강도(MF) = 가치(V) × 수단성(I) × 기대(E)

2 목표 설정과 목표 추구

(1) 동기와 불일치감

① 계획과 행동

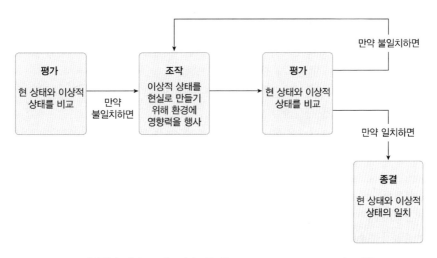

[계획의 평가-조작-평가-종결(Test-Operate-Test-Exit) 모형]

ㄱ 계획이 행동에 활력을 주는 과정은 TOTE 모형과 같다.

ㄴ 평가는 이상적으로 원하는 모습에 비추어 현재 상태와 이상적 상태를 비교하는 것이다.

ㄷ 현재 상태와 이상적 상태의 부조화(불일치)는 개인으로 하여금 일련의 계획된 행동을 통해 환경을 조작하도록 동기를 부여한다.

② **교정동기**

ㄱ 계획과 행동의 순서

| 현 상태와 이상적 상태 간의 불일치 탐지 | → | 불일치 제거를 위한 계획 세움 | → | 계획에 따라 행동 조절 | → | 현 상태와 이상적 상태 간 불일치에 관한 피드백 모니터 |

ㄴ 현 상태와 이상적 상태 간의 불일치가 나타나면, 개인은 행동을 바꾸고 수정할 뿐만 아니라 행동계획 역시 바꾸고 수정한다.

ㄷ 교정동기는 의사결정 과정을 활성화하는데, 이 과정에서 현 상태와 이상적 상태 간의 불일치를 감소시키기 위해 많은 다양한 방법들을 고려하게 된다.

ㄹ 교정동기는 개인으로 하여금 가장 적응적인 과정을 찾아가도록 활력을 북돋운다.

ㅁ 교정동기는 이상적 상태를 성취하기 위해 행동하는 것과 비효율적인 계획을 바꾸거나 수정할 준비를 하는 것 사이를 오가는 역동적인 과정이다.

③ **불일치와 정서**

ㄱ 현 상태가 희망하는 이상적 상태에 못 미칠 때 불일치가 드러난다.

ㄴ 동기적 속성은 이상적 상태 그 자체가 아니라 불일치에 있다.

ㄷ 행동을 취하도록 동기를 부여해 줄 때 마음속에 이상적 상태를 만들고, 현 상태와 이상적 상태 간에 존재하는 불일치를 생각하는 것이 도움이 된다.

ㄹ 목표 불일치를 줄이기 위해 만족스러운 속도로 진전하는 것은 긍정적 정서를 유발한다.

ㅁ 불일치 감소를 향한 진전 속도가 만족스럽지 않으면 부정적 정서가 만들어진다.

ㅂ 정서는 행동에 활기를 불어넣어주고 만족스럽지 않은 결과에 따른 부정적 정서를 느끼게 할 뿐만 아니라 더 열심히 노력하게 한다.

ㅅ 정서는 불일치의 결과표일 뿐만 아니라 그 자체가 행동을 위한 동기부여자이다.

ㅇ 불일치의 두 가지 유형(불일치 감소, 불일치 생성)

• 불일치 감소는 부정적 피드백을 통해 나타나는 것으로, 부정적 피드백이 생성되면 불일치를 줄이기 위해 목표를 생성한다.

• 불일치 생성은 개인이 자신이 추구할 새롭고 더 높은 목표를 스스로 생성한다.

• 불일치 감소는 계획에 기초한 교정동기에 해당하는 반면, 불일치 생성은 목표설정동기에 해당한다.

• 불일치 감소는 반응적이고 결함을 극복하는 것이며, 부정적 피드백 체계와 관련된다.

• 불일치 생성은 주도적이고 성장을 추구하는 것이며, 긍정적 피드백 체계와 관련된다.

• 불일치 감소는 정해진 기준에 맞게 수행함으로써 불일치를 감소하는 것이 목표라면, 불일치 생성은 목표 달성 후 다시 더 높은 수준의 목표를 스스로 만들어 불일치를 생성하는 것이다.

(2) 목표 설정

① 목표의 개념
- ㉠ 목표란 일반적인 수준에서 개인이 성취하려고 노력하는 것이다.
- ㉡ 이상적인 종착점 상태에 대한 미래 중심적인 인지적 표상으로 행동을 이끌어 준다.
- ㉢ 계획과 마찬가지로, 목표는 자신의 현재 성취수준과 이상적인 성취수준 간의 불일치에 주의를 집중하게 함으로써 동기를 생성한다.
- ㉣ 현재 성취수준과 이상적 성취수준 간의 불일치를 '목표-수행 불일치'라고 한다.
- ㉤ 목표가 있는 사람들이 목표가 없는 사람들보다 수행을 더 잘한다.
- ㉥ 개인이 세우는 목표의 유형은 목표가 수행의 증진으로 이어지는 정도를 결정하는 핵심 요인이다.

② 목표 난이도
- ㉠ 목표 난이도는 목표를 달성하는 것이 얼마나 어려운가를 의미한다.
- ㉡ 목표가 어려워질수록 목표는 수행자에게 더 많은 활기를 북돋운다. 사람들이 목표 달성에 필요한 것에 비례해서 노력을 기울이기 때문이다.
- ㉢ 노력은 목표 난이도(목표-수행 불일치) 정도에 반응한다.
- ㉣ 어려운 목표가 행동에 활력을 북돋운다는 것은, 목표가 수행자의 노력과 끈기를 증진시킨다는 의미이다.
- ㉤ 목표가 어려울수록 더 많은 노력을 기울이게 하고 끈기를 증가시킨다.

③ 목표의 구체성
- ㉠ 목표의 구체성은 수행자가 정확히 무엇을 해야 하는가에 대해 목표가 얼마나 분명하게 알려주는가를 의미한다.
- ㉡ 구체적 목표가 자신이 해야 할 일에 주의를 집중하도록 하고, 사고의 모호함과 수행에서의 가변성을 감소시키기 때문이다.
- ㉢ 애매한 목표는 수행의 범위가 비교적 큰 반면, 구체적인 목표는 수행이 목표 수준 근처에 있어 수행의 범위가 비교적 작다.
- ㉣ 구체적인 목표는 주의집중과 전략적 계획의 방향을 잡아준다.
- ㉤ 구체적 목표는 많은 양의 지식과 신중한 설계를 투입하여 전략적인 계획을 수립할 필요가 있다.
- ㉥ 처음 시도에서 목표 달성에 성공하지 못하면, 그 전략을 버리고 더 나은 새로운 전략을 만들어냄으로써 전략을 수정하는 경향이 있다.

④ 목표 일치
- ㉠ 자기일치 목표는 자신의 '흥미, 필요, 가치, 선호'를 반영하는 것으로, 자신과 조화를 이루며 확실하다고 느끼는 목표이다.
- ㉡ 자기불일치 목표는 인위적이며 '자기'와 갈등적인 목표로서, 개인의 '흥미, 필요, 가치, 선호'를 무시하며 단지 사회적 의무나 외적 압력을 반영한다.
- ㉢ 자기일치 목표는 목표 추구에 활력을 북돋워 방향을 잡아 주고, 목표 추구를 지속할 수 있는 개인적 자원을 이끌어 내어 활용할 수 있도록 한다.
- ㉣ 자기일치 목표를 추구하는 사람은 내재 동기와 동일시 조절을 지지하는 동기적 지지를 가진다.

ⓜ 자기불일치 목표를 추구하는 사람은 이러한 자기생성 동기자원이 부족하고, 외적 조절이나 내사 조절의 동기적 지지를 받으며 행동하게 된다.

ⓗ 자기일치 목표는 행동에 활력을 북돋워 지속하게 하며, 방향을 잡아 주고 전략적 계획에 대한 영감을 불어넣어 준다.

ⓢ 자기일치 목표가 수행자로 하여금 내적 동기자원을 이끌어내어 활성화시키는 데 반해, 외적 이유나 내적 압력으로 인한 목표 수행은 내적 동기자원을 활용하지 못한다.

⑤ **피드백**

㉠ 목표 수행에서 피드백의 개념

- 목표 설정을 효과적으로 만드는 데 결정적인 역할을 하는 또 하나의 변인이 피드백이다.
- 목표와 연계된 피드백이 적시에 주어지는 상황에서만 수행이 증가된다.
- 피드백은 단지 정보일 뿐이다.
- 목표 수행 시 피드백이 필요하고, 피드백은 목표를 필요로 한다.
- 개인이 자신의 수행에 대해 부족(목표 미달), 적정(목표 수준), 우수(목표 초과)로 판단하기 위해 피드백 정보를 활용할 수 있는 것은 오로지 목표의 맥락 안에서만 가능하다.

㉡ 피드백의 역할

- 피드백 또는 결과에 대한 정보는 사람들이 자신의 목표를 향한 진전상태를 파악할 수 있게 해 준다.
- 수행자가 수행을 극대화하기 위해서는 목표와 피드백이 모두 필요하다.
- 목표의 진전상태를 진단하기 위해서 피드백이 필요하다.

㉢ 정서와 피드백 : 정서적 만족과 불만족은 모두 동기적 속성을 가지고 있다.

- 만족감은 불일치 생성 과정에 유리하게 기여한다.
  - 피드백이 개인으로 하여금 자신이 목표 수준 또는 그 이상으로 수행하고 있다는 것을 보여 줄 때 개인은 만족감과 유능성을 느낀다.
  - 더 높고 더 어려운 목표를 세우기에 충분히 유능하다고 느끼게 된다(불일치 생성 과정).
- 불만족감은 불일치 감소 과정에 유리하게 기여한다.
  - 수행 피드백이 자신의 목표 수준 이하로 수행하고 있다는 것을 보여줄 때 개인은 불만족을 느끼고 목표-수행 불일치를 예민하게 인식하게 된다.
  - 목표-수행 불일치를 제거하기 위해 더 많은 노력을 기울이게 된다(불일치 감소 과정).
- 피드백은 만족감과 불만족감이라는 정서적 경험 안에서 목표 설정 과정에 계속적으로 영향을 미치는 정서적 활력을 제공한다.

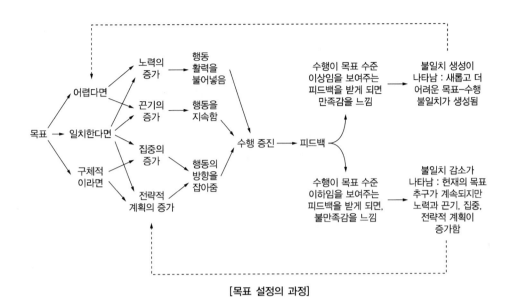

[목표 설정의 과정]

⑥ 장기 목표 설정과 목표 설정 시 주의점

　㉠ 목표의 종류에 따른 수행의 차이

　　• 목표는 단기적일 수도 있고, 장기적일 수도 있으며, 하나의 장기 목표를 향해 함께 연결된 단기 목표들일 수도 있다.

　　• 목표의 종류에 따라 수행에 유의미한 차이가 나타나지는 않았지만, 목표가 없는 사람들보다 모두 수행수준이 더 높다.

　　• 목표 근접성은 수행 자체에 영향을 주는 대신에 끈기와 내재 동기에 영향을 준다.

　㉡ 장기 목표와 단기 목표의 추구

　　• 장기 목표는 쉽게 가시화되지 않기 때문에, 수행 피드백과 정적 강화를 받을 기회가 부족하다.

　　• 장기 목표를 추구하는 사람은 목표 추구 과정에서 목표가 상실되기도 한다.

　　• 단기 목표는 목표 달성 후에 강화를 제공함으로써 목표에 전념할 수 있는 기회를 반복적으로 제공한다.

　　• 궁극적으로 장기적 목표에 도달하도록 서로 연결된 일련의 단기 목표들을 설정하는 것은 끈기를 유지하는 데 도움이 된다.

　㉢ 단기 목표와 장기 목표가 내재 동기에 미치는 영향

　　• 단기 목표는 흥미 없는 과제에서 '긍정적 피드백, 진전의 경험, 유능성을 증가시킬 수 있는 기회'를 제공하여 내재 동기를 향상시킨다.

　　• 흥미 있는 과제에서는 장기 목표만이 내재 동기를 촉진한다.

　　• 높은 흥미를 가진 수행자들에게 단기 목표는 불필요하고 방해가 되며 통제적인 것으로 느껴진다.

　　• 장기 목표 아래 단기 목표들을 설정하는 것은 인과적 흐름 속에서 서로 연결되어 있다.

- 하나의 단기 목표의 달성은 다음의 단기 목표를 달성할 가능성을 증가시키며, 목표 달성의 실패는 다음 목표를 달성할 가능성을 감소시킨다.

② 목표 설정의 주의점
- 비교적 재미없고 단순한 절차만을 필요로 하는 과제일 경우 목표 설정의 효과가 가장 크다. 과제 자체로는 발생될 수 없는 동기를 유발시키기 때문이다.
- 본질적으로 재미있고 창의성이나 문제해결이 요구되는 과제에서 목표 설정은 수행을 증진시키지 않는다. 과제 그 자체로 '노력, 끈기, 집중 및 전략적 계획'을 생성하기 때문이다.
- 사람들은 한 번에 하나의 목표만 추구하는 경우는 드물며, 서로 상충되는 목표를 동시에 추구하기도 한다.
- 상충되는 목표로 인한 목표 갈등은 목표 과부하와 스트레스로 이어질 수 있다.
- 타인을 위해 목표를 설정할 때 통제적이고 압박감을 유발하는 강제적인 방식은 '개인의 자율성, 인지적 유연성, 일에 대한 열정'을 방해하므로, 창의성과 내재 동기를 손상시킬 수 있다.

(3) 목표 추구

① 정신적 시뮬레이션
㉠ 목표에 초점을 맞추는 것은 목표 달성에 방해가 되며, 성공을 시각화하는 것은 역효과를 낸다.
㉡ 어떻게 목표를 성취할 것인가에 초점을 맞추는 것은 목표 달성을 촉진시킨다.
㉢ 목표의 내용과 목표 추구 과정이 구별된다.
㉣ 목표가 세워진다 해도 그것이 필연적·자동적으로 효과적인 수행으로 이어지지 않는다.
㉤ 정신적 시뮬레이션은 결과에 초점을 맞추는 대신, 계획 세우기와 문제해결에 초점을 맞추어야 한다.
㉥ 과정 시뮬레이션을 한 학생들은 결과에 초점을 맞춘 학생에 비해 공부를 더 많이 하고 더 높은 점수를 받았다.
㉦ 성공에 초점을 맞추는 것은 희망을 가지게 할 수 있지만, 생산적인 목표 추구 행동을 촉진하지는 않는다.

② 실행 의도
㉠ 실행 의도의 개념
- 실행 의도는 '만약 ~ 그렇다면(If ~ Then)' 형태의 계획으로 사전에 목표 추구 과정을 구체화하는 것이다.
- 언제, 어디서, 어떻게 목표를 추구할 것인가를 사전에 결정하는 것을 포함한다.
- 목표 의도는 '자신이 성취하고 싶은 것'을 구체화하는 반면, 실행 의도는 '언제, 어디서, 어떻게 그 목표를 성취할 것인가'를 구체화한다.
- 목표가 있는 사람들이 실행 의도를 구체화하면 목표 달성 가능성은 강력하게 증가한다.
- 실행 의도는 목표 추구를 향한 습관적 행동을 만든다.

㉡ 실행 의도 구성하기
- 실행 의도 구성을 위해 목표 달성을 촉진할 수 있는 반응들을 확인해야 한다.
- 확인한 반응들을 시작하기에 적절한 상황을 예상해야 한다.

- 적절한 상황에 직면할 때 결정적 상황과 목표 지향 행동 간에 강력한 정신적 연결 고리가 형성 된다.
- 효과적인 실행을 위해서 목표 추구 행동을 시작하기에 적절한 상황을 예상하는 것이 필요하다.
- 매력적인 행동 방침을 중심으로 실행 의도를 형성하는 사람들이 그렇지 않은 사람보다 목표를 달성할 가능성이 높다.
- 상황적 신호에 직면하기 전에 실행 의도를 형성함으로써 상황적 신호와 목표 추구 반응 간에 강력한 연관성을 형성하는 것이 중요하다.

ⓒ 실행 의도의 이점

- 강력한 연관성이 형성되면 목표 추구 행동은 즉각적이고 자동적으로, 심사숙고하거나 의도적 노력 없이 바로 나타나게 된다.
- 목표 추구를 어렵게 만드는 문제(시작하기, 벗어나지 않기, 다시 시작하기)에 도움이 된다.
- 수많은 유혹과 주의 분산, 어려움, 방해물 등 의지력 부족으로 실패하는 것을 방지하기 위한 완충 작용을 한다.

ⓔ 실행 의도 적용

시작하기	• 일관성 있게 지속적으로 특정 상황과 특정 행동을 짝짓는 것은 상황과 행동 사이에 강한 연결고리를 형성한다. • 실행 의도는 환경–행동 유관성을 성립하여, 자동적이며 환경적으로 유도된 행동을 하게 된다. • 행동을 취하도록 상기시켜 줄 뿐만 아니라 행동을 취할 수 있는 좋은 기회를 놓치지 않도록 함으로써 목표 추구를 시작할 수 있도록 한다(예 만약에 아침에 일어나면 물을 한 잔 마실 것이다).
벗어나지 않기	• 실행 의도는 목표 지향적 행위를 포함하되 주의 산만은 배제되도록, 주의 집중 범위를 좁히는 일종의 폐쇄적인 마음가짐을 만들어 낸다. • 실행 의도는 수립되면 잠재적 궤도이탈이 되지 않도록 목표 추구를 보호한다. • 실행 의도는 앞으로 다가올 어려움, 유혹, 주의 집중 방해 요인을 예상할 수 있게 하며, 실제로 어려움이 닥쳤을 때 무엇을 할 것인가에 대해 계획을 세우도록 함으로써 지속성을 촉진한다. • 목표 의도(예 나는 집중해서 공부하겠다)로 무장한 학생들보다 실행 의도(예 만약에 책상에 앉으면 휴대전화를 꺼놓겠다)로 무장한 학생들은 집중을 방해하는 것으로부터 자신의 주의와 행동을 방어하고 과제에 더 많은 시간을 할애했다(예 만약에 휴대전화가 울리면 나는 그것을 무시하겠다).
다시 시작하기	실행 의도를 확립한 사람들은 그렇지 않은 사람들에 비해 완수하지 못한 목표를 완수하도록 돕는다(예 만약 다시 책상에 앉으면 보고서 작성을 시작할 것이다).

(4) 목표 이탈

① 우리는 목표를 추구하는 데 활용할 수 있는 시간과 노력의 양의 측면에서 실제적 제한에 직면한다.

② 목표 이탈은 노력과 목표 전념을 줄이는 것이다.

ⓐ 노력을 줄이는 것은 열심히 하지 않거나 목표 추구의 노력을 중단하는 것이다.

ⓑ 목표 전념을 줄이는 것은 목표의 중요성을 줄이는 것이다.

③ 사람들은 목표 달성이 불가능하다는 것을 깨닫게 되면 다음 중 한 가지 반응을 보인다.
　　㉠ 노력과 전념을 계속한다.
　　㉡ 노력은 중단하지만, 목표 전념을 유지한다.
　　㉢ 노력과 전념을 모두 포기한다.
④ 목표 이탈 후에 새로운 대안적 목표를 채택할 필요가 있다.

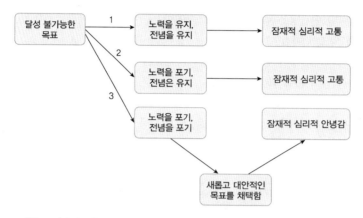

[목표 이탈의 유형에 따른 잠재적 심리적 고통 대 심리적 안녕감]

⑤ 이탈은 새롭고 대안적인 목적을 부여하는 목표를 취하도록 할 때 남아 있는 목표를 추구하는 데 필요한 자원을 남겨 줌으로써, 남아 있는 목표를 위해 투자할 수 있는 '노력, 끈기, 집중, 전략적 계획'이 증대될 때, 이탈은 적응적 행동 방침이 될 수 있다.

3 마인드셋

마인드셋은 한 사람의 주의, 정보처리, 의사결정, 노력과 성공 및 실패의 의미에 대한 생각, 개인적 자질을 지시하는 인지적 프레임이다. 마인드셋은 한 사람의 '생각, 감정, 행동'에 수많은 중요한 후속의 결과들을 만들어 내는 인지적 동기 시스템으로 기능한다.

[네 가지 마인드셋과 연관된 동기]

숙고-실행	목표 설정 동안에 발생하는 생각의 유형과 목표 추구 동안 발생하는 생각의 유형을 구별하기 위한 두 가지의 순차적인 사고방식	
	숙고 (Deliberative)	추구하든 추구하지 않든 간에 가능한 일련의 모든 목표들의 바람직함과 실행 가능성을 고려하기 위한 열린 사고방식
	실행 (Implemental)	오로지 목표 성취와 관련된 정보를 고려하고 목표와 관련 없는 사항은 고려하지 않는 후결정의 닫힌 사고방식

촉진－예방	사람들이 바라는 촉진 기반의 조절 방식과 경계하는 안전 기반의 조절 방식을 구별하기 위해 목표 추구 동안 채택하는 두 가지의 다른 성향	
	촉진 (Promotion)	적극적인 이행 행동의 전략을 채택함으로써 이상을 향해 자신을 진보시키는 것에 초점
	예방 (Prevention)	경계하는 행동의 전략을 채택함으로써 자신이 의무나 책임들을 유지하지 않는 것을 예방하는 것에 초점
성장－고정	개인적 특성들의 본성에 대해 생각하는 두 가지의 대조적인 방식	
	성장 (Growth)	개인적 특성이 유연하고 변화 가능하며, 노력을 통해 발달될 수 있다는 믿음
	고정 (Fixed)	개인적 특성이 고정적이고 정해졌고, 변화에 열려 있지 않다는 믿음
일치성－부조화	자신이 유능하고 도덕적이고 합리적이라고 판단하는 자기 관점	
	일치성 (Consistency)	자신이 유능하고, 도덕적이고, 합리적인 사람임을 확인해 주는 정보와 행동
	부조화 (Dissonance)	자신이 실제로는 유능하지도, 도덕적이지도, 합리적이지도 않다는 것을 암시하는 정보와 행동

(1) 숙고 마인드셋과 실행 마인드셋

① **동기와 의지에 관한 두 마인드셋**
   ㉠ 동기는 행동의 활성 및 초기의 방향과 관련이 있고, 행동을 활성화하고 이끄는 결정 이전의 모든 과정을 포함한다.
   ㉡ 의지는 동기화된 행동에 대한 계속적인 유지와 지속성에 관한 것이다.
   ㉢ 목표를 고르고 설정하는 것에는 한 가지 마인드셋이 포함되고, 목표를 추구하는 것에는 다른 마인드셋이 포함되며 필요하다.
   ㉣ 동기적 과정에서 각기 다른 단계들이 각기 다른 마인드셋을 필요로 하고, 그로부터 혜택을 얻는다.

② **숙고 마인드셋**
   ㉠ 숙고 마인드셋을 가진 사람은 한 목표(행동, 원함, 욕구, 선호, 유인)가 다른 것에 비해 얼마나 바람직한지와 같은 질문을 한다.
   ㉡ 열린 마음의 숙고적 사고가 목표 설정의 동기적 과정에서 가치 있고 생산적이다.
   ㉢ 이 사고는 다양한 것들(목표, 바람, 유인가)과 관련된 정보를 수집하고 고려하고자 한다.
   ㉣ 열린 마음으로 심사숙고하는 동안, 가능한 대안들의 장점과 단점에 대한 평가를 통해 개인의 생각은 다소 객관적이게 된다.
   ㉤ 목표 추구에서 숙고적인 생각은 행동을 지연시킬 뿐이며, 그것을 촉진하지 않는다.

③ **실행 마인드셋**
   ㉠ 목표가 설정되고 그것에 전념하기로 하면, 사람들은 일반적으로 목표 설정에서 목표 추구로 마인드셋을 전환함으로써 이익을 얻을 수 있다.
   ㉡ 목표 추구의 의지적 과정에 상대적으로 더욱 생산적인 것은 실행적 사고이다.

ⓒ 실행 마인드셋은 목표의 바람직함과 실현 가능성에 대해 생각하지 않고 착수하며, 목표를 성취하기까지 지속하는 데 집중한다.

ⓔ 이 마인드셋의 사람들은 폐쇄적이며, 관심은 오직 목표 성취와 관련된 정보에만 집중하도록, 초점이 좁게 맞춰진다.

ⓜ 의지가 충만한 목표 추구는 닫힌 마음의 실행적 생각으로부터 이익을 얻는다.

(2) 촉진 마인드셋과 예방 마인드셋

① 촉진 마인드셋

ⓐ 촉진 초점을 포함하는 동기적 시스템은 향상 기반의 조절 양식이다.

ⓑ 촉진 초점은 긍정적인 결과에 대한 민감성과 관련이 있으며, 아직 얻지 못한 것을 얻고자 하는 것이다.

ⓒ 이 경우 바람직하고 이상적인 결말 상태에 접근하려 한다.

ⓔ 이들은 성장, 진전, 성취에 집중한다.

ⓜ 촉진 초점에 맞춰진 사람은 삶에서 중요한 것이 좋은 일들을 일어나게 만드는 것이라고 믿도록 사회화되어 왔다.

ⓗ 개인의 촉진 초점을 택하는 경향성은 부모의 향상에 초점이 맞춰진 양육 방식 또는 촉진 초점이 맞춰진 문화에서 자라면서 영향을 받아 증가될 수 있다.

② 예방 마인드셋

ⓐ 예방 초점을 포함하는 동기적 시스템은 안전 기반의 조절 양식이다.

ⓑ 예방 초점은 부정적인 결과에 대한 민감성과 관련이 있으며, 이미 가진 것을 유지하고 잃지 않으려는 것이다.

ⓒ 이 경우 의무와 책임감을 유지하려 하고, 부정적 결과에 민감해 손실의 가능성을 회피한다.

ⓔ 예방 초점이 맞춰진 사람은 삶에서 중요한 것이 나쁜 일이 일어나지 않게 만드는 것이라고 믿도록 사회화되어 왔다.

ⓜ 예방 초점을 택하는 경향성은 부모의 제한적 양육 방식 또는 예방 초점이 맞춰진 문화에서 자라면서 영향을 받아 증가될 수 있다.

③ 다양한 목표 추구 전략

ⓐ 성공이란 촉진 초점의 사람에게는 획득의 존재를 의미하고, 예방 초점을 지닌 사람에게는 손실의 부재를 의미한다.

ⓑ 실패란 촉진 초점을 지닌 사람에게 특별한 의미가 없지만, 예방 초점을 지닌 사람에게는 고통스러운 변화가 발생했음을 의미한다.

ⓒ 촉진 초점의 사람들에게 성공은 시스템에 반영되고 동기적으로 활성화되며, 예방 초점의 사람들에게 성공은 동기를 일으키지 못하고 실패는 시스템에 반영되며 동기적으로 활성화시킨다.

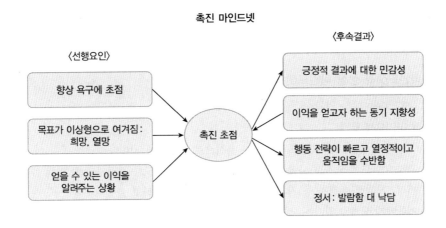

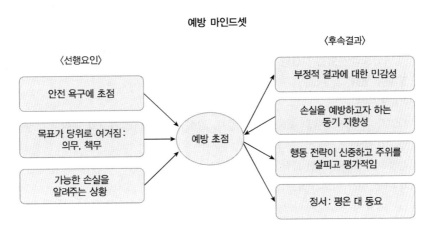

[촉진 마인드셋과 예방 마인드셋의 선행 요인과 결과]

④ **자기지도와 조절 적합성**

  ㉠ 이상적 자기지도는 개인이 되고 싶은 것에 대한 목표이며, 성취 경향을 지니는 조절 형식을 택하
     게 한다.

  ㉡ 의무적 자기지도는 개인이나 타인이 하고 있거나 해야 한다고 믿는 것을 구체화하는 목표이며,
     책임 경향을 지니는 조절 형식을 택하게 한다.

  ㉢ 이상적이고 의무적인 것 모두 자기 체계의 부분이다.

  ㉣ 사람들은 자신의 마인드셋과 일치하는 목표 추구 수단을 사용할 때, 자신의 의사결정과 행동이
     옳다고 느낀다.

  ㉤ 조절 적합성은 긍정적·심리적 안녕감에 기여하며, 조절 적합성이 일치하지 않으면 '흥미, 즐거
     움, 만족감'이 방해되고 간섭받는다.

  ㉥ 일을 잘 수행하는 것은 빠르고 정확한 것을 의미하며, 두 마인드셋 모두 최적의 목표 추구에 실
     제적으로 필요하다.

     ⊘ 높은 학점과 높은 수행을 보인 사람들은 높은 촉진 마인드셋과 높은 예방 마인드셋을 지닌 사람들이다.

(3) 고정 마인드셋과 성장 마인드셋
고정-성장 마인드셋은 학습되는 인지적인 개념 틀이다.

① **고정 마인드셋** 기출
    ⊙ 개인적 특성을 고정적이고 지속되는 특성으로 간주하는 것이다.
    ⓒ 고정 마인드셋을 가진 사람은 개인의 성격적 특질의 정도를 결정지을 수 있는 물리적 실체(좋은 머리, 창의적 유전자 등)가 있다고 믿어 '실체 이론가'라고 불린다.
    ⓒ 이들에게 노력의 의미는 도구이며, 사람들이 자기기술과 능력의 발전을 시작하고 활성화하는 수단이다.
    ⓔ 어려운 과제에서도 많은 노력이 효과적이라고 믿지 않는다.
    ⓜ 적은 노력과 좋은 결과를 선호한다.
    ⓗ 부정적 피드백을 받으면 낮은 능력으로 귀인하고 노력을 그만둔다.
    ⊘ 이 마인드의 사람은 자신의 이미지와 자존감을 보호하기 위한 방법을 찾는 것에 주의를 집중하는 경향이 있다.

② **성장 마인드셋**
    ⊙ 개인적 특성이 노력을 통해 '성장, 증가, 강화'될 수 있고, 자신의 유연한 특질들을 개발할 수 있다고 믿는다.
    ⓒ 성장 마인드셋을 가진 사람은 개인적 특질이 시간이 지나면서 증진적으로 발달할 수 있다고 믿기 때문에 '증진 이론가'라고 불린다.
    ⓒ 노력의 유용성을 이해하고, 도전적 과제가 요구하는 노력과 열심히 지속적으로 도전적 작업에 착수하는 것 사이에서 갈등을 경험하지 않는다.
    ⓔ 부정적 피드백을 받으면 충분히 열심히 노력하지 않은 것에 귀인하고 노력을 늘린다.
    ⓜ 이 마인드의 사람들은 동기적으로 더 적응적인 것들을 수용한다.

③ **고정과 성장 마인드셋의 기원**
    ⊙ 아이들의 능력에 대한 칭찬과 비판은, 고정 마인드셋과 총체 지향적 의미 체계가 자라도록 하는 경향이 있다.
    ⓒ 아이들이 노력에 대한 칭찬과 비판을 받게 되면, 성장 마인드셋과 증진 지향적 의미 체계를 자라게 하는 경향이 있다.
    ⓒ 고정 마인드셋과 성장 마인드셋은 학습되거나 훈련될 수 있다.
    ⓔ 증진 사고를 학습한 학생들은 성장 마인드셋을 더 보유하는 경향을 보였으며, 학업에서 더 즐거움을 표현하고 수행이 장기적으로 상승되었다.

④ **성취 목표**
    ⊙ 두 가지 중요한 성취 목표는 숙달 목표와 수행 목표이다.
    ⓒ 두 목표는 '무엇이 유능성에 기여하는가'와 같은 개인 이해에 따라 서로 다르다.

ⓒ 수행 목표를 지닌 사람은 유능성을 증명하거나 높은 능력 보여주기를 타인보다 잘하는 것을 성취라고 생각한다.

ⓔ 숙달 목표를 가진 사람은 더 나은 유능성을 계발하고 진전을 하며, 자기를 향상시키기 위해 어려운 과제를 선호한다.

ⓜ 숙달 목표를 가진 사람은 정보 연관 짓기와 같은 개념적 기반의 학습 전략을 사용하며, 내재적으로 동기화될 가능성이 높다.

ⓗ 일반적으로 숙달 목표를 가진 사람이 더 열심히 일하고 오래 지속하며, 더 나은 수행을 보인다.

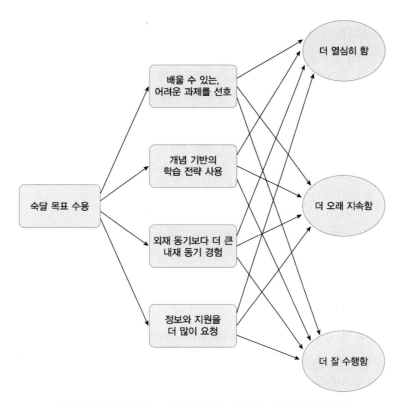

[숙달 목표와 연합된 사고, 감정, 행동의 긍정적이고 생산적인 방식들]

⑤ **마인드셋에 따라 달라지는 성취 목표**

ⓒ 고정-성장 마인드셋은 성취 욕구에 중요하다.

ⓒ 고정 마인드셋을 지닌 사람들은 수행 목표를 택하며, 목표는 능력을 증명하는 수단으로 활용한다.

ⓒ 성장 마인드셋을 지닌 사람들은 숙달 목표를 택하며, 완전히 학습하고 숙달하며 이해하는 데 신경을 쓴다.

ⓔ 고정 마인드셋을 지닌 사람들은 재미있고 쉬운, 실수가 없을 만큼 쉬운 과제를 선택한다.

ⓜ 성장 마인드셋을 지닌 사람들은 어렵고 새로운, 무언가를 배울 수 있는 다른 과제를 선택한다.

ⓗ 고정-성장 마인드셋은 유연하고 변화 가능하다.

⑥ **성취동기에 관한 고전적 접근과 현대적 접근의 통합** `기출`

　㉠ 통합모델에서는 숙달 목표와, '수행 접근, 수행 회피'라는 두 개의 다른 성취 수행 목표가 존재한다.

　㉡ 과제 특수적 높은 유능성 기대를 지닌 사람은 숙달 목표를 택하는 경향이 있다.

　㉢ 성취에 대한 기질적 욕구가 높은 사람들은 수행 접근 목표를 취하는 경향이 있다.

　㉣ 기질적인 실패 공포가 높은 사람은 수행 회피 목표를 택하는 경향이 있다.

　㉤ 신경증 정도가 높으며, 삶의 기술에서 낮은 능력을 보이는 사람들은 수행 회피 목표를 채택하는 경향이 있다.

　㉥ 회피 목표를 더 많이 지닐수록 추후에 자긍심, 개인적 통제, 활력, 삶의 만족, 심리적 불행 같은 것의 측정에서 안녕감이 더 낮아지는 경향이 있다.

　㉦ 안녕감이 더 낮아지는 이유는 저조한 수행을 피하기 위해 노력하는 것에 의해 '불만족, 부정적인 감정, 즐거움과 실현감의 부재'가 형성되기 때문이다.

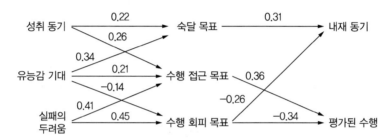

[세 가지 성취 목표의 선행 요인과 결과]

(4) 인지부조화와 마인드셋

앞에서 설명된 세 가지 마인드셋과 다른 독자적인 개념이다.

① 거의 모든 사람들은 자신이 유능하고 도덕적이며 합리적인 사람이라고 생각한다.

② 상당수의 사람들은 어리석고, 부도덕하고, 비합리적이라고 느끼도록 두는 행동에 자주 참여하는 경우가 많다.

③ 생각과 행동은 서로 일치할 때 인지적 일관성이 있다.

④ 생각과 행동은 서로 불일치할 때 인지부조화가 생긴다.

⑤ 부조화는 동기적 속성을 띠게 되어 그 사람은 부조화를 없애거나 적어도 감소시키려는 방법을 찾기 시작한다.

⑥ 부조화 경험은 심리적으로 혐오감을 주고, 사람들은 그것을 줄이고자 한다.

01 다음 내용에 해당하는 학자는 누구인가?

> • 추동이라는 용어를 최초로 만들어냈다.
> • 행동의 기제와 이 기제들을 추진하는 힘(추동)을 분명하게 구분하였다.

① 제임스(James)
② 맥두걸(McDougall)
③ 우드워스(Woodworth)
④ 헐(Hull)

01 추동이라는 용어를 최초로 만들어내고, 행동의 기제와 이 기제들을 추진하는 힘인 추동을 분명하게 구분한 사람은 우드워스(Woodworth)이다.

02 각성이론과 관련이 있으며, 다음과 같은 특징을 가진 기관은?

> • 뇌간의 중앙부에 위치한 뉴런(신경세포)들로 연수수준에서부터 시상수준까지 이어진다.
> • 모루치와 매구운(Moruzzi & Magoun)은 이 부분을 전기로 자극하면 피질의 전기적 활동이 변화되는데, 이 변화가 외부자극에 주의를 기울일 때 나타나는 변화와 구별이 불가능함을 발견하였다.

① 망상활성체계
② 시상하부
③ 피질
④ 뇌량

02 각성에서의 망상활성체계의 역할에 대한 발견으로, 활성화 이론가들은 정서와 동기가 피질의 각성과 동등한 것이라고 주장하게 되었다.

정답 (01 ③   02 ①)

03 3단계 : 15분 정도 지속되며 느린 파들이 충분히 더 많아진다.

03 수면 단계와 그 설명의 연결이 올바르지 <u>않은</u> 것은?

① 0단계 : 편안하게 깨어있는 상태로 알파파가 나타난다.

② 1단계 : 처음 잠든 후 10~15분 정도 진행되며 EEG 형태는 낮은 진폭의 빠르고 불규칙한 파장이 나타난다.

③ 2단계 : 대략 15분 정도 EEG는 파의 진폭이 점점 더 크고 느려진다.

④ 3단계 : 잠자는 사람의 눈이 보통 눈꺼풀 아래에서 빠르게 움직이기 시작하며 턱 근육에서 측정되는 근육의 긴장이 아주 낮다.

04 역조건형성으로 비적응적 반응이 소거될 수 있다. 즉, 부정적인 조건자극을 긍정적인 무조건자극과 짝지으면 서서히 그 혐오성을 잃어간다.

04 동기화된 행동을 제거하기 위하여 사용할 수 있는 조건형성 기법으로 알맞은 것은?

① 역조건형성

② 변별

③ 타임아웃

④ 토큰경제

05 ① 일차 강화물은 그 자체의 성질로 인해 반응을 증가시킨다.
② 음식, 물, 성적 자극, 수면, 원하는 활동 등이 일차 강화물이다.
③ 이차 강화물은 선천적인 것이 아니라 학습에 의존하는 강화물이다.

05 일차 강화물과 이차 강화물에 대한 설명으로 옳은 것은?

① 이차 강화물은 그 자체의 성질로 인해 반응을 증가시킨다.

② 음식, 물, 성적 자극, 수면, 원하는 활동 등이 이차 강화물이다.

③ 일차 강화물은 선천적인 것이 아니라 학습에 의존하는 강화물이다.

④ 이차 강화물은 보통 다른 강화물들과 짝지어짐으로써 강화력을 획득한다.

정답 (03 ④ 04 ① 05 ④)

06 무기력의 원인과 예방에 대한 설명으로 옳지 **않은** 것은?

① 학습된 무기력은 유기체가 자신에게 일어나는 일을 통제할 수 없다는 것을 학습하는 행위에서 비롯된다.

② 과거에 성공하지 못했다는 사실이 미래의 행동에 대한 동기를 박탈하는 효과를 낸다.

③ 자신의 환경을 통제할 수 있다는 것을 가르치면 학습된 무기력이 감소될 것이다.

④ 밀러(Miller)는 학습된 무기력이 사람에게서 나타나는 반응성 우울증의 증상과 유사하다고 제안하였다.

06 셀리그만(Seligman)은 학습된 무기력이 사람에게서 나타나는 반응성 우울증의 증상과 유사하다고 제안하였다.

07 다음 내용과 관련이 있는 이론 및 그 주창자를 알맞게 연결한 것은?

- 한 개인에게 작용하는 모든 힘의 결과로만 행동을 해석할 수 있다.
- 어떤 대상의 반응은 그것이 포함된 장 내에서 그 대상에 작용하는 모든 힘의 결과이다.
- 인간의 행동적 힘은 방향과 크기를 가진다.
- 행동적 힘은 내적 요구에서 비롯되는 그 사람의 긴장상태, 이들 요구를 만족시킬 수 있는 목표의 특성, 그리고 그 사람과 목표 사이의 심리적 거리의 함수이다.

	이론	주창자
①	기대-가치이론	피쉬바인(Fishbein)
②	장이론	레빈(Lewin)
③	정신분석이론	프로이트(Freud)
④	인지부조화이론	페스팅거(Festinger)

07 제시문은 레빈(Lewin)의 장이론(Field Theory)에 대한 설명이다.

정답 06 ④ 07 ②

08 성공에 대한 기대가 높다는 것이 반드시 성취 행동으로 연관되지 않는다.

08 성취동기에 대한 설명으로 옳지 **않은** 것은?

① 성공에 다가서려는 경향에서 실패를 피하려는 경향을 뺀 값으로 표현할 수 있다.

② 성공에 대한 기대가 높으면 이는 반드시 성취 행동으로 연결된다.

③ 행동 주체의 성취동기에 따라 난이도에 따른 과제의 선택이 달라질 수 있다.

④ 성공 기대가 높아도 실패 회피 역시 클 경우 성취동기의 값은 낮을 수 있다.

09 제시문은 교정동기에 대한 내용이다.

교정동기
• 계획과 행동의 순서
현 상태와 이상적 상태 간의 불일치 탐지 → 불일치 제거를 위한 계획 세움 → 계획에 따라 행동 조절 → 현 상태와 이상적 상태 간에 불일치에 관한 피드백 모니터
• 현 상태와 이상적 상태 간의 불일치가 나타나면 개인은 행동을 바꾸고 수정할 뿐만 아니라 행동 계획 역시 바꾸고 수정한다.

09 다음 내용에 해당하는 동기는 무엇인가?

• 의사결정 과정을 활성화하는데, 이 과정에서 현 상태와 이상적 상태 간의 불일치를 감소시키기 위해 많은 다양한 방법들을 고려하게 된다.
• 개인으로 하여금 가장 적응적인 과정을 찾아가도록 활력을 북돋운다.
• 이상적 상태를 성취하기 위해 행동하는 것과 비효율적인 계획을 바꾸거나 수정할 준비할 준비를 하는 것 사이를 오가는 역동적인 과정이다.

① 교정동기
② 성취동기
③ 사회적 동기
④ 실패회피동기

정답 08 ② 09 ①

10 목표와 난이도에 대한 설명으로 옳지 <u>않은</u> 것은?

① 목표가 어려워질수록 목표는 수행자에게 더 많은 활기를 북돋운다.

② 노력은 목표 난이도(목표–수행 불일치) 정도에 반응한다.

③ 목표가 어려울수록 더 많은 노력을 기울여야 하고 끈기를 증가시킨다.

④ 목표의 난이도는 수행자가 정확히 무엇을 해야 하는가에 대해 목표가 얼마나 분명하게 알려주는가를 의미한다.

11 동기와 관련된 마인드셋에 대한 내용 중 그 성격이 <u>다른</u> 하나는?

① 이 마인드셋을 가진 사람은 한 목표(행동, 원함, 욕구, 선호, 유인)가 다른 것에 비해 얼마나 바람직한지와 같은 질문을 한다.

② 목표가 설정되고 그것에 전념하기로 하면 사람들은 일반적으로 목표 설정에서 목표 추구로 마인드셋을 전환함으로써 이익을 얻을 수 있다.

③ 이 마인드셋은 목표의 바람직함과 실현 가능성에 대해 생각하지 않고 착수하고 목표를 성취하기까지 지속하는 데 집중한다.

④ 이 마인드셋의 사람들은 폐쇄적이고, 관심은 오직 목표 성취와 관련된 정보에만 집중하도록 좁게 초점이 맞춰진다.

---

10 목표의 구체성에 해당되는 내용이다.

11 ① 숙고적 마인드셋
② · ③ · ④ 실행적 마인드셋

정답 10 ④ 11 ①

12 부정적 피드백을 받으면 낮은 능력으로 귀인하고 노력을 그만둔다.

12 고정 마인드셋에 대한 설명으로 옳지 <u>않은</u> 것은?

① 개인적 특성을 고정적이고 지속되는 특성으로 간주하는 것이다.

② 어려운 과제에서도 많은 노력이 효과적이라고 믿지 않는다.

③ 부정적 피드백을 받으면 낮은 능력으로 귀인하고 노력으로 이를 보완하려고 한다.

④ 이 마인드의 사람은 자신의 이미지와 자존감을 보호하기 위한 방법을 찾는 것에 주의를 집중하는 경향이 있다.

13 고정 마인드셋을 지닌 사람들은 재미있고 쉬운, 실수가 없을 만큼 쉬운 과제를 선택한다.

13 마인드셋과 성취욕구의 상호관계에 대한 설명으로 옳지 <u>않은</u> 것은?

① 고정-성장 마인드셋은 성취욕구에 중요하다.

② 고정 마인드셋을 지닌 사람들은 수행 목표를 택하며, 목표는 능력을 증명하는 수단으로 활용한다.

③ 성장 마인드셋을 지닌 사람들은 숙달 목표를 택하며, 완전히 학습하고 숙달하며 이해하는 데 신경을 쓴다.

④ 고정 마인드셋을 지닌 사람들은 어렵고 새로운, 무언가 배울 수 있는 다른 과제를 선택한다.

14 실패란 촉진 초점을 지닌 사람에게 특별한 의미가 없다.

14 다음 중 촉진 초점의 관점을 대입했을 때 <u>틀린</u> 것은?

① 성공이란 획득의 존재를 의미

② 실패란 고통스러운 변화 발생

③ 성공 시 동기적으로 활성화

④ 성장, 진전, 성취에 집중

정답 12 ③ 13 ④ 14 ②

15 다음 내용에 해당하는 것은 무엇인가?

> 한 사람의 주의, 정보처리, 의사결정, 노력과 성공 및 실패의
> 의미에 대한 생각, 개인적 자질을 지시하는 인지적 프레임

① 마인드셋
② 성취욕구
③ 인지부조화
④ 실행의도

15 제시문은 마인드셋에 대한 내용이다. 마인드셋은 한 사람의 '생각, 감정, 행동'에 수많은 중요한 후속의 결과들을 만들어 내는 인지적 동기 시스템으로 기능한다.

정답 15 ①

제 3 장

동기의 종류

얼마나 많은 사람들이 책 한 권을 읽음으로써 인생에 새로운 전기를 맞이했던가.

– 헨리 데이비드 소로 –

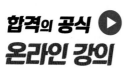

제 3 장 | 동기의 종류

제1절 생리적 동기

1 욕구와 조절

(1) 욕구(Need)

① **욕구의 개념**

　㉠ 생명체의 생리적·심리적 부족상태를 보충하고 과잉상태를 배제하려는 생리적·심리적 과정이다.

　㉡ 욕구는 인간의 '성장, 안녕, 삶'에서 본질적이고 필수적인 조건이다.

　㉢ 환경적인 상황이 우리의 욕구를 북돋아 주고 만족시켜 주면, 삶과 건강이 유지되고 성장이 이루어지며 안녕상태가 된다.

　㉣ 욕구를 저지하는 것은 위협적인 것이어서, 몸은 심각한 피해가 발생하기 전에 행동을 유발하는 동기적·정서적 상태의 형태로 방어수준을 높이게 된다.

② **욕구의 종류**

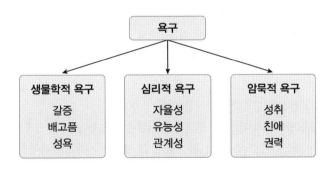

　㉠ 생물학적 욕구

　　뇌 구조, 호르몬, 주요 신체기관을 동시에 움직여서 신체적 안녕을 조절하고 성장, 안녕, 삶의 잠재적 위협이 되는 신체적 불균형을 조정하게 하는 유기체의 생물학적 조건이다. 다른 동물에게서도 공통적으로 볼 수 있으며, '음식물, 물, 성, 공기, 온도, 휴식, 배설' 등에 대한 욕구를 말한다. 이것은 욕구 중에서도 가장 기본적인 것이어서 일차적 욕구라고도 한다. 그러나 이 같은 욕구는 일반 사회생활에서 비교적 쉽게 충족시킬 수 있는 것으로, 부적응의 원인이 되는 일은 별로 없다.

ⓛ 심리적 욕구

개인적 성장, 사회적 발달, 심리적 안녕을 촉진할 수 있는 환경과의 상호작용을 추구하는 주체적인 욕구이다. '자율성, 유능성, 관계성'과 같은 욕구를 말한다.

ⓒ 암묵적 욕구

자신의 사회화 과정에서의 긍정적인 정서와 관련된 환경적 사건과의 상호작용을 추구하고, 사회적 유인가 달성을 위해 사람들의 행동을 동기화하는, 지속적이고 무의식적인 욕구이다. 암묵적 욕구는 개인의 특징적인 '생각, 정서, 행동'으로부터 암시되거나 추론되는 심리적 욕구이다.

ⓔ 욕구와 정서

- 심리적 욕구와 암묵적 욕구의 구분은 조금 애매하다. 심리적 욕구는 인간본성에 있는 것이어서 모든 사람에게 내재되어 있지만, 암묵적 욕구는 개인적 경험으로부터 형성되기 때문에 사람에 따라 상당히 다양하다.
- 모든 욕구는 힘이 넘치고 지속적인 행동을 유발한다.
- 어떤 욕구가 다른 욕구와 어떻게 다른가의 차이는 그 욕구가 행동의 방향에 미치는 영향을 통해 나타난다.
- 어떤 욕구는 결핍동기를 불러일으키는 반면, 어떤 욕구는 성장동기를 불러일으킨다.
- 결핍 기반의 생물학적 욕구는 부정적인 정서를 발생시키는데, 우리가 '쇠약, 불행, 죽음'을 막는 데 필수적인 행동을 할 때까지 우리의 주의를 사로잡는다.
- 성장 기반의 심리적 욕구는 긍정적인 정서를 발생시키는데, 우리가 '성장, 안녕, 자기실현'을 이룰 수 있도록 해주는 활동이나 관계에 참여하도록 도와준다.

결핍욕구의 정서	성장욕구의 정서
불안, 좌절, 고통, 스트레스와 같은 긴장감 유발	재미, 기쁨, 희망, 활력과 같은 긍정적인 정서 유발

(2) 조절

① 생리적 박탈과 결핍은 생물학적 욕구를 만들어낸다.

② 이 욕구가 계속 충족되지 않으면, 생물학적 박탈은 주의를 끌고 심리적 추동을 발생시킨다.

③ 추동은 동물이 행동하게끔 에너지를 불어넣고, 그 행동이 신체적인 욕구를 만족시켜 주는 방향으로 향하게 한다.

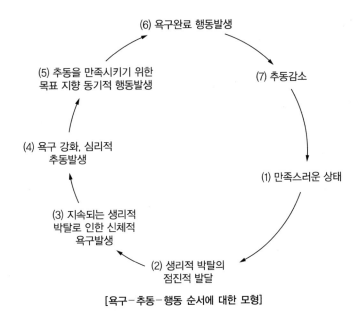

[욕구-추동-행동 순서에 대한 모형]

2 갈증

(1) 갈증의 생리적 조절

① **수분의 항상성**

　㉠ 우리 몸의 2/3는 물로 채워져 있다.

　㉡ 우리 몸에서 물의 양이 약 2% 줄어들면, 우리는 갈증을 느낀다.

　㉢ 물의 양이 3% 줄어들면, 탈수증상이 일어난다.

　㉣ 우리는 땀, 소변, 호흡, 출혈, 구토, 재채기 등을 통해 수분을 지속적으로 잃는다.

　㉤ 최적의 항상성 수준 이하로 수분을 잃게 되면, 심리적 갈증이라는 생물학적 욕구가 생성된다.

② **수분의 생리적 조절**

　㉠ 인간 몸속의 수분은 세포 내 액체와 세포 외 액체의 두 가지 형태로 존재한다.

　㉡ 세포내액은 세포 내부의 모든 물을 말하며, 몸무게의 대략 40%에 해당한다.

　㉢ 세포외액은 세포 바깥에 있는 혈장의 모든 물과 간질액으로 구성되며, 몸무게의 대략 20%를 차지한다.

> **더 알아두기**
>
> **간질액**
>
> 우리 몸은 세포로 이루어져 있는데, 세포 바깥의 체액을 이루는 대부분의 액체를 간질액이라고 한다. 간질액은 조직과 조직 사이의 공간에 많이 분포하며, 우리 몸의 세포에 영양분을 공급하고 노폐물을 제거하는 역할을 한다.

③ **갈증 활성화와 해소**

　㉠ 세포내액의 보충이 필요하면 삼투압 측정성 갈증이 발생하며, 세포외액의 보충이 필요하면 용량 측정성 갈증이 발생한다.

　㉡ 갈증의 주원인은 대체로 탈수상태의 세포 때문이다.

　㉢ 우리의 몸은 물을 마시도록 신호를 보내기도 하지만, 그만 마시라는 부정적 피드백을 보내기도 한다.

　㉣ 갈증의 부정적 피드백 기제는 '입, 창자, 혈류, 세포'와 같은 신체 부위에 다수 존재한다.

④ **시상하부**

　㉠ '입, 위, 세포'뿐 아니라 '신장, 시상하부, 특정 호르몬'들도 갈증 활성화와 해소를 조정한다.

　㉡ 시상하부에는 염분농도 담당 세포들이 있다.

> 낮은 혈량과 높은 염분 농도 감지 → 뇌하수체 자극 → 신장에 수분을 유지하라는 신호 전달 → 항이뇨 호르몬 분비

　㉢ 시상하부에서는 갈증이라는 심리적 경험을 생성하고, 의식적인 상태로 만들어주며, 마시고자 하는 동기적 욕구를 발생시킨다.

(2) 수분섭취의 환경적 영향

① 인간이 물을 마실 때 가장 중요한 환경적 영향은 맛이다. 물에 맛이 첨가되면, 물을 마시는 행동은 액체의 유인가에 맞게 변한다.

② 맛이 첨가된 물은 유인가를 가진다.

③ 단맛의 물은 더 많이 마시고, 아무런 맛이 없는 물은 항상성에 맞는 수준으로 마신다. 또한 신맛, 짠맛, 쓴맛의 물은 덜 마시게 된다.

④ 알코올이나 카페인을 함유하고 있는 음료를 마시는 것과 관련해 많은 사회적·문화적 영향들이 마시는 행동을 복잡하게 만든다.

⑤ 어떤 약물들은 인간이 강한 갈증을 느껴 그들의 생리적 욕구를 훨씬 넘어서는 수준으로 마실 수도 있게 한다.

(3) 인간이 물을 마시는 이유

① 생리적 욕구를 충족시키는 갈증과 관련된 수분을 보충하기 위해서이다.

② 맛이 첨가된 물의 매력적인 유인가에 반응하는 갈증과 관련되지 않은 달콤한 맛 때문이다.

③ 갈증과 관련되지 않은 매력 또는 더 나아가 중독의 이유로 마시게 된다.

3 배고픔 기출

배고픔은 갈증보다 동기적으로 더 복잡하다. 음식박탈이 배고픔과 섭식을 활성화하지만, 배고픔과 섭식의 조절은 세 가지 모형의 이해가 필요하다.

(1) 단기 식욕에 대한 항상성

① **당질평형가설**

ㄱ 혈당이 줄어들면 인간은 배고픔을 느낀다는 것으로, 혈당수준의 중요성을 주장한다.

ㄴ 세포가 에너지를 만들어내기 위해서는 포도당이 필요하며, 세포가 포도당을 사용하고 나면 포도당에 대한 생리적 욕구가 일어난다.

ㄷ 식욕은 혈장 포도당의 변화에 반응하여 촉진되거나 떨어진다.

ㄹ 혈장 포도당 수준이 낮으면 외측 시상하부를 자극하여 배고픔을 증가시키고, 혈장 포도당이 높은 수준이면 복내측 시상하부를 자극하여 배고픔을 감소시킨다.

② **위**

ㄱ 위는 칼로리 불변율에 따라 스스로를 비우기 때문에, 고칼로리 식사 후보다 저칼로리 식사 후 더 빨리 식욕을 되찾는다.

ㄴ 위가 가득 차면 배가 고프지 않고, 60% 정도 비게 되면 배가 고픈 기미가 보이며, 90% 비게 되면 최고 수준의 배고픔을 느낀다.

ㄷ 위가 뇌에 가득 찼다는 신호를 전달하는 데 약간의 시간이 걸리기 때문에, 80% 정도 찼다고 느껴질 때 그만 먹는 것이 체중조절에 도움이 된다.

ㄹ 단백질이나 섬유질 음식은 포만감을 높여주며, 씹는 데 별다른 노력이나 시간이 들지 않는 음식들은 지속적인 배고픔을 느끼게 한다.

③ **그 외의 기제**

ㄱ 외측 시상하부에는 맛과 같은 음식의 보상적 특성에 반응하는 뉴런들이 존재한다.

ㄴ 이 뉴런들은 동물이 어느 정도 배가 고플 때만 활성화된다.

ㄷ 복부팽창은 섭식을 억제시킨다.

ㄹ 저온은 섭식을 촉진시키는데, 몸을 따뜻하게 하기 위한 에너지가 더 필요하기 때문이다.

(2) 장기 에너지 균형

① **지방평형가설**

ㄱ 그렐린(Ghrelin)

- 지방도 포도당처럼 에너지를 만들며, 신체는 지방세포 관찰을 잘한다.
- 그렐린은 위에서 만들어지는 호르몬으로, 혈액을 통해 순환하고 외측 시상하부에 의해 감지된다.

> 저장된 지방이 항상성 균형 상태 이하 → 지방 조직이 호르몬(그렐린)을 분비 → 배고픔 증진
> → 음식섭취 증가

- 그렐린은 세끼 식사 시간에 최고점에 이르고, 식사 후 포만감을 느끼고 혈당이 올라가면 그렐린의 농도가 급격히 감소한다.
- 다이어트를 하는 사람들은 만성적으로 그렐린 수준이 높다.
- 그렐린을 투여하면 배고픔을 더 느끼고 음식 섭취량이 늘어난다.
- 동기적 관점에서 그렐린의 역할은 뇌에게 음식을 먹으라는 명령을 지속적으로 하는 것이다.

ⓛ 렙틴(Leptin)
- 렙틴은 몸 전체의 지방세포에서 만들어져서 혈액을 통해 순환하고, 복내측 시상하부는 지방세포로부터 영양소 공급을 중단하라는 신호를 전달받는다.

> 저장된 지방이 항상성 균형 상태 이상 → 지방 조직이 호르몬(렙틴)을 분비 → 포만감 증진
> → 음식섭취 줄임

- 렙틴은 식욕을 억제하고 체내 대사를 촉진하여 에너지 소비를 증가시키는 역할을 한다.
- 그러나 동물들은 꽤 빨리 렙틴에 대한 저항력을 가지게 되어, 렙틴 투여 이후에도 계속 배고픔과 비만을 경험한다.
- 과도하게 체지방량이 높아지면 렙틴의 농도도 높아지지만, 신체가 많은 양의 호르몬 신호에 무뎌지기 때문에 렙틴 저항성이 생긴다.
- 결국 지속적인 렙틴의 투여는 배고픔을 줄이지도, 비만을 막지도 못한다.
- 적절한 농도의 그렐린과 렙틴은 서로 상호작용하여 체내 에너지 균형을 유지한다.

> 공복 → 그렐린 분비 → 식욕증진 → 음식물 섭취 → 그렐린 분비 감소, 렙틴 분비 증가 →
> 배부름 느낌

② **고정점이론**
  ㉠ 고정점이론은 개개인이 생물학적으로 결정된 몸무게나 자동 지방조절장치를 가지고 있다는 것이다.
  ㉡ 배고픔 활성화와 포만감은 시간에 따라 변하는 지방세포 크기에 달려 있다.
  ㉢ 인간은 비교적 일정한 대사율을 물려받고, 많은 지방세포와 지방세포들이 얼마나 커져야 하는지에 대한 항상성 고정점 역시 물려받는다.
  ㉣ 지방세포에 대한 조절과정은 시간이 지남에 따라 비교적 일정하지만, 변할 수도 있다.
  ㉤ 나이가 들면 고정점은 상승하고, 또한 '신진대사 하락, 만성적 음식 과다섭취'는 지방세포 크기와 수를 상승시키고 고정점을 증가시킨다.

(3) 환경-인지-사회 요소

① 환경 요소

㉠ 섭식행동에 대한 환경적 영향은 시각, 후각, 스트레스, 외형, 음식의 맛 등이 포함된다.

㉡ 다양한 음식, 영양소, 맛을 경험하면 섭식행동은 크게 증가한다.

㉢ 뷔페와 같이 제공되는 음식이 '다양한 종류, 다양한 맛, 많은 양'일 때 평소보다 더 섭취하게 된다.

㉣ 혼자보다 다른 사람(가족, 친구)과 함께 있을 때 더 많이, 오랫동안 먹는다.

㉤ 자신이 속한 집단이 먹는 것을 중요하게 여긴다면, 조직의 압력이 생리신호보다 훨씬 더 강력한 섭식신호가 될 수 있다.

㉥ 친한 주변인이 최근 비만이 된 경우, 본인도 비만이 될 확률이 50% 이상 상승한다.

② 인지 요소

㉠ 다이어트 성공을 위해서는 배고픈 기분(내적 단서)에 대한 반응을 줄이고, 자동적·무의식적인 생리적 통제를 의식적·인지적 통제로 대체해야 한다.

㉡ 다이어트를 하는 사람은 생리적 조절이 아닌 인지적 조절로 섭식행동을 하려 한다.

㉢ 문제는 인지적 통제가 부정적 피드백 체계(생리적 통제)가 아니기 때문에, 폭식에 취약하게 된다는 것이다.

㉣ 생물학적 동기는 매우 강력한데 불구하고, 사람들은 인지적 통제와 의지를 강하다고 믿고 싶어 하며, '알코올, 타인, 감정' 등도 인지적 통제에 대한 집중을 쉽게 떨어뜨린다.

㉤ 다이어트를 하는 사람들은 억제 해제와 역조절 상황을 겪는다.

- 다이어트를 하는 사람들은 '불안, 스트레스, 알코올, 우울증, 고칼로리 음식섭취'와 같은 상황에서 인지적으로 조절된 섭식에서 탈억제하기 쉽다.
- 금식은 '소비 에너지의 대규모 감소, 신진대사의 감소, 인지적 통제의 취약성'과 관련되기 때문에, 다이어트와 금식은 폭식을 하기에 충분한 조건을 만들어 낸다.
- 우울증도 다이어트를 하는 사람의 억제 해제를 불러올 수 있다.
- 다이어트를 하는 사람이 고칼로리 음식을 한 번 섭취한 이후 평소보다 더 많이 먹는 상황이 해당한다.
- 다이어트 중인 우울한 사람은 보통 몸무게가 느는 반면, 다이어트를 하지 않는 우울한 사람은 보통 몸무게가 줄어든다.
- 다이어트 중인 불안한 사람은 다이어트를 하지 않는 불안한 사람보다 더 많이 먹는다.
- 스트레스를 받는 사람은 그렇지 않은 사람보다 더 먹는다.

③ 사회 요소

㉠ 예쁜 몸매에 대한 사회적 기준으로 비현실적인 몸매에 대한 강박이 비정상적인 섭식행동(예 폭식 후 토하기)의 원인이 되기도 한다.

㉡ 폭식행동을 하는 집단에 한 개인이 소속되게 되면 그 개인은 집단의 행동에 따라 점점 폭식행동을 하게 된다.

㉢ 폭식은 또래의 압력을 받는다(어떤 개인의 폭식행동은 친구들의 폭식행동으로부터 기인할 수도 있다).

④ 자기자각으로부터 도피하기 위해 폭식을 하기도 한다. 어떤 사람들은 불안이나 우울이 촉발되는 것을 피하기 위해 폭식을 한다. 이런 성향의 사람들은 매우 높은 기준과 기대를 지니고, 다른 사람들의 요구라고 지각된 것에 매우 민감하기 때문에 자신의 단점에 대해 매우 예리하게 자각한다. 이때 먹는 행위는 폭식자가 바로 앞에 있는 음식에만 주의를 기울이도록 주의를 좁혀서 자기자각 및 그와 연관된 불안이나 우울로부터 일시적으로 도피할 수 있게 해 준다.

4 성

(1) 생리적 조절 기출

① 성호르몬
- ㉠ 인간의 성적 행동은 호르몬의 영향을 받지만, 그것에 의해 완전히 결정되지는 않는다.
- ㉡ 성호르몬으로는 안드로겐[Androgen, 가장 중요한 것이 테스토스테론(Testosterone)], 에스트로겐(Estrogen), 프로게스테론(Progesterone), 옥시토신(Oxytocin)이 있다.
- ㉢ 40세가 되면 남성의 테스토스테론 수치는 매년 약 1%씩 떨어진다.
- ㉣ 40대의 호르몬과 성욕은 20대의 절반 수준이 된다.
- ㉤ 안드로겐은 남성과 여성 모두에게 있지만, 주로 남성의 성적 동기에 중요한 역할을 한다.
- ㉥ 여성의 경우에도 안드로겐은 성적 동기조절에 중요한 역할을 한다.

② 남성과 여성의 성적 욕구
- ㉠ 남성의 경우 생리적 각성과 심리적 욕구 사이의 상관이 높다.
- ㉡ 성적 각성을 일으키는 것이 있으면, 남성은 '욕구, 각성, 오르가즘'의 3단계 성반응 주기를 보인다.
- ㉢ 여성의 경우 생리적 각성과 심리적 욕구 사이의 상관이 낮다.
- ㉣ 여성의 성적 욕구는 생리적 욕구나 각성으로 예측할 수 없고, 정서적 친밀감과 같은 관계적 요인에 반응한다.
- ㉤ 여성의 성적 동기와 행동은 기본 생리욕구보다는, 친밀감과 자신의 파트너와 공유하려는 욕구에 더 반응한다.
- ㉥ 남성이 성 반응 주기에서 오르가즘 후 해소가 되는 것과 달리, 여성의 성적 욕구는 장기적인 관점에서 관계적 친밀감으로 이어져 관계적 친밀감을 높여 준다.

③ 성적 쾌감과 보상
- ㉠ 성적 욕구는 후섬엽의 활성화와 관련되며, 사랑은 전섬엽의 활성화와 관련된다.
- ㉡ 성적 행동들은 시상하부를 자극하여, 옥시토신이라는 호르몬을 혈류로 분비한다.
- ㉢ 옥시토신은 쾌감을 불러일으키고, 사회적 관계성과 유대감을 증진시킨다.
- ㉣ 옥시토신은 성교뿐 아니라 분만 또는 모유 수유 중에도 분비되는데, 자녀에 대한 유대감의 근원이 된다.

ⓜ 옥시토신의 분비는 상대에 대한 더 큰 만족과 평온함의 감정, 낮은 스트레스 또는 불안의 감정, 신뢰, 안심의 생물학적 근거로 알려져 있다.

ⓗ 남성과 여성 모두에게 옥시토신은 파트너에 대한 끌림과 유대감을 높여준다.

(2) 얼굴지표

① 성적 파트너에게 많은 시각, 청각, 후각, 촉각적 자극들이 나타난다.

② 남성과 여성 모두 날씬한 여성을 매력적이라고 평가한다.

③ 여성들은 적당히 날씬한 허리와 엉덩이 둘레 비율을 보인 남성들을 매력적이라고 평가한다.

④ 매력적인 얼굴의 특징은 서로 다른 문화에서도 일치도를 보인다.

  ㉠ 신생아 특징들(큰 눈, 작은 코), 젊음, 친화성 같은 매력적인 비언어 신호

  ㉡ 성적 성숙도 관련 특징(돌출된 광대뼈, 굵은 수염과 눈썹의 남성), 강인함, 높은 지위, 유능함같이 매력적인 비언어 신호

  ㉢ 표현적 특징들 : 환한 미소, 크게 벌린 입, 높게 치켜 올린 눈썹

(3) 성적 지향성

① 성 각본

  ㉠ 성 각본은 보통의 성적 장면에서 일어나는 사건의 단계별 순서에 대한 정신적 표상이다.

  ㉡ 성 각본은 성에 대한 '동기, 감정, 언어적·비언어적 행동'들을 포함한다.

  ㉢ 젊은 남성은 성 각본을 '욕구(흥분), 각성, 오르가즘'의 3단계 성 반응 주기와 일치하게끔 조정하는 것을 배운다.

  ㉣ 여성의 성적 내용에는 실제 성행위를 하는 것보다 사랑에 빠지는 것과 같은 사건들이 포함될 가능성이 많다.

  ㉤ 커플이 그들의 성 각본을 성적 행동이 실행 가능한 순서로 조정하여 따르게 하고 자신만큼 타인에게도 초점을 맞추면, 성 각본은 적응적이고 성적·관계적 만족을 가져온다. 그렇지 않으면 성공적이지 못한 성적 수행을 하게 된다.

② 성적 지향성

  ㉠ 사춘기 이후 성 각본에서 중요한 부분은 성적 지향성 또는 성적 파트너로 동성을 선호하는지 아니면 이성을 선호하는지를 확립하는 것이다.

  ㉡ 성적 지향성은 청소년들의 심사숙고나 자기 탐구의 결과라기보다는, 그들에게 우연히 일어난 일이다.

  ㉢ 인간이 왜 동성애 또는 이성애 지향성을 나타내게 되는지에 대해 부분적으로 설명할 수 있는 것은 유전과 환경이다.

  ㉣ 태아기의 호르몬 환경(안드로겐, 에스트로겐의 집중도)은 청소년기의 성적 지향성을 예측한다.

③ 성적 동기의 진화적 근거

  ㉠ 여성과 비교하여 남성은 단기적인 성적 동기를 가지고 덜 엄격한 기준을 부여하며 젊음과 같은 성적 접근성 단서, 배우자의 순결성을 중요시한다.

 ⓛ 여성은 남성의 재원, 사회적 지위, 야망, 유망한 직업을 얻을 가능성에 대한 신호를 중요시한다.

 ⓒ 남성은 젊고 매력적인 배우자를, 여성은 강하고 지위가 높은 배우자를 원한다.

 ⓔ 남성이 높은 사회적 지위와 부를 가질수록 여성의 외모 측면에서 더 큰 기대를 하고, 여성은 매력적일수록 지위와 부유함의 측면에서 잠재력이 높은 배우자를 요구한다.

 ⓜ 남녀의 이상적인 선호 양상들이 실제 데이트로 이어지는지 여부는 예측하지 못했다.

 ⓗ 인간은 실제로 다양한 짝짓기 전략을 가지고 있는데, '필수 요소'를 고려하고 그 이후에 '호화로운 요소'를 고려한다.

 ⓢ 반드시 가져야 하는 필수 요소 수준으로, 남성은 신체적 매력을, 여성은 지위와 재원을 중요시한다. 남녀 모두 지성과 다정함을 필수 요소들로 평가한다.

 ⓞ 호화로운 요소로는 유머감각, 창의성, 즐거운 성격 등이 있다.

제2절 내재적 및 외재적 동기 _{기출}

1 내재적 동기

(1) 내재 동기의 개념

 ① 우리가 한 과제와 연관된 어떤 외적 보상 때문이 아니라, 그 행동 자체가 보상이 되기 때문에 그 과제를 하도록 하는 동기이다.

 ② 내재 동기는 그 활동이 향하고 있는 목표가 아니라, 어떤 활동과 관련된 가치 혹은 쾌락이라고 정의된다.

 ③ 내재 동기는 개인적 성장에 대한 고유의 노력과 심리적 욕구 충족 경험에 의해 생겨나는 탐구, 자발적 흥미, 숙달에 대한 천성적 추구이다.

 ④ 인간은 심리적 욕구를 가지고 있기 때문에 내재 동기를 경험한다.

 ⑤ 심리적 욕구가 환경적으로 지지되고 배려받으면 만족되며, 자연스럽게 내재 동기 경험을 불러일으킨다.

 ⑥ 과제에 내재적으로 동기화되면, 그 과제는 '자율성, 유능성, 관계성'의 느낌을 가질 수 있는 기회를 지속적으로 제공한다.

(2) 내재적 동기화의 의미

 ① 내재적으로 동기화되면, 새로움과 적정수준의 도전을 추구하고 스스로의 재능과 능력을 사용하여 증진시키고자 노력하며 탐구하고 학습한다.

 ② 내재적으로 동기화된 사람은 스스로를 발전·성장시킨다.

③ 높은 내재 동기 증진의 결과
  ㉠ 참여
    • 과제에 더 높은 참여를 보이고, 목표 달성을 위해 많이 노력한다.
    • 더 활동적이고 호기심과 질문이 많으며 쾌활하고 탐구하며 미리 준비하고 높은 수준의 주체성을 보인다.
    • 도전과 실패에 직면하거나 긍정적인 피드백이 없어도 높은 지속성을 보인다.
  ㉡ 창의성
    • 내재 동기는 자발성, 독창성, 진정성, 창의성을 증진시킨다.
    • 인간은 외적 압력보다는 흥미, 즐거움, 만족, 일에 대한 도전에 의해 동기화될 때 가장 창의적일 것이다(Teresa Amabile, 1983).
  ㉢ 개념 이해/높은 수준의 학습
    • 학습자가 배우고자 하는 것에 대한 개념적 이해를 증진시킨다.
    • 사고방식에서의 유연성, 능동적인 정보처리, 집중력과 효과적인 학습전략을 사용한다.
    • 기계적이기보다는 개념적인 방식의 학습을 높여준다.
    • 전력을 기울이고 깊이 있게 정보를 처리하며, 유연하고 개념적이며, 정보를 생각하고 통합한다.
  ㉣ 최적 기능과 안녕
    • 과제를 잘 수행하고 하는 일을 즐기며, 행복하고 생산성이 높으며, 불안해하지 않고 잘 적응한다.
    • 활력과 열정이 다시 생기는 느낌을 경험한다.
    • 삶의 만족도, 자기존중감, 자기실현에 대해 높은 수준으로 응답한다.

2 외재적 동기

(1) 준욕구

① 인간의 욕구는 내적 근원에 의해 형성된다.
  ㉠ 생리적 욕구는 인간이 먹고 마시는 이유를 설명해 준다.
  ㉡ 심리적 욕구는 인간이 왜 선택과 친밀한 관계를 원하는지를 설명해 준다.
  ㉢ 암묵적 욕구는 인간이 왜 적정한 수준의 도전을 추구하고 타인에게 영향을 주기 위해 노력하는지를 설명해 준다.
② 인간의 행동은 내적 동기에 의해 만들어지기도 하지만, 환경적으로 형성되기도 한다.
③ 외재 동기를 불러일으키는 환경적 상황이 준욕구를 불러올 수 있다.
④ **준욕구의 개념**
  ㉠ 준욕구는 일시적·상황적으로 생성된 갈망이라고 정의된다.
  ㉡ 준욕구는 대개 절박함을 가지고 있는데, 때때로 의식을 지배하고 다른 욕구를 압도하며 대체하기도 한다.

ⓒ 쇼핑, 취업면접, 고향 방문과 같은 매일매일의 상황은 우리 안에 이러한 준욕구를 만들어 낸다.

ⓔ 돈에 대한 욕구, 안정된 직장에 대한 욕구, 인정을 받기 위한 진로 계획에 대한 욕구 등이 이에 해당한다.

ⓜ 준욕구는 상황적 압력과 요구에서 비롯되고, 상황적 요구나 압력을 만족시키면 준욕구는 언제든 지 사라진다.

ⓗ 환경에 어떤 변화가 생기면, 준욕구에도 변화가 생긴다.

ⓢ 준욕구의 강도는 그 환경이 얼마나 압박감을 주고 부담이 큰지에 영향을 받는다.

ⓞ 상황적으로 만들어지는 긴장·압박과 같은 심리적 상황은 준욕구에 대한 동기를 제공한다.

(2) 외재적 동기의 개념

① 외재적 동기는 외적 강화인에 대한 만족을 위한 동기를 말한다.

② 외적 강화인이란 칭찬이나 벌과 같이 주어진 과제 자체와는 관련이 없는 것들이다.

③ 외적 강화인의 종류는 '음식, 돈, 주목, 칭찬 스티커, 상, 특전, 토큰, 인정, 장학금, 사탕, 트로피, 추가점수, 졸업장, 미소, 격려, 포상' 등 다양한 방식으로 만들어진다.

④ 외재 동기는 행동을 시작하거나 지속시키기 위해 환경적으로 만들어진 것이다.

⑤ 외재 동기는 활동이 향하고 있는 외적 목표들에 집중한다.

⑥ **동기를 높이는 방법**

ⓐ 외재 동기를 증진시키는 방법

매력적인 유인물과 결과를 제공하여 타인에게서 바람직한 행동을 끌어내는 것이다.

ⓑ 내재 동기를 증진시키는 방법

자유로움, 유능함, 정서적 친근감을 느낄 수 있는 환경적 기회를 만들어 심리적 욕구충족 경험을 하도록 지원하는 것이다.

ⓒ 외재 동기를 증진시켰을 때 이득은 명확하지만, 내재 동기를 증진시켰을 때 이득은 그렇게 명확 하지 않다.

3 내재 동기 vs 외재 동기

(1) 외적 보상과 내재 동기

① 내재 동기가 있는 사람에게 외적 보상을 하게 되면, 미래의 내재 동기는 저하된다.

② 타인의 동기와 행동을 증가시키기 위한 목적으로 보상을 사용하지만, 활동에 대한 내재 동기를 약화 시킨다.

③ 매력적인 보상과 뇌의 반응에 관한 실험

> • 실험과제
> 정해진 시간에 정확하게 스톱워치 누르기 2회 실시
> – 참여자 A : 1·2회 누르기 모두 보상이 없이 진행
> – 참여자 B : 1회 누르기에 보상을 주고, 2회 누르기에 보상을 주지 않음
>
> • 결과
> A는 대뇌피질의 보상중추의 뇌 활성화 정도가 1·2회 모두 비슷하게 측정되었다. B는 보상이
> 주어진 1회에는 높은 수준의 뇌 활성화를 보였고, 보상이 없던 2회에는 뇌 활성화가 완전히 사라
> 졌다.

④ 보상이 내재 동기에 미치는 영향
  ㉠ 처음에 매력적인 보상을 위해 과제를 수행했던 것은, 이후 과제의 내재 동기를 약화시킨다.
  ㉡ 외적 보상은 학습과정에 지장을 초래한다.
  ㉢ 외적 보상은 학생들에게 과제에 노력하는 것에서 보상을 얻는 쪽으로 주의를 분산시킨다.
  ㉣ 정적 수준의 도전, 창의적 해결방법 탐색, 과제나 인간의 삶에서 과제가 가지는 관련성에 대해
    개념적으로 이해하려 하지 않는다.
  ㉤ 사실적 정보에 주의를 기울이고 빨리 답을 찾으려는 경향을 보인다.
  ㉥ 자율적 자기조절에 있어서 개인적 발전을 방해한다. 즉, 보상이 주어지지 않을 때 자신의 행동을
    조절하는 데 어려움을 겪게 된다.
  ㉦ 활동을 하는 이유가 덜 내재적이 되고 더 외재적이 되어 보상에 대한 의존성이 생긴다.
  ㉧ 매력적인 보상이 약속되면 외재적 이유로 과제를 수행한다고 믿게 된다.
  ㉨ 외적 보상은 과제에 대한 흥미를 떨어뜨린다.
⑤ 오랜 연구에 따르면 일반적으로 보상이 내재 동기를 저하시키지만, 항상 그런 것은 아니다.

(2) 예상 가능한 보상과 예상하지 못한 보상

① 과제수행이 보상으로 연결된다는 것을 예상할 수 있을 때에만, 강화물이 내재 동기를 저하시킨다.
② 예상된 보상은 내재 동기를 저하시키고, 예상하지 못한 보상은 내재 동기를 저하시키지 않는다.
③ '돈, 상, 음식'과 같은 유형적 보상은 내재 동기를 저하시키는 경향을 보이지만, '칭찬, 긍정적 피드
  백'과 같은 언어적 보상은 그렇지 않았다.
④ 보상에 따른 동기의 시사점
  ㉠ 보상이 예상 가능하고 유형적일 때, 내재 동기를 저하시킨다.
  ㉡ 예상 가능한 유형적 보상은 학습의 과정과 질 모두에 지장을 준다.
  ㉢ 보상은 학습자를 '목표를 숙달하고 학습하는 것'에서 '보상 또는 외적 이득을 얻으려는 쪽'으로
    변화시킨다.
  ㉣ 보상은 외재적으로 동기화된 학습자를 수동적인 정보처리자로 만든다.
  ㉤ 학습자는 보상 기준이 충족되면, 학습을 바로 멈추는 경향을 보인다.

ⓗ 학습 활동을 하는 데 흥미가 아니라 다른 사람의 보상에 의해 조절되기 때문에, 자율적 자기조절의 발달을 방해한다.

(3) 보상으로 내적 동기 높이기

① 보상은 자칫 재미없을 수 있는 과제를 추구할 가치가 있게 보이도록 해준다.
② 재미없는 과제에서는 외적 보상이 내재 동기에 어떠한 영향을 끼치지 않는다.
③ 예상하지 못한 방식, 언어적인 형태(칭찬, 긍정적 피드백)로 보상을 한다.
④ 의도적으로 내재적 흥미가 낮고 사회적 중요성이 높은 과제에 대해서만 보상한다.
　　ⓔ 옷 입기와 같은 일상생활 기술, 운전자들의 신호 지키기, 재활용, 에너지 절약 동참, 아이들의 숙제 시작을 위한 동기부여, 자폐 아동이 대화를 시작하도록 가르치기, 노인의 신체 활동 참여 높이기
⑤ 내적 흥미가 낮은 것들에서 외적 동기원을 쓰지 말아야 하는 이유는 다음과 같다.
　　㉠ 외적 동기원은 여전히 수행의 질을 저하시키고 학습과정을 방해한다.
　　㉡ 보상은 재미없는 과제를 수행해야 하는 이유에서 주의를 딴 데로 돌린다.
　　㉢ 참여를 촉진하는 데 외적 보상보다 '설명적 근거' 제공, '흥미 있는 전략 제안'과 같은 방법이 있다.
　　㉣ 외적 동기원은 장기적인 관점에서 개개인의 자율적 자기조절 능력을 약화시킨다.

4 인지평가이론과 외재 동기의 유형

(1) 인지평가이론

① 인지평가이론의 기본가정
　　㉠ 모든 외부 상황들이 통제적 측면과 정보적 측면 모두를 가진다.
　　㉡ 인간은 자율성과 유능성이라는 심리적 욕구를 가진다.
　　㉢ 외부 상황이 가지는 통제적 측면은 인간의 자율성 욕구에 영향을 미친다.
　　㉣ 외부 상황이 가지는 정보적 측면은 인간의 유능성 욕구에 영향을 미친다.

② 인지평가이론의 세 가지 명제
　　㉠ 인과 소재를 지각하는 외부 상황에 따라 동기가 달라진다.
　　　• 인과 소재를 내적으로 지각하게 하는 외부 상황(ⓔ 선택권 부여)은 내재 동기를 높인다. 외부 상황이 자율성 욕구에 관여하거나 이를 충족시키기 때문이다.
　　　• 인과 소재를 외적으로 지각하게 하는 외부 상황(ⓔ 보상)은 외재 동기를 높인다. 외부 상황이 자율성 욕구를 무시하고, 그 대신 행동과 앞으로 일어날 결과 간의 조건 수반성을 형성하기 때문이다.

ⓒ 지각된 유능성에 따라 동기가 달라진다.
- 지각된 유능성을 높여 주는 외부 상황(예 칭찬)은 내적 동기를 증진시킨다. 외부 상황이 통제적이지 않고 정보적이면, 자율성과 유능성은 높아지고 인과 소재의 내적 지각, 유능하다는 느낌, 내재 동기도 높아질 것이다.
- 지각된 유능성을 낮추는 외부 상황(예 비난)은 내재 동기를 저하시킨다. 외부 상황이 통제적이고 비난하는 형태라면, 자율성과 유능성은 만족되지 못하고 결국 인과 소재의 외적 지각, 무능하다는 느낌, 외재 동기는 높아질 것이다.
ⓒ 상황이 통제적인지 정보적인지에 대한 상대적 차이가 내재 동기와 외재 동기에 대한 영향력을 결정한다.
- 상대적으로 통제적인 상황은 내재 동기를 저하시키고 외재 동기를 증진시킨다.
- 정보적인 상황은 내재 동기를 증진시킨다.

③ **외적 상황의 통제, 정보**

칭찬, 돈, 장학금, 감시, 마감 시한, 채점 제도, 경쟁 등과 같은 외적 상황은 상대적으로 통제적인 방식이거나 정보적인 방식으로 제공될 수 있다.
㉠ 칭찬
- 통제적인 방식의 칭찬[예 해야 할 일을 잘 했네요(의무와 같은 구절)]은 피드백에 압박감이 더해진다. 이것은 상대가 압박에 굴복해서 행동한 것처럼 느껴지게 한다.
- 구체적이고 유능함을 진단해 주는 피드백은 높은 수준의 정보적 기능이 더해져 내재 동기를 높이게 된다.
- 동기적 영향은 칭찬 그 자체에 의한 것이 아니라 칭찬이 제공되는 방식에 의한 것이다.
- 무엇을 말하는가보다는 어떻게 말하는가가 중요한 것이다.
㉡ 경쟁
- 승리에 압박이 가해지는 사회적 맥락에서 경쟁자들은 압박감, 불확실한 느낌, 타인의 일을 하는 느낌을 가지고 경쟁한다.
- 경쟁을 통제적인 방식으로 경험하게 되면 내재 동기를 감소시킨다. 왜냐하면 과제 자체에 신경을 쓰기보다 승리에 따른 보상에만 신경을 쓰기 때문이다.
- 승리에 거의 초점을 맞추지 않는 사회적 맥락에서는 경쟁의 정보적 측면이 상대적으로 더 두드러진다.
- 발전, 향상, 진전은 지각된 유능성과 내재 동기를 높여준다.
- 경쟁에서 진 후에도 유능하게 수행했다는 느낌을 받으면 내재 동기는 여전히 높을 수 있다.
㉢ 내재 동기를 높이기 위해서는 유능성과 자율성이 모두 높아야 한다.
㉣ 유능성과 자율성을 높이기 위해서는 칭찬과 경쟁과 같은 주어진 외적 상황이 통제적이지 않고 정보적인 방식으로 주어질 필요가 있다.

(2) 내재화와 통합

내재화	• 이전에 외재적으로 부여된 '조절, 규칙, 행동, 가치'를 개개인이 내재적으로 받아들일 수 있는 형태로 바꾸는 과정을 말한다. • 내재화를 하게 되면 인간은 외부에 의해 정해진 '조절, 행동, 가치'를 자발적으로 받아들일 것이다. • 어떤 행동이 자신과 일치하는지 여부에 대해 심사숙고하여 판단한 후, 그것이 자신의 가치와 일치하는지 아닌지를 결정한다.
통합	• 내재화된 '조절, 행동, 가치'를 자신의 것으로 변화시켜, '조절, 행동, 가치'가 본인으로부터 생겨나도록 하는 것이다. • 통합을 하게 되면 인간은 '조절, 행동, 가치'가 가지는 이점을 되돌아보고 스스로 생각하는 자신과 일치하거나 일치하지 않는 정도를 확인한다. • 내재화를 거쳐 그 행동이 나의 가치와 일치되는 것이면, 자신과 완전히 통합되는 과정인 자기변화 과정이 일어난다.

(3) 외재 동기의 유형

① 인지평가이론은 사람들이 재미있는 활동을 할 때 내재 동기와 외재 동기가 어떻게 변하는지를 설명하지만, 내재적으로 재미없는 활동의 경우에는 이 이론이 적용되지 않는다.

② 동기는 지각된 인과 소재 또는 자기결정의 연속선을 따라 '무동기, 외재 동기, 내재 동기'로 나눌 수 있다.

③ 동기의 유형을 확인하는 것은 중요한데, 동기상태에 있어 자율성의 정도가 인간이 느끼고 생각하는 것에 상당한 영향을 미치기 때문이다.

④ 동기가 더 자율적일수록 인간은 더 많은 노력을 기울이고, 더 자유로우며 기꺼이 노력을 기울이고, '학습, 수행, 성취'의 관점에서 더 지속적이고 생산적인 노력을 보이게 된다.

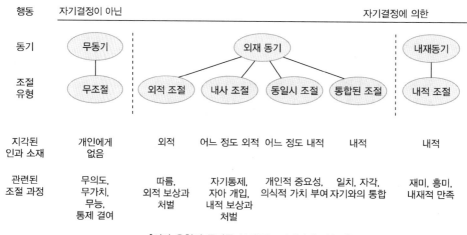

[여러 유형의 동기를 보여주는 자기결정 연속선]

출처 : Johnmarshall Reeve, 『동기와 정서의 이해』 제6판, 박학사

⑤ **무동기**

　⊙ 동기가 없는 상태를 말하며, 내재적·외재적으로 동기화되지 않은 상태를 말한다.

　ⓒ 무동기는 네 가지 측면인 '낮은 능력', '적은 노력', '낮은 가치', '매력적이지 않은 과제'로 구성되어 있다.

낮은 능력	무능하다는 느낌으로, 특정 행동이나 과제를 수행하기에 능력이나 소질이 부족하다는 믿음을 말한다.
적은 노력	에너지를 쏟고자 하는 욕구가 부족함을 말한다.
낮은 가치	특정 과제나 행동에 대해 지각된 중요성이나 유용성이 부족한 것을 말한다.
매력적이지 않은 과제	주어진 과제가 단지 개인적으로 매력이 없거나, 수행하기에 매력적이지 않음을 말한다.

　ⓒ 높은 수준의 무동기상태라고 응답한 학생들은 '좋지 않은 수업 참여, 좋지 않은 학습, 피상적 학습 전략, 좋지 않은 학업 성취, 높은 중퇴 비율'을 보이는 경향이 있다.

⑥ **외재 동기**

조절의 유형에는 외적 조절(전혀 자율적이지 않은 상태), 내사 조절(어느 정도 자율적인 상태), 동일시 조절(대체로 자율적인 상태), 통합된 조절(완전히 자율적인 상태)이 있다.

　⊙ 외적 조절

　　• 외적 강요, 압박, 매력적인 외적 유인물, 결과, 보상에 의해(자율성이 없는 상황에 의해) 외적 조절을 한다.

　　• 보상을 획득하고 처벌을 피하기 위해 혹은 어떤 외적 요구를 충족시키기 위함이다.

　　• 외적으로 조절된 사람들은 보통 어떠한 외적 촉진제가 없으면 과제를 시작하는 데 어려움을 겪는다.

　　• 마감 시한이나 시험이 없다면, 외적으로 조절된 학습자는 좋지 않은 수행과 결과를 보인다.

　ⓒ 내사 조절

　　• 내적 강요 및 압박으로 가득 찬 자기통제감에 의해, 죄책감·수치심과 같은 내적으로 통제적인 정서를 피하기 위해(자율성이 거의 없는 상황에 의해), 내사 조절을 한다.

　　• 특정한 방식으로 생각하거나 느끼거나 행동하도록 하는 타인의 요구를 받아들이지만, 진심으로 수용하거나 지지하지는 않는 것을 의미한다.

　　• 죄책감과 해야 하는 것들의 압력에 의해 동기화된다.

　　• 타인이 좋다고 규정한 행동에 대해서 그들 자신에게 정서적 보상을 제공하고, 타인이 나쁘다고 규정한 행동에 대해서 그들 자신에게 정서적 처벌을 제공하므로, 부분적 내재화가 일어난다.

　　• 내사 조절 상태의 사람들은 본인 스스로가 아니라 내사된 목소리가 행동을 하게끔 동기를 부여할 정도로 머릿속에 외부의 지시를 지니고 다닌다.

　　• 행동이 명확하게 수반되는 외적 결과에 의해서가 아니라, 수반되는 외적 결과에 대한 내재화된 표상에 의해 조절되기 때문에 내적 구조를 변화시킨다.

    ⓒ 동일시 조절
- 거의 내재화되고 자율적 외재 동기를 말한다.
- 생각이나 행동을 하는 방식이 개인적으로 중요하거나 유용하다고 보기 때문에, 자발적으로 그 생각이나 행동이 가지는 가치와 유용성을 받아들인다.
- 운동선수가 자신의 기술·자세 등에 대한 추가적인 연습이 중요하다고 믿게 되면, 연습은 더 잘해서 일등을 하기 위한 도구적인 것이라 외재적이지만, 선택은 자유롭게 한 것이다.
- 동일시 조절 유형은 개인적 중요성이나 의식적 가치부여에 따라 행동을 하게 되므로, 개인은 스스로에게 도움이 되고 자신과 타인의 관계에도 도움이 되기 때문에 행동을 하게 된다.
- 이러한 사고방식과 행동방식이 가치 있고 개인적으로 중요하다고 생각하기 때문에, 내재화되고 동일시한다.
- 내재화함으로써 이러한 사고방식과 행동방식은 자기결정적이고 자유의지로 행해지는 것이 된다.

    ⓔ 통합된 조절
- 통합된 조절은 외재 동기 중 가장 자율성이 지지되는 유형이다.
- 그 행동이 개인의 가치와 스스로 생각하는 자신을 반영하기 때문에 통합된 조절을 한다.
- 통합된 조절은 한 유형의 동기이면서, 동시에 발달적 과정이기도 하다.
- 통합된 조절은 새로운 방식의 '생각, 느낌, 행동'을, 자신이 이미 가지고 있는 생각하고 느끼며 행동하는 방식에 무리 없이 가져와서 일치시키는 것을 포함한다.
- 의무감이나 사회적 바람직성 때문에 진정으로 원하지 않던 행동을 내 안에 존재하고 있던 가치와 일관되게 하고 일치시킬 때, 통합이 일어난다.
- 친사회적 발달과 심리적 안녕과 같이 가장 긍정적인 결과와 관련되어 있다.

⑦ 내재 동기

개개인의 자율성이 완전히 보장되고, 활동이 개개인의 심리적 욕구를 충족시켜, 자발적 만족을 불러 일으키는 경우를 말한다.

(4) 재미없는 활동 동기화하기

① 예상 가능한 유형적 보상이 가지는 문제점은 사람들이 따르기만 할 뿐, 낮은 수준의 학습을 보이고 최소한의 수행을 하며, 더 많은 외적 조절에 의존하게 한다는 점이다.

② 재미없는 과제에서 타인을 동기부여 할 때 '할 가치가 없는 것'에서 '할 가치가 있는 것'으로 바꾸는 것이 중요하다.

③ **설명적 근거 제공**

    ㉠ 재미없는 활동에 노력을 쏟는 것이 왜 개인적으로 도움이 되고 중요한 일인지 언어적 설명 근거를 제공하는 것이다.

    ㉡ 재미없는 활동을 하는 것이 왜 중요한지에 대해 설득력 있고 개인적으로 만족스러운 근거를 들은 사람들이 그렇지 않은 사람들보다 보통 더 많은 노력을 기울이고 활동 시 더 높은 수준의 참여를 보인다.

    ㉢ 설명적 근거는 어느 정도 '가치, 동일시 조절, 내재화'를 촉발하기 때문이다.

④ **흥미증진 전략**

　　㉠ 상대적으로 재미없는 활동을 할 때 수많은 전략들을 사용할 수 있다.

　　㉡ 목표 설정을 하면 그 자체보다는 목표 달성을 위해 과제에 더 참여하게 된다.

　　㉢ 전통적인 학습방식보다 활동에 재미있는 상황을 넣으면 흥미가 높아져 수행이 향상된다.

제3절　자극추구동기

1 쾌락설

(1) 쾌락과 자극의 종류

① 쾌락설에서는 우리가 쾌락을 얻기 위해 동기유발된다고 생각한다. 즉, 쾌락을 추구하고 고통을 회피하는 것이라고 할 수 있다.

② 쾌락을 준다고 지각되는 행동들은 종의 역사에 걸쳐서 적응적인 것들이었다.

③ 트롤랜드(Troland, 1932)는 자극을 '쾌각, 통각, 중성각'으로 나누었다.

쾌각	자극에 의해 기분 좋은 느낌이 생길 때 일어난다.
통각	불쾌한 느낌을 일으키는 자극의 결과이다.
중성각	자극이 유쾌한 느낌도 불쾌한 느낌도 일으키지 않을 때 존재한다.

④ 환경 내에서 어떤 대상의 유쾌도는 그것이 갖고 있는 감각의 '질, 쾌각, 통각, 중성각'의 측면에서, 그 자극이 신경계에 미치는 효과에 밀접하게 관련되어 있다.

(2) 영(Young)의 정서과정

① 정서과정(Affective Process)에는 '부호, 강도, 지속시간'이라는 세 가지 특성이 있다.

　　㉠ 부호는 유기체가 그 상황에 접근(+)하는가, 아니면 회피(−)하는가를 관찰할 수 있다.

　　　ⓔ 아이들은 사탕에는 접근(+)하고, 쓴 약은 회피(−)할 것이다.

　　㉡ 다양한 물질들은 그것들이 갖는 정서강도의 차이가 존재하고, 선호도 검사를 통해 알 수 있다.

　　　ⓔ 아이들은 초콜릿 사탕을 인삼 맛 사탕보다 좋아할 것이다.

　　㉢ 쾌락과정 중 일부는 감각자극이 지속되는 동안에만 지속되기도 하고, 어떤 것들은 자극보다 더 오래 갈 수도 있다.

② 영은 신경계가 유기체의 긍정적인 정서를 최대화하고 부정적인 정서를 최소화하려고 시도하도록 만들어져 있다고 믿었다.

③ 유기체는 긍정적인 정서변화는 유지하고 부정적인 정서변화로부터는 멀어지게 하는 행동을 학습한다.

④ 영은 쾌-불쾌 연속선을 도식적으로 나타낸다. 이 도식은 부정적인 끝에서 시작하여 중립대를 거쳐 긍정적인 끝에 이르는 것으로 표시되고 있다.

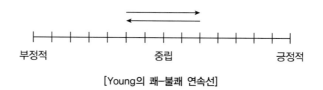

[Young의 쾌-불쾌 연속선]

(3) 감각 자극하기와 쾌-불쾌 연속선

① 감각자극은 유기체에게 외적·내적 환경조건에 대한 정보를 제공한다.
② 설탕 용액의 농도가 높은 것은 농도가 낮은 용액에 비해 선호된다.
③ 그러나 설탕 용액이 아닌 소금 용액의 경우, 감각강도가 증가함에 따라 처음에는 긍정적 정서가 일어나지만 소금 농도가 계속해서 증가하면 나중에는 부정적 정서가 일어난다.
④ 감각의 강도와 쾌락의 강도가 밀접하게 연결되어 있다고 결론지을 수 없다.
⑤ 쾌락과정은 행동에 동기적 영향을 미친다.
　㉠ 긍정적 정서는 접근 행동과, 부정적 정서는 철수 행동과 밀접하게 연관되어 있다.
　㉡ 영은 정서과정이 최대한의 긍정적 정서와 최소한의 부정적 정서가 유지되도록 행동을 활성화시킨다고 생각했다.
　㉢ 정서과정은 안정적인 동기와 성향의 발달을 낳는다.
⑥ 새로운 물질의 도입은 유기체의 동기를 변화시킨다. 유기체에게 '선호하는 먹이'를 '선호하지 않는 먹이'로 대체하면, 선택의 상황에서 '선호하는 먹이'에 대해 보였던 행동에 급격한 변화가 일어날 것이다.
⑦ 유기체는 과거 경험했던 유쾌도 피드백의 결과에 따라, 선택할 수 있는 물질들을 먹어보고 선호를 발달시킨다.

(4) 감각의 동기유발적 영향

① 감각 자극하기 그 자체가 동기유발적이어서 접근 혹은 철수 행동을 낳는다.
② 맛 감각의 경우 어떤 생리적 변화(위장까지 가지 않더라도)와 연결되지 않더라도, 접근 혹은 회피 반응을 촉발하였다.
③ 영양가가 없는 물질도 그 맛 때문에 보상이 될 수 있다.
④ 맛 본 물질의 자극 특성이 그 물질의 유쾌도를 직접 결정한다.
⑤ 접촉 수용기(촉각, 미각 등)를 자극하는 것은 원거리 수용기(시각)를 자극하는 것에 비하여 더 강한 정서와 연합되는 일이 훨씬 많다.

2 통증

(1) 감각 자극으로서 통증의 특징

① 통증이 유용한 이유는 우리가 부상당했음을 말해주고 흔히 몸의 부상당한 부위가 나을 시간을 갖도록 우리의 행동을 수정하게 만들어준다.

② 통증의 지각은 사람들이 생각하던 것보다 훨씬 더 다양하고 수정이 가능하다.

③ 전쟁에서 부상당한 남자들 중 절반 이상이 통증을 느끼지 않았지만, 비슷한 부상을 당한 일반인 80%가 심한 통증을 호소하였다.

④ 부상의 심각성과 경험되는 통증의 양 사이에 존재하는 관계가 간단하고 직접적인 것이 아니다.

⑤ 어떤 절차의 고통스러운 측면에 주의를 집중하고 있으면 통증이 흔히 더 강하게 경험된다.

(2) 통증의 관문통제이론(Gate Control Theory of Pain)

① 얼마나 많은 통증정보가 뇌에 도달하는지에 영향을 미치는 것은 척수 내의 조절체계이다.

② 통증정보는 내인성 아편제를 포함한 신경전달물질의 변화에 의해(그리고 다른 요인) 조절된다. 뇌하수체는 아픔을 덜어주는 엔도르핀(Endorphin)을 생산하는 것으로 알려져 있다.

> **더 알아두기**
>
> **내인성 아편제**
> 뇌 자체가 만들어 내는 아편성 물질로, 엔도르핀 같은 물질을 말한다.

③ 아편제 결손은 진통효과가 나타나지 않는 것으로 나타났다.

④ 통증, 주의정서에 관한 과거의 경험 또한 아편제에 영향을 미쳐서 통증을 조절하는 것도 가능한 것으로 나타났다.

⑤ 뇌의 시상, 변연계, 전전두피질, 체감각피질, 대상피질이 통증의 지각에 관여한다.

3 감각제한

(1) 자극에 의한 탐색활동

① 인간행동 중 많은 것들이 항상성 유지와는 상관없는 기제들에 의해 동기유발되며, 외부 자극이 중요하다.

② 탐색활동은 신체조직상의 어떤 변화를 야기한다기보다는 우리가 받는 자극입력의 수정에 주로 관여하는 것으로 보인다.

③ 새로움이나 불확실성 같은 요인은 유기체의 각성수준을 증가시키므로 동기적 특성이 있다.

④ 새로운 자극이 친숙한 자극에 비하여 우리를 그 자극 쪽으로 더 향하게 만든다.

⑤ 아이들의 놀이행동은 더 높은 수준의 각성을 제공하는 역할을 한다.

⑥ 자극조건이 너무 높거나 혹은 너무 낮을 때 자극을 최적 수준으로 유지하기 위해 동기가 활성화된다.

(2) 애착

① 조기 감각제한

> **〈실험〉**
> 4개월 된 강아지들을 두 집단으로 나누어, 한 집단은 정상적으로 양육하였고, 한 집단은 한 마리씩 개별 우리에서 양육하였다. 양육 기간은 7~10개월이었다.

ⓐ 고립되었던 개들은 일반 양육 개들에 비해 더 많이 탐색하고 몇 년이 지나서까지도 더 높은 활동 수준을 보였다.

ⓑ 고통을 주는 대상에 대해 고립된 개들은 피하지 않고 낯설어 하며 어떻게 해야 할지 모르는 것 같았다.

ⓒ 고립된 개들은 문제해결능력도 정상적인 집단에 비해 떨어졌고 지배적인 모습도 보이지 않았다.

ⓓ 고립된 개들은 동기가 박탈된 것처럼 보이지는 않았지만, 과도하게 흥분하기 쉬웠고 자신의 행동을 효율적으로 적응적인 방식으로 이끌지 못했다.

ⓔ 깜깜한 우리에서 기른 고양이를 정상적인 환경에 노출시키자 지각결손 및 공격적인 정서를 보였다.

ⓕ 감각제한에 관한 연구는 정상적인 발달을 위해서는 충분한 자극을 받는 것이 필요하다는 것을 보여준다.

ⓖ 감각제한의 영향은 대부분 생리적 및 지각적 변화의 결과로 비롯되지만, 동기적이고 정서적인 변화도 일어난다고 시사하는 연구들이 있다.

ⓗ 감각이 박탈된 동물에게서는 새로운 감각자극이 공포와 철수를 일으킨다.

② 애착

ⓐ 모성박탈은 발달 중인 유기체가 누구든 그를 돌보는 자의 보살핌을 별로 또는 일관성 있게 받지 못하는 상황을 말한다.

ⓑ 유아-어머니 애착은 평생 지속되는 것으로 보인다.

> **〈실험〉**
> 해리 할로우(Harry Harlow)는 하나는 철사로, 나머지 하나는 포근한 헝겊으로 어미모형을 만들어 새끼 원숭이가 있는 우리에 넣어 주었다. 철사로 만든 가짜 모형에는 우유가 나오게 만들었고, 헝겊으로 만든 모형에는 우유가 없었다. 그리고 새끼 원숭이를 관찰하였는데, 우유가 있는 모형에게 갈 것이라는 예상과는 달리, 새끼 원숭이는 헝겊으로 만든 모형에 하루 종일 붙어 있었다. 배가 고프면 철사 모형에게로 가서 우유만 먹고는, 다시 헝겊으로 만든 모형에게로 갔다.

ⓒ 할로우의 실험은 헝겊 원숭이가 제공한 접촉위안으로 인해 그에 대한 애착을 발달시킨 것이다.

ⓔ 애착에서 얼굴모양은 중요하지 않았고 접촉위안이 중요한 자극이지만, '수유, 체온, 흔들어 달래기' 또한 애착과정에 관여한다는 것이 발견되었다.

ⓜ 애착이 형성되지 않은 아기 원숭이는 기이한 행동을 많이 보였고, 사회적으로도 비정상적이었다.

ⓗ 어미 없이 자란 원숭이들은 나중에 어미가 되었을 때 제대로 어미 역할을 하지 못했다.

ⓢ 어미와 함께 자라는 것, 또래와의 상호작용 모두가 정상적 발달을 위해 필요한 경험이다.

③ 부모와의 분리

ⓐ 처음 부모와 헤어지게 되면 '저항-절망-분리-양가성'의 단계를 거친다.

ⓑ 일반적으로 친숙한 사람이나 대상은 이별이 미치는 영향의 정도를 감소시킨다.

ⓒ 대리 부모가 엄마 노릇을 많이 해줄수록 이별 경험의 강도가 더 낮았다.

ⓔ 보호기관에 들어온 아이들 중 일부는 의존성 우울증을 보이는데, 자극이 주어지는 것에 대해 반응하지 못하고 식욕이 없으며 체중이 감소한다.

ⓜ 유아가 정상적으로 발달하기 위해서는 이들을 돌보고 있는 사람과의 밀접한 상호작용이 필요해 보인다.

ⓗ 어미-유아 상호작용에서 나타난 차이가 성인이 되었을 때 관찰되는 성격 차이를 부분적으로 설명한다.

ⓢ 유기체의 정상적인 발달을 위해서는 자극을 받는 것이 아주 중요한 것으로 보이며, 성인이 되어서도 정상적인 기능을 위해서 자극이 계속되는 것이 꼭 필요하다.

④ 박탈소인증

ⓐ 박탈소인증은 골격, 성숙 및 성장이 감소하여 아이의 육체적인 성숙이 나이에 비해 정상에 훨씬 못 미치게 되는 것이다.

ⓑ 적대적인 박탈환경에서 다른 환경으로 옮겨지자 심리적·육체적으로 개선되기 시작하였다가, 문제 환경으로 돌아가게 되자 소인증 증상이 다시 나타났다.

ⓒ 환경적 박탈 및 정서적 장애가 내분비 기능(뇌하수체)에 영향을 줄 수 있다.

ⓔ 뇌하수체는 성장 호르몬을 분비하는 곳이다. 박탈소인증에 걸린 아이들은 뇌하수체의 기능에 이상이 없는데도 성장 호르몬의 양이 정상 이하로 나타났다.

ⓜ 사회적으로 나쁜 환경은 정상적인 수면상태를 혼란시키는 것으로 보인다.

ⓗ 외부에서 받는 자극이 필수적인 결정적 시기가 존재한다. 이 시기에 적절한 자극을 받지 못하면 영구적인 결손을 초래한다.

⑤ 성인의 감각박탈

ⓐ 감각박탈 연구는 주어지는 감각자극의 절대적인 감소, 감각자극의 패턴을 감소시키는(단조롭게 하는) 것 혹은 자극은 전혀 감소시키지 않고 감각환경의 구조를 강제로 바꾸는 것 등의 시도를 할 수 있다.

> **〈실험〉**
>
> 대학생을 대상으로, 불이 켜진 방음시설이 된 방에서 23시간 동안 침대에 누워 있게 하였다. 반투명 고글을 쓰고(패턴 시각 차단), 손가락 끝에서 팔꿈치까지 긴 토시를 끼게 했으며, 단조로운 음을 내는 에어컨이 작동하여 외부의 소리를 차단하였다.

ⓒ 감각박탈을 경험한 실험자들은 고립상태를 오래 견디지 못했는데, 대개 2~3일 후에 실험을 포기했다(자원한 실험자의 경우 6일을 버텼다).

ⓒ 감각적으로 박탈된 실험자들은 '권태, 불안감, 초조함'과 실험을 그만두려는 강한 욕구를 경험하였다.

ⓔ EEG로 측정된 뇌의 전기적 활동의 변화뿐만 아니라 사고의 결손, 시지각의 혼란 및 정서의 변화도 보였다.

ⓜ 지적 능력, 지각능력, 시지각, 공간감각(방향감 상실)에도 일시적 문제를 보였다.

ⓗ 감각박탈 실험은 사람들이 일정 수준의 자극을 받아야 하고, 적절한 수준의 자극이 박탈되면 그 수준을 증가시키도록 동기화된다는 것을 시사한다.

ⓢ 사회적 접촉은 복잡한 감각적 환경을 제공해 주기 때문에 중요하다.

ⓞ 일차 과정 사고를 능숙하게 다루는 사람들이 감각박탈을 더 잘 견뎌냈으며, 박탈 기간 동안 부정적인 정서도 덜 보였고 유쾌한 정서를 더 많이 보였다.

더 알아두기

일차 과정 사고 vs 이차 과정 사고

일차 과정 사고	무의식적 정서나 본능적 충동에 지배되는 원초아의 원시적·비합리적·소원적 사고 과정으로, 비논리적이며 유아기 형태의 사고 과정
이차 과정 사고	이성적 사고를 지배하고 현실원리에 따라 작용하며 높은 수준의 심리적 처리를 가능하게 하는 자아의 의식적 사고 과정으로, 논리적이며 어른스러운 사고 과정

ⓩ 다른 감각박탈 실험에서는 흡연, 과식, 스트레스 관련 질병을 통제하는 면에서 향상된 결과가 나타나기도 하였다.

4 대립(반대)과정이론(Opponent Process Theory)

(1) 대립과정의 개념

① 한 자극에 의해서 처음에 만들어지는 반응상태(A)가 끝나고 나면, 이후에 상반되는 다른 반응상태(B)가 나타나게 된다는 것이다.

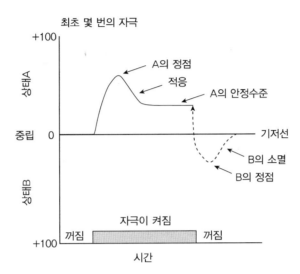

[대립과정이론에 따른 한 자극에 대한 정서반응의 다섯 단계]

정서반응은 다섯 가지 특징을 가지는데, (i) 아주 빠르게 정점(A)에 달하고, (ii) 적응기로 이동하는 동안 쾌락적 경험의 강도가 감소하며, (iii) 안정수준에 도달한다. 이 과정이 사라지고 난 후 (iv) 정점 정서 후 반응(B)이 일어나는데, 이 과정은 처음 A의 상태와 반대 특성을 지닌다. 이후 반응은 서서히 소멸하여 (v) B의 강도는 다시 0으로 돌아간다.

② 유쾌한 느낌을 불러일으킨 자극은 이후에 혐오적인 느낌에 의해 대립되고, 처음에 혐오적인 느낌의 자극은 이후에 유쾌한 느낌에 의해 대립된다는 것이다.

③ 상태A는 외부의 자극으로 인해 생성되는 것이지만, 상태B는 외부 자극에 의해 생성되는 것이 아니라 처음 경험한 반응상태 때문에 생성되는 것이다.

④ 처음에 경험한 자극은 매우 빨리 형성되고, 외부 자극의 강도와 밀접한 관련이 있다.

⑤ 상태B는 서서히 형성되며, 자극에 의해 생성되는 것이 아니라 상태A에 대한 반응으로 만들어진다. 또한, 상태B는 천천히 감소한다.

⑥ 상태A가 제거되어도 상태B는 서서히 소멸되기 때문에 어느 정도 지속된다.

⑦ 상태A를 만드는 자극을 반복해서 제시해도 상태A의 강도에는 아무런 영향이 없지만, 상태B를 반복해서 일으키면 상태B는 증강된다.

⑧ 상태A를 촉발하는 자극을 반복해서 제시하면, 사실상 상태A의 쾌락적 강도가 감소하게 되고, 상태B는 활성화된다.

(2) 대립과정으로 설명되는 행동

① **약물중독**

　⊙ 약물중독과 관련해 중독성이 있는 물질은 처음에 유쾌한 느낌을 준다(상태A). 그러나 사람이 약물을 계속 사용하면 대립되는 과정의 강도가 점점 더 강해져 강력한 혐오적 상태B가 형성된다.

　ⓒ 혐오적 상태B가 점점 커지면 상태A라는 유쾌한 경험이 감소되기 때문에, 중독된 사람은 약물이 가져오는 쾌감 때문이 아니라 약물로 유지하던 상태A가 없을 때 일어나는 상태B의 혐오(금단현상)를 피하기 위해 약물을 계속하는 상황에 도달하게 된다.

② **스릴을 추구하는 활동**

청룡열차 타기, 스카이다이빙 등의 위험한 스포츠를 하는 이유 중 한 가지가 초기에 공포생성 상태A 다음에 오는 강력한 상태B 때문이라고 할 수 있다.

③ **애착**

　⊙ 애착과 관련하여 여러 번의 이별이 재회 시 사회적 접촉을 증가시키며, 이러한 접촉은 날이 감에 따라 감소하고, 반복된 이별 경험은 우울 및 동요된 행동을 증가시킨다.

　ⓒ 애착의 근원과 재회하게 되면 사회적 접촉의 증가가 일어나는데, B가 소멸되고 A가 고조되기 때문이다.

　ⓒ 그러나 추가적인 이별이 상태B의 증강을 가져와 스스로를 향한 비적응적 행동이 더 뚜렷해지고 사회를 향한 행동은 감소된다는 것이다.

④ 사람들이 무섭거나 위험한 행동에 참여하는 이유는 처음의 혐오적 상태A의 감소, 그 행동이 끝났을 때 일어나는 그와 상반된 매우 긍정적인 반응 때문이라고 할 수 있다.

⑤ 연달아 자극을 제시할 때 그 간격이 짧으면 부정적인 상태가 커진다. 하지만 한 번 제시되고 난 후 충분한 시간이 흘러서 부정적인 상태가 소멸될 시간이 있으면 상태B는 강력하게 형성되지 않는다.

⑥ 강한 상태A를 촉발하는 자극이 만들어내는 상태B는 소멸되려면 더 오랜 시간이 걸린다. 반대로 약한 상태A를 촉발하는 자극이 만들어내는 상태B는 빨리 소멸된다.

제4절 | 사회적 동기

1 사회적 동기와 일관성

(1) 동조현상

① 동조의 개념
ㄱ 집단의 압력이 있을 때 집단이 기대하는 바대로 개인의 생각이나 행동을 바꾸는 것을 의미한다.
ㄴ 주위의 사람들이 하는 것을 자발적으로 따라하는 행위를 말한다.
ㄷ 유행을 따르는 행위나 결정이 어려울 때 주변의 많은 사람이 내리는 결정을 따르는 것 등이 동조에 해당한다.
ㄹ 다른 사람들은 옳다고 순진하게 믿기 때문에 다른 사람의 행동에 동조하기도 한다.
ㅁ 다른 사람들이 하는 말이나 행동을 믿는 것과 상관없이 다른 사람의 행동에 겉으로 동조하기도 한다.

② 동조를 하는 상황
ㄱ 정확하고 좋은 결정을 내리고자 할 때 타인을 정보원으로 삼는다.
ㄴ 상황이 불확실해 적절하거나 올바른 생각에 확신이 없을 때 타인에게 더욱 의존하게 된다.
ㄷ 상황이 위급하고 공포스러워 즉시 행동해야 하는 상황에서 타인에게 동조하게 된다.
ㄹ 일반적으로 전문성이나 지식이 있는 사람의 행동이나 말을 따르게 된다.
ㅁ 집단 속에 있을 때 집단의 사회적 규범에 동조한다.

③ 동조의 이유
ㄱ 인간은 기본적으로 사회적 동물이므로, 타인과의 상호작용을 통해 행복을 느낀다.
ㄴ 인간이 타인에게 용납받기를 원하는 기본적 욕구는 다른 사람을 따라하는 행동을 하도록 한다.
ㄷ 자신만 특별히 별난 사람으로 보이고 싶지 않으며, 바보같이 보이지 않기 위해 다수를 따르기도 한다.

④ 동조에 영향을 미치는 요인
ㄱ 집단이 자신에게 중요할 때
ㄴ 집단의 모든 사람들이 같은 것을 말하거나 믿을 때
ㄷ 개인주의 문화보다 집단주의 문화일 때
ㄹ 자신의 의견을 공개적으로 표현해야 하는 상황일 때
ㅁ 지위가 높은 사람이 의견을 제시할 때
ㅂ 과제가 중요하면서 어려울 때
ㅅ 상대의 판단이 이해가 되지 않고 상황파악이 안 되어 적절한 설명을 찾지 못할 때

(2) 복종과 순종

① 복종
- ㉠ 복종이란 자신의 의사와는 상관없이 남의 명령에 따르는 것을 말한다.
- ㉡ 복종은 권위를 가진 사람의 말을 따르는 것에서 나타난다.
- ㉢ 상황이 불확실할 때 정보를 주는 사람이 전문가일 경우 영향력을 가진다.
- ㉣ 어떤 상황이 위급해 생각할 여유가 없다면 복종의 영향은 크다.

② 순종
- ㉠ 권위나 세력이 없는 경우에 타인의 말을 따르는 것이다.
- ㉡ 자기지각이론에 따르면 우리는 일단 어떤 행동을 하고 나면 그 행동과 일관된 태도를 받아들인다.
- ㉢ 처음에 타인의 작은 요구를 들어주고 나면, 이후에 보다 큰 요구도 들어줄 가능성이 높다(문간에 발 들여놓기 효과).
- ㉣ 불완전한 정보를 제시하여 동의를 얻은 이후에 추가적인 정보를 알려주게 되면 처음 동의를 깨지 못한다(낮은 공 기법).
- ㉤ 상호성 규범을 제시하는 것은 순종을 유발하는 전략이 된다(작은 선물을 받으면 그 사람의 요구를 거절하기 힘들다).
- ㉥ 자신과 유사하고 존경을 받는 다른 사람들에 관한 정보는 특별한 가치를 지닌다.
- ㉦ 희소한 것일수록 그것을 가치 있게 여겨 소유하고 싶어 한다.

(3) 집단의 영향

① 사회적 촉진
- ㉠ 집단 속에서 개인별로 수행하는 작업의 수행력이 개인이 홀로 하는 상황에서의 수행력보다 높게 나타나는 현상을 사회촉진현상이라고 한다.

| 쉽고 숙달된 과제 | ⇒ | 수행 향상 |
| 어려운 과제 | ⇒ | 수행 저하 |

[타인의 존재에 따른 수행차이]

- ㉡ 다른 사람이 우리를 어떻게 평가하는지에 대해 신경을 쓴다. 다른 사람들이 내가 어떻게 하고 있는가 보게 될 때 긴장이 발생한다.

② 사회적 태만
- ㉠ 타인과 같이 일을 하는 경우에 동기가 위축되어 개인의 수행이 떨어지는 현상도 나타난다.
- ㉡ 다른 사람들과 함께 있을 때 그리고 자신의 개인적 수행이 평가될 수 없을 때, 태만해져서 단순 과제의 수행이 저하되고 복잡한 과제의 수행이 향상되는 경향을 보인다.
- ㉢ 사람들이 집단 속에서 꾀를 부리는 가장 큰 이유는 자신이 노력을 들여야 한다는 책임감을 덜 느끼기 때문이다.

② 사람은 다른 사람도 똑같이 태만할 것이라고 믿기 때문에 노력을 덜 기울이는 것으로 보인다.

⑩ 집단 속에서 사람은 자신의 노력이 집단의 성과에 중요한 영향을 미치지 않는다고도 생각한다.

③ 몰개성화(탈개인화)

㉠ 집단으로 행동하는 상황에서 구성원 개개인의 정체성과 책임감이 약화되어 집단 행위에 민감해지는 현상이다.

㉡ 군중 속에서 사람은 그들 주변에 있는 사람들이 하는 행동을 따라 하기 더 쉽다.

㉢ 몰개성화는 충동적이고 폭력적인 행동을 하게 만든다.

㉣ 집단 구성원이 함께 있고 탈개인화되면 그들은 더욱 자기 집단의 규범에 따라 행동하게 된다.

④ 책임감 분산

㉠ 혼자 있을 때보다 군중 속에 있을 때 타인의 어려움을 돕는 비율이 더 낮다.

㉡ 비상상황이 생겼을 때 다른 사람들이 있으면 이를 더 느리게 알아챈다. 타인과 함께 있을 때 우리는 타인과 일정한 심리적 거리를 유지하려는 경향이 있어, 주변 환경에 대한 인식이 낮아지기 때문이다.

㉢ 여러 사람이 함께 있을 때 '다수의 무지'를 경험하게 된다. 위급상황은 애매할 때가 많고 이런 상황에 대부분의 사람들은 타인의 행동을 정보로 활용하게 되며, 모든 사람들이 이와 비슷한 행동을 하게 되는데 자신만 비상상황이라고 생각할지도 모른다고 생각해서 태연한 척을 하게 되고 모두가 이러한 상황을 경험한다는 것이다.

㉣ 다수의 무지는 친구들과 함께 있거나 친숙한 환경 속에 있으면 감소되고, 낯선 사람들과 함께 있거나 친숙하지 않은 환경에서 과장되는 경향이 있다.

㉤ 상황요인이 도움행동의 중대한 결정요인인 반면, 성격과 도움행동 사이에는 아무런 상관관계가 없었다.

⑤ 이타적 행동

㉠ 이타적 행동이 '타인에 대한 이기심 없는 염려의 결과'라는 주장과 '타인을 돕는 것이 그렇지 않을 때보다 자신의 고통을 줄여주고 물질적·사회적 혹은 자아의 보상을 가져오므로 이기적이라고 볼 수 있다'는 주장이 있다.

㉡ 많은 문헌들에서 이타행동이 생물학적 과정의 역할이고 우리를 구성하는 한 부분이라고 하였다.

㉢ 자신에게 좋은 일이 일어날 때 도움행동은 증가한다. 좋은 일이 자신에게 일어나면 자신이 유리한 위치에 있다는 느낌이 부여되는 것으로 생각되기 때문이다.

㉣ 죄책감을 느끼게 될 때 도움행동의 가능성이 증가한다.

㉤ 사회적 조망수용능력이 발달해 왔기 때문에 우리는 이타적 행동을 한다.

더 알아두기

사회적 조망수용능력

사회적 관계의 인지능력을 갖는 것으로, 타인의 '사고, 의도, 정서'를 생각할 수 있는 능력

㉥ 타인을 돕는 것이 긍정적인 기분을 유지시키고 그 긍정적인 기분을 지속시키고 싶은 마음이 있기 때문에 타인을 돕는다.

2 인지적 일관성과 귀인

(1) 인지적 일관성

인지적 일관성 이론은 인간의 '사고, 믿음, 태도, 행동' 사이에 존재하는 관계가 동기를 생성할 수 있다고 주장하는 이론이다. 사람들은 내적인 비일관성을 최소화하려고 시도한다는 것으로, 어떤 사람의 최적의 상태는 그 사람의 '사고, 믿음, 태도, 행동'이 서로 일관적인 상태라는 것이다.

① 균형이론
  ㉠ 하이더(Heider, 1946)는 사람 사이, 사물 사이, 사람과 사물 사이의 관계에서 균형을 이루려는 경향이 존재한다고 하였다.
  ㉡ 사람과 사물 사이의 관계가 긍정적일 수도 있고 부정적일 수도 있다. 긍정적인 관계란 선호하는 관계나 소속되는 관계 등을 포함한다.

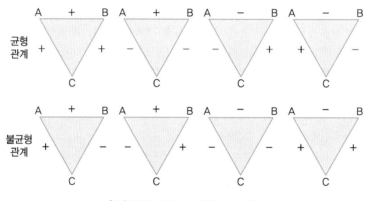

[균형적인 관계와 불균형적인 관계]

  ㉢ 균형이 깨어진 관계는 균형을 되찾기 위한 개인들 간의 의사소통에 이르게 한다.
  ㉣ 균형이론은 균형이 깨어진 관계가 동기 유발적이라는 생각을 지지한다.
② 균형이론의 문제점
  ㉠ 어떤 사람이 불균형을 어떻게 해결하는지에 대해서는 설명해주지 않는다.
  ㉡ 균형이 깨어진 항목들 사이의 관계의 정도를 고려하지 않는다.
  ㉢ 행동이 촉발되기 위해 얼마만큼의 불균형이 일어나야 하는가를 알 수 없다.
  ㉣ 균형이론은 균형이 깨어진 상태의 일반적인 동기적 특성을 나타내는 데에는 유용하지만, 정확한 예측이 가능하도록 자세하게 구체화된 이론은 아니다.
③ 인지부조화
  ㉠ 인지부조화의 개념
    • 페스팅거(Festinger, 1957)의 이론으로 우리의 인지가 부조화를 이룰 때 부조화를 해결하기 위해 동기가 활성화된다는 것이다.
    • 우리가 우리의 '믿음, 태도, 의견'을 우리의 외현적 행동과 일치하도록 유지하기 위해 노력한다는 것이다.

- 우리는 우리의 '믿음, 태도, 의견'과 '행동'이 불일치할 때 행동에 대한 합리화를 만들어냄으로써, '믿음, 태도, 의견'과 '행동'을 일치시키려 한다.
- 일관성이 유지되면 우리의 동기는 촉발되지 않는다.
- 우리의 인지는 '조화, 부조화, 무관함'의 세 가지 형태로 나타나는데, 두 개의 인지가 비일관적일 때 부조화로 간주된다.
- 생성된 부조화의 강도는 그 사람에게 중요한 요소일수록 부조화가 더 크다.

ⓛ 부조화가 생기는 이유
- 예상한 사건이 우리가 생각한 것과 다르게 진행될 때 생길 수 있다.
  ㉠ 당연히 100점이라고 생각한 점수가 50점일 때
- 자신이 생각하는 문화적인 규범과 비일관적일 때 생길 수 있다.
  ㉠ 시험에서 부정행위를 하고 싶을 때
- 자신의 태도와 상반되는 행동에 대한 정당화가 불충분할 때 일어날 수 있다.
  ㉠ 시험의 부정행위에 대한 정당화가 부족할 때
- 인지들 사이에 비일관성 혹은 갈등이 존재할 때 부조화가 일어난다고 할 수 있다.

ⓒ 부조화를 감소시킬 수 있는 방법

인지(태도)를 변화시키기	공개적으로 자신의 행동을 수행한 경우 태도를 변화시키기 쉬울 수 있다.
행동을 변화시키기	반복되는 행동이 태도와 갈등을 일으킨 경우로, A학점을 늘 받는 학생이 C학점을 받으면 자신의 능력에 대한 믿음을 바꾸기 보다는 공부를 더 열심히 할 것이다.
제3의 요소 끌어들이기	갈등하고 있는 요소들이 중요한 것들일 때 흔히 선택할 수 있는데, 일반적으로 합리화의 개념과 유사하다고 할 수 있다.

④ **인지부조화의 문제점**

㉠ 인지부조화에 대한 비판
- 정확함의 부족으로 한 사람 안에서 어떤 두 가지 인지가 서로 갈등을 일으킬지 예언하기가 불가능하다.
- 부조화가 여러 가지 다른 방식으로 감소될 수 있다.
- 인지부조화로 설명된 상황이 다른 대안적 방식으로 설명될 수 있다.

ⓛ 인지부조화의 대안 : 자기지각이론
- 벰(Bem, 1967)은 우리는 외부인이 우리를 관찰하는 것처럼 자신의 행동을 관찰한 다음, 이 관찰을 기초로 판단을 내린다고 하였다.
- 우리는 다른 사람의 행동을 분석하는 것과 같은 방식으로 우리 스스로의 행동을 분석한다.
- 벰은 대부분의 부조화 연구에서 측정된 행동은 어떤 태도 혹은 신념에 대한 자기지각이라고 지적하였다.
- 사람은 누구나에게 가용한 증거를 기반으로 단순히 자기판단을 하는 것이지, 태도와 행동 사이의 비일관성으로 생겨난 혐오적인 동기의 결과가 아니다.

⑤ 인지부조화이론이 인지적 불일치에서 발생한 부정적인 감정으로 인해 믿음이 변화한다고 주장하는 반면, 자기지각이론은 우리가 단순히 행동하고 말하는 것은 무엇이든 믿으려고 한다고 주장한다.

⑥ 자기지각이론은 사람들의 믿음이 초기에 어렴풋하고 모호하며 약한 상황에 잘 적용되며, 인지부조화이론은 사람들의 믿음이 초기에 명확하고 두드러지며 강한 상황에 가장 잘 적용된다.

(2) 귀인

① 귀인이론의 개념

　㉠ 귀인이란 어떤 행동을 보고나서 많은 가능한 행위의 원인들 가운데 어느 원인을 그 행동에 귀속시켜야 할지를 추론하고 결정하는 과정을 말한다.

　㉡ 인간이 자기나 타인 또는 주위환경을 지각하는 기본과정의 하나로서, 관찰된 결과나 책임에 대한 원인론적 이해에 이르는 과정이다.

　㉢ 우리가 경험하는 사건들과 관련하여 우리가 어떻게 판단을 내리는지 그 과정에 관한 연구를 귀인이론이라고 한다.

　㉣ 귀인이론은 사람들이 관찰된 행동의 원인을 추리할 때 사용하는 규칙을 발견하고 설명하려는 데 목적이 있다.

　㉤ 귀인이론의 세 가지 기본가정

　　• 우리가 우리 스스로의 행동 및 타인의 행동의 원인을 결정하려고 노력한다.

　　• 우리가 행동의 원인이라고 내리는 결론에 어떻게 도달했는지를 설명할 수 있는 규칙들이 존재한다.

　　• 특정 행동의 원인으로 귀인된 것들이 이후의 정서적 및 비정서적 행동에 영향을 줄 것이다.

　㉥ 귀인접근은 대체로 귀인을 만들어내는 데 있어서 동기의 중요성을 인정하고, 보다 중요하게는 미래의 행동방향에 있어서 귀인의 역할을 인정하고 있다.

② 하이더(Heider, 1958)의 일반인심리학(Native Psychology)

　㉠ 균형이론의 창시자인 하이더는 우리의 일상 속에서 사람들은 행동을 어떻게 귀인하는가에 관심을 가졌다.

　㉡ 어떤 사람의 행동은 그 사람 내부의 힘(성향) 아니면 그 사람 외부의 힘(상황요인)에 귀인할 수 있다.

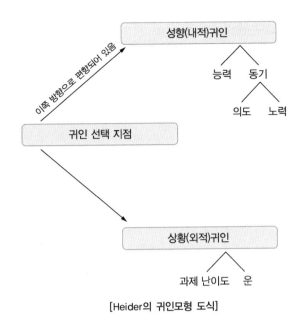

[Heider의 귀인모형 도식]

ⓒ 성향의 의미는 요구, 희망, 정서, 능력, 의도, 노력 같은 요인들을 포함한다.

ⓔ 상황에는 과제의 난이도와 운 등이 포함된다.

ⓜ 우리에게는 대개 외부원인이 아닌 내부원인에 귀인하는 경향이 있다고 제안하였다.

ⓗ 행동을 안정적이고 내적인 특성(성향)에 귀인하려는 경향을 기본귀인오류(John, 1979)라고 하며, 이것은 우리가 귀인을 할 때 상황적 설명을 피하는 방향으로 편향되는 경향이 뚜렷하기 때문이다.

ⓢ 우리는 의식적으로 개인적인 상황을 통제하려고 시도한다. 이러한 노력은 우리에게 여전히 우리 자신 및 타인 모두에 대해 성향적 설명을 하도록 하는 편향의 이유가 된다.

ⓞ 성향귀인을 하도록 편향되어 있다는 것은 상황에 의해 결정되는 행동도 우리가 (성향으로) 잘못 귀인하는 경향이 있다는 것을 의미한다.

ⓩ 하이더의 접근은 귀인이론에 관한 연구의 시작이었다. 이 접근의 문제점은 실험실에서 쉽게 검증할 수 있는 구체적인 가설들을 내놓지 않았다는 점이다.

③ **존스(Jones)와 데이비스(Davis)의 대응이론(Correspondency Theory, 1965)**

ⓐ 이 이론은 사람들이 어떤 행동에 대한 인과귀인을 할 때 그 행동을 그 사람의 다른 행동과 비교해서 본다고 제안하였다.

ⓑ 어떤 귀인을 할 때 우리가 관찰된 행동과 그 행동의 의도로 추론된 것 사이에 어떤 대응을 찾는다고 생각하였다.

ⓒ 관찰된 행동과 이전의 행동이 잘 대응되면 성향귀인 쪽으로 추론하는 경향이 있으며, 대응이 잘 안되면 상황귀인을 하는 경향이 있다.

　　예 상사가 A라는 부하직원에게 짜증을 낸다고 할 때, 다른 부하직원에게도 짜증을 낸다면 그것은 그 상사의 성향 때문이고, A에게만 짜증을 낸다면 상사가 짜증을 낼만한 상황적 이유가 있다는 것으로 귀인한다는 것이다.

㉣ 귀인에 관여하는 요인

- 사회적 바람직성은 행동이 성향보다는 상황 특성에 귀인된다.
- 규범적이지 못하거나 비동조적, 튀는 행동은 상황보다는 성향적 특성에 귀인될 가능성이 크다.
- 관찰된 행동에 대한 우리 자신의 관여정도(쾌락적 유관성, 자기지향)에 따라 귀인이 달라진다.
- 쾌락적 유관성이란 관찰된 사람의 행동이 우리에게 미치는 보상이나 처벌효과의 가능한 정도를 가리킨다.

  예 건물의 주차장에서 자동차에 문제가 생겼다. 그런데 주차요원이 와서 친절하게 해결해 주었다면 우리는 그 주차요원의 행동을 성향에 귀인(좋은 사람이다)할 것이다. 그러나 그 행동은 주차요원 행동매뉴얼에 있는 사항일 수 있다.
- 자기지향이란 누군가의 행동은 그 사람을 관찰하고 있는 사람의 귀인에 영향을 미친다는 사실과 관련된 것이다.

  예 수업시간에 수업에 집중하고 교수님의 설명에 리액션을 잘하는 학생을 보면 교수님은 그 학생이 학문에 관심이 많은 학생이고, 집중하지 않는 학생을 보면 학습에 무관심한 사람이라고 성향귀인할 수 있다.

④ 켈리(Kelley, 1967)의 이론

㉠ 켈리는 우리가 사건에 대한 귀인을 할 때에는 관찰된 것에 가장 잘 들어맞는 설명을 선택한다고 주장하며 공변모형(Covariation Model)을 제시했다.

㉡ 공변모형에 따르면 사람들은 특정 행동을 여러 번 관찰한 후에, 그 행동과 함께 변화하는 요인들을 고려해 외부귀인을 할지, 혹은 내부귀인을 할지를 고려하고자 한다.

㉢ 우리는 원인들이 일정한 기간에 걸쳐 특정한 결과들과 관련되어 있다고 인지한다. 대체로 어떤 결과의 원인으로 가능한 것은 여러 가지가 있을 수 있는데, 특정한 결과와 일관되게 연관이 있는 사건들만이 원인으로 간주된다.

㉣ 사람들은 귀인을 하기 위해 '일관성, 합일성, 특이성'이라는 세 가지 차원의 정보를 고려하게 된다.

일관성 (Consistency)	행동을 하는 사람이 시간의 변화와 상관없이 특정 상황에서 항상 동일한 행동을 하는 것을 의미한다.
합일성 (Consensus)	• 특정 행동이 많은 사람들에게 동일하게 나타나는 것을 의미한다. • 일관성이 '시간'에 따른 개념이라면, 합일성은 '사람'에 따른 개념이라고 할 수 있다.
특이성 (Distinctiveness)	• 특정 결과가 특정한 원인이 있을 때만 발생하는 것으로, 이 원인이 없는 경우에는 특정 결과가 발생하지 않는 것을 의미한다. • 일반적으로 특이성이 높은 경우 성향측면으로 귀인되는 반면, 특이성이 낮은 경우 상황측면으로 귀인된다.

상황	합치성	특이성	일관성	내부귀인
철수는 이웃집 개만 보면 무서워한다.	낮음 철수 외의 다른 사람들은 그 개를 보고 무서워하지 않는다.	낮음 철수는 다른 개를 볼 때도 무서워한다.	높음 철수는 항상 개를 볼 때 무서워한다.	내부귀인 철수의 내적 요소에 귀인한다.
	높음 철수 외의 다른 사람들도 그 개를 무서워한다.	높음 철수는 다른 개를 볼 때 무서워하지 않는다.	낮음 철수는 항상 개를 무서워하는 것은 아니다.	외부귀인 철수의 외적 요소 즉, 이웃집 개에 귀인한다.

[공변모형에 대한 도식]

ⓜ 판단을 내릴만한 사례가 단 하나밖에 없는 상황에서는 인과도식에 의존한다.

ⓗ 도식은 우리가 과거에 했던 인과관계에 대한 경험으로부터 생겨난다.

ⓢ 인과도식의 특성
- 우리의 인과도식은 우리의 현실에 대한 기본생각을 반영한다.
- 정보에 관한 특정한 조작이 수행될 수 있는 틀을 제공한다.
- 도식은 애매한 정보나 최소의 정보에 구조를 제공한다.
- 세계가 어떻게 조직화되어 있는가에 관한 가정들이 도식에 담겨 있다.
- 관찰되지는 않았지만 어떤 일이 일어났을지를 이해하는 데 도움을 주고, 우리가 불완전한 정보를 바탕으로 귀인할 수 있게 해준다.

ⓞ 한 가지 관찰만 가능하고 여러 가지 설명들이 가능한 상황에서 결정을 내리는 데 도움이 되는 도식적 원리

절감원리	어떤 결과에 대한 그럴듯한 원인이 존재한다면, 결과를 설명할 수 있는 다른 원인을 생각할 가능성이 줄어든다는 것이다. 예 천둥번개가 치는 날 전기가 나갔다면, 퓨즈가 끊어진 이유도 있을 수 있지만, 우리는 번개가 쳐서 송전소에 문제가 생긴 것으로 귀인할 수 있다.
증대원리	증대는 현재 존재하는 외적 조건들이 어떤 행동을 억제해야 함에도 불구하고 그 행동이 존재할 때에 일어난다. 예 회의시간에 모두 찬성하는 일에 반대하는 의견을 낸다면, 반대의견을 낸 사람이 강경한 입장을 가지고 있다고 성향적 특성에 귀인될 가능성을 증대시킨다는 것이다.

⑤ 우리가 귀인을 할 때 바탕으로 하는 것은 그 행동의 객관적인 원인이 아니라 우리가 그 행동의 원인이라고 지각하는 것에 있다는 것을 인식하는 일이 중요하다고 할 수 있다. 또한, 귀인과정을 이해하는 데 있어서 우리는 개인이 그 상황을 어떻게 지각하는지를 이해하는 데 주의를 기울여야만 한다.

(3) 관점에 따른 귀인과 성취동기

① 행위자와 관찰자 관점에 따른 귀인

행위자	➡	상황귀인
관찰자	➡	성향귀인

㉠ 행위자는 자신의 배경이나 과거경험에 대해 알고 있지만, 관찰자는 단지 관찰된 것만 가지고 행동을 판단한다.

㉡ 행위자는 환경적 단서에 초점을 두는데, 이러한 환경은 성공적으로 상호작용하기 위해 주의를 기울여야 하는 것들이다.

㉢ 행위자는 스스로 직접 관찰할 수 없기 때문에 자기 자신의 반응에 대한 자각이 상대적으로 떨어지는 반면, 관찰자는 행위자의 행동을 관찰하기 때문에 행위자의 행동에 대한 자각이 높다.

㉣ 행위자가 주의를 두고 있는 단서들에 대해서 관찰자가 별로 알고 있지 않을 수 있다.

㉤ 대학생을 대상으로 한 실험에서 같은 행동에 대한 이유를 기술할 때 타인은 성향적 측면에서, 자신은 상황적 측면에서 기술하였다.

㉥ 자기조절을 하고 있는 사람들은 성향귀인을 할 가능성이 많았다.

㉦ 존스(Jones)와 니스벳(Nisbett)은 행위자와 관찰자가 행동을 다르게 귀인하는 이유는 이들이 행동을 지각하는 관점이 다르기 때문이라고 제안하였다.

② **성취와 관련된 요소**

㉠ 와이너(Weiner)는 성취와 관련된 사건을 이해하는 데는 능력(Ability), 노력(Effort), 과제 난이도(Task Difficulty), 운(Lucky)의 네 가지 요소가 있다고 하였다.

성향적		상황적	
능력	노력	과제 난이도	운
• 과거에 성공한 적이 있다면 특정분야에 특정한 능력이 있다고 생각한다. • 과거에 실패한 경험은 스스로의 능력에 대해 낮은 믿음을 갖게 한다. • 남들이 실패하는 과제를 성공하면 스스로를 능력 있는 사람으로 지각할 가능성이 높다.	• 어떤 과제에서 성공하면 스스로가 더 많은 노력을 들였다고 지각하는 경향이 있다. • 보통 과거의 경험상 노력과 성공적인 결과가 함께 일어나는 경향이 있기 때문이다.	• 많은 사람들이 과제를 성공하면 과제를 쉬운 것으로 판단한다. • 실패하는 과제는 어렵다고 추측한다.	• 어떤 과제의 결과에 대해 우리에게 전혀 통제력이 없을 때에는 운이 그 과제에 관여한다고 가정한다. • 목표달성 시 행동과 그 목표를 성공적으로 달성한 것 사이에 아무런 관계도 찾지 못하면 그 성공을 행운으로 돌리게 된다. • 과제를 실패했지만 우리가 한 일 중 그것과 상관이 있는 것이 아무것도 없어 보이면 운이 없었던 것으로 생각하는 경향이 있다.

ⓛ 와이너는 '안정-불안정'(Stable-Unstable)이라고 부른 차원에 비추어 우리가 자신의 행동을 분석하는 경향이 있다고 주장하였다.

ⓒ 능력과 과제 난이도는 순간마다 급변하는 것이 아니라, 상대적으로 안정된 것이라고 하였다.

ⓡ 노력과 운은 상당히 불안정하다고 하였는데, 우리의 노력은 상황에 따라 다르고, 운도 매순간 변하기 때문이다.

ⓜ 안정-불안정과 내적-외적 차원으로 본 네 가지 요소

③ **귀인에 따른 성공과 실패**

㉠ 와이너는 성공이나 실패를 어떤 원천에 귀인하는가에 따라 성공 혹은 실패에 대한 기대가 달라질 것이라고 하였다.

㉡ 성공을 능력에 귀인하면 미래의 성공에 대한 기대가 증가될 것이고, 운에 귀인하면 성공에 대한 기대에 별 변화가 없을 것이다.

㉢ 결과를 안정된 특성(능력이나 과제 난이도)에 귀인하면, 불안정한 요인들(노력이나 운)에 귀인했을 때보다 기대가 더 크게 변화하게 될 것이다.

㉣ 프리즈(Frieze)는 네 가지 요인 외에 '기분, 타인의 효과, 잘하는 것'과 같은 요인들도 발견하였다.

㉤ 와이너는 자신의 귀인모형을 수정하여 의도성(Intentionality)이라는 제3의 차원을 추가하였으며 '피로, 기분, 질병, 타인의 편향' 등이 포함될 수 있다고 하였다.

㉥ 성공과 실패에 대한 귀인을 다르게 하면, 그와 연관된 정서도 다르게 나타나는 것으로 보인다.

㉦ 성공과 실패 상황에서 귀인에 따른 정서단어 선택

성공		실패	
노력	운	능력	운
엄청나게 기쁜 기뻐 날뛰는 몹시 기쁜 황홀한 의기양양한	놀란 경탄 경외 깜짝 놀란	무능력한 부족한 공황	질려버린 기절할 듯한

㉧ 타인의 노력으로 실패를 하게 될 경우 '사나운', '복수심에 불타는', '분노한'과 같은 단어들을 선택하는 것으로 나타났다.

④ 성취동기에 관한 와이너의 확장된 귀인이론

　㉠ 와이너는 이전 연구에서 더 확장된, 성취동기에 관한 수정이론을 제안하였다.

　㉡ 사람들이 원인에 대해 내리는 판단을 소재(Locus), 안정성(Stability), 통제가능성(Controllability) 이라는 세 가지 주요한 차원에 속하는 것으로 이해할 수 있다고 제안하였다.

　　• 행동의 원인을 내면적 태도 및 동기로 설명하는가, 아니면 상황이나 환경적 요인에 귀속시키는 가에 따라 성향-상황귀인으로 분류되며, 성공 및 실패 원인이 개인내부 혹은 외부에 있는가에 따라 내적-외적 귀인으로 나뉜다.

　　• 안정성이란 변화가능성을 근거로 원인을 분류하는 것으로 성공 및 실패에 대한 귀인이 시간의 경과나 상황이 바뀌어도 변화가능성이 없는 것이냐, 혹은 언제든지 변화될 수 있는 것이냐에 따라 안정적-불안정적 귀인으로 분류된다.

　　• 사태의 원인에 대한 행위자의 통제가능성에 따라 통제가능-통제불가능 귀인으로 분류된다.

　㉢ '노력, 기분, 피로'는 이전에 내적이며 불안정한 것으로 분류되었는데, '노력'은 통제가능한 것, '기분'과 '피로'는 통제가능하지 않은 것으로 분류된다.

　㉣ 신체적인 근거가 있는 오점(질병, 상해 등)은 그 시작 시점이 통제가 불가능하고, 정신적-행동적 인 것(약물중독, 아동학대 등)으로 생각되는 오점은 시작 시점이 통제가능한 것으로 지각되었다.

　㉤ 통제가 가능한 것으로 제시된 오점들은 분노, 더 적은 동정심, 더 적은 도움행동을 일으키는 것 으로 나타났다.

⑤ 드웩(Dweck, 1973)의 통제소재에 따른 성취

　㉠ 실패 경험 후 무기력 지향적인 사람은 자신의 실패를 통제불가능한 요인에 귀인시켰고, 숙달 지 향적인 사람은 자신이 낙오한 것이라고 생각하지 않았다.

　㉡ 숙달 지향과 무기력 지향에 따른 귀인

숙달 지향의 특징		무기력 지향의 특징	
성공	실패	성공	실패
• 자신의 성공을 높게 평가한다. • 성공의 원인을 자신의 노력에 귀인할 가능성이 많다. • 숙달 지향적인 사람은 성공적인 경험에 더 많은 주의를 기울인다.	• 자신을 낙오자로 생각하지 않는다. • 긍정적 태도를 갖는다. • 실패 후 미래의 성공에 대한 기대치가 높다.	• 자신의 성공을 잘 기억하지 못한다. • 자신의 성공을 과소평가한다. • 성공이 특별히 보상적인 사건이 아니라고 생각한다. • 현재의 성공이 미래의 성공을 예언한다고 가정하지 않는다.	• 통제 불가능한 요인에 귀인한다. • 부정적인 생각을 한다. • 성공 후 실패가 뒤따를 때 성공의 가치를 더 많이 축소시킨다. • 성공 후 실패를 경험한 뒤 성공에 대한 생각을 물으면 과제가 쉬웠던 것으로 상황귀인한다. • 실패 후 미래에 대해 성공의 기대를 낮춘다. • 무기력한 사람은 실패에 더 많은 비중을 둔다.

　㉢ 무기력한 개인은 수행 목표를, 숙달 지향적인 개인들은 학습 목표를 추구한다.

> **더 알아두기**
>
> **수행 목표(Performance Goals)**
> 어떠한 수행에 대해 좋은 평가를 얻는 목표
>
> **학습 목표(Learning Goals)**
> 자신의 능력을 증가시키는 목표

    ⓔ 수행 목표 추구에서 실패하면 무기력에 대한 취약성이 증가되고, 학습 목표 추구에서 실패하면 실패를 성공으로 바꾸기 위한 행동적 책략들이 증진된다.

    ⓜ 자신의 지적 능력이 고정되어 있다고 본 사람들은 수행 목표를 채택하는 경향이 있으며, 스스로의 지적 능력이 변화될 수 있다고 본 사람들은 학습 목표를 채택하는 경향이 있다.

    ⓑ 무기력한 개인은 노력을 능력의 부족을 보여주는 것으로 지각하고, 숙달 지향적인 개인은 노력이 스스로의 능력을 증명하기 위한 하나의 책략으로 지각한다.

    ⓢ 드웩은 고정마인드를 가진 사람은 자신의 능력은 정해져 있고 변하지 않는다고 생각하며, 성장마인드를 가진 사람은 자신의 가능성을 믿고 어떤 일이든 도전하며 자신을 향상시키기 위해 노력한다고 하였다.

    ⓞ 무기력 지향의 사람은 수행 목표를 추구하고 고정마인드를 가지는 경향이 있으며, 숙달 지향의 사람은 학습 목표를 추구하고 성장마인드를 가지는 경향이 있다.

(4) 귀인과 학습된 무기력

① 셀리그만(Seligman)은 학습된 무기력이 인간의 우울증과 유사하다고 믿었다.

② 초기 학습된 무기력의 모형은 사람들이 자신에게 일어나는 일에 대해 아무런 통제력이 없다고 생각할 때 무기력해진다고 주장하였다.

③ 재구성된 학습된 무기력 모형은 어떤 사람이 자신에게 통제력이 없는 것을 외적인 사건에 귀인할 수도 있고, 내적인 사건에 귀인할 수도 있다고 주장하였다.

④ 자신의 상황을 통제할 수 있게 해주는 특성이 다른 사람들에게는 있는데, 자신에게는 없다고 생각하는 '개인적인 무기력 귀인'이 자존감을 낮출 것이다.

⑤ 우울증 환자는 사건에 대한 통제력이 없는 것에 대하여, 구체적 상황에 귀인하기보다는 총제적인 상황에 귀인한다.

⑥ 능력과 같은 귀인의 안정적 요인의 결과라고 지각되는 무기력은 무기력의 지속기간을 연장시킬 것이다.

⑦ 하나의 주장은 저항의 결과로 통제력을 다시 얻지 못했을 때 학습된 무기력이 일어난다는 것이다.

⑧ 새롭게 제시된 학습된 무기력의 모형인 '우울증의 무희망이론'에서, 무희망 우울증에서는 두 가지 기본적인 기대가 전형적으로 나타난다고 하였다.

    ㉠ 아주 큰 가치가 있는 결과를 얻기가 불가능하다거나 매우 혐오적인 결과는 피할 수 없다.

    ㉡ 이런 상황들을 변화시키는 데 있어서 그 당사자는 무기력하다는 것이다.

⑨ 우울증의 무희망이론은 귀인의 기본적인 역할이 덜 강조되었다.

3 자아실현과 통제

(1) 로저스(Rogers)의 충분히 기능하는(Fully Function) 사람

① 로저스의 접근

㉠ 로저스는 인간행동의 가장 기초적인 특징을 전체성을 위한 추구라고 하였다.

㉡ 충분히 기능하는 사람이 되기 위해 전체성을 추구하는 것을 실현경향성이라고 불렀다.

㉢ 우리의 추구에는 우리의 환경, 특히 사람들 간의 상호작용이 중요한 영향을 미친다고 주장했다.

㉣ 실현경향성은 긍정적 존중과 긍정적 자기존중에 대한 욕구를 생성하며, 모든 행동의 기저에 있는 기본동기이다.

> • 부모와의 상호작용 → 무조건적 긍정적 존중 → 실현경향성이 성장 → 자아가 변화하고 성장 → 충분히 기능하는 사람
> • 부모와의 상호작용 → 조건적 긍정적 존중 → 불안 생성 → 방어 촉발 → 자신의 자아 개념과 일관적이지 않은 인지들 부인·왜곡 → 자아가 성장하지 못함 → 비적응적 행동 → 비적응적인 사람

㉤ 충분히 기능하는 사람이 되기 위해서는 반드시 무조건적인 긍정적 존중이 있어야 하며, 방어를 해제하고 자아가 변화하거나 성장할 수 있도록 해 주어야 한다.

② 충분히 기능하는 사람의 기본요소

경험에 대한 개방성	특정경험에 대해 스스로를 방어할 필요가 없으며, 더 정서적이고, 경험하는 정서의 폭이 더 넓고 강렬하다.
실존적 삶	• 과거나 미래에 집착하지 않으며, 삶에 대한 보편적인 흥미를 갖고 삶의 모든 측면들을 새롭고 풍부하게 경험한다. • 로저스는 실존적 삶을 건강한 성격의 핵심이라고 하였다.
자신이라는 유기체에 대한 신뢰	이들의 행동은 지적으로 옳은 행동으로 보여서가 아니라, 옳다고 느껴져서 그렇게 행동하는 사람이며, 개방적이고 자신의 가장 깊은 곳에 있는 감정과 교감한다.
자유감	스스로에게 미래가 어떻게 될지를 결정할 수 있는 개인적인 힘이 있다고 생각하며, 스스로 자신의 삶을 통제하고 있다고 생각한다.
창의력	환경에 급격한 변화가 닥칠지라도 그 변화에 적응하고 생존하는 이들의 능력은 증가하는 것으로 증명된다.

③ 로저스의 접근에 대한 비판

㉠ 로저스가 사용한 용어들은 조작적으로 정의되지 않은 것들이 많다.

㉡ 환경적 조건 중에 어떤 것이 성장을 증진하고 어떤 것이 성장을 막는지가 분명하지 않다.

㉢ 다른 사람들에 대한 책임감이 어떻게 성장을 초래할 수 있는지에 대해서는 별로 언급한 바가 없다.

㉣ 추구 자체는 강조했지만, 어떤 사람이 추구하고 있을 수도 있는 목표는 별로 크게 강조하지 않았다.

(2) 매슬로우(Maslow)의 자아실현 기출

① 매슬로우와 인간의 동기

    ㉠ 매슬로우는 행동의 외견상 목표보다는 궁극적인 목표를 이해하려고 노력해야 한다고 주장하였다.

    ㉡ 자아실현의 추구가 행동의 궁극적 목적이라고 보았다.

    ㉢ 인간의 욕구를 욕구위계라는 측면에서 이해할 수 있다고 하였다.

    ㉣ 위계에 따르면 더 하위에 있는 욕구가 더 우세하여, 더 상위에 있는 욕구가 촉발되기 전에 충족
되어야만 한다.

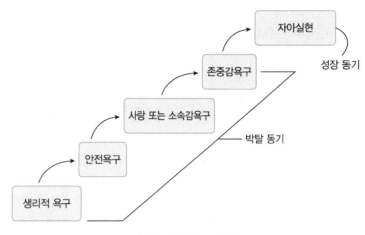

[매슬로우의 욕구위계]

    ㉤ 욕구위계

생리적 욕구	배고픔이나 목마름 같은 욕구가 충분히 충족되지 못하면, 위계상 그 위에 있는 욕구는 행동의 통제 측면에서 보았을 때 뒤로 밀린다.
안전욕구	• 이 욕구는 우리 환경 내에서 안전 혹은 무사하려는 욕구를 나타낸다. • 안전욕구는 주로 위급한 상황에서 촉발되며, 삶이 위협받을 때에는 상위의 욕구들이 중요하지 않게 되고 무사히 살아남으려는 시도를 하게 된다.
사랑 또는 소속감욕구	• 다른 사람과의 애정 어린 관계에 대한 갈증, 어떤 집단의 일부라고 느끼고 싶은 욕구, 혹은 우리가 어딘가에 속한다는 느낌 등을 포함한다. • 사랑에 대한 욕구는 성적 욕구와 동일한 것이 아니며, 사랑을 받는 것과 주는 것 모두를 필요로 한다. • 사랑에 대한 욕구의 좌절이 행동적 부적응과 병리를 초래하며, 우리 사회에서 일어나는 행동적 문제의 가장 흔한 이유가 된다.

존중감욕구	• 자아에 대해서 긍정적이고 좋은 평가를 받으려는 욕구이다.
	• 자존감욕구와 다른 사람들로부터 존중받고자 하는 욕구로 구분할 수 있다.
	  – 자존감욕구 : 성취, 힘, 자신감, 독립 및 자유를 추구하도록 그 사람을 동기유발한다. 자신이 가치 있다고 느끼고자 하는 욕망이 핵심에 존재한다.
	  – 존중받고자 하는 욕구 : 명성, 지위, 인정 그리고 우리의 능력에 대한 다른 사람들의 칭찬, 중요하다는 느낌에 대한 욕망을 말한다.
	• 이 욕구가 충족되면 자신감과 자기가치를 느끼고 스스로를 이 세상에서 목적이 있는 존재로 보게 된다. 이 욕구가 좌절되면 부적응이 일어날 수 있으며, '열등감, 나약한 느낌, 무기력'이 나타난다.

자아실현	• 자아실현수준에서는 그 사람의 행동이 하위수준들과 다른 조건들에 의해 동기화된다. • 자아실현수준의 사람은 생리적 욕구부터 존중감욕구까지 모두 만족된 사람이다. • 이 수준의 사람은 '존재욕구, B-동기, 초동기'라고 부르는 새로운 욕구들에 의해 동기화된다. • B-동기는 진실, 정직, 미(美), 선(善)과 같은 가치들을 말한다. • 자아실현은 더 이상 결핍된 것들에 의해 동기유발되는 것이 아니라, 성장하도록 동기유발되고, 스스로가 될 수 있는 모든 것이 되도록 동기유발된다. • 자아실현에 이르는 데는 상당한 시간이 걸리며, 자아실현에 도달하는 사람은 매우 적다고 생각하였다.

② **박탈동기**

㉠ 생리적 욕구부터 존중감욕구까지 네 단계는 자아실현단계에 도달하기 전에 만족되어야 하는 욕구들이다.

㉡ 이 네 가지 욕구와 관련된 행동들은 완전한 발달을 위해 필요한 것들이 박탈됨으로써 동기화되기 때문에, 박탈동기(D-Motivation, Deprivation Motivation)라고 부른다.

㉢ 생리적 수준에서 만성적으로 박탈된 사람에게서는 상위 욕구들이 전혀 출현하지 않을 수도 있으며, 이런 사람들의 경우 단순히 먹을 것을 많이 얻는 것만으로도 충분할 수 있다.

㉣ 기본적 욕구가 항상 충족되어온 사람들은 나중에 이들 욕구가 갑자기 충족되지 않더라도 그 영향을 덜 받는다고 하였다.

㉤ 출생 후 4년 동안이, 이후의 박탈에 대한 저항을 기르는 데 특히 중요하다고 생각했다.

㉥ 욕구의 위계에 있는 각 단계가 완전히 충족되어야 하는 것은 아니며, 하위욕구가 점점 충족되어지면 상위의 욕구가 행동의 통제에 점점 더 뚜렷한 역할을 하게 된다.

③ **자아실현 도달**

㉠ 매슬로우는 친분이 있는 사람, 친구, 공인, 역사적 인물들을 비공식적으로 연구하여 자아실현에 도달한 사람의 특징을 결론지었다.

• 현실을 보다 효과적으로 지각하고 그에 대해 보다 편안하게 느낀다.

• 자아, 타인, 자연을 수용한다.

• 자발적이다.

• 자기중심적 과업이 아닌 인류의 이익과 관련된 문제에 집중한다.

• 사적 자유에 대한 욕구와 분리되어 있다.

• 문화나 환경과 독립적이다.

• 삶의 기본적 경험들을 사랑하며, 단지 일하는 것에서도 기쁨과 아름다움을 찾을 수 있다.

• 신비스럽고 심원한 절정경험을 자주한다.

• 인류에 대한 동정심을 갖는다.

• 친밀한 대인관계를 맺는다.

• 민주주의적인 성격구조를 갖는다.

• 자아가 실현된 개인은 자신이 도달하기 위해 일하고 있는 목표에 관심을 갖고, 이것을 추구하는 과정과 결과 모두에 만족을 얻는다.

- 철학적이고 적대적이지 않으며, 유머감각이 있다.
- 창의적이다.

    ⓛ 자아가 실현된 사람은 박탈성 욕구를 정복한 사람이며, 성장동기라 부른 것에 의해 동기유발되는 사람이다.

    ⓒ 자아가 실현된 사람이 완벽한 사람으로 간주되는 것은 아니다.

    ⓔ 절정을 경험하는 자아실현자들을 '초월자' 또는 '절정 경험자'라고 부르고, 그렇지 않은 사람들은 '비초월자' 또는 '절정 비경험자'라고 부른다.

    ⓜ 초월한 자아실현자들은 비초월자들보다 자아실현을 더 많이 한 것으로 보인다.

  ④ **자아실현의 실패와 비판**

    ㉠ 자아실현에 실패하는 이유

- 성장을 향한 경향은 박탈동기보다 약하며, 환경이나 교육에 의해 쉽게 방해받는다.
- 서양문화는 인간의 내적 본질이 나쁘다고 강조해 왔으며, 통제기제에 관심을 가져왔다.
- 성장은 안전하고 편안한 것에서 벗어나 모험을 필요로 하는데, 많은 사람들은 성장보다는 안정을 택한다.
- 스스로 발휘할 수 있는 능력을 전부 발휘한다는 것은 많은 사람들에게는 무서운 일이다.

    ⓛ 자아실현에 대한 비판

- 자아실현을 한 사람들이라고 연구된 사람들에 대한 반복 검증 가능성의 문제가 있다.
- 좋지 않은 교육, 희망 없는 직업, 사회적 기대에 의해 제한받는 사람들이 자아를 실현할 가능성이 별로 없는데, 이 이론이 일반적인 사람을 기술하는 것이 아닐 수도 있다.
- 많은 사람들이 자아를 실현하는 데 실패한다는 것은 성장을 향한 동기가 매슬로우의 말처럼 일반적인 것이 아닐 수 있다.
- 이론에서 사용한 언어 및 개념이 모호하며, 증거가 부족하다.

  ⑤ 로저스와 매슬로우는 충분히 기능하는 사람 혹은 자아를 실현한 사람은 유능하고 동시에 스스로의 환경을 통제하고 있는 사람이라고 주장했다.

(3) 통제력

  ① **역능동기(Competence Motivation)**

    ㉠ 화이트(White)는 통제력 측면을 역능이라고 명명하였다.

    ⓛ 역능은 환경과 효율적으로 상호작용할 수 있는 잠재력을 말한다.

    ⓒ 역능의 추구를 활성화시키는 동기가 존재하는데, 이것을 '영향력 동기'라고 명명하였다.

    ⓔ 영향력 동기는 어린 아이들의 행동에서 분명하게 드러나는데, 환경을 효율적으로 지배하려는 아이의 시도는 놀이행동으로 나타나는 것이다.

    ⓜ 성인에게서 나타나는 성취행동 같은 것도 영향력 동기에서 에너지를 얻는다.

    ⓗ 영향력 동기의 목표는 환경에 어떤 영향을 주고 그에 따라 환경이 우리에게 어떤 영향을 줄지를 발견하는 것이다.

        Ⓢ 환경에 영향을 주고받는 과정에서의 학습이 나중에 유용한 역할을 할 수 있다.

          예 환경을 통제하고자 하는 동기가 아이를 의자에 오르는 행동을 하게 할 수 있으며, 이 학습은 나중에 식탁 위에 있는 과자를 집어올 수 있는 행동을 하게 한다.

  ② **개인적 인과**

       ㉠ 드참(deCharms)은 통제의 측면을 '개인적 인과'라 명명하였다.

       ㉡ 인간에게 있어서 주요동기는 환경 속에서 변화를 만들어가는 데 있어 효과적이고자 하는 것이라고 주장했다.

       ㉢ 개인적 인과는 하나의 동기는 아니지만, 다른 모든 동기들이 그것을 바탕으로 형성되는 길잡이가 되는 하나의 원리이다.

  ③ 화이트와 드참은 역능과 자기결정의 추구를 인간행동의 기본동기로 강조하였다.

01 다음 내용에 해당하는 욕구는 무엇인가?

> 자신의 사회화 과정에서의 긍정적인 정서와 관련된 환경적 사건과의 상호작용을 추구하고, 사회적 유인가 달성을 위해 사람들의 행동을 동기화하는 지속적이고 무의식적인 욕구이다.

① 생물학적 욕구
② 심리적 욕구
③ 성장 욕구
④ 암묵적 욕구

02 인지평가이론의 기본가정에 대한 설명으로 옳지 <u>않은</u> 것은?

① 모든 외부 상황들이 통제적 측면과 정보적 측면 중 하나를 가진다.
② 인간은 자율성과 유능성이라는 심리적 욕구를 가진다.
③ 외부 상황이 가지는 통제적 측면은 인간의 자율성 욕구에 영향을 미친다.
④ 외부 상황이 가지는 정보적 측면은 인간의 유능성 욕구에 영향을 미친다.

03 다음 중 무동기에 관한 설명으로 볼 수 <u>없는</u> 것은?

① 동기가 없는 상태
② 내재적, 외재적으로 동기화되지 않은 상태
③ '낮은 능력', '적은 노력', '낮은 가치', '매력적이지 않은 과제'로 구성
④ 낮은 가치는 에너지를 쏟고자 하는 욕구가 부족함을 의미

---

01 **암묵적 욕구**
• 자신의 사회화 과정에서의 긍정적인 정서와 관련된 환경적 사건과의 상호작용을 추구하고, 사회적 유인가 달성을 위해 사람들의 행동을 동기화하는 지속적이고 무의식적인 욕구이다.
• 개인의 특징적인 생각, 정서, 행동으로부터 암시되거나 추론되는 심리적 욕구이다.

02 모든 외부 상황들이 통제적 측면과 정보적 측면 모두를 가진다.

03 낮은 가치는 특정 과제나 행동에 대해 지각된 중요성이나 유용성이 부족한 것을 의미한다.

정답 (01 ④ 02 ① 03 ④)

04 목표 설정을 하면 그 자체보다는 목표 달성을 위해 과제에 더 참여하게 된다.

04 재미없는 활동을 동기화하는 전략에 대한 설명으로 옳지 <u>않은</u> 것은?

① '할 가치가 없는 것'에서 '할 가치가 있는 것'으로 바꾸는 것이 중요하다.

② 재미없는 활동에 노력을 쏟는 것이 왜 개인적으로 도움이 되고 중요한 일인지 언어적 설명 근거를 제공하는 것을 설명적 근거 제공이라고 한다.

③ 목표 설정만으로는 어떤 동기화효과도 나타나기 어렵다.

④ 상대적으로 재미없는 활동을 할 때 수많은 전략들을 사용할 수 있다.

05 와이너는 성취와 관련된 사건을 이해하는 데는 능력(Ability), 노력(Effort), 과제 난이도(Task Difficulty), 운(Luck)의 네 가지 요소가 있다고 하였다.

05 와이너(Weiner)가 성취와 관련된 사건을 이해하기 위한 요소로 구분한 것에 속하지 <u>않는</u> 것은?

① 능력

② 노력

③ 과제 난이도

④ 경험

06 결과를 안정된 요인에 귀인하면 불안정한 요인들에 귀인할 때보다 기대가 더 크게 변화하게 된다.

06 귀인에 따른 성공과 실패에 대한 설명으로 옳지 <u>않은</u> 것은?

① 성공을 능력에 귀인하면 미래의 성공에 대한 기대가 증가된다.

② 성공을 운에 귀인하면 성공에 대한 기대에 별 변화가 없을 것이다.

③ 결과를 불안정한 요인에 귀인하면 안정적 요인들에 귀인할 때보다 기대가 더 크게 변화하게 된다.

④ 성공과 실패에 대한 귀인을 다르게 하면 그와 연관된 정서도 다르게 나타난다.

정답 (04 ③ 05 ④ 06 ③)

07 매슬로우(Maslow)의 주장에 해당하지 <u>않는</u> 것은?

① 행동의 외견상 목표보다는 궁극적인 목표를 이해하려고 노력해야 한다고 주장하였다.

② 자아실현의 추구가 행동의 궁극적 목적이라고 보았다.

③ 인간의 욕구를 욕구위계라는 측면에서 이해할 수 있다고 하였다.

④ 더 상위에 있는 욕구가 더 우세하여, 더 하위에 있는 욕구가 촉발되기 전에 충족되어야만 한다.

07 더 하위에 있는 욕구가 더 우세하여, 더 상위에 있는 욕구가 촉발되기 전에 충족되어야만 한다.

08 다음 중 박탈동기에 대한 설명에 해당하는 것은?

① 필요한 것들이 박탈됨으로써 동기화되는 것

② 자아실현

③ 무엇인가를 박탈하고자 하는 욕구

④ 생리적 욕구의 다른 말

08 박탈동기란 매슬로우(Maslow)이론에서 제안하는 개념으로, 필요한 것들이 박탈되면서 일어나는 동기를 의미한다.

09 자아가 실현된 사람의 특징에 해당하지 <u>않는</u> 것은?

① 자아가 실현된 사람은 완벽한 사람으로 간주된다.

② 자아가 실현된 사람은 박탈성 욕구를 정복한 사람이며, 성장동기라 부른 것에 의해 동기유발되는 사람이다.

③ 초월한 자아실현자들은 비초월자들보다 자아실현을 더 많이 한 것으로 보인다.

④ 자기중심적 과업이 아닌 인류의 이익과 관련된 문제에 집중한다.

09 자아가 실현된 사람이 완벽한 사람으로 간주되는 것은 아니다.

정답 07 ④ 08 ① 09 ①

10 충분히 기능하는 사람이 되기 위해
서는 반드시 무조건적인 긍정적 존
중이 있어야 하며, 방어를 해제하고
자아가 변화하거나 성장할 수 있도
록 해 주어야 한다.

10 로저스(Rogers)의 충분히 기능하는(Fully Function) 사람과 관련된 내용에서 괄호 안에 들어갈 말로 알맞은 것은?

> 충분히 기능하는 사람이 되기 위해서는 반드시 (   ) 긍정적 존중이 있어야 하며, 방어를 해제하고 자아가 변화하거나 성장할 수 있도록 해 주어야 한다.

① 합리적인
② 무조건적인
③ 자발적인
④ 수용적인

11 동조의 개념
• 집단의 압력이 있을 때 집단이 기대하는 바대로 개인의 생각이나 행동을 바꾸는 것을 의미한다.
• 주위의 사람들이 하는 것을 자발적으로 따라하는 행위를 말한다.
• 유행을 따르는 행위나 결정이 어려울 때 주변의 많은 사람이 내리는 결정을 따르는 것 등이 동조에 해당한다.
• 다른 사람들은 옳다고 순진하게 믿기 때문에 다른 사람의 행동에 동조하기도 한다.
• 다른 사람들이 하는 말이나 행동을 믿는 것과 상관없이 다른 사람의 행동에 겉으로 동조하기도 한다.

11 사회적 동기의 일관성과 관련되는 개념으로, 집단의 압력이 있을 때 집단이 기대하는 바대로 생각이나 행동을 바꾸는 것을 의미하는 용어는?

① 사회적 촉진
② 복종
③ 순종
④ 동조

정답   10 ②   11 ④

12 다음 내용에 해당하는 동기는 무엇인가?

> 개개인의 자율성이 완전히 보장되고 활동이 개개인의 심리
> 적 욕구를 충족시켜 자발적 만족을 불러일으키는 경우를
> 말한다.

① 무동기
② 외재 동기
③ 내재 동기
④ 생리적 동기

13 내재적으로 동기화된 사람이 할 행동으로 볼 수 없는 것은?

① 새로움과 적정수준의 도전을 추구하고 스스로의 재능과 능력을 사용하여 증진시키고자 노력하며 탐구하고 학습한다.
② 목표 달성을 위해 많이 노력한다.
③ 도전과 실패에 직면하거나 긍정적인 피드백이 있어야 높은 지속성을 보인다.
④ 더 활동적이고 호기심과 질문이 많다.

14 보상과 내재 동기의 상호관계에 대한 설명으로 옳은 것은?

① 처음에 매력적인 보상을 위해 과제를 수행했던 것이 이후 과제의 내재 동기를 약화시키지는 않는다.
② 외적 보상이 학습과정에 지장을 초래하는 것은 아니다.
③ 매력적인 보상이 약속되면 외재적 이유로 과제를 수행한다고 믿게 된다.
④ 보상이 내재 동기를 항상 저하시킨다.

12 제시문은 내재 동기에 대한 설명이다.

13 도전과 실패에 직면하거나 긍정적인 피드백이 없어도 높은 지속성을 보인다.

14 ① 처음에 매력적인 보상을 위해 과제를 수행했던 것은 이후 과제의 내재 동기를 약화시킨다.
② 외적 보상은 학습과정에 지장을 초래한다.
④ 일반적으로 보상이 내재 동기를 저하시키지만 항상 그런 것은 아니다.

정답 12 ③ 13 ③ 14 ③

15 흥미, 즐거움, 만족, 일에 대한 도전
    등은 내재 동기에 해당한다.

15 다음 중 외재 동기의 종류에 해당하지 <u>않는</u> 것은?

① 경쟁

② 칭찬

③ 흥미

④ 돈

제 4 장

정서의 일반원리

지식에 대한 투자가 가장 이윤이 많이 남는 법이다.

– 벤자민 프랭클린 –

제 **4** 장 │ 정서의 일반원리

1 정서의 개념

(1) 정서의 정의

① 유기체가 내적·외적 자극에 직면해 '인지적, 생리적, 행동적'으로 반응하는 발생적(타고난) 또는 획득된(학습된) 동기성향이다.

② 정서는 '주관적, 생물학적, 목적적, 표현적' 현상으로 존재한다.

③ 정서는 화나거나 즐거운 것과 같이 어떤 상황에서 감정(feeling)을 느끼게 한다.

④ "정서는 변하는 환경의 요구에 대한 효율적인 적응 방식을 표상하는 오래 지속되지 않는 심리적·생리적 현상이다." – Robert Levenson(1994)

⑤ 캐롤 이자드(Carroll Izard, 2010)는 34명의 저명한 정서 연구자들에게 '정서의 정의'를 내려 달라고 요청하여 다음과 같이 서술했다.

　ⓐ 정서는 신경 회로, 반응 체계, 인지와 행동에 동기를 부여하고 그것들을 조직하는 감정 상태나 과정으로 구성되어 있다.

　ⓑ 정서는 그 정서를 경험하는 사람에게 정보를 제공하고, '감정 상태, 표현, 사회적·소통적 신호에 대한 해석을 포함하는' 선행되는 인지적 평가와 현재 진행 중인 인지를 포함할 수 있으며, 접근이나 회피 행동을 동기화하고, 반응의 통제나 조절을 실행하며 본질적으로 사회적이거나 관계적일 수 있다.

⑥ 정서는 직면한 상황에 적응하기 위해 신체가 준비하도록 에너지를 동원하는 '생물학적 반응'이기도 하다.

⑦ 정서는 행동을 하도록 충동과 욕구를 생성하는 목적으로 향하게 하는 '동기'이다.

⑧ 정서는 우리가 느끼는 종류와 정도를 타인에게 전달하는 사회적·표현적 현상이다.

⑨ 정서는 삶의 환경에 개인을 성공적으로 적응하도록 준비시키기 위해 '감정, 신체반응, 목적, 표현'을 조화롭게 조정하는 동시에 발생적인 뇌 기반 체계이다.

⑩ 정서를 정의하기 어려운 이유는 정서의 '주관적, 생물학적, 목적적, 표현적' 측면 중 어떤 것도 따로 떨어져 정서를 충분히 정의하지 못하기 때문이다.

　※ 연구자에 따라, 어떤 측면을 강조하는지에 따라 정서는 다르게 정의된다.

⑪ 정서, 감정, 기분 비교

구분	의미	예시
정서 (emotion)	어떤 대상 또는 사건에 대해 의식적으로 하는 평가적인 반작용	민국이는 입학 첫날 자신의 옆자리에 앉은 학생은 별로 마음에 들지 않았지만, 앞자리 학생은 친절하고 똑똑해서 좋아하게 되었다.
감정 (feeling)	어떤 대상 또는 사건에 대해 무의식적으로 하는 평가적인 반작용	수빈이는 심리학개론 교수님을 처음 만났을 때 어떤 이유는 없지만 마음에 들지 않았다. 그냥 왠지 좋은 선생님일 거 같지 않았다.
기분 (mood)	어떤 대상이나 사건과 명확하게 연계되지 않는 일반화된 감정 상태	연우는 오늘 하루 종일 짜증이 나서 친구가 말을 걸자 즉시 쏘아붙였다.

(2) 정서의 특징

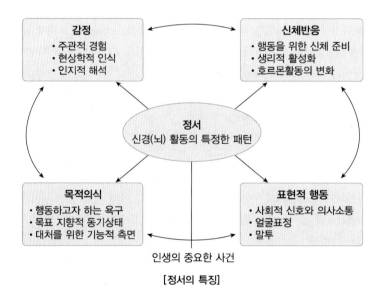

[정서의 특징]

① **감정(feeling)**
　㉠ 감정은 정서에 의미가 있으면서 개인적으로 중요한 주관적 경험을 제공한다.
　㉡ 정서의 측면(종류나 정도)은 주관적(또는 현상학적) 수준에서 느끼고 경험된다.
② **신체반응**
　㉠ 신체반응 요소는 신경 활성화와 생리적 반응 체계의 활성화로 구성된다.
　㉡ 정서가 생기는 동안 신체의 적응적 대처 행위를 준비하고 조절하는 두뇌 활동과 내분비계(호르몬) 체계의 활동을 포함한다.
　㉢ 감정적일 때 우리의 신체는 행동을 위한 준비가 되어 있는데, 뇌와 생리적 작용 및 근육계에 변화가 생긴다.

③ **목적의식 요소**

　㉠ 정서는 눈앞의 상황에 대처하는 데 필요한 행동을 취하도록 하는 목표 지향적 특성을 가진다.

　㉡ 정서의 목적적 측면은 정서를 경험하는 동안 행동하고자 하는 욕구를 불러일으키는 것이다.

④ **표현적 행동**

　㉠ 이것은 정서의 소통적 측면이다. '자세, 제스처, 발성, 얼굴 표정'을 통해 우리의 개인적 경험은 공개적인 표현이 된다.

　㉡ 정서를 표현하는 동안 우리는 어떻게 느끼는지와 현 상황을 어떻게 해석하는지를 타인과 비언어적으로 소통한다.

⑤ **인생의 중요한 사건**

　㉠ 인생의 중요한 사건은 우리 내부에서 특정한 패턴의 두뇌 활동을 만들어 낸다.

　㉡ 그러한 사건은 신경 활동의 특정한 패턴을 일으키고 만들어 내며, 결국 인생의 사건에 대한 '감정-목적-표현-신체반응'인 정서반응을 불러일으키고 조정한다.

⑥ 정서는 네 가지 측면을 통합하고 조정하여 동시에 발생하도록 하는 심리적 구인이다.

(3) 정서의 원인

① 인생에서 중요한 사건을 접하게 되면 정서가 생긴다.

② 중요한 사건이 발생하면, 뇌는 신경 활동의 특정한 패턴을 보인다.

③ 두뇌 활동은 인지적 과정과 생물학적 과정, 즉 '감정, 신체반응, 목적의식, 표현적 행동'을 포함하는 정서의 핵심요소들이 활성화된다.

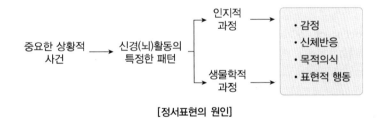

[정서표현의 원인]

2 정서의 구성요소

인간의 정서적 경험에는 여러 가지 요소들이 포함되어 있다. 일반적으로 심리학자들은 정서가 '내적인 생리적 흥분', '신체에서 나타나는 행동적 표현', '인지적 평가'의 상호작용이라는 것에 동의한다.

(1) 생리적 요소

① 많은 정서는 변연계(Limbic System)에 의해 조절된다.

② 어떤 정서반응은 자율신경계의 영향(편도체에 의하여 즉각적으로 촉발된) 하에 있다.

③ 어떤 정서는 대뇌피질 내에서 이루어지는 정보처리 과정과 관련이 있다.

④ 모든 정서를 조절하는 단일한 피질 영역을 정확하게 지적해낼 수는 없다.

⑤ 일반적으로 긍정적인 정서는 좌반구에서, 부정적인 정서는 우반구 내에서 높은 수준의 EEG 활동을 유발한다.

⑥ 생리적 흥분은 정서경험을 강화한다.

⑦ 모든 정서가 동일한 흥분 상태와 연합되어 있는 것이 아니며, 각각의 정서가 독특한 증상을 보인다 (분노와 공포는 둘 다 심장 박동률을 증가시키지만, 분노는 피부의 온도를 증가시키고, 공포는 반대이다).

⑧ 제임스와 랑게는 외부자극에 대한 신체적 반응이 나타나고 이 결과로 정서가 발생한다고 하였다.

⑨ 캐논과 바드는 뇌의 시상이 정서행동을 통제한다고 하며, 정서적 경험과 신체적 각성(지각)은 독립적으로 동시에 발생한다고 하였다.

> **더 알아두기**
>
> **변연계**
> '대뇌피질, 뇌량, 시상하부' 사이의 경계에 위치한 부위로, '해마, 편도체, 선조체, 시상앞핵, 변연엽, 후각신경구' 등으로 이루어져 있으며, '감정, 행동, 동기부여, 기억, 후각 등의 여러 가지 기능을 담당한다.
>
> **편도체**
> 대뇌변연계에 존재하는 아몬드 모양의 뇌부위로, '감정 조절, 공포 및 불안에 대한 학습 및 기억'에 중요한 역할을 한다.
>
> **EEG(Electro-EncephaloGraphy)**
> 뉴런이 탈분극화할 때 그 전위(또는 전하)를 측정하는 기법

(2) 행동적 요소

① 우리는 기쁠 때 웃고, 슬플 때 울고, 화가 날 때 얼굴을 찌푸린다.

② 정서는 내적이고 주관적인 경험이 될 수 있으며, 관찰 가능한 행동적 요소를 지닌다.

③ 행동을 통한 정서표현의 기능은 다른 사람에게 비언어적인 메시지를 전하는 것이다. 전 세계 어느 문화에서든지 선천적으로 기본정서와 연합된 얼굴 표정을 지을 수 있도록 타고났다.

④ 행동을 통한 정서표현의 또 다른 기능은, 우리가 만들어 낸 표현이 신체상의 피드백으로 우리에게 정서경험을 분명하게 만들고 강화한다는 것이다. 즉, 표정은 개인의 정서를 반영할 뿐만 아니라 정서상태를 활성화시키기도 한다.

⑤ 다윈의 진화론 관점에 따르면, 정서표현은 적응적이며 과거에 적응적이었던 정서가 유산된다.
  ㉠ 개인의 이익을 극대화(개인의 행복·능력 등을 증대)
  ㉡ 한 개체의 생존과 재생산 가능성을 증대

> **더 알아두기**
>
> **정서에 대한 행동주의 관점**
> - 왓슨(Watson)
>   최소의 정서·정서행동이 존재하며, 조건화로 정서나 정서행동이 분화된다.
> - 스키너(Skinner)
>   - 정서는 인간의 행동이며, 정서행동의 원인은 개인의 환경이나 인류의 역사에 존재한다.
>   - 정서(정서행동)를 변화시킬 수 있는 조건에 관심을 두었다.

(3) 인지적 요소

① 긍정적 정서들(행복, 기쁨, 자부심 등)은 상황을 긍정적으로 평가하고, 대상들에게 가까이 다가가게 한다.

② 부정적 정서들(슬픔, 공포, 분노 등)은 상황을 좋지 않게 평가하며, 문제의 상황을 피하게 한다.

③ 평가는 여러 가지 차원에서 이루어지고 있다.

> 사건이 유쾌한가, 불쾌한가 / 친숙한가, 낯선가 / 유익한가, 해로운가 / 책임이 나에게 있는가, 타인에게 있는가 / 상황 통제가 가능한가, 불가능한가 / 상황이 나의 규범에 일치하는가, 아닌가 등

④ 샤흐터(Schachter)는 정서를 경험하기 위해서는 두 가지 요인이 필요하다고 하였다.
   - ㉠ 생리적 각성 상태가 높아졌다는 것을 경험해야 한다.
   - ㉡ 그러한 각성을 설명할 수 있는 인지적 명명이나 귀인을 찾아야 한다.

⑤ 와이너(Weiner)는 예상과 다르거나 중요한 사건 발생 시 원인을 파악하며(귀인), 원인에 따라 구체적이고 독특한 정서가 발생한다고 하였다.

⑥ 라자루스(Lazarus)는 정서의 구성요소는 인지적 평가에 근거한다고 하였다.
   - ㉠ 인지적 평가란 지각된 모든 자극에 대해 부여되는 개인적 가치를 의미한다.
   - ㉡ 인지적 평가과정

> 사건 또는 자극 발생 → 상황에 대한 일차 평가(발생 사건이 나의 안전에 어떤 결과를 낳는가 등을 평가) → 대처 방식에 대한 이차 평가(위험에 대해 무엇을 해야 하는지, 어떻게 해야 하는지 등을 평가) → 평가에 따른 반응 → 개인의 반응에 대하여 환경이 반응 → 환경의 반응에 대한 재평가

⑦ 피터스(Peters)는 정서가 인지의 한 형식임을 주장하며 정서는 외적 조건들에 의해 야기된 평가라고 하였다.

⑧ 정서가 평가적인 특징을 가지고 있지만 정서와 평가를 동일시할 수는 없다.

⑨ 정서는 우리의 지식과 이해에 의존하며, 상황을 어떻게 보는가, 어떤 견해를 가지고 있는가에 따라 다를 수 있다.

3 정서의 종류

"얼마나 많은 정서가 존재하는가?"라는 질문에 대한 해답은 그 관점이 인지적인지 또는 생물학적인지에 따라 결정된다.

(1) 생물학적 관점

① 생물학적 관점은 기본정서를 강조하고, 이차적 또는 후천적 정서의 중요성은 축소한다.

② 일반적으로 생물학적 관점에서 정서는 이론가들마다 2~8개의 정서를 제안한다.

③ 10가지 생물학적 관점 정서이론에 의해 명시된 기본정서

정서의 수	정서의 종류	이론가
2	쾌락, 혐오	Solomon(1980)
3	즐거움, 분노·공포, 불안	Gray(1994)
4	행복, 슬픔, 분노, 공포	Stein & Trabasso(1992)
5	행복, 슬픔, 공포, 분노, 혐오	Vytal & Hamann(2010)
6	흥미, 공포, 놀람, 분노, 고통, 기쁨	Tomkins(1970)
6	즐거움, 분노, 혐오, 공포, 놀람, 슬픔	Levenson(2011)
7	흥미, 기쁨, 슬픔, 분노, 혐오, 놀람, 공포	Izard(2011)
7	추구, 공포, 분노·격분, 욕망, 돌봄, 슬픔, 놀이	Panksepp(1988)
7	공포, 분노, 슬픔, 놀람, 혐오, 행복, 경멸	Ekman & Cordaro(2011)
8	분노, 혐오, 슬픔, 놀람, 공포, 수용, 기쁨, 기대	Plutchik(1980)

④ 10가지 연구의 공통점

㉠ 소수의 기본정서가 존재한다.

㉡ 기본정서는 모든 인간존재에게 보편적이다.

㉢ 기본정서는 생물학과 진화의 산물이다.

㉣ 우리가 정서를 경험할 때 자동적 변화들이 연속적으로 일어난다. 생물학적으로 미리 결정된 신호가 우리의 '감정, 얼굴, 어조, 자율신경계와 내분비계, 동기, 사고와 기억' 내에서 발생하기 때문이다.

(2) 인지적 관점

① 인지적 관점은 기본정서의 중요성을 인정하지만, 많은 흥미로운 정서경험들은 '개인적, 사회적, 문화적' 경험으로부터 생긴다는 관점이다.

② 인지적 관점에서 사람은 생물학적 관점에서의 정서보다 더 많은 (무한한) 정서들을 경험한다고 주장한다.

③ 정서가 뇌의 반응이라는 점을 인정하지만, 다른 여러 정서들이 동일한 생물학적 반응으로 유발될 수 있다는 것을 지적한다.

예 '분노, 질투, 부러움'은 혈압상승과 같은 신체반응을 나타내지만, 인지적 활동이 다르기 때문에 다른 정서가 나타난다는 것이다.

④ 인지적 활동이 정서에 필수적인 전제조건이라고 주장한다.

⑤ 정서는 주어진 상황의 의미구조에 대한 반응으로 생겨나며, 상이한 의미구조들에 대한 반응으로 생겨난다.

⑥ 사건 자체보다는 사건의 의미에 대한 개인의 인지적 평가가 정서적 경험을 유도한다(Lazarus, 1991).

(3) 정서의 개수에 대한 절충

① 첫 번째 절충안은 각 기본정서는 하나의 단일한 정서가 아니라, 특정한 주제를 주축으로 한 하나의 정서군이라는 것이다(Ekman & Cordaro, 2011).

　㉠ 하나의 정서군에 속하는 각 정서는 '신체의 생리적 준비, 주관적 감정상태, 그것이 표현되는 신호, 행동을 하게 하기 위한 동기적 충동'에서 해당 기본정서의 특징들과 많은 부분을 공유한다.

　㉡ 기쁨은 기본정서이지만, '재미, 안도, 흡족, 만족, 자부심'을 비롯해 '목표를 향해 나아가는' 주제와 관련된 모든 정서를 포함하는 정서군이기도 하다.

　㉢ 일부 연구자들은 영어의 분석을 통해 정서지식은 '분노, 공포, 슬픔, 즐거움, 사랑'의 다섯 가지 기본정서의 원형들을 포함한다고 결론 내렸다. '놀람, 충격, 공포, 경악, 두려움, 패닉, 히스테리, 치욕, 불안, 초조함, 긴장, 불쾌, 염려, 걱정, 무서움' 등과 같은 다양한 공포의 정서를 이해하게 되는 것은 '학습, 경험, 사회화'를 통해서라는 것이다.

　㉣ 에크만과 코르다로(Ekman & Cordaro, 2011)는 기본정서의 특징 10가지를 충족하는 일곱 가지 기본정서로 '분노, 공포, 놀람, 슬픔, 혐오, 행복, 경멸'을 주장하였다(※ 참고 : 에크만은 초기에 기본정서를 6가지인 '분노, 공포, 놀람, 슬픔, 혐오, 행복'으로 보았다).

② 두 번째 절충적 관점은 일차적 정서(기본정서)와 이차적 정서(인지적으로 많은 자극을 주는 정서도식)를 구분하는 것이다(Izard, 2007).

　㉠ 7가지 기본정서는 '흥미, 기쁨, 슬픔, 분노, 혐오, 놀람, 공포'이다.

　㉡ 6가지 또는 7가지 기본정서는 유아기 때부터 가끔 경험한다고 주장하였다.

　㉢ 아동기 이후 정서도식은 개인이 행동을 하기 위한 주요한 동기적·조절적 체계의 기능을 한다.

　㉣ 세상과 상호작용하기 위해 성인이 사용하는 정서도식의 개수는 많은 편이며, 그 개수는 개인의 경험, 인지, 정서 분화의 풍부함에 의해 결정된다.

③ 기본정서의 특징 및 판단기준

정서군	기본정서와 정서도식
1. 독특한 얼굴표현 2. 독특한 생리학적 패턴 3. 자동적인 평가 4. 독특한 선행요인 5. 필연적인 활성화 6. 다른 영장류에도 존재함 7. 신속한 시작 8. 짧은 지속 시간 9. 독특하고 주관적인 경험(감정상태) 10. 독특한 인지(사고, 심상, 기억)	1. 태어날 때부터 존재하거나 유아기에 발현됨 2. 활성화를 위해 단순화하거나 최소한의 인지처리 과정만을 거침 3. 진화과정에서 유래 4. 독특한 감정상태를 나타냄 5. 독특한 표현방식(각 정서 고유의 독특한 얼굴표현의 특징)을 나타냄 6. 독특한 기능(각 정서 고유의 목적에 맞는 기능)을 나타냄 7. 생존과 안녕에 중요한 동기적 힘을 가짐

제2절 정서의 신경과학

1 자율신경계와 호르몬

자율신경계는 척수에서 시작해서 '심장, 폐, 생식기, 동맥을 감싸는 민무늬근' 등에 이르는 각종 기관에 뻗어 있는 신경세포들로 구성되어 있다. 우리의 신체를 살아있게 하고 기능하게 하는 데 있어 중요한 역할을 수행한다. 신체에 대한 자율신경계의 효과는 뇌가 내장기관과 직접 소통하게 해주는 신경세포들에 기반하며, 자율신경계는 교감신경계와 부교감신경계로 구성된다.

(1) 교감신경계

① 교감신경계의 흥분

㉠ 불안과 같은 부정적 정서는 교감신경계 흥분수준의 상승을 반영한다.

㉡ 공포는 우리가 위험에 처했을 때 쓸데없는 곳에 대한 흥미를 감소시키는 효과가 있다.

㉢ 교감신경계 흥분을 싸움 혹은 도주반응으로 말한다.

㉣ 교감신경계 흥분의 효과는 우리 몸을 격렬한 근육활동에 적합하게 준비시키는 것이다.

㉤ 우리 몸을 격렬한 활동에 적합하도록 준비하고, '소화, 생식, 보존'에 가용자원이 할당되지 못하게 하는 것이다.

② 교감신경계 흥분의 효과

㉠ 근육에 더 많은 혈액을 공급한다.

- 심장이 순환시키는 혈류가 증가하고, 동맥혈관의 수축으로 혈압이 증가한다.
- 더 많은 혈액을 펌프질하도록 심장박동수가 증가된다.

- 교감신경계가 활성화되면, 동맥은 내장기관으로 보내는 혈류를 줄이고 골격근으로 보내는 혈류를 늘린다.
- 뇌에 더 많은 피를 할당해서 우리가 더 빠르고 명쾌하게 생각하도록 해준다.

ⓛ 몸의 온도를 낮추고 호흡을 늘린다.
- 불안을 느낄 때 한기를 느끼는 것은 손, 발, 피부에 이르는 동맥 주변의 작은 근육을 수축시키기 때문이다.
- 땀샘이 땀을 더 많이 분비하도록 하여 몸의 온도를 낮추는데, 이는 즉시 해야 할 활동(도망)에서 발생할 과열을 방지하기 위함이다.
- 호흡수 및 호흡속도의 증가와 폐포의 확장을 통해 호흡을 더 효율적으로 할 수 있게 한다.

ⓒ 소화를 억제한다.
- 소화기능을 정지시켜 더 많은 자원을 큰 골격에 보내는 역할을 한다.
- 침샘을 정지시켜 입이 마르게 한다.
- 장의 연동운동을 정지시킨다.
- 위장의 소화효소 분비를 중단한다.
- 음식을 위장에서 분출해내는(토하는) 근육을 수축시켜 체중을 줄인다.

ⓔ 에너지 공급을 늘린다.
- 지방이 분해되어 더 많은 에너지를 생산하고 전반적인 세포의 신진대사가 촉진된다.
- 간이 더 많은 포도당을 혈관으로 분비하게 만들어, 힘든 일을 하는 '골격근, 뇌, 심장'에 다량의 에너지를 공급한다.
- 위험한 상황에 민감하게 반응하도록, 격렬한 운동 시 필요한 산소와 포도당을 골격근에 공급한다.

ⓜ 기타
- 성적 흥분에 필수적인 생식기의 혈류를 감소시킨다.
- 모발기립은 대부분의 동물을 더 크고 더 위협적으로 보이게 한다.
- 사람이 두려움을 느낄 때 머리털이 서는 것은 진화적 유산이라고 할 수 있다.
- 동공확장은 더 많은 빛이 망막에 도달하게 만드는데, 대상에 대한 시각적 주의에 있어 초점을 높이고 주변부를 흐리게 처리한다.
- 혈액응고를 촉진하도록 혈액의 화학성분을 변화시켜서, 곧 닥칠지 모르는 부상에 대비하게 해준다.

(2) 부교감신경계

① 부교감신경계의 흥분

ⓐ 일반적으로 부교감신경계의 활성화는 교감신경계의 활성화와 반대효과를 갖는다.

ⓑ 맛있고 푸짐한 식사를 막 하고 났을 때의 편안한 느낌을 나타낸다.

ⓒ 부교감신경계 가지를 휴식과 소화체계라고 부른다.

② **부교감신경계 흥분의 효과** : 소화촉진 효과를 가져온다.

　㉠ 침분비를 촉진하여 씹는 동안 음식물의 처리를 돕는다.

　㉡ 개나 고양이가 휴식을 취할 때 침을 흘리는 경우가 많은데, 침흘림은 만족의 증가와 관련된다.

　㉢ 지방조직에 에너지가 축적되도록 촉진한다.

　㉣ 부교감신경계 활동은 혈관을 둘러싼 근육에는 직접 영향을 미치지 않는다.

　㉤ 혈액은 근육과 뇌에서 소화계로 방향을 돌리는데, 식사 후에 식곤증이 유발되는 것이 이러한 이유 때문이다.

③ **부교감신경계 흥분의 기타 효과**

　㉠ 심장으로 들어가는 혈관을 수축시킨다.

　㉡ 호흡속도를 낮추고 폐포를 수축시킨다.

　㉢ 홍채근육을 수축시켜 동공을 작게 만든다.

　㉣ 부교감신경계의 흥분은 성행위에 적합한 신체조건을 촉진한다.

　㉤ 피부로 이어지는 혈관이 이완되기 때문에 피부가 따뜻해지고 붉어지게 된다.

(3) 두 신경계의 상호작용 및 호르몬과 내분비계

① **두 신경계의 상호작용 원리**

　㉠ 교감신경계와 부교감신경계는 모두 언제나 활동상태이다.

　㉡ 스위치와 같이 한쪽이 꺼지고 한쪽은 켜진 상태가 아니다.

　㉢ 흥분상태는 시점에 따라 한쪽이 더 강해지거나 혹은 더 약해지는 것이다.

　㉣ 부교감신경계의 일부분만 가동을 하고 다른 부분은 가동하지 않는 것도 가능하다.

　㉤ 두 신경계 간의 균형은 신체의 현 상태를 보상하거나 신체에 필요한 일을 예측하는 방향으로 변화한다.

　㉥ 두 신경계가 두 개의 가감저항기와 같아 그 변화는 서로에 대해 독립적인 편이다.

② **두 신경계가 필요한 이유**

　㉠ 부교감신경계 흥분은 성적 흥분의 초기단계에 필요하지만, 교감신경계 흥분 역시 성적 흥분이 증가함에 따라 증가하여 오르가즘과 사정에 관련되는 질윤활작용과 근육수축을 가져온다.

　㉡ 두 신경계는 서로 다른 기능을 촉진하고 그 상호작용이 다양한 정서적, 또는 정서적이지 않은 상태를 결정한다.

　㉢ 따라서 두 신경계의 효과가 완전히 상반된 것은 아니다.

　㉣ 교감신경계와 부교감신경계 모두 항상 활동상태에 있으면서 각각의 흥분 정도가 신체의 요구에 맞추어 계속해서 조율된다.

　㉤ 위험에 처하지만 그것이 작은 것이고 멀리 있다면, 처음에는 심장박동이 감소(부교감신경 흥분)한다. 그러나 위험이 커지고 곧 닥쳐온다는 것으로 인식되면, 심장박동은 빨라(교감신경 흥분)지고 단호한 행동을 할 수 있게 준비된다.

③ 호르몬과 내분비계

 ㉠ 신체활동은 호르몬에 의해 통제되기도 한다.

 ㉡ 호르몬은 우리 몸의 일부인 각종 내분비샘에서 형성되고, 혈류를 통해 운반되어 다른 부위의 기관과 소통한다.

 ㉢ 높은 수준의 에스트로겐은 기분을 좋게 만드는 것으로 보인다.

 ㉣ 에스트로겐이 급격히 감소하면, 우울 관련 증상을 촉발하는 것으로 보인다.

 ㉤ 테스토스테론은 남성과 여성의 성적 욕구를 촉진하는 부분에 있어 중요한 역할을 한다.

 ㉥ 테스토스테론이 남성의 기분을 좋게 만드는 것으로 보이지만, 아직 그 효과는 잘 이해되지 않은 편이다.

 ㉦ 테스토스테론이 분노와 공격성의 요인으로 지목되지만, 증거는 일관되지 않은 편이다.

(4) 교감신경계와 정서의 연관성

① 자율신경계와 호르몬활동을 정서의 지표로 연구하는 것은 정서에 생리적 변화가 포함된다는 가정이 필요하다.

② 제임스-랑게이론과 샤흐터-싱어이론 또한 생리적 반응이 정서적 경험과 밀접하게 관련된다는 것을 시사한다.

③ **전반적인 정서강도 측면에 있어 정서의 생리적 측면과 느낌 측면의 합치**

 ㉠ 정서의 자기보고와 생리적 각성은 서로를 약하게 예언하고, 때로는 역상관을 갖기도 했다.

 ㉡ 자기보고는 다른 측정치들에 적용하는 매우 일반적인 기준이지만, 그것은 매우 주관적이라는 점이다.

 ㉢ 재미 경험과 슬픔 경험의 자기보고에 따르면 다음과 같은 특성이 나타난다.

  • 재미는 심혈관계 각성과 중간수준의 정적 상관을 보였다.

  • 재미는 피부전도와는 강한 정적 상관을 보여, 재미에 교감신경계 흥분이 지속적으로 동반되었음을 보여준다.

  • 자기보고된 슬픔은 슬픈 영상을 보는 전체 시간에 대해 심혈관계 흥분과 관계가 없었다.

  • 슬픔은 피부전도와는 부적 상관을 보여, 슬픔이 교감신경계 흥분의 감소와 연관됨을 보여준다.

 ㉣ 많은 이견이 존재하지만, 재미는 교감신경계 각성을 저하시키고, 슬픔은 증가시킨다는 보고도 있다.

④ **정서들 간 자율신경계 차이**

 ㉠ 정서적 느낌이 생리적 변화에 자주 동반된다는 사실이 반드시 생리적 변화에 의해 특정정서가 정의된다는 것을 의미하지는 않는다.

 ㉡ 생리적 각성은 우리의 정서적 느낌의 강도를 결정하지만, 정서의 종류는 상황과 그 상황에 대한 사람의 해석에 달려있다.

 ㉢ 자율신경계 특이성가설은 초기에 확증적인 결론을 얻지 못했다.

> **더 알아두기**
>
> **자율신경계 특이성가설**
> 서로 다른 정서는 서로 다른 생리적 프로필을 갖는다는 것

　ⓔ 이후 에크만 등은 '분노, 공포, 슬픔, 행복, 놀람, 혐오'의 자율신경계 효과(심장박동수와 체온변화)를 구분할 수 있는지 알아보았다.
- '분노, 공포, 슬픔'은 심장박동수가 기준선에서 의미 있게 상승하였다.
- 행복이나 놀람 시행에 대해서는 심장박동수가 약간 상승하였다.
- 혐오 시행 중에 심장박동수가 실제로 약간 감소하였다.
- 분노 시행 중에 체온은 극적으로 상승하였다.
- 행복은 체온이 어느 정도 상승하지만, 공포와 혐오에서는 체온이 약간 감소한다.
- '분노, 공포, 혐오'는 자율신경계 효과를 통해 서로 구분된다는 것을 의미한다.

　ⓜ 메타분석에 따르면 다음과 같은 특성이 나타난다.
- '분노, 공포, 슬픔, 혐오'와 같은 부정적 정서는 일반적으로 행복에 비해 더 큰 교감신경계 흥분, 혹은 각성을 나타내는 것으로 보인다.
- 심장박동수는 혐오보다는 '분노, 공포, 슬픔'에서 더 크게 가속된다.
- 분노는 공포보다 높은 혈압을 보이며, 공포에 비해 심장박동수와 혈류량 증가가 크지 않고, 공포에 비해 손가락 맥박과 체온이 더 높다.
- 자율신경계 반응을 통해 '부정적 정서와 행복', '혐오와 다른 부정적 정서들', '분노와 공포'는 잘 구분된다.
- 그러나 부정적 정서들을 구분할 수 있는 강력하고 일관적인 증거를 찾기란 어려운 것으로 보인다.

> **더 알아두기**
>
> **메타분석**
> 서로 다른 연구자들의 다양한 연구결과를 하나의 통계분석으로 통합해 주는 연구방법

　ⓗ 정서와 자율신경계에 대한 최선의 결론은 정서 간에 완전한 생리적 유사성이 지지되는 것으로 보이지는 않는다는 것이다.

⑤ **긍정적 정서의 생리적 측면**
　㉠ 행복은 생리적 효과를 거의 보여주지 않음으로써, 네 가지 부정적 정서와 쉽게 구분되었다.
　㉡ 일부 연구는 긍정 정서가 교감신경계 흥분을 동반한다는 것을 발견했다.
　㉢ 긍정 정서는 사람들로 하여금, 부정 정서와 관련된 교감신경계 각성으로부터의 회복을 돕는다.
　㉣ 자율신경계 특이성에 대한 대부분의 연구는 긍정적 정서로 행복만을 포함시킨다.
　㉤ 행복한 사건들은 사람마다 매우 주관적이고 생리적 측면에서도 독특할 것이므로, 연구가 더 필요한 부분으로 보인다.

2 정서와 뇌

(1) 뇌를 연구하는 방법

① 뇌병변 연구

   ㉠ 동물의 뇌병변 연구에는 수술적 방법과 화학적 방법(세포-독성물질을 뇌의 특정 영역에 주사)이 쓰인다.

   ㉡ 인간에 대해서는 사고로 뇌손상을 입은 사람을 연구하거나, 알츠하이머 병 등으로 신경 퇴행성 장애를 겪는 사람을 연구한다.

   ㉢ 연구자들은 단순히 환자를 정상인과 비교하는 대신, 모든 연구참여자들에 대한 구조적 뇌 스캔을 하여 특정 목표영역의 뇌부피와 관심대상이 되는 몇 가지 행동의 상관을 구한다.

   ㉣ 뇌병변 기법은 그 부위를 실험적으로 조작한 것이 아니므로, 인과적 추론을 정당화하기 어렵다는 문제가 있다.

② 뇌 관찰방법

   ㉠ 기능적 자기공명영상(fMRI, Functional MRI)

     혈액에 자기적 속성이 있다는 사실에 의한 검사방법으로, 기저선에서 MRI를 찍고 다음 어떤 과제를 수행할 때 또 영상을 찍는다. 산소가 포화된 혈액과 산소가 결핍된 혈액은 약간 다른 전기적 신호를 만들어낸다. 따라서 과제를 수행하는 동안 활동이 증가하거나 감소하는 영역에서는 신호의 변동이 감지된다. MRI는 구조를 알아보는 영상기법이며, fMRI는 기능을 알아보는 방법이라는 차이를 가지고 있다.

   ㉡ 뇌전도(EEG, Electroencephalography)

     신경세포가 서로 소통하는 과정에서 탈분극할 때 전하를 발생시킨다는 사실에 근거한 방법이다. 두개골에 충분히 가까운 다수의 신경세포가 동시에 탈분극한다면, 두피의 전하변화를 검출할 수 있다. 두피 곳곳에 전극을 부착하고, 이 전극들과 다른 곳에 부착한 전극 사이의 전하를 측정한다.

더 알아두기

분극 vs 탈분극

분극	세포막이 다른 이온에 대해 선택투과성을 갖기 때문에 그 계면에 전기이중층이 생기고, 그 결과 막의 외측이 플러스, 내측이 마이너스로 대전하는 것
탈분극	화학적 또는 물리적 자극을 주면 세포 내외로 전하의 이동이 일어나 세포막을 경계로 조성되었던 분극이 깨지는 현상으로, 세포막 내부에 양전하의 양이 증가하거나 음전하의 양이 감소함으로써 일어남

   ㉢ 사건-관련 전위(ERP, Event-Related Potential)

     특정 자극의 처리를 담당하는 뇌활동을 알아내기 위하여 같은 자극을 반복적으로 제시하면서 EEG를 기록하고 이것을 평균한다. 여기저기서 산발적으로 일어나는 EEG들은 평균에 의해 없어지고, 자극이 제시될 때마다 반복적으로 활성화되는 뉴런들에서 일어나는 전기활동들만 남는다.

ⓔ 양전자단층촬영술(PET, Positron Emission Tomography)

양전자가 방출되면서 나오는 방사능을 검출함으로써 뇌활동을 측정하는 방법이다. 아주 소량의 방사성 화학물질을 주입하면, 이것이 분해되면서 내놓는 양전자가 감마선을 방출시키는데, 이 감마선이 PET 스캐너에 의해 검출되는 것이다. 이러한 과정을 통해 뇌의 활동, 즉 기능을 관찰할 수 있게 한다.

③ 신경화학기법

ⓐ 인간의 뇌는 수십 가지의 신경화학물질을 사용하며, 이 중 일부는 정서의 여러 측면을 매개하는 데 중요한 역할을 하는 것으로 보인다.

ⓑ 신경전달물질은 뇌의 한 부분에 국한되지 않고, 뇌 전역의 서로 다른 부분에 의한 과정들을 연결한다.

ⓒ 신경화학적 접근은 심리학적 현상의 바탕이 되는 뇌활동의 네트워크를 규명하기에 유용하다.

ⓓ 신경화학기법의 기본방법

• 신경전달물질의 명확한 효과를 증가시킬 수 있다.
  - 뇌에 특정 신경전달물질이나 신경전달물질을 모방한 물질을 더한다.
  - 시냅스에 존재하는 신경전달물질이 시냅스전 신경세포로 재수용되는 것을 막는다.
• 신경전달물질의 명확한 효과를 감소시킬 수 있다.
  - 특정 신경전달물질의 자연적 분해나 시냅스에서의 재흡수를 가속화한다.
  - 신경전달물질이 수용체와 접촉하는 것을 막는 화학물질을 더한다.

ⓔ 신경전달물질의 효과를 조작한 후 대상자와 통제집단의 행동을 비교한다.

ⓕ 신경화학기법의 단점

• 동일한 신경전달물질이 다수의 뇌과정에 관여할 수 있는데, 다른 효과를 통제하고 하나의 효과만 조작하기가 어렵다.
• 화학물질 중 다수는 뇌에 바로 주사해야 하기 때문에 동물에게만 적용한다.
• 약물에 대한 반응으로 우리 뇌가 영구적으로 변화할 수 있다.
• 사람을 대상으로 화학물질을 투여하는 것에는 많은 제한이 있다.

(2) 편도체와 정서 기출

① 편도체의 구조와 손상

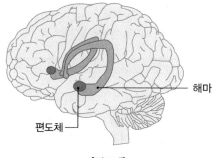

해마

편도체

[편도체]

㉠ 편도체란 그리스어로 아몬드를 뜻하며, 편도체는 좌우 양쪽에 있는 뇌구조로, 뇌의 각 반구에 하나씩 있다.

㉡ 시각, 청각, 그 외의 감각과 통증정보를 받아들인다.

㉢ 놀람반사를 통제하는 뇌교와 다른 영역들로 정보를 보낸다.

㉣ 전전두피질과 그 외의 다양한 뇌영역들로 정보를 보낸다.

② **사람과 동물에서 편도체손상**

㉠ 클뤼버-부시증후군

- '클뤼버-부시증후군'이란 편도체를 포함하여 뇌 각 반구의 측두엽 앞쪽의 제거에 의한 정서적 변화양상을 보이는 증상이다.

- 이 증상은 대상의 정서적 의미를 인식하지 못하는 것으로 보인다.

- 이 증상의 원숭이는 뱀에게 접근하고, 불 켜진 성냥을 잡으려 하고, 배설물을 입에 넣고, 공격적인 원숭이와 낯선 사람에게 겁 없이 접근하였다.

- 편도체가 파괴된 어떤 쥐들은 겁 없이 고양이에게 접근하였다.

㉡ 우르바흐-비테병

- '우르바흐-비테병'이란 편도체에 칼슘이 농축되어 일반적으로 주변조직의 손상 없이 편도체만 손상을 입는 병이다.

- 편도체손상을 입은 사람은 손상을 입기 전에는 먹지 못하던 것이나 역겨운 것을 입에 넣는다.

- 믿을 만한 사람을 고르려 하기보다는 아무 낯선 사람에게나 무작위로 접근한다. 이들은 모든 얼굴을 다 우호적이고 믿을 만하다고 말한다.

③ **실험실연구에서 편도체의 영향**

㉠ 편도체손상을 입은 개체는 어떤 것도 무서워하지 않는 것으로 보인다.

> 편도체가 제거된 쥐와 그렇지 않은 쥐에게 어떤 음향을 들려주고 나서 전기충격을 가하는 공포조건을 형성한 이후, 음향을 들려주고 혈압상승과 놀람반응을 살펴보았다(사람에게도 놀람반응은 공포의 지표로 활용된다).

㉡ 편도체가 제거된 쥐들은 일반 쥐들에 비해 혈압상승이 더 적었고 얼어붙기 반응시간이 더 짧았다.

㉢ 어떤 동물이 편도체에 손상을 입었다면, 안전하다는 신호를 받았을 때나 충격이 온다는 신호를 받았을 때나 놀람반응은 비슷하다.

㉣ 편도체손상을 입은 쥐는 새로운 위험신호를 학습할 수 없을 뿐만 아니라, 뇌손상 이전에 연습을 통해 학습했던 공포도 상실한다.

㉤ 편도체활성화가 공포를 느끼게 만드는 것이 아니라, 상황의 위험성을 인식하거나 공포와 연관된 행동을 이끌어내는 데 필수적이라는 것이다.

④ **편도체와 인간의 공포연구**

㉠ 편도체에만 손상을 입은 소수의 환자를 대상으로 한 연구에서 고통 관련 놀람 촉진반응이 감소했다.

ⓒ 공포조건형성 중 편도체가 더 활성화되는 것으로 나타났으며, 위험신호를 듣거나 볼 때 더 활성화되는 것으로 나타났다.

ⓒ 분노표정은 공포를 유발하는데, 편도체는 분노표정을 보았을 때 더 활성화된다.

ⓒ 편도체손상을 입은 사람은 공포의 얼굴표정을 재인하는 데 특히 어려움을 겪는다.

ⓒ 이들은 '행복, 슬픔, 놀람, 혐오, 분노'의 표정을 잘 표현했지만, 공포표정은 잘 인지하지 못했다.

ⓒ 편도체손상을 입은 사람들은 기분 좋은 그림은 정상적으로 보고하지만, 기분 나쁜 그림에 대해 각성을 거의 느끼지 않는다고 보고하였다.

ⓒ 그러나 편도체가 공포의 모든 측면에 필수적인 것은 아닌 것으로 보인다.

⑤ **편도체와 그 외의 정서들**

㉠ 편도체의 역할은 공포에 국한된 것이 아닌 것으로 보인다.

㉡ 거의 모든 사람들은 정서적 의미를 가진 단어를 다른 단어보다 더 주목하는데, 편도체손상을 입은 사람은 정서적 의미를 가진 단어와 일상적 단어를 비슷한 수준으로 보고한다.

㉢ 편도체손상을 입은 사람은 얼굴표정에 이름을 붙이는 것을 힘들어한다.

㉣ 두 얼굴이 같은 정서를 표현하는지 혹은 다른 정서를 표현하는지 잘 판단하지 못한다.

㉤ 편도체는 슬픔과 혐오표정에 활성화되는데, 새로운 사진에서 강하고, 반복해서 본 사진의 경우 약해지므로, 새로움이 편도체활성화를 촉발하는 요인으로 보인다.

㉥ 편도체손상 환자가 얼굴의 정서를 인식하는 데 어려움을 겪는 이유는 그들이 얼굴을 볼 때 시선을 코와 입에 집중하기 때문이다.

㉦ 편도체가 고도로 활성화되었을 때, 사람들은 그들의 주의를 다른 사람의 눈으로 돌린다.

㉧ 눈은 일반적으로 정서소통에 매우 중요하고, 공포지각에 있어 지대한 영향을 미친다.

⑥ **편도체와 정서적 기억**

㉠ 편도체는 공포 자체에 대해서라기보다는, 특정 상황이 위험하다는 것을 학습하는 것에 결정적 역할을 한다.

㉡ 편도체는 정서적 기억을 형성하는 데 중요한 역할을 하지만, 중립적 기억에 대해서는 그렇지 않다.

㉢ 사람이 정서적 자극을 볼 때의 편도체활성화 정도를 통해, 나중에 이 정서적 자극을 기억하는 정도를 예측한다.

㉣ 편도체가 기억의 모든 측면에 대해 중요성을 갖지는 않는 것으로 보인다.

㉤ 편도체손상은 사실을 학습하는 능력을 저해하지는 않았으며, 이러한 사실에 정서적으로 반응하는 능력만을 저해하는 것이다.

㉥ 편도체활성화는 해마의 장기 일화기억(정서적 중요성이 있는)을 촉진한다.

㉦ 편도체손상의 부상을 당한 병사는 외상후스트레스장애를 보이지 않았다.

㉧ 새로운 기억이 형성될 때 편도체의 시냅스에 변화가 나타난다.

(3) 기타 뇌구조와 정서

① 시상하부

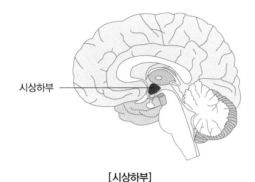

[시상하부]

㉠ 시상하부의 기능
- 시상하부는 뇌간의 바로 위, 시상 바로 밑에 위치한 작은 뇌구조이다.
- '체온, 혈당, 수분' 등 신체의 내부환경을 조절하여, 항상성을 유지하는 역할을 한다.
  예 혈압이 낮다 → 시상하부에서 바소프레신(항이뇨호르몬) 분비 → 신장이 액체를 방광으로 배출하지 않고 재흡수하도록 함
- 신체 외부에서 오는 감각정보와 신체 내부의 감각을 전달하는 신경정보를 수집하여 적절한 행동을 촉진한다.
- 시상하부는 자율신경계를 비정서적 조절에 활용하며, 다가올 활동에 의해 항상성이 무너질 것 같다는 단서를 포착하여 몸을 준비시킨다(이러한 준비성이 정서의 가장 두드러진 특징 중 하나이다).

㉡ 시상하부와 정서
- 시상하부는 우리가 강한 정서를 경험할 때 우리 몸이 겪는 변화를 통제하는 중심구조이다.
- 자율신경계(싸움 혹은 도주) 흥분을 지시하고 스트레스호르몬을 방출한다.
- 성적 흥분이나 오르가즘에 관여하는 자율신경계를 통제하여, 뇌하수체가 성호르몬을 혈관으로 분비하게 촉진함으로써 성생활에 중요한 역할을 한다.
- 시상하부의 하위구조인 성적 이형핵은 남성이 여성보다 두 배가량 크며, 수컷의 성적 행동에 중요하다.
- 하위구조인 실방핵은 모성에 중요한 역할을 하는데, 옥시토신을 혈액에 분비하게 한다.

② **섬피질(뇌섬엽)**

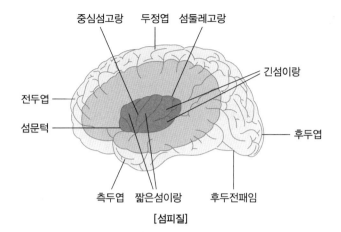

[섬피질]

- ㉠ 섬피질은 뇌도(Insula)라고도 하며, 측두엽과 두정엽 사이 주름의 깊은 곳에 위치한 피질영역이다.
- ㉡ 앞섬피질이 혐오표정을 볼 때 특히 활성화됨이 발견되었다.
- ㉢ 섬피질이 피질 중 맛의 감각을 일차적으로 받아들이는 영역이고, 혐오는 맛이 나쁨을 뜻한다고 생각된다.
- ㉣ 섬피질활성화가 혐오스러운 사진을 볼 때뿐만 아니라 무서운 사진을 볼 때에도 증가한다.
- ㉤ 섬피질에 회백질이 더 많은 사람은 자신의 심장박동수 변화를 감지하고 추정하는 데 더 능했으며, 일반적으로 아주 강한 정서를 느낀다고 보고했다.
- ㉥ 섬피질은 우리가 고통스럽지 않은 기온의 변화를 경험할 때, 배가 부를 때, 대장이 가득 찼을 때, 근육통을 느낄 때 더 활성화된다.
- ㉦ 내장감각이 정서적 느낌의 중요한 측면이고 섬피질의 일부분이 이러한 내장감각을 지도화하는 역할을 한다면, 우리는 섬피질활성화가 정서경험의 중요한 부분이라고 예상할 수 있다.

③ **전전두피질**

- ㉠ 전전두피질의 기능
  - 전전두피질은 전두엽의 운동영역 및 전운동영역 앞쪽에 위치해 있다.
  - 계획, 작업기억, 충동통제 등 진보한 인지기능과 관련되어 있다.
  - 정서정보를 활용하여 좋은 의사결정을 내릴 수 있음을 보여주는 다수의 연구들이 있다.
  - 전전두피질에 손상을 입은 환자는 의사결정에 지속적인 문제를 가지고 있다.
  - 이 영역에 손상을 입은 사람은 종종 충동적으로 행동하였고, 더 좋은 대안을 모색하려 하지 않고 처음 떠오른 그럴듯한 선택지를 취했다.
  - 유아기에 전두엽 손상을 입은 환자의 경우, 옳고 그름에 대한 감각이 발달되지 않았다.
- ㉡ 전전두피질의 손상과 정서
  - 전전두피질에 손상을 입은 사람은 '시각, 기억, 언어, 지능' 검사에서 상대적으로 정상으로 나왔지만, 정서적 반응성은 없었다.

- 대부분의 사람이 보여주는 혐오감이나 불쾌감을 전혀 비치지 않았다.
- 어떤 사건에 대해 실행 가능한 행동이 무엇인지, 그 결과가 어떨지에 대해 합리적으로 이해하고 있는 것으로 보이지만(즉, 논리에 문제가 없었다), 어떤 선택을 해야 하는지는 알지 못했다.
- 이들이 선택을 하지 못하는 이유는 결과에 따른 느낌을 예상하지 못하기 때문이었다.
- 미래의 감정을 상상하는 능력이 없다면, 어떤 결과든 다 비슷하게 좋아 보이는 것이다.
- 불행에 빠진 타인에게 평균보다 낮은 공감능력을 보였다.

ⓒ 복내측 전두피질의 손상 시 보이는 모습
- 복내측 전두피질은 전두피질과 인접되어 있어, 사고 시 쉽게 손상되는 부분이다.
- 복내측 전두피질 손상을 입은 환자들은 그들의 결정이 가져올 수 있는 결과에 무심한 모습을 보인다.
- 실제로 복내측 전두피질이 크게 활성화된 사람들은 돈이 오가는 게임을 할 때 잠재적 손실의 크기에 대해 특별히 민감하게 반응했다.
- 복내측 전두피질의 활성화는 주관적 가치의 보상을 따르는데, 논리적으로 타당한 보상의 가능성보다, 가능한 보상에 대한 느낌이 더 강하게 연관됨을 뜻한다.

④ **중격의지핵과 복측피개영역** : 뇌의 보상회로
ⓐ 두 뇌구조는 보상이 제공될 것이라는 신호에 의해 활성화된다.
ⓒ 중격의지핵은 강화를 경험하거나 강화물을 기대하는 동안 신경전달물질인 도파민을 더 많이 분비한다.
ⓒ 약물(코카인 등), 성교, 음식, 비디오게임과 같은 다양한 강화물에 반응해 더욱 활성화된다.
ⓔ 중격의지핵과 복측피개영역의 세포는 보상을 예언하는 사건과 보상 간의 관계를 빠르게 학습한다.
ⓜ 위 세포활동은 보상을 얻기 위한 행동을 예언하고, 모든 종류의 보상상황에서 더 활성화된다.
ⓗ 중요한 것은 '무엇인가 기대하고 원하는 것과 관련된 정서'와 '무엇인가를 실제로 소비하고 즐기는 것과 관련된 정서'가 구분된다는 것이다.
ⓢ 보상회로는 소비와 즐김보다는 기대와 관련되며, 내가 원하는 것이 손에 닿을 만한 곳에 있는 것을 볼 때 고도로 활성화된다.
ⓞ 그러나 보상을 소비하는 순간 보상회로는 잠잠해진다.
ⓩ 중격의지핵 보상회로의 활성화는 가능한 보상의 강도에 비례해서 증가하고(가능한 손해에 대해서는 반응하지 않음), 전전전두피질 보상회로의 활성화는 보상의 확률에 비례해서 증가한다.

3 정서와 신경전달물질

(1) 도파민 기출

① 도파민의 역할
- ㉠ 다른 신경전달물질보다 더 큰 즐거움과 더 큰 문제를 일으키는 원인이 된다.
- ㉡ 도파민은 복측피개영역에서 생산되고, 신경세포가 이 신경전달물질을 활용하여 중격의지핵 및 전전두피질과 소통한다.
- ㉢ 도파민 작동성 신경전달은 기대와 보상의 느낌에 있어 핵심적인 것으로 보인다.
- ㉣ 도파민은 목표지향적 활동을 동기화하는 기능을 하는 것으로 보인다.

② 중독과 도파민
- ㉠ 기분을 좋게 해주는 많은 약물이 도파민 작동성 보상체계를 변화시킴으로써 효과를 발휘한다.
- ㉡ 코카인은 도파민이 시냅스에 더 오래 남아있도록 하며, 그것이 더 장기적 효과를 발휘하게 한다.
- ㉢ 암페타민은 실제로 보상회로 신경세포의 축삭돌기에 들어가서 도파민을 시냅스로 밀어낸다.
- ㉣ 알코올도 보상회로의 도파민활동을 증가시킨다.
- ㉤ 카페인은 복측피개영역 신경세포의 도파민분비를 증가시킨다.
- ㉥ 알코올, 코카인, 암페타민 등 약물에 중독된 동물과 사람은 보상체계 내에 도파민수용체가 더 적다는 사실이 밝혀졌다.
- ㉦ 도파민수용체가 적어지면 기분 좋은 기대감을 발생시켜야 할 비약물적 활동의 효과가 크게 감소한다.
- ㉧ 위 ㉦은 동일한 효과를 산출하기 위해 갈수록 더 많은 양의 약물이 필요하다는 것을 의미하며, 이것이 곧 중독을 의미한다.
- ㉨ 도박에 중독된 사람은 약물과 알코올중독에서 흔히 찾아볼 수 있는 도파민수용체 유전자의 변형을 가지고 있을 가능성이 비중독자에 비해 두 배 높았다.

③ 도파민과 운동통제
- ㉠ 도파민이 보상회로 내의 소통에만 관여하는 것은 아니며, 정교한 운동통제에 중요한 역할을 한다.
- ㉡ 어느 한 곳의 도파민을 변화시키는 약물은 다른 영역 또한 변화시키게 된다.
- ㉢ 조현병(정신분열증) 치료에서 전두엽 도파민활동을 감소시키는 데 쓰이는 항정신성약품은 파킨슨병의 몸떨림 및 운동특징을 야기하는 경향이 있다.
- ㉣ 항정신성약품은 또한 이를 복용하는 사람들로 하여금 정서적으로 흥미가 없고 밋밋한 느낌을 받게 한다.
- ㉤ 파킨슨병의 치료를 위한 도파민증가제는 보상회로에서의 도파민활성 수준을 변화시켜 도박에 빠질 위험성을 높일 수 있다.

(2) 세로토닌

① 세로토닌의 기능
- ㉠ 세로토닌은 뇌간의 솔기핵에서 생산되며 중추신경 전반에 분배된다.

    ⓛ 세로토닌 신경전달은 기억, 식욕통제, 수면 등 광범위한 심리적 과정에 관여한다.

    ⓒ 우울증치료제로 쓰이는 '선택적 세로토닌 재흡수억제제'는 세로토닌이 시냅스에 더 오랫동안 머무르게 하는 효과를 가져와 세로토닌수용체의 흥분을 상승시킨다.

    ⓔ 그러나 기분에 대한 세로토닌의 역할은 아직까지 매우 불명확하다.

    ⓜ 세로토닌수용체는 뇌의 각 부분에 위치한 다양한 하위유형이 있다.

② **공격성과 세로토닌**

    ㉠ 세로토닌은 공격행동과 관련이 있으며, 분노경험에 대한 역할을 할 것임을 시사한다.

    ⓛ 세로토닌 분비 수준이 낮은 쥐나 생쥐는 서로 싸움을 할 가능성이 더 크다.

    ⓒ 세로토닌 대사물질 수준이 가장 낮은 원숭이는 더 큰 원숭이와의 결투 등 싸움을 시작할 가능성이 가장 높은 것으로 나타났다.

    ⓔ 방화 및 기타 강력범죄로 유죄판결을 받은 사람들의 세로토닌 수준이 낮다는 것이 발견되었다.

    ⓜ 낮은 세로토닌 수준을 보인 사람들의 재범률이 높았다.

    ⓗ 과격한 행동으로 자살을 시도한 사람 중 세로토닌이 낮은 사람이 다시 자살을 시도할 확률이 높았다.

    ⓢ 세로토닌 감소와 폭력행동 증가의 관계는 일관적인 편이지만, 공격성에 대한 세로토닌의 정확한 역할은 아직 불명확하다.

③ **약물의 세로토닌활성화**

    ㉠ 세로토닌을 상승시키는 약물이 안정적으로 공격행동을 감소시키지는 않는다.

    ⓛ '사일로사이빈, 메스칼린'과 같은 환각제는 모두 특정 종류의 세로토닌수용체를 자극하며, 모두가 극적인 감각과 지각의 변화를 초래한다.

    ⓒ 엑스터시는 평화로운 느낌, 충만함, 타인에 대한 친밀감, 증폭된 감각경험, 불안과 공격성의 감소, 활력과 각성의 증가, 통각 민감성의 감소를 포괄한다.

    ⓔ 엑스터시의 다양한 효과는 모든 종류의 세로토닌수용체의 흥분이 증가했음을 반영하는 것일 수 있다.

(3) 베타엔도르핀

① 우리 몸의 천연진통제 역할을 하는 신경전달물질로, 자체 생산되는 모르핀처럼 활동한다는 뜻의 내인성모르핀(Endogenous Morphine)의 준말이다.

② 엔도르핀이 분비되면 뇌간의 중심회색질영역이라 불리는 곳에서 고통을 억제하는 것을 돕는다.

③ 엔도르핀의 분비는 육체적 고통뿐 아니라 사회적 상실이나 애도의 감정도 감소하게 한다.

④ 한 연구에서 여성이 슬픈 사건을 설명할 때 몇몇 뇌영역에서의 엔도르핀 분비가 감소되었고, 일상적인 일에 대해서는 이러한 효과가 나타나지 않았다.

⑤ 애도나 사랑하는 존재와의 분리에 동반되는 정서적 고통은 신체적 고통에 반응하는 것과 똑같은 신경전달물질에 의해 매개될 것이다.

제3절   정서의 진화와 발달

1 정서와 진화

(1) 진화의 기본개념

① **유전자**

    ㉠ 많은 유전자를 가진 DNA의 긴 가닥인 염색체는 쌍으로 존재한다.

    ㉡ 한 개인이 어머니 유전자의 1/2 복사본과 아버지 유전자의 1/2 복사본을 갖추도록 재결합된다.

    ㉢ 성격, 지능, 정신질환 소인과 같이 심리학자들이 관심을 갖는 대부분 특징들은 다수의 유전자와 환경의 영향에 의존한다.

② **돌연변이**

    ㉠ 돌연변이는 우연에 의해 유전자 복제과정이 잘못되어 복제품이 약간 빗나가는 것이다.

    ㉡ 돌연변이가 신경세포들 간의 소통을 보다 효과적으로 만들면, 이 사람은 다른 사람들보다 조금 더 영리해질 것이다.

    ㉢ 이러한 돌연변이가 일어나면 이 사람은 돌연변이를 갖지 않은 다른 사람보다 더 많은 후손을 가질 좋은 기회를 갖게 되고, 이 유전자가 다음 세대에서 조금 더 흔하게 된다.

    ㉣ 이것이 계속되면 그 돌연변이는 점점 더 많은 사람들에게 발견되고, 미래의 언젠가는 거의 모든 사람들이 갖게 될 것이다.

    ㉤ 돌연변이의 결과는 이롭거나 해롭거나 또는 중성적인 것으로 나타난다. 중성적이지만 이로운 특성을 유발하는 돌연변이와 연결된 특징은 마치 그것이 적응적인 것처럼 유전자 풀에 확산되는데, 이러한 특징은 자연선택의 부산물로 지칭된다.

③ **자연선택**

    ㉠ 문제가 있는 무선적 유전자 돌연변이는 그 돌연변이를 가진 개체들을 죽게 하거나 재생산율을 낮추기 때문에 유전자 풀에서 제거된다.

    ㉡ 유익한 돌연변이는 그 돌연변이를 가진 개체들로 하여금 더 많은 후손을 갖게 하거나 유전자를 공유하는 친척들을 더 잘 돌보게 하기 때문에 유전자 풀에서 확산된다.

④ **적응특성**

    ㉠ 자연선택의 결과로 널리 퍼지는 유익한 특징을 적응특성이라 부른다.

    ㉡ 적응적인 유전자가 유전자 풀에 확산되면, 그 적응특성은 지속되는 경향이 있다.

⑤ **기능적 특징**

    ㉠ 해당 형질이 누군가 재생산을 할 만큼 충분히 오래 생존할 확률을 증가시키는 것이다.

    ㉡ 누군가의 해당 형질이 다른 사람보다 더 많은 후손을 갖고 이 후손들이 생존하여 재생산할 확률을 증가시키는 것이다.

    ㉢ 해당 형질이 누군가의 친척들이 생존하고 보다 많은 후손을 가질 확률을 증가시키는 것이다.

    ㉣ 어떤 형질이 기능적이라고 할 때 그것이 꼭 바람직하다거나 도덕적으로 옳다고 말할 수 있는 것은 아니다.

ⓜ 생존할 만큼 충분히 건강한 자식을 많이 낳도록 도와주는 유전자는 비록 다른 점들에서는 비적응적으로 보여도 진화적 의미에서는 적응적일 것이다.

ⓗ 어떤 형질이 적응적이라고 해도 그 형질이 반드시 현재 적응적이라는 것을 의미하지는 않으며, 자연선택의 결과로 유전자 풀에 걸쳐 확산된 과거의 시점과 장소인 진화적 적응환경에서 적응적이었을 것이다.

例 기름진 맛에 대한 선호라는 형질은 진화적 적응환경에서는 적응적이지만, 현대의 자원이 풍부한 사회에서는 유해할 수 있다.

(2) 적응특성으로서의 정서

① 정서의 진화가 의미하는 것

㉠ 정서는 우리의 유전자 속에 기반을 갖고 있다.

㉡ 우리가 정서를 경험하기 위해 필요로 하는 유전자는 오랜 옛날 무작위적 돌연변이에서 출발했다.

㉢ 평균적으로 정서를 가진 개인은 그렇지 않은 개인보다 더 기능적이다.

㉣ 자연선택의 과정 때문에 정서를 지원하는 유전자는 뒤의 여러 세대를 통하여 확산되어, 전체 유전자 풀의 전형이 되었다.

㉤ 정서가 적응특성이라는 주장은 정서가 인간본성의 한 부분이라는 것이며, 세계 모든 사람들에 의해서 공유된다는 것이다.

② 정서의 적응특성

㉠ 정서는 모든 인간에게 보편적인 것이며, 자연선택의 산물이라는 점에서 다른 동물들도 정서를 갖고 있다고 가정할 수 있다.

㉡ 공포의 기능이 포식동물로부터 도망치도록 돕는 것이라면, 거의 모든 동물에게 적응적일 것이다.

㉢ 자부심의 기능이 자신의 집단 내에서 높은 지위를 주장하는 것이라면, 자부심은 홀로 사는 동물이 아니라 사회적 위계를 가진 집단생활을 하는 동물에서 발견될 것이다.

③ 정서가 적응특성이라는 제안이 모든 정서가 기능적이라는 것을 뜻하지 않는다.

㉠ 어떤 특성이 적응적이라고 말하는 것은, 진화적 적응환경에서 한 개체의 유전자가 미래 세대에 반영될 비율을 평균적으로 증가시킨다고 말하는 것이다.

㉡ 분노는 전형적으로 우리를 공격한 사람을 위협하길 원하도록 만드는 기능적인 정서는 아니다.

㉢ 그러나 분노는 생존과 재생산의 기회를 위협할 수 있는 시대에 진화된 것이다.

㉣ 적응특성은 보편적이면서도, 동시에 여러 문화에서 다르게 나타날 수 있다.

㉤ 정서의 어떤 측면은 실제로 적응적이 아니면서도 보편적일 수 있다.

㉥ 포유류의 새끼들은 애정과 돌봄행동에 반응하도록 하는 특정 신체적 특징들을 보이는데, 인간이 새끼 강아지를 사랑하는 유전자를 갖고 있다거나, 인간이 새끼 고양이를 사랑하는 것이 진화적 의미에서 적응적이라는 것을 의미하지는 않는다.

㉦ 새끼 강아지에 대한 정서적 반응은 우리의 자손과 어린 친족에 대한 돌봄행동을 유발하는 반응의 부산물일 가능성이 높다.

㉧ 정서의 진화적 관점을 논의할 때, 그것이 적응적 특성이 아니라 부산물일 가능성도 고려해야 한다.

(3) 상위 신경프로그램으로서의 정서

① **투비와 코스미데스(Tooby & Cosmides)**

㉠ 진화심리학의 정보처리 측면을 반영한 정서에 대한 정의를 제공하여, 정서에 대한 한 단계 발전된 진화론적 접근을 제시하였다.

㉡ 우리의 뇌는 우리가 놓여 있는 상황을 이해하고 어떻게 행동할지를 결정하는 것을 돕기 위해 존재한다. 즉, 뇌의 정보처리 측면을 강조하는데, 정보처리 원리는 인간 본성의 한 부분으로 모든 사람들이 발달시키도록 우리의 유전자 속에 부호화되어 있다.

㉢ 정서의 목적은 어떤 상황에서 중요한 목표를 신속하고 효과적으로 달성하기 위해 우리의 행동체계를 조정하는 것이다.

㉣ 인간의 본성은 신뢰할 수 있게 발달하며, 종 전형적인 특징을 가지고 있고, 논리적 정보처리 시스템을 발생시키는 인간의 마음에서 진화된 과정이다.

㉤ 개별 정서 접근을 강조하며, 일반적으로 말하는 '정서'라는 것은 없으며, 각각의 속성들을 가진 개별적 상위 정서프로그램이 존재한다고 주장한다.

② **상위 신경프로그램**

㉠ 뇌는 목적에 따라 활용할 수 있는 다양한 프로그램들(상황을 인식하는 프로그램, 위험을 평가하는 프로그램, 실수를 알아차리는 프로그램, 타인의 생각을 추정하는 프로그램 등)을 가지고 있다.

㉡ 정서는 특정 종류의 상황에서 활성화되는 상위 신경프로그램이다.

㉢ 정서는 어떤 상황에서 중요한 목표를 신속하고 효과적으로 달성하기 위해 모든 프로그램들을 조정(어떤 프로그램이 가동되어야 하는지, 억제되어야 하는지)하는 역할을 한다.

㉣ 상위 신경프로그램(정서)이 하는 일은 상황을 해결하는 데 도움을 주는 프로그램인 하위경로를 활성화하고, 상황을 해결하는 데 방해하는 하위경로들을 억제하는 것이다[예 어두운 골목길에서 따라오는 발자국 소리가 들린다면, 상위신경 프로그램인 '공포'가 활성화되고, 거리 탐지 기능이 활성화되며, 배고픔, 성욕 등의 기능은 억제되고, 어떤 행동을 해야 하는지 최선의 선택지를 위해 생리적 기제(근육에 당과 산소를 전달하는 등 싸움 또는 도망에 대비한 반응)가 작동].

2 정서의 기능과 보편성

(1) 개인 내 기능

① 개인 내 기능은 정서를 경험하는 개인에게 직접적으로 이득이 되는 기능이다.

② 공포는 인지적 편파, 생리적 조건, 행동반응 등을 포함한 개인 내의 것들을 변화시킴으로써 임무를 수행한다.

③ 개인 내의 정서의 효과는 그 사람이 당면한 문제를 해결하는 방식으로 행동할 가능성을 증가시킨다.

④ 정서에 의해서 촉진되는 행동반응이 직접적으로 문제를 해결하거나 혹은 적어도 해결할 상당한 정도의 가능성을 갖고 있다.

⑤ 분노, 혐오, 슬픔 등의 많은 부정 정서는 개인 내 기능으로 잘 설명된다.

⑥ 그러나 '사랑, 자부심'과 같은 긍정 정서와 '당혹감, 수치심'과 같은 자의식 정서들을 포함하여, 많은 수의 정서들을 개인 내 기능으로 설명할 수 없다.

(2) 사회적 기능

① 인간의 삶은 거의 모든 비즈니스를 대단히 협동적인 집단 속에서 수행하는 초사회적인 것이다.

② 인간의 전형적인 집단은 덜 가깝게 연결된 개인들로 이루어진다.

③ 정서의 사회적 기능은 사람들 사이의 헌신적이고 상호의존적이고 복잡한 관계를 지원함으로써 우리의 생존과 유전자를 물려주는 것을 돕는다.

④ 사랑은 중요한 관계에서 헌신의 감각을 형성하도록 도와, 이후 집단노력이 필요할 때 서로를 돕도록 준비하는 것이라고 할 수 있다.

⑤ 당혹감의 표시는 자신이 저지른 이상한 짓 때문에 집단에 의해 배척되지 않도록 보장해주면서, 사람들로 하여금 신뢰하도록 만든다.

⑥ 사랑과 당혹감의 공통점은 모든 공동체 안에서 다른 사람들과 관계를 수립하고 견고하게 만드는 것을 돕는다는 것이다.

⑦ 정서가 개인 내적으로 또는 사회적으로 모두 기능적일 수 있는데, 분노는 자신의 자원이 파괴되는 것을 막고 상대에게 잘못을 깨닫게 하여 사과를 하거나 관계의 손상을 복구할 방법을 찾도록 할 수 있다.

⑧ 정서는 문제를 해결하는 행동을 촉진함으로써 개인에게 직접적으로 이로울 수도 있고, 다른 사람들과의 관계를 지원함으로써 간접적으로 이로울 수도 있다.

3 정서의 발달

(1) 신생아의 정서 [기출]

신생아의 정서연구는 성인의 정서를 측정하는 방법과 많이 다르며, 매우 제한적인 방법으로 측정을 할 수 밖에 없어 연구가 어려운 부분이다.

① 울음
  ㉠ 신생아 울음의 의미
    • 신생아의 울음은 괴로움, 불쾌, 혐오스러운 것에 대한 분화되지 않은 저항을 표현하는 것이다.
    • 영아가 주의와 돌봄을 받을 수 있는 유일한 방법이다.
    • 울음 후에 미소와 웃음을 짓는 것은 양육자에게 계속 돌봐 달라는 메시지를 전달하는 것이다.
  ㉡ 공감울음
    • 다른 신생아의 울음소리에 대한 반응으로 울음을 보이는 것이다.
    • 다른 아기에게 주의가 집중되는 것을 방해하는 생물학적 관점으로 볼 수 있다.

- 공감울음은 오직 다른 신생아의 울음을 통해서만 일어난다.
- 한 살이 되면 다른 영아의 울음에 대해서 괴로움을 보이지 않는다.
- 18개월 이상의 영아 중 손위 형제가 있는 아동이 다른 아동의 괴로움에 대해 더 반응한다. 손위 형제와의 상호작용에 의해서 정서표현에 대해 적절하게 주의하는 것을 배운다는 것을 의미하는 것이다.

② **미소**

ㄱ 생후 3주 이전에 이따금씩 일어나지만, 이것을 미소라고 표현할 것인가는 정의하기 나름이다.

ㄴ 생후 3주가 지난 후 부모의 행동에 반응하여 미소 짓기 시작한다.

ㄷ 연령과 인지적 성숙이 증가하면서 좀 더 상징적이거나 추상적인 종류의 정보에 대해서 미소 짓는 능력이 생긴다.

ㄹ 생후 6~8주경 타인과 미소를 주고받는 사회적 미소 짓기를 시작한다.
- 이 행동은 영아와 상호작용하는 부모와 그 외의 사람들에게 보상적인 행동이다.
- 사회적 미소는 영아와 함께 놀아줄 가능성을 높인다.
- 영아의 인지발달과 사회발달에 매우 중요하다.
- 다운증후군 아기의 부모는 종종 자신의 영아와의 상호작용에서 적게 보상받는 것으로 느낀다고 보고하였다.
- 이 시기의 영아는 사람의 특징들을 더욱 면밀히 보기 시작하고 미소를 볼 때 그것을 탐지하게 된다.

ㅁ 미소 짓는 법을 배우기 위해 타인의 얼굴을 볼 필요는 없다.
- 시각장애 아기들은 엄마와의 신체놀이에 반응하여 미소 짓기를 하였다.
- 시각장애 아기들이 촉각과 청각의 사회적 단서들에 반응하여 미소 짓는 것을 확인하였다.
- 촉각단서들, 특히 피부접촉은 모든 사람들에게 유대의 중요한 기초가 된다.
- 어릴 때 부모와 자주 스킨십을 했다고 회상하는 성인은 좋은 낭만적 관계를 가질 가능성이 평균보다 높고, 우울해질 가능성이 평균보다 낮았다.

③ **놀람**

ㄱ 모로반사는 영아의 놀람으로 기술되는데, 성인의 공포와 같은 것은 아니다.

> **더 알아두기**
>
> **모로반사**
> 신생아의 반사운동 중의 하나로, 누워 있는 자세에서 '바람이 불거나, 큰소리가 나거나, 머리나 몸의 위치가 갑자기 변하게 될 때', 팔을 벌리고 손가락을 폈다가 신속하게 손가락을 구부리고 태아의 자세로 웅크리는 행동

ㄴ 인간의 신경계는 위험할 것 같은 상황에서 놀람반응을 하도록 발달해왔다.

ㄷ 잠재적으로 위험한 상황에서 무엇을 움켜잡는 것은 영아가 떨어지는 것을 막을 수 있다.

ㄹ 울음, 미소 짓기, 놀람 같은 신생아의 표현은 단순한 생물학적 상태에 대한 반응이다.

ㅁ 사건의 인지적 평가에 대한 반응으로서의 정서는 나중에 나타난다.

(2) 정서의 분화

① 영아의 개별정서

⊙ 영아의 분노표현

- 분노표현에 관한 조사에서 1개월 영아는 표준적인 분노표정을 보이지 않았고, 4개월 영아는 찡그리는 등 좀 더 특징적인 분노표정을 보였으며, 7개월 영아는 표준적인 분노표정을 보였다.
- 낯선 이보다 엄마가 신체를 구속할 때 더 괴로움을 나타냈다. 이유를 알 수는 없으나 영아의 반응은 많은 영향들의 복잡한 상호작용을 보여준다.
- 인지능력을 발달시킴에 따라 더욱 표준적으로 분노하게 되며, 자신의 분노를 표현할 수 있는 운동능력을 발달시킨다.
- 하나의 가설은 신생아는 편안함이나 괴로움만을 경험하며 다양한 개별정서를 경험하지 않고, 괴로움은 후에 더욱 특수한 정서들로 분화된다는 것이다.

⊙ 영아의 정서 구분

- 생후 3개월 미만의 영아들이 성인이 인지할 수 있는 개별정서를 표현한다는 증거를 거의 발견하지 못했다.
- 11개월 된 영아는 분노와 공포상황에서 신체동작은 다르게 반응하지만, 얼굴표정은 구분되지 않는다.
- 아동이 되어서도 하나의 정서유형과 다른 정서유형이 분명하게 구분되지 않는다.
- 영아에게 분명한 얼굴표정이 결핍된 것은 개별정서의 결핍보다는 운동능력의 한계를 반영하는 것이다.
- 어린 영아가 개별정서를 갖는지와 상관없이, 정서경험이 생후 2년 동안 크게 변화하는 것은 분명하다.

② 신체적 성숙

⊙ 정서를 표현할 수 있으려면 어느 정도 신체적 성숙이 필요하다.

⊙ 처음 6개월 동안 영아는 한 대상에서 다른 대상으로 시각적 주의를 옮기는 것이 어렵다.

⊙ 기고 걷는 능력의 발달로 새로운 위험에 당면하게 되고 위험을 극복해야 하는데, 이것은 새로운 정서체계의 발달을 야기하거나, 잠복되어 있는 정서체계를 활성화한다.

⊙ 운동의 성숙이 증가하여 영아는 정서를 더욱 분명하게 표현할 수 있게 된다.

⊙ 생후 1~2년 동안 근육통제가 크게 증가하여 정서와 그 외의 의사소통능력이 크게 증가한다.

③ 인지적 성숙

⊙ 적절한 평가 없이 정서는 존재하지 않거나 불완전하다.

⊙ 생후 몇 년 동안 인지능력에 가장 극적인 변화가 일어난다.

⊙ 자신을 행동의 추상적 기준과 비교하도록 하는 '자부심, 수치심, 죄의식' 같은 자기의식적 정서에 있어서 인지발달의 중요성은 특히 두드러진다.

⊙ 18~24개월 된 아동은 거울에 비친 자기를 보고 자신이라고 인지한다.

⊙ 실패에 대한 반응으로 2세 미만의 아동은 슬픔으로 반응하고, 2세 이후에는 수치심이나 죄의식으로 반응한다.

ⓑ 3~4세경 아동은 다른 사람들의 마음을 이해(마음이론)하고, 다른 사람들이 알거나 생각하는 것을 구별하는 능력을 나타내기 시작한다.

④ 사회적 상호작용

㉠ 사회적 환경으로부터 정서에 관해 많은 것을 배운다.

㉡ 사회적 상호작용은 개인의 정서생활에 대단한 함의를 갖는다.

㉢ 문화가 다르면 정서에 대한 기대도 다르고 정서를 표현하는 규칙도 다르다.

㉣ 영아는 가족 및 그 외의 사람들과 매일매일 상호작용함으로써 이러한 기대를 학습하기 시작한다.

(3) 정서적 의사소통의 발달

① 사회적 참조

㉠ 애매한 상황에서 다른 사람들의 정서에 근거하여 자신이 어떤 반응을 해야 하는지 정보를 얻는 심리적 과정을 말한다.

㉡ 정서적 의사소통은 인간의 생존에 결정적이며, 영아와 어린 아동은 사회적 참조하기 능력을 점진적으로 발달시킨다.

㉢ 사회적 참조하기의 첫 발달은 생후 약 9개월경 시각절벽 상황에서 나타난다.

더 알아두기

시각절벽

인간의 유아 및 동물의 어린 새끼들의 깊이지각 능력을 연구하기 위해 Gibson 등이 창안한 실험장치이다. 큰 유리 책상으로 되어 있으며, 중간의 나무판을 경계로 하여 두 부분으로 구성되어 있다. 한쪽은 유리판 바로 아래에 바둑판무늬를 붙여 바로 밑처럼 보이는 부분이며, 다른 한쪽은 유리판에서 3피트 아래에 위치하여 푹 꺼진 것처럼 보이는 부분(절벽)으로 되어 있다.

㉣ 영아는 절벽을 건널 것인지를 결정하기 위해 어머니의 표정을 단서로 사용한다. 어머니가 놀라는 것으로 보이면 그대로 있고, 어머니가 행복한 것으로 보이면 유리를 검사하고 나서 건너간다.

㉤ 어머니가 공포의 얼굴표정을 지으면서 장난감을 무서워하면, 11개월밖에 안 된 어린 아동도 장난감을 무서워한다.

ⓑ 아동은 성장해가면서 타인으로부터 학습한 정서적 연합을 기억한다.

② 상호주관성

㉠ 사회적 미소와 공유된 감정은 일차적 상호주관성(경험의 공유)이라고 불린다.

㉡ 매우 어릴 때부터 영아와 그 부모는 그들의 반응을 조정하는 것을 배운다.

㉢ 영아가 말을 배우기 훨씬 전에 비언어적 대화를 유지하고, 이 과정들은 서로의 정신상태를 이해하기 위한 주요단계를 구성한다.

㉣ 이차적 상호주관성은 영아와 양육자가 대상이나 제3자에 대한 경험을 공유할 때 일어난다.

㉤ 영아는 낯선 상황에 대한 평가를 위해 부모와 다른 사람들을 참고하는데, 이 경향성은 아동이 나이가 들수록 증가한다.

③ **얼굴표정 해석하기**

　　㉠ 영아는 미소와 찡그림이 무엇을 의미하는지 유전된 기제를 통해 자동적으로 알 수도 있으며, 학습된 것일 수도 있다.

　　㉡ 타인의 얼굴표정을 따라하는 얼굴모방은 비록 그 의미가 불분명하지만 생후 며칠 동안 관찰되었다.

　　㉢ 신생아의 모방은 동기화된 행동이라기보다는 자동적인 반사에 더 가까울 것이다.

　　㉣ 미소 짓는 영아는 행복을 느끼고, 또한 동시에 다른 사람이 미소 짓는 것을 보면서, 행복한 느낌과 미소 짓는 얼굴을 보는 것을 연합시킬 기회를 갖는다.

④ **정서언어**

　　㉠ 아동이 말하기를 터득하자마자(1.5세~2세), 그의 정서어휘는 성장하기 시작한다.

　　㉡ 2세 아동도 정서단어를 상당히 정확하게 사용하는 것을 발견하였다.

　　㉢ 정서경험에 대해 가족과 더 많이 이야기한 3세 아동은, 초등학생이 되었을 때 타인의 정서에 대해서 이해하는 능력이 더 좋았다.

　　㉣ 2세 아동은 자신의 정서가 타인에게 어떻게 영향을 주는지 잘 알기 때문에, 원하는 것을 얻기 위해서 정서를 조작할 수 있다.

　　㉤ 3세가 되면 정서에 대해 의사소통하는 아동의 능력이 증가하고, 아동은 정서표현과 그 원인을 분명히 인지한다.

(4) 애착과 정서의 사회화

① **애착의 개념**

　　㉠ 영아가 소수의 정규적인 양육자나 특별한 사회적 대상과 형성하는 친밀한 정서적 관계를 말한다.

　　㉡ 약 6개월이 지난 안정애착유형 영아는 양육자가 방을 나갈 때 저항하고, 양육자가 돌아올 때 즐거움을 나타내며, 노는 동안 양육자를 자주 체크한다.

　　㉢ 양육자가 스스로 탐색하려는 영아의 욕구를 묵살하고 무시하면, 영아는 불안애착유형을 발달시키는데, 양육자가 나갔다가 돌아오면 그에게 매달리고 또 밀어내기를 한다.

　　㉣ 양육자가 냉담하고 거부적이면 회피애착유형을 발달시키는데, 양육자가 있을 때 그에게 주의를 하지 않고, 나갔다가 돌아와도 위로를 받으러 가지 않는다. 회피애착유형의 아동은 이후에 공격행동과 반사회적 행동의 위험성이 증가한다.

② **6개월에 애착이 시작되는 이유**

　　㉠ 영아의 시력은 6개월까지 크게 향상되는데, 시각적 인식은 사람들의 움직임을 멀리서도 감지할 수 있는 이점을 가지고 있어 목소리 인식과는 다르기 때문이다.

　　㉡ 인지적 성숙과의 관련성 측면에서 영아는 2세 정도까지 기억하는 것에 반응하는 것이 아니라, 현재 보고 듣는 것에 대해서 주로 반응한다. 또한, 9개월 미만의 영아는 대상영속성이 결여되어 있어 자신의 눈에 보이는 것만 인지할 수 있다.

　　㉢ 6~8개월 아기들은 기기 시작하고 세상을 탐색하기 시작하는 시기이다. 이때는 모든 종류의 새로운 경험을 시작하는데, 이것은 탐색과 위험 사이에서 균형을 맞추어야 한다는 의미이기도 하다. 이러한 조절에 필요한 정서와 행동이 애착을 형성한다는 것이다.

ⓔ 탐색과 위험 사이의 조절은 또한 영아가 자신의 필요에 맞게(스스로 탐색할 수 있도록 충분히 멀리 있으면서 필요할 때 도움을 줄 수 있기에 충분히 가까운) 양육자와의 적정한 거리를 유지하려고 한다는 것으로 이해할 수 있다.

③ 애착유형의 특징
  ㉠ 영아는 양육자의 전형적인 행동에 부합하는 애착유형을 발달시킨다.
  ㉡ 양육자의 행동은 영아의 성격과 타고난 정서유형에 어느 정도 의존한다.
  ㉢ 양육자와 영아는 유전적 이유로 관련된 행동양식을 보인다.

④ 낯선 이 불안
  ㉠ 낯선 사람들에 대한 공포가 애착과 함께 온다.
  ㉡ 대부분의 아동의 경우 이 공포는 시간이 지나면서 감소한다.
  ㉢ 낯선 이에 대한 공포는 또한 일반적인 공포능력 및 성숙과 관련될 수 있다.
  ㉣ 영아의 낯선 이에 대한 공포는 성인남자에 대해서 특히 강한데, 성인남자는 대개 크고, 클수록 무서워하는 경향이 높다. 이것은 진화론과 관련된다.
  ㉤ 포유동물의 진화에서 성숙한 수컷은 영아에게 잠재적인 위협을 가해왔는데, 영아도 이러한 경향성이 진화되었을 것이다.

⑤ 정서표현의 사회화
  ㉠ 양육과 정서표현
    • 정서표현에 대한 기대는 성별에 따라 다른데, 보통 아들에게 공포와 분노의 통제를 더 강조하고, 딸에게 행복의 표현을 더 격려한다.
    • 부모가 어떤 정서표현을 주로 하는지에 따라 자녀도 부모와 비슷한 정서표현을 하는 경향이 있다.
    • 그러나 유전적 유사성 때문에 유사한 정서표현을 보일 수도 있다.
    • 양육자의 정서표현 강화나 억제는, 양육방식의 좋고 나쁨의 문제가 아니라, 문화에 따른 정서 스타일의 반영으로 생각할 수 있다. 독일의 낯선 상황 연구에서 거의 절반의 영아가 회피애착으로 분류되었는데, 이는 독일의 어머니들이 무관심하거나 둔감한 것이 아니라, 어머니들은 부모가 자녀의 독립성을 격려해야 한다는 신념을 표시한 것이다.
  ㉡ 문화의 정서표현
    • 정서표현에 대한 기대는 문화에 따라 다르지만, 일반적으로 아동에 대한 기대는 문화마다 유사하다.
    • 3세까지의 많은 아동이 자신의 감정을 감추는 것을 학습하기 시작해, 거짓말을 함으로써 자신의 죄책감 정서를 감추는 데 성공한다.
    • 정서를 더 잘 통제하는 아동의 학교성적이 더 높았다.
    • 문화가 변화하면 부모에 의해 전달되는 정서교육도 변화한다. 일본 표집(표집이란 모집단에서 표본을 추출하는 방법)에서는 미국에 비해 불안애착 비율이 높았는데, 일본의 어머니들은 영아를 거의 떠나지 않고 의도적으로 타인에 대한 의존성을 격려한다. 그러나 직장을 가진 일본 어머니들의 자녀의 애착유형 비율은 미국의 전형적인 비율과 유사했다.

ⓒ 미국과 일본 어머니 비교

> **〈질문〉**
> 벽에 낙서를 한다거나 마켓에서 물건을 떨어뜨리는 등 다양한 종류의 비행에 대해 어떻게 반응할 것인가?

미국	일본
• 자주 아동에게 그 행동을 중지하라고 요구 • 아동이 중지하도록 신체적으로 강요할 것임 → 이런 경우 만일 부모가 아동의 울화에 굴복하게 되면, 정서행동은 강화돼서 '내가 원하는 것을 얻으려면 화내고 싸워야 한다'를 익히게 됨	• 긍정적인 아동의 욕구에 호소하면서 비행이 타인에게 상처를 주는지 설명함 • 타인의 조망에서 재해석하도록 훈련 → 이는 긍정적인 사회적 정서를 격려하는 것으로, 분노를 일으킬 수 있는 자기중심적 평가를 억제하는 것을 배움

(5) 청소년기와 성인의 정서발달

① 청소년기의 정서

㉠ 청소년기 정서의 특징
- 대부분의 청소년 초기에 부모와 보통 정도의 갈등을 경험하고, 이따금씩 '우울, 불안 혹은 분노'의 기간을 경험한다.
- 갈등의 심각함 정도는 청소년마다 차이가 있는데, 그 차이는 유전과 부모로부터 받는 동정 및 이해의 양과 관련된다.
- 청소년은 주의 깊게 생각할 시간이 있을 때 더 나은 결정을 하지만, 충동적인 경향이 있으며 강한 욕구를 억제하는 것이 어렵다.
- 특별히 빠른 결정이 필요한 상황에서 정서적이고 사회적인 결정을 할 때, 청소년마다 차이가 나타난다.
- 또래압력 또한 청소년의 충동성과 모험심을 증가시키기 때문에, 성인보다 더 자주 모험을 하고 친구가 지켜볼 때 더욱 그렇다.

㉡ 청소년기의 정서가 증가하는 이유
- 또래들과 함께 할 수 있는 자유를 갖기 때문에, 자기 스스로 결정하거나 위험을 감수하는 등 정서적으로 좀 더 강렬한 상황에 직면할 수 있기 때문이다.
- 생물학적(에스트로겐과 테스토스테론 같은 성호르몬) 요인 또한 정서적 변동의 증가에 기여한다.

② 성인기의 정서

㉠ 개인의 일관성과 정서강도의 연령 경향성
- 젊었을 때 더 행복했던 사람들은 밝은 마음을 평생 동안 간직하는 경향이 있어서, 나이가 든 후 활동과 관계를 순조롭게 한다.
- 나이가 들수록 일반적으로 정서적인 일들에 대해 더 많은 주의를 기울인다.

- 나이 든 성인이 일반적으로 정서적 자료에 더 주의를 기울이지만, 부정적인 사건과 느낌은 더 적게 보고한다.
- 젊은 성인의 뇌는 슬프거나 무서운 사진에 더 강하게 반응하며, 나이 든 성인의 뇌는 즐거운 사진에 더 강한 반응을 보인다.
- 나이 든 성인이 젊은 성인보다 자서전적 기억에서 긍정적 정보를 훨씬 더 선택적으로 열거하는 것으로 나타났다.

  ⓒ 정서적 특징
- 중년에 이른다는 것이 남은 시간을 최대한 활용하려는 성인의 동기를 증가시키는 계기가 된다.
- 나이 든 성인은 미래를 위해 자원을 구축하려는 동기가 더 적고, 최대한의 즐거움을 추구하려는 동기가 많다.
- 사람들은 나이가 들면서 유쾌한 정서를 최대화하고, 불쾌한 정서를 최소화하려고 노력한다.
- 나이가 들면서 자신의 정서경험에 대한 평가는 비슷하게 유지되지만, 정서적 사건에 대한 심장 박동수와 생리적 반응은 감소한다.

  ⓒ 정서조절
- 나이가 들면서 자신이 정서적으로 덜 표현적이고, 덜 충동적이며, 자신의 정서를 더 잘 통제할 수 있다고 평가했다.
- 나이가 들면서 약간의 정서적 지혜를 얻었다고 믿는다.
- 나이 든 사람은 젊은 사람에 비해 갈등을 약하게 표현했고, 분노하여 반응하는 경향성이 훨씬 적었다.
- 나이 든 성인이 젊은 사람보다 화를 덜 내며, 화가 날 때도 상황을 좀 더 온화하고 관대하게 처리하는 편이다.
- 긍정성 편향은 노년의 성인이 자신의 정서를 효과적인 방식으로 조절하는 데 도움이 된다.

제4절 　 정서장애 [기출]

1 이상행동의 분류

(1) 임상심리학과 정서

임상심리학자들은 여러 이유로 정서에 관심을 갖는다. 가장 분명한 이유는 여러 임상적 장애들이 정서의 문제와 관련된다는 것이다.

(2) 정신장애의 진단 및 통계편람(DSM, Diagnostic and Statistical Manual of Mental Disorder)

① 미국정신의학회(APA, American Psychiatric Association)에서 발간한 것으로 7번의 개정 과정을 거쳐 2013년 5월에 DSM-5를 발행하였다.

② 목적은 인간의 심리적 증상과 증후군을 위주로 정신장애의 분류체계를 확립하여 진단, 치료, 경과과정, 예후 등을 보다 과학적이고 효율적으로 적용하기 위한 것이다.

③ 진단체계의 '일관성, 신뢰도, 타당도' 등 여러 가지 비판을 받고 있지만, 정신의학계와 인접 학문 분야에 종사하는 사람들에게 가장 권위 있는 지침서로 활용되고 있다.

④ DSM-5는 20개의 진단범주를 구분하였으나, 여기서는 정서와 관련된 장애들만 살펴보도록 하겠다.

2 우울장애 기출

(1) 증상과 원인

① 우울증은 불행한 기분이 그와 같은 심각한 반응을 불러일으키기에 충분한 명백한 촉발사건이 없음에도 오랫동안 지속되는 것이다.

② 어떤 사람이 우울증상이나 조증을 일정한 기간 동안 경험할 때, 기분장애는 삽화(Episode)라는 용어로 기술된다.

③ 주요우울삽화는 다음의 9가지 증상 중 5개 이상의 증상이 2주 이상 연속으로 나타나야 한다.
　㉠ 거의 하루 종일 지속되는 우울한 기분
　㉡ 거의 모든 활동에 대한 흥미와 즐거움의 급격한 저하
　㉢ 현저한 체중감소나 체중증가
　㉣ 불면증이나 과다수면
　㉤ 정신운동성 초조나 지체
　㉥ 피로감이나 활력상실
　㉦ 무가치감 또는 과도하거나 부적절한 죄책감
　㉧ 사고력이나 집중력의 감소 또는 우유부단함
　㉨ 죽음에 대한 반복적인 생각이나 구체적 계획 세우기

④ 사별에 대한 정상적인 반응은 우울증과 유사하지만, 심각하게 장기적으로 진행될 때는 우울증으로 진단될 수 있다.

⑤ 우울증으로 진단받는 사람은 10% 정도 되며, 우울증에 취약한 사람은 다음의 특징을 갖는다.
　㉠ 우울증은 가족 내에서 공통적으로 발견되는 경향이 있다.
　㉡ 어린 시절 가족의 우울증을 경험한 사람은 우울증 위험성이 있다(남성 가족보다 여성 가족일 경우 더 높다).
　㉢ 이전에 나쁜 경험을 겪은 것이, 새로운 좋지 않은 경험에 대해 더 강하게 반응하는 성향을 갖도록 만들고 우울해지도록 한다는 것이다.

  ② 한 가족 안에서 평균적으로 알코올과 관련된 문제는 남자들이, 우울증과 관련된 문제는 여자들이 더 많이 갖는다.

  ⑩ 어린 시절 학대경험은 우울증의 원인이라기보다는 우울증의 소인에 추가되었을 가능성이 있다.

  ⑭ 우울증은 알코올의존, 기타 약물사용, 반사회적 성격장애, 식욕이상항진증, 공황장애, 편두통, 주의력결핍장애 및 그 밖의 다양한 문제를 갖고 있는 가족들에게서 함께 나타난다.

(2) 우울증의 보상 둔감성과 인지적 측면

① 우울증의 보상 둔감성

  ㉠ 우울한 사람들이 슬픈 얼굴사진을 보았을 때, 정상적인 반응보다 더 큰 반응을 보인다.

  ㉡ 재미있는 영화에 대한 반응에서, 우울한 사람들이 그렇지 않은 사람에 비해 재미를 덜 보고한다.

  ㉢ 우울한 사람은 슬픈 사진에 대해 우울하지 않은 사람과 거의 비슷하게 반응하지만, 유쾌한 사진에서는 반응을 별로 하지 않는다.

② 우울증의 인지적 측면

  ㉠ 사람들은 자신이 무기력하다거나 어떤 좋지 않은 상황에 대해 통제할 수 없다고 믿을 때 슬픔을 느낀다.

  ㉡ 사람들은 일반적으로 무기력이나 무망(희망 없음)을 느낄 때 우울하게 된다.

  ㉢ 학습된 무기력은 우울증과 유사한 증상을 보인다.

  ㉣ 우울한 사람들은 비현실적인 신념을 가지고 있으며, 대부분 평범한 사건에서 실패를 찾는다.

  ㉤ 대부분의 모든 일들을 실패로 해석하는 사람들은 쉽게 낙담하며, 동기와 활동의 결핍은 우울증의 핵심특징 중 하나이다.

  ㉥ 역기능적 신념들은 비관적 설명양식과 관련이 있지만, 비관적인 설명양식보다 훨씬 더 강하게 우울증과 상관을 갖는다.

  ㉦ 여성이 우울증으로 진단될 가능성이 높으며, 부정적인 사건에 대해 반복적이며 비건설적으로 생각할 가능성이 더 높은 경향이 있다.

  ㉧ 매사에 광범위하게 반추하는 사람들은 어느 정도 우울하다. 반추하지 않도록 교육을 하는 것은 우울증을 예방하는 데 도움이 된다.

(3) 우울증의 종류와 치료

① 전형적 우울증(B형 우울증)

  ㉠ 세로토닌의 결핍으로 특징지어지며, 슬픔을 강하게 느끼는 것과 관련된다.

  ㉡ '식욕감퇴, 체중저하, 불면증'과 몸을 떨거나 강박적으로 왔다갔다하는 것과 같은 정신운동 초조로 특징지어진다.

  ㉢ 사회적 상실 후에 더 많은 울음과 슬픔을 보고한다.

② 비전형적 우울증(A형 우울증)

  ㉠ 도파민과 노르에피네프린의 결핍과 관련되며, 보상 둔감성과 연관이 있다.

  ㉡ 식욕증진, 체중증가, 과다수면 및 정신운동 지체로 특징지어진다.

ⓒ 개인적인 실패 후 더 많은 피로 및 비관주의를 보고한다. 세로토닌과 도파민 두 시스템을 조정하는 처치는 증상들을 완화시키는 데 도움을 줄 수 있다.

③ **우울증의 치료**

㉠ 대화요법

- 가장 효과적인 것은 인지요법으로, 환자들을 특징짓는 설명양식과 역기능적 편향을 수정하려는 접근법이다.
- 자신의 일상생활에서 벌어진 사건들에 대해 말해보도록 하고 나서, 고통을 낳는 가정과 신념에 대해 내담자 스스로 도전할 수 있도록 돕는다.
- 우울한 내담자가 모든 부정적 사건을 비현실적임에도 불구하고 개인적 실패로 해석하는 경향이 있다면, 치료자는 특정한 상황에서 이 편향을 알게 해주고 다른 가능한 귀인방법을 제시해줄 수 있다.
- 이러한 방법은 사건해석의 새로운 방식을 내면화할 것이지만, 수개월에서 수년의 시간이 걸린다.

㉡ 약물치료

- 대부분의 항우울제는 시냅스에서 세로토닌이나 도파민의 접근성을 증가시킨다.
- 항우울제는 '선택적 세로토닌 재흡수억제제'(SSRI, Selective Serotonin Reuptake Inhibitors)라고 불린다.
- SSRI는 세로토닌수용체를 차단하여 분비된 세로토닌이 시냅스에 더 오랫동안 남아 있도록 한다.
- 가장 인기 있는 항우울제 중 하나인 플루옥세틴(상품명은 프로작)은 SSRI이다.
- 우울한 사람들이 세로토닌수송체 단백질에서 비정상성을 갖기 때문에, 이 단백질과 관련된 유전자 변형을 갖는 사람들은 SSRI를 사용한 처치에 더 잘 반응한다.
- 세로토닌은 항우울 신경전달물질이 아니지만, SSRI는 많은 사람들에게 효과적으로 보인다.

㉢ 일상생활에서의 예방 및 치료

- 부정적 사건을 덜 고통스럽고, 덜 파국적인 방식으로 재평가하도록 시도하게 한다.
- 30분에서 한 시간 정도 적당한 양의 햇볕을 쬐는 것은 우울증 완화를 돕는다.
- 장기적으로 운동을 시도해 보는 것도 좋다.
- 수면시간을 규칙적으로 지키는 것도 도움이 된다.

3 양극성장애

(1) 증상과 원인

① 비정상적으로 과도하게 들뜬 기분이 1주일 이상 지속적으로 나타나는 경우를 조증이라고 한다.
② 양극성장애는 기분이 고양되어 들떠있는 상태와 기분이 침체된 상태가 주기적으로 나타나는 일련의 장애로 조울증이라고도 한다.

③ 조증은 그 자체로는 매우 드물고, DSM에는 우울삽화가 동반되지 않는 순수한 조증의 진단범주가 없다.

④ 양극성장애에서 경험되는 우울증은 전형적 종류보다는 비전형적 종류일 가능성이 높지만, 전형적 우울증을 경험하는 환자들도 있다.

⑤ 이들은 자살기도의 위험이 높은데, 환자들의 50%가량이 한 번은 자살기도를 하고, 이중에서 15% 정도는 성공을 한다.

⑥ 자살기도는 보통 우울삽화 중에 특히 무망감과 동반될 때 일어난다.

(2) 치료방법

① 치료는 단극성우울증과 달라 약물처방이 치료에 훨씬 더 핵심적이다.

② 항우울제는 단지 양극성장애 환자를 우울삽화로부터 조증삽화로 보낼 뿐이며, 도움이 되지 않는다.

③ 가장 효과적인 약학적 처치는 글루타메이트의 수용기에 영향을 미치는 리튬이다.

④ 글루타메이트는 일반적으로 뇌 전반에 걸쳐 신경활동을 가속시키며, 리튬이 글루타메이트의 수준이 지나치게 변화하지 않도록 그 수준을 안정화시키는 것으로 보인다.

4 불안장애 및 외상후스트레스장애

과도한 불안과 공포를 주된 증상으로 하는 장애로, 불안은 미래의 위협에 대한 정서적 반응이며, 공포는 현재 일어나고 있는 위협에 대한 정서적 반응이다.

(1) 불안장애의 종류

① 범불안장애

㉠ 미래에 경험하게 될 다양한 상황에 대해 만성적인 불안과 과도한 걱정을 나타내는 증상이다.

㉡ 건강, 재정, 직업, 심지어는 집안일이나 자동차 수리 같은 사소한 문제에 대해서도 걱정한다.

㉢ 범불안장애를 갖고 있는 환자들의 대부분은 하나 이상의 다른 장애 진단을 받을 수 있다.

② 공황장애

㉠ 심장박동의 급격한 증가, 가쁜 호흡, 땀 흘림, 몸의 떨림 및 가슴통증이 수반되는 공황발작의 반복에 의해 특징지어진다.

㉡ 공황발작은 사람들이 자신의 공황발작에 대해 지나치게 걱정할 때 악화되며, 이 증상을 갖고 있는 사람들은 심장마비에 걸릴 것을 두려워한다.

㉢ 몇 번의 공황발작을 경험하고 나면 사람들은 공황발작을 그것과 동반된 사건과 환경에 연합시켜, 이후 유사한 환경이 주어지면 새로운 공황발작이 유발될 수 있다.

㉣ 발작의 유사징후들이 감지되면 발작의 시작으로 해석하여, 이러한 불안이 실제 공황발작을 촉발한다.

③ **광장공포증**

ⓐ 특정 장소나 상황에 대해서 강한 공포와 불안이 6개월 이상 나타난다.

ⓑ 개방된 공적인 장소뿐만 아니라 터널이나 버스 안 등도 포함되며, 광장공포증은 공황발작이 없는 사람들에게는 흔하지 않다.

ⓒ 공황장애가 있는 사람들이 공공장소에서 공황발작이 오면 수치스러울 것이라고 두려워하기 때문에 발달하는 것으로 생각된다.

④ **특정공포증**

ⓐ 단순공포증이라고도 하며, 특정한 대상이나 상황에 대해 과도하게 불합리한 공포와 불안을 가지고 있는 경우로, 물건이나 상황 등이 모두 유발원이 된다.

ⓑ 때로는 그 물건이나 상황에 대한 생각만으로도 공포를 유발할 수 있다.

⑤ **외상후스트레스장애(PTSD, Post Traumatic Stress Disorder)**

ⓐ 충격적인 사건이나 스트레스 사건을 경험한 후, 그 후유증으로 심각한 부적응적 증상들이 나타나는 장애이다.

ⓑ 사건에 대한 기억, 심상, 이미지, 플래시백의 자동적 침투증상 및 회피행동이 재경험된다.

ⓒ 자신이 겪은 사건을 떠올리는 것들을 피하고 분노, 죄책감, 슬픔의 폭발을 보고한다.

(2) 불안장애의 원인

① 극단적인 불안을 보이는 아이들은 다른 아이들에 비해 불안장애를 갖는 성인으로 성장할 가능성이 더 높다.

② 일부 사람들은 자신의 공포증의 기원이 되는 개인적 경험을 추적할 수 있지만, 대부분의 사람들은 그 경험을 기억하지 못한다.

③ 충격적인 경험이 유전적 요인을 넘어서지는 못하지만, 환경의 영향이 없는 것은 아니다.

④ 세로토닌수송체 단백질을 생산하는 유전자가 짧은 형태를 띤 사람들이 긴 형태를 띤 사람들보다 다양한 불안장애를 발달시킬 가능성이 높다.

⑤ 짧은 유전자를 가진 사람이 편도체에서 더 강한 반응을 보이고, 위험의 신호를 더 빨리 학습한다.

⑥ 짧은 유전자를 갖지 않은 사람 중에도 장애를 갖는 사람이 있다.

※ 참고 : PTSD 환자들은 평균보다 작은 크기의 해마를 가지고 있는 것으로 나타났다. 해마는 기억과정에서의 역할 외에도 스트레스호르몬의 조절을 책임진다.

(3) 치료

① **범불안장애** : 걱정의 감정을 확인하고 불확실성을 더 잘 견디는 내성을 발달시키며, 문제를 반추하기보다 건설적인 해결법을 학습한다.

② **특정공포증** : 노출요법을 사용하여 이미지 트레이닝을 하고 실제행동으로 옮긴다.

③ 불안을 진정시키는 대부분의 약물은 진정제로 알려진 것들이다.

④ 벤조디아제핀으로 알려진 생화학 제품군(다이아제팜, 클로르디아제폭사이드, 알프라졸람 등)은 알약으로 복용하며 여러 시간 효과가 지속된다.

⑤ 진정제는 GABA(편도체를 포함하여 신경계 전반에 걸쳐 있는 주요 억제성 신경전달물질)로 알려진 신경전달물질의 효과를 촉진함으로써 작용한다.

⑥ GABA가 공포에만 작용하는 신경전달물질이 아니기 때문에, 진정제는 뇌의 나머지 영역 대부분의 활동에도 영향을 미쳐 졸림과 기억손상을 유발한다.

⑦ 알코올은 진정제와 유사하게 불안을 감소시킨다.

⑧ 편도체의 활성화가 공포 자체인 것은 아니며, 진정제가 공포에만 효과를 발휘한다고 할 수 없다.

5 강박장애와 반사회적 성격장애

(1) 강박장애

① 강박장애는 정서의 측면에서 정의되지 않는다.

② 본인의 의지와 관계없이, 원하지 않는 생각(강박사고)과 행동(강박행동)을 반복하는 것이다.

③ 강박사고는 '부적절한 생각, 충동, 이미지'로 정의되며, 뚜렷한 불안과 고통을 야기한다.

④ 강박행동은 강박적 사고에 반응하여 수행해야 한다는 내적인 압력을 느끼는 '손 씻기, 정돈하기'와 같은 반복적 행동 또는 '물건 세기나 속으로 단어 반복하기'와 같은 정신활동을 말한다.

⑤ 강박사고와 행동이 현실적인 결과물과 연결된 합리적인 걱정이라면 장애가 아니다.

⑥ 임상적 수준은 아니지만, 불안이나 혐오가 강박장애에 있는 사람들에게 강하게 나타나는 경향이 있다.

(2) 반사회적 성격장애

① DSM-5에서 B군 성격장애의 하위범주로 포함된 장애이다.

② 18세 이상의 성인이 타인의 인격과 권리를 침해하는, 사회의 규범이나 법을 어기고 무책임하며 폭력적인 행동을 반복하는 성격적 문제를 말한다.

③ 이 증상들은 사이코패스나 소시오패스적(DSM에서 정의하는 장애는 아니다) 특질과 중첩된다.

④ 사이코패스적인 성인은 다른 사람들이 어떻게 느끼는지를 아는 것(공감적 정확성)에는 능숙하지만, 다른 사람들의 감정을 느끼는 것(정서적 공감)을 보이지는 않는다.

⑤ 선천적인 정서적 공감이 결여된 사람들은 타인의 정서를 추론하는 것을 배울 수는 있지만, 공감적 느낌은 빠져있을 것이다.

⑥ 사이코패스적인 성격증상들은 유전가능성이 매우 높다.

⑦ 이들에게는 타인에 대한 공감을 격려하는 개입이 도움이 된다.

⑧ 정서적 공감에 영향을 주지 않으면서 공감적 정확성을 향상시키게 되면 오히려 타인의 정서를 더 잘 조정하도록 가르쳐 미래에 사이코패스적인 증상들을 악화시킬 수 있다.

제5절 정서의 표현과 측정

1 정서의 보편적 측면

(1) 얼굴표정과 진화

① 정서에 대한 진화적 관점을 증명하는 것은 어렵다.

② 진화관점을 지지한다는 것은 정서의 어떤 측면이 인간의 보편적 특성이라는 것이다.

③ 세상 사람들에게 공통된 심리적 과정을 발견하는 것은 정서가 인간본성의 일부분임을 시사하는 것이다.

④ 다윈은 얼굴표정에 담긴 일차적 정서는 보편적이며, 모든 인간은 이 정서를 정확하게 해석할 수 있는 능력을 가지고 있다고 믿었다.

⑤ 다윈은 정서의 표현이 개체에게 생존과 번식상의 이점을 부여하기 때문에 진화했을 것이라고 주장했다.

⑥ 혐오감이나 두려움 같은 얼굴표정도 진화적 중요성을 획득하게 되었다고 주장하였다.

⑦ 정서적 상태를 공유하는 능력은 생존에 도움이 된다. 타인이 화가 나 있다는 사실을 지각하는 것은 어린아이들의 경우 생사에 영향을 미치기 때문에 매우 중요하다.

(2) 정서의 얼굴표현과 정서 예측방법

① 정서의 얼굴표현

 ㉠ 태어날 때부터 귀가 먹었거나 장님인 사람들조차 동일한 얼굴표현을 한다.

 ㉡ 전 세계 대부분의 사람들이 특정 얼굴표정을 유사하게 해석한다.

 ㉢ 자신이 속한 인종집단의 표현을 외부집단의 표현보다 어느 정도 더 잘 인지했다.

 ㉣ 6가지 일차적 정서(분노, 행복, 놀람, 공포, 혐오, 슬픔)를 읽어내는 능력은 문화와 무관하였다. 뉴기니 원주민 부족과 미국인들의 정확성이 다르지 않았다.

② 얼굴표정 정서연구의 문제점

 ㉠ 다윈은 선교사나 다른 대륙을 여행하는 사람들로부터 받은 서면보고에 의존해 검증했는데, '예/아니요'로 답할 수 있는 질문으로 구성되어 있었다.

 ㉡ '예/아니요' 방식은 기술이 정확하지 않을 때조차 '예'라고 대답하기도 한다.

 ㉢ 이후의 연구는 6개 얼굴표정과 기본정서 단어를 짝짓기하는 방식으로 진행되었다.

 ㉣ 짝짓기 절차는 사람들의 정확성을 과대추정한다는 문제가 있다.

 ㉤ 또한 짝짓기 절차는 사람들이 정서표현을 해석하는 능력을 많은 면에서 과소평가한다.

③ 일상적인 정서 예측방법

 ㉠ 일상생활에서 우리는 어떤 사람의 정서를 정지된 얼굴표정만 가지고 읽지 않는다. '눈 깜빡임, 떨림, 어깨 으쓱거림, 고개 돌림, 걸음걸이 속도, 손동작, 시선의 방향' 등 시간에 걸친 변화에 주목한다.

 ㉡ 같은 표정도 자세가 추가되면 다르게 해석된다.

ⓒ 음성의 톤만으로 정서를 예측하기도 하며, 보고 들을 때 훨씬 더 빠르게 추측한다.

ⓔ 행복하거나 화난 사람들은 상대를 똑바로 바라보지만, 슬픈 사람들은 거의 항상 아래를 내려다 보거나 옆을 본다.

ⓜ 슬픈 사람들이 눈물을 보이지 않으면 정서를 해석하기 어렵다.

ⓑ 분노표정은 어느 방향에서 보든 잘 인식하지만, 공포표정의 경우에는 옆을 보는 얼굴에서 쉽게 인식한다.

④ **정서와 얼굴표정 연구에서의 함의**

ⓖ 얼굴표정을 인식하는 정확성의 측정은 복잡하고, 세부절차에 따라 달라진다.

ⓛ 몇 가지 얼굴표정들이 여러 문화에서 대체로 동일한 의미를 전달한다는 것은 명백하다.

ⓒ 정서가 단순히 문화의 산물이 아니라 진화의 산물이라는 생각을 지지한다.

(3) 정서와 문화

① 문화와 정서평가

ⓖ '기쁨, 분노, 공포, 슬픔, 혐오, 부끄러움, 죄책감'에 대한 정서평가는 각 대륙별 유사한 평정을 했다.

ⓛ 다른 문화지역에 속한 사람들이 정서사건을 평가할 때, 도덕성의 역할에 대해서 종종 일치하지 않았다.

ⓒ 얼굴표정에서와 같이 몇 개의 구체적인 정서와 연합된 평가 프로파일이 전 세계의 대부분에서 현저하게 유사하였다.

ⓔ 서로 다른 문화권에 속한 사람들은 어떤 평가차원에 대해서는 다른 평가차원에 대해서보다 더 강하게 동의한다.

② 정서의 문화 간 생리적 측면과 진화

〈연구〉
- 미국 청년과 미낭카바우족(인도네시아 원주민)의 같은 정서에 대한 생리적 반응(심박수) 관찰
  → 일부 정서에서 생리적 반응에 차이를 보였고, 여러 정서에서 차이를 보이지 않음
- 유럽-미국계 대학생들과 몽족(라오스 부모를 둔 미국 2세대 라오스계 미국인)을 대상으로 6개 정서 체험 동안 피부 전도성 측정
  → 유럽-미국인과 몽족 집단 사이에 비슷한 결과를 보임

ⓖ 위 두 연구는 몇 가지 제약을 갖고 있어 연구에 대한 타당도에 문제를 제기할 수 있다.

ⓛ 그러나 정서의 진화를 측정한다는 것은 그만큼 어려운 것이고, 이러한 연구를 흥미로운 시작으로 생각하는 것이 좋을 것이다.

ⓒ 위 두 연구는 문화 간 생리적 반응에서 어느 정도 유사성을 보였지만, 이것으로 보편성이 검증된 것은 아니다.

ⓔ 그러나 정서의 생리적 반응이 몇몇 문화에서 몇 개의 정서에 대해서는 유사한 패턴을 보인다고 어느 정도 확신할 수 있을 것이다.

2 정서의 측정

(1) 정서측정의 이해

① 무엇인가를 연구하기 위해서는 어떤 종류의 측정이 필요하다. 정서를 연구하려면 정서를 측정해야 한다.

② 정서를 명확하게 정의하는 데 어려움이 있다면, 정서를 측정하는 데 어려움을 겪을 것이다.

③ 정서를 연구하는 방법에는 '자기보고, 생리적 측정, 행동관찰'이 있다.

④ 세 가지 방법을 사용하여 연구를 진행할 때, 연구자들은 그 방법이 신뢰할 수 있는지, 타당한지를 알고 싶어 한다.

⑤ **측정의 신뢰도** 기출

ⓐ 측정의 신뢰도란 측정하고자 하는 것을 얼마나 오차 없이 정확하게 측정하고 있는가의 정도를 말한다.

ⓑ 동일조건에서 검사를 받은 피검자들이, 반복검사를 받았을 때 같은 결과를 나타내는지를 의미하므로, '안정성, 일관성' 등으로 표현된다.

　　　예 동일조건인데 어제 받은 검사와 오늘 받은 검사의 결과가 다르다면, 신뢰할 수 없는 검사가 되는 것이다.

ⓒ 신뢰도가 낮으면 타당도는 이에 비례해서 낮아지기 때문에, 신뢰도는 타당도의 필요조건이 된다.

⑥ **타당도** 기출

ⓐ 검사도구가 측정하려는 내용을 얼마나 충실하게 측정하고 있는가의 정도를 말한다.

ⓑ 피검자들이 검사할 때마다 동일한 점수를 보인다면 신뢰도가 높은 것이지만, 알고자 하는 것을 측정하는 것이 아니라면 타당하지 않은 것이 된다.

　　　예 수학실력을 평가하려면, 수학문제를 가지고 평가해야 한다. 만약 수학실력을 국어문제로 평가한다면, 이것은 타당하지 않은 측정이 되는 것이다.

(2) 정서의 측정방법

① **자기보고**

ⓐ 자기보고 측정방법의 개념

• 피험자 스스로의 관찰결과를 스스로 보고하게 함으로써, 검사 또는 평가자료를 수집하는 방법을 말한다.

• 성격특성, 흥미, 태도, 가치관 등을 조사하기 위한 질문지에 자신의 상태를 스스로 평정하는 방법이 있다. 이는 자기보고한 결과를 합산하는 특성 조사방식과 대별된다.

전혀 그렇지 않다	그렇지 않다	보통이다	그렇다	매우 그렇다
1	2	3	4	5

• 특정 그림이나 문장에 대해 기술하거나, 그림으로 그리거나 해석하는 방법으로도 정서를 측정할 수 있다.

• 자기보고는 많은 목적에 유용하다. 정서의 느낌 측면을 측정할 방법이 없기 때문이다.

ⓒ 자기보고 방법의 문제점
- 각 사람의 표준이 다른 사람과 다르다는 단순한 이유 때문에 정밀할 수 없다.
  예 내가 5점으로 평정한 것과 다른 사람이 5점으로 평정한 것의 기준이 다를 수 있기 때문이다.
- 피검자의 특성이나 검사상황에 따라서 신뢰성이 낮거나 왜곡된 보고가 될 수 있어, 주관적인 자기보고보다는 객관적인 행동관찰을 더 신뢰하기도 한다.
- 유아나 뇌가 손상된 사람 혹은 동물을 대상으로 연구할 때 제약이 될 수 있고, 다른 언어를 사용하는 경우 번역의 한계 때문에 섬세한 구분이 어려울 수 있다.

② **생리적 측정**
- ㉠ 정서와 신체의 변화
  - 우리가 많은 정서적 체험을 할 때, 신체적 변화가 동반된다.
  - 정서의 생리적 측정도구들은 신체가 정서에 따른 행동을 준비하는 양식을 조사한다.
  - 많은 정서적 상태는 심장박동이 빨라지고, 위장이 조여지며, 땀이 나는 등의 각성상태를 나타낸다.
  - 교감신경계의 활성화 증가는 각성상태를 산출하는 데 중요한 역할을 한다.
    - 비상행동으로 싸움 혹은 도주를 준비하도록 한다.
    - 교감신경계에 의해 촉진된 신체변화는 혈액의 흐름과 산소의 근육주입을 증가시킨다.
    - 에너지를 빼앗아 갈 소화활동과 성적 흥분을 감소시킨다.
  - 부교감신경계의 활성화 증가는 에너지를 보존하는 유지기능을 증가시키고 성장을 촉진한다.
- ㉡ 정서의 생리적 측정의 한계
  - 신체의 변화가 정서만의 이유로 변하는 것은 아니다.
    - 심박수가 빨라지는 것은 공포를 느낄 때뿐 아니라 달리기를 하고나서도 나타난다.
    - 추울 때 손의 혈관은 무서워할 때와 똑같이 수축한다.
  - 생리적 측정치를 사용하는 연구자들은 신체가 보이는 변화가 정서에 기인한 것인지 자문해 보아야 한다.
  - 정서의 생리적 측정치들은 사람마다 크게 다른데, 동일한 활동에서도 사람들의 신체는 서로 다르다.
- ㉢ 뇌파검사(EEG)
  - 연구자가 참여자의 두피에 전극을 부착하고, 신경계에서 뇌신경 사이에 신호가 전달될 때 생기는 전기의 흐름을 측정하는 것이다.
  - 뇌파검사는 두피에 부착된 전극에 가장 가까운 신경세포로부터 나오는 활동을 기록하는 데 적합하다. 그러나 신경활동의 대부분은 뇌의 심층영역에서 일어난다.
  - 뇌영역의 세포활동에 관한 1/1000초 단위의 정보를 제공하므로, 정확한 체험시간을 중요시할 때 특히 유용하다.
  - 뇌파검사는 뇌활동의 시간에 관해서는 정확한 정보를 제공하지만, 위치에 관해서는 그렇지 못하다.

② 기능적 자기공명영상(fMRI)
- 산소를 지닌 헤모글로빈 분자는 산소가 없는 헤모글로빈 분자와 달리 자기장에 반응한다.

> 뇌의 한 영역 활동이 증가 → 산소를 많이 사용 → 혈관 속 헤모글로빈 분자들이 산소방출
> → 자기장에 반응하는 헤모글로빈 분자의 자기반응의 변화탐지

- EEG보다 훨씬 더 큰 공간적 정확성을 가지고 있어, 변화의 위치를 결정할 수 있다.
- fMRI를 받은 대부분의 사람들이 기분이 좋아진다고 보고한다.
- 어린 아동이나 폐쇄공포증을 가진 사람에게 시도하기 어려우며, 비용이 비싸다.
- 정서의 특징상 일상에서 경험하는 것들을 측정해야 하는데, fMRI는 기계 속에 들어가 움직이지 않고 측정해야 한다.

⑩ 뇌스캔 결과해석의 신중성

예를 들어, 거미를 보고 공포를 느껴 편도체가 활성화된 사람의 뇌를 스캔했을 때에는, 편도체가 가지는 의미를 '공포영역이라고 해야 하는지, 뇌의 거미 인식영역인지, 동물 탐지영역인지, 움직임을 추적하는 기능을 하는 것인지'에 대해 신중한 해석이 필요하다.

⑪ 생리적 측정의 장점
- 자기보고식은 사전·사후검사를 통해 정서의 변화가 있다는 정도만 알 수 있으나, 생리적 측정은 보다 구체적인 결과를 알 수 있다.
- 문헌고찰에 따르면, 어떤 정서상태를 경험하는 동안 특정 뇌영역의 활동이 증가한다는 것이 발견되었다.
- 뇌스캔을 정서의 유형이나 강도를 결정하는 데 사용할 수 있을지도 모르지만, 우리가 생각하는 것보다 뇌는 훨씬 더 복잡하기 때문에 결과를 확신하기 어려울 수 있다.

③ **행동관찰**
㉠ 행동관찰의 방법
- 동물들이나 너무 어려서 말을 할 수 없는 유아를 다룰 때 필연적으로 행동관찰에 의존한다.
- 부모는 행동으로 정서를 추론하고 정서에 관한 단어를 가르친다.
- 정서를 행동으로 추론할 수 없다면, 자기보고를 하기 위한 단어를 배울 수 없었을 것이다.
- 자기보고가 완벽한 정확성을 갖고 자신의 정서를 보고할 수 없기 때문에 행동조사로 보완한다.
- 사람들이 특정 정서를 느끼고 있다고 말하거나 그들에게 그 정서가 유발될 것으로 기대되는 상황에 있을 때, 근육수축 패턴의 관찰은 신뢰할 만하다. 얼굴의 어떤 근육들이 수축되는지, 얼마나 오래, 얼마나 강하게 그 근육들이 수축되는지 기록한다.

㉡ 얼굴표정의 제한점
- 사람들은 자신의 정서를 가장하거나 감출 수 있다.
- 얼굴표정을 부호화하는 작업에 대단히 많은 시간이 소요된다.
- 얼굴근육의 모든 동작을 정확히 구분하는 것은 많은 훈련과 참을성을 필요로 한다.

- 정서표현은 불과 1~2초 지속되며, 매 순간을 포착하기 위해 많은 노력이 들어간다(1분 분량의 비디오테이프를 부호화하는 데 30~60분 소요).
- 얼굴표현의 해석결과에 대해 모든 사람이 동의하는 것은 아니다.

④ **측정방법의 선택**

　㉠ 느낌은 정서의 가장 중요한 측면이므로, 자기보고가 가장 좋은 표준이 된다.

　㉡ 그러나 느낌은 너무나 주관적이어서 신뢰하기 어렵다는 연구자들이 있다.

　㉢ 연구에서 많은 종류의 증거를 갖는 것은 좋은 일이다.

　㉣ 행동, 자기보고, 생리적 측정치들을 모두 포함한다면 좀 더 신뢰할 만한 결과를 얻어낼 수 있다.

01 다음 중 정서에 대한 설명으로 옳지 <u>않은</u> 것은?

① 정서는 중요한 상황을 겪게 될 때 감정, 신체반응, 행동, 목적의식 등으로 나타난다.

② 레벤슨(Levenson)은 정서는 환경의 요구에 효율적으로 적응하는 방식으로 표현되는 오래 지속되지 않는 심리적·생리적 현상이라고 하였다.

③ 정서는 어떤 대상과 명확하게 연계되지 않는 일반화된 감정 상태이다.

④ 진화론 관점에서 정서는 인간의 생존력을 높이는 데 일조했다.

01 기분(mood)은 어떤 대상과 명확하게 연계되지 않는 일반화된 감정상태이며, 정서는 어떤 대상에 대해 의식적인 평가적 반작용이다.

02 정서의 생리적 요소에 대한 설명으로 가장 옳지 <u>않은</u> 것은?

① 어떤 정서반응은 자율신경계의 영향에 의해서 나타난다.

② 모든 정서를 조절하는 뇌의 피질 단일영역이 존재한다.

③ 일반적으로 긍정 정서가 나타날 때 좌반구가 활성화된다.

④ 편도체는 감정 조절, 공포 및 불안에 대한 학습 및 기억에 중요한 역할을 한다.

02 모든 정서를 조절하는 단일한 피질영역을 정확하게 지적해낼 수는 없다.

03 정서의 행동적 측면에 대한 설명으로 옳지 <u>않은</u> 것은?

① 기본정서와 연합된 얼굴 표정은 전 세계가 공통이라는 것은 정서는 학습되지 않는다는 것을 의미한다.

② 정서의 행동적 표현은 타인에게 비언어적인 메시지를 전달한다.

③ 정서표현은 진화론 관점에서 과거에 적응적이었던 정서가 유전된 것이다.

④ 정서가 행동으로 표현됨으로써 자신이 경험한 정서가 분명해진다.

03 전 세계 어느 문화에서든지 선천적으로 기본정서와 연합된 얼굴 표정을 지을 수 있도록 타고 났다는 것을 의미하지만, 이것이 정서가 학습이 가능하지 않다는 것을 의미하지 않는다. 정서는 학습으로도 만들어질 수 있다.

정답 (01 ③ 02 ② 03 ①)

04 부정적 정서들(슬픔, 공포, 분노 등)은 상황을 좋지 않게 평가하며 문제의 상황을 피하게 하고, 긍정적 정서들(행복, 기쁨, 자부심 등)은 상황을 긍정적으로 평가하고 대상들에게 가까이 다가가게 한다.

04 정서표현에 있어서 인지의 작용에 대한 설명으로 틀린 것은?

① 정서가 표현되려면 여러 가지 차원에서 평가가 이루어진다.

② 정서표현에는 생리적 각성을 설명할 수 있는 인지적 명명이나 귀인이 필요하다.

③ 정서표현에 있어서 인지적 평가란 지각된 모든 자극에 대해 부여되는 개인적 가치를 의미한다.

④ 부정적 정서들은 상황에 대해 긍정적인 평가를 하게 하여 문제상황을 해결하게 한다.

05 부분적으로 '느끼는 상태(Feeling)'

05 다음 중 정서의 정의로 볼 수 없는 것은?

① 전체적으로 '느끼는 상태(Feeling)'

② 직면한 상황에 적응하기 위해 신체가 준비하도록 에너지를 동원하는 '생물학적 반응'

③ 행동을 하도록 충동과 욕구를 생성하는 목적으로 향하게 하는 '동기'

④ '사회적–표현적 현상'

06 정서는 생리적 요소(내적 생리적 흥분), 행동적 요소(신체에서 나타나는 행동적 표현), 인지적 요소(상황에 대한 평가, 목적 의식, 귀인 등)로 구성되어 있다.

06 다음 중 정서의 구성요소에 해당하지 않는 것은?

① 인지

② 생리적 반응

③ 의도

④ 표현적 행동

정답 (04 ④ 05 ① 06 ③)

07 생물학적 관점에서 주장하는 정서에 대한 설명으로 **틀린** 것은?

① 소수의 기본정서가 존재한다.
② 기본정서는 모든 인간존재에게 보편적이다.
③ 기본정서는 생물학과 진화의 산물이다.
④ 정서는 주어진 상황의 의미구조에 대한 반응으로 생겨난다.

08 에크만(Ekman)과 코르다로(Cordaro)는 기본정서의 수를 몇 가지로 보았는가?

① 3가지
② 5가지
③ 7가지
④ 10가지

09 다음 중 기본정서의 특징으로 볼 수 **없는** 것은?

① 독특한 얼굴표현
② 의식적인 평가
③ 다른 영장류에도 존재함
④ 독특하고 주관적인 경험

---

07 인지적 관점에서 주장하는 내용이다.

08 '분노, 공포, 놀람, 슬픔, 혐오, 행복, 경멸'의 7가지를 기본정서로 주장하였다.

09 기본정서의 특징은 의식적인 평가가 아니라 자동적인 평가이다.

기본정서의 특징
• 독특한 얼굴표현
• 독특한 생리학적 패턴
• 자동적인 평가
• 독특한 선행요인
• 필연적인 활성화
• 다른 영장류에도 존재함
• 신속한 시작
• 짧은 지속 시간
• 독특하고 주관적인 경험(감정상태)
• 독특한 인지(사고, 심상, 기억)

정답 07 ④ 08 ③ 09 ②

10 교감신경계는 소화기능을 정지시켜 더 많은 자원을 큰 골격에 보내는 역할을 한다.

10 교감신경계와 부교감신경계의 작동원리에 대한 설명으로 틀린 것은?

① 교감신경계의 흥분이 나타나면 몸의 온도가 낮아지고 호흡이 늘어난다.

② 부교감신경계 활동은 혈관을 둘러싼 근육에는 직접 영향을 미치지 않는다.

③ 부교감신경계는 소화기능을 정지시켜 더 많은 자원을 큰 골격에 보내는 역할을 한다.

④ 교감신경계 흥분을 싸움 혹은 도주반응으로 말한다.

11 ① 분노, 공포, 슬픔정서에서 심장박동수가 의미 있게 상승한다.
③ 분노정서에서 체온은 극적으로 상승한다.
④ 체온은 행복정서에서 어느 정도 상승하지만, 공포와 혐오정서에서는 약간 감소한다.

11 자율신경계와 정서 간 상호관계에 대한 설명으로 옳은 것은?

① 분노, 공포, 슬픔정서에서 심장박동수가 의미 있게 감소한다.

② 혐오정서에서 심장박동수가 약간 감소한다.

③ 분노정서에서 체온은 약간 상승한다.

④ 체온은 행복정서에서 어느 정도 상승하지만, 공포와 혐오정서에서는 극적으로 상승한다.

12 뇌전도(EEG)는 신경세포가 서로 소통하는 과정에서 탈분극할 때 전하를 발생시킨다는 사실에 근거한 방법이다. 두개골에 충분히 가까운 다수의 신경세포가 동시에 탈분극한다면 두피의 전하변화를 검출할 수 있다. 두피의 곳곳에 전극을 부착하고 이 전극들과 다른 곳에 부착한 전극 사이의 전하를 측정한다.

12 다음 내용에 해당하는 뇌연구 방법은 무엇인가?

- 신경세포가 서로 소통하는 과정에서 탈분극할 때 전하를 발생시킨다는 사실에 근거한 방법
- 두피 곳곳에 전극을 부착하고 이 전극들과 다른 곳에 부착한 전극 사이의 전하를 측정

① 뇌전도(EEG)

② 기능적 자기공명영상(fMRI)

③ 양전자단층촬영영술(PET)

④ 자기공명영상(MRI)

정답 10 ③ 11 ② 12 ①

13 뇌연구 시 이용되는 방법 중 신경화학기법에 관련된 설명이 **아닌** 것은?

① 주로 동물에게만 적용한다.

② 약물에 대한 반응으로 우리 뇌가 영구적으로 변화할 수 있다.

③ 혈액에 자기적 속성이 있다는 사실에 의한 검사방법이다.

④ 다른 효과를 통제하고 하나의 효과만 조작하기가 어렵다.

13 fMRI에 대한 설명이다.

14 다음 내용에 해당하는 뇌구조는 무엇인가?

- 그리스어로 아몬드를 뜻한다.
- 시각, 청각, 그 외의 감각과 통증정보를 받아들인다.
- 이것에 손상을 입은 사람은 못 먹는 것이나 역겨운 것을 입에 넣는다.

① 해마   ② 편도체

③ 전두엽   ④ 시상하부

14 제시문은 뇌구조 중 편도체에 대한 내용이다.

15 전전두피질은 어떠한 인지기능을 관장하는가?

① 계획, 작업기억, 충동통제

② 기대와 보상의 느낌

③ 기억, 식욕 통제, 수면

④ 체온, 혈당, 수분 등 신체의 내부환경을 조절

15 전전두피질은 계획, 작업기억, 충동통제 등 진보한 인지기능과 관련되어 있다.

정답   13 ③   14 ②   15 ①

16 중독은 도파민과 관련성이 높다. 일
    례로 도박에 중독된 사람은 약물과
    알코올중독에서 흔히 찾아볼 수 있
    는 도파민수용체 유전자의 변형을
    가지고 있을 가능성이 비중독자에
    비해 두 배 높았다.

16 다음 중 신경전달물질인 세로토닌과 가장 관련성이 <u>적은</u> 것은?

① 공격성

② 우울증

③ 중독

④ 자살

17 모든 정서가 기능적이라는 것을 뜻
    하지 않는다. 예 분노

17 정서의 적응적 특성에 대한 설명으로 옳지 <u>않은</u> 것은?

① 모든 정서가 기능적이라는 것을 의미한다.

② 보편적이면서도, 동시에 여러 문화에서 다르게 나타날 수
   도 있다.

③ 진화적 적응환경에서 한 개체의 유전자가 미래 세대에 반영
   될 비율을 평균적으로 증가시킨다는 것과 일맥상통한다.

④ 인간 이외의 다른 동물들도 정서를 갖고 있다고 가정할 수
   있다.

18 당혹감의 표시는 자신이 저지른 이
    상한 짓 때문에 집단에 의해 배척되
    지 않도록 보장해 주면서 사람들로
    하여금 신뢰하도록 만든다.

18 정서의 사회적 기능에 대한 설명으로 <u>틀린</u> 것은?

① 사랑은 중요한 관계에서 헌신의 감각을 형성하도록 도와,
   이후 집단노력이 필요할 때 서로를 돕도록 준비하는 것이라
   고 할 수 있다.

② 분노는 자신이 저지른 이상한 짓 때문에 집단에 의해 배척
   되지 않도록 보장해 주면서 사람들로 하여금 신뢰하도록 만
   든다.

③ 정서는 문제를 해결하는 행동을 촉진함으로써 개인에게 직
   접적으로 이로울 수도 있고, 다른 사람들과의 관계를 지원
   함으로써 간접적으로 이로울 수 있다.

④ 사람들 사이의 헌신적이고 상호의존적이고 복잡한 관계를
   지원함으로써, 우리의 생존과 유전자를 물려주는 것을 돕
   는다.

정답 16 ③ 17 ① 18 ②

19 정서의 발달과정 중 신생아 단계에서 나타나는 현상으로, 다음 내용과 관련 있는 것은?

> • 다른 신생아의 울음소리에 대한 반응으로 울음을 보이는 것이다.
> • 다른 아기에게 주의가 집중되는 것을 방해하는 생물학적 관점으로 볼 수 있다.

① 공감울음
② 모로반사
③ 옹알이
④ 놀람

20 다음 중 청소년기 정서의 특징으로 볼 수 없는 것은?

① 일반적으로 정서적 자료에 더 주의를 기울이지만, 부정적인 사건과 느낌은 더 적게 보고한다.
② 부모와 보통 정도의 갈등을 경험하고 이따금씩 우울, 불안, 혹은 분노의 기간을 경험한다.
③ 주의 깊게 생각할 시간이 있을 때 더 나은 결정을 하지만, 충동적인 경향이 있으며 강한 욕구를 억제하는 것이 어렵다.
④ 성인보다 더 자주 모험을 하고, 친구가 지켜볼 때 더욱 그렇다.

---

19 공감울음
• 다른 신생아의 울음소리에 대한 반응으로 울음을 보이는 것이다.
• 다른 아기에게 주의가 집중되는 것을 방해하는 생물학적 관점으로 볼 수 있다.
• 공감울음은 오직 다른 신생아의 울음을 통해서만 일어난다.
• 한 살이 되면 다른 영아의 울음에 대해서 괴로움을 보이지 않는다.
• 18개월 이상의 영아 중 손위 형제가 있는 아동이 다른 아동의 괴로움에 대해 더 반응한다.

20 성인기 정서발달의 특징에 해당하는 내용이다.

정답 19 ① 20 ①

21 양극성장애 : 가장 효과적인 약학적 처치는 글루타메이트의 수용기에 영향을 미치는 리튬이다.

21 정서 관련 장애 및 그 치료법의 연결이 옳지 **않은** 것은?

① 단극성장애 : 가장 효과적인 약학적 처치는 글루타메이트의 수용기에 영향을 미치는 리튬이다.

② 범불안장애 : 걱정의 감정을 확인하고 불확실성을 더 잘 견디는 내성을 발달시키며, 문제를 반추하기보다 건설적인 해결법을 학습한다.

③ 우울증 : 우울한 사람들이 세로토닌수송체 단백질에서 비정상성을 갖기 때문에, 이 단백질과 관련된 유전자 변형을 갖는 사람들은 SSRI를 사용한 처치에 더 잘 반응한다.

④ 특정공포증 : 노출요법을 사용하여 이미지 트레이닝을 하고 실제행동으로 옮긴다.

정답 21 ①

제 5 장

정서이론

행운이란 100%의 노력 뒤에 남는 것이다.

- 랭스턴 콜먼 -

제 **5** 장 | 정서이론

제임스-랑게(James-Lange) 이론 기출

1 이론의 개념

(1) 제임스-랑게 이론의 역사

① 제임스-랑게 이론은 제임스가 1884년 논문 〈감정이란 무엇인가〉를 통해 제안한 가설이다.

② 미국의 심리학자 윌리엄 제임스(William James)는 정서에 관한 심리학 내의 첫 일반 이론을 내놓았다.

③ 덴마크의 심리학자 칼 랑게(Carl Lange)도 제임스와 거의 동일한 시기에 비슷한 아이디어를 제안했다.

④ 랑게는 제임스와 같은 입장으로 신체와 정서 사이에 밀접한 관련이 있다고 하였다.

⑤ 제임스와 랑게의 이론을 합쳐 '제임스-랑게 이론'이라 부르며, 정서심리학의 생리이론 중 대표적인 이론으로서 자리 잡게 되었다.

(2) 제임스-랑게 이론의 정의

① 정서란 특정 상황에 대한 신체의 생리적 변화와 행동에 대한 사람들의 지각이다.

② 외부의 자극으로 인해 신체적 변화(특히 내부 기관)나 흥분이 일어나고, 이런 변화에 대해 지각하고 느낄 때 감정이 일어난다.

③ 슬퍼서 우는 것이 아니라 울기 때문에 슬프고, 기쁘기 때문에 웃는 것이 아니라 웃어서 기쁜 감정을 느끼게 된다는 것이다.

④ 제임스는 우리가 곰을 무서워해서 도망을 가는 것이 아니라, 곰의 목격 자체가 우리로 하여금 도망 가도록 만들고, 도망가기 때문에 우리가 공포를 느낀다고 하였다.

⑤ 분노라는 감정을 느꼈을 때 시간을 가지고 열을 세면서 신체적 변화가 일어나지 않도록 한다면, 분노의 감정을 느끼거나 유지하기가 어렵다고 하면서, 생리적 반응과 정서와의 연관성에 대해 주장하였다.

(3) 제임스-랑게 이론의 가정

① 각 유형의 정서를 유발하는 사건에 대해 신체는 각기 다른 방식으로 반응한다.

② 생리적 변화가 일어나지 않으면, 뒤따르는 정서는 생기지 않는다.

③ 근육 또는 내부 기관으로부터 오는 감각이 정서의 완전한 경험에 필수적이다.

2 제임스-랑게 이론에 대한 지지와 비판

(1) 제임스-랑게 이론에 대한 지지

> **더 알아두기**
>
> **안면 피드백 가설(facial feedback hypothesis)에서의 실험**
> 참가자들을 두 집단으로 나누어 동일한 만화책을 보도록 하였다. 첫 번째 집단에서는 볼펜을 치아로 물게 하고, 두 번째 집단에서는 볼펜을 입술로 물도록 하였다. 그 결과 두 번째 집단에서는 첫 번째 집단에 비하여 만화책이 덜 재미있다고 평가하였다. 이는 첫 번째 집단에서 치아로 볼펜을 물자 안면 근육이 웃는 얼굴로 고정되어 만화책이 더 재미있다고 느낀 것으로, 신체적인 반응과 정서와의 관련성을 보여주는 것으로 볼 수 있다.

(2) 제임스-랑게 이론에 대한 비판

① 정서에 관한 일반적 견해는 어떠한 사건이 발생하면 정서가 표출되고 행동을 한다는 것이다.

일반적 견해	사건(자극) → 정서(감정) → 신체반응(행동)
제임스-랑게 이론	사건(자극) → 신체반응(행동) → 정서(감정)

② 제임스의 원래 진술이 충분히 명확하지 못했기 때문에, 쉽게 오해를 가져왔다.

③ 곰을 보고 도망가는 원인은 곰 자체가 아니라, 전체 상황에 대한 사람들의 지각이나 평가이다(예 동물원의 곰을 보고 도망가지 않는다).

④ 제임스는 곰의 예시에 대한 비판을 인정하면서, 상황에 대해 사람들이 도망을 요구하는 것으로 평가할 때 도망치기 위한 노력을 시작한다고 하였다. 그리고 이러한 생리적 변화와 행동에 대한 사람들의 지각이 공포라고 하였다.

⑤ 제임스는 정서의 다양한 측면들(인지 혹은 목적의식, 감정 혹은 느낌, 신체반응, 행동) 사이를 명료하게 구분하지 않았다.

⑥ 생리적 각성의 역할은 정서를 유발하는 것이 아니라 증폭시키는 것이다.

⑦ 정서경험에 대한 생리적 변화의 기여는 미미하고 보충적이며, 상대적으로 덜 중요하다.

(3) 제임스-랑게 이론의 의의

① 제임스-랑게 이론은 신체와 정서의 유기적 관계에 대해서 밝힌 가설로서 의미가 있다.

② 분노조절이나 긴장완화와 같은 다양한 정서조절과 이완훈련의 근거로서 효과적으로 활용될 수 있다.

③ 신체적 변화나 행동을 통한 정서의 변화를 가져옴으로써 긍정 정서를 유발하는 방식으로 일상생활의 습관 등을 변화시키는 데도 적용될 수 있다.

제2절 캐논-바드(Cannon-Bard) 이론

1 이론의 개념

(1) 제임스-랑게 이론에 대한 캐논-바드의 비판

① 신체변화가 제거되어도 정서는 나타난다(고양이의 신경을 절단해도, 개가 짖으면 분노 행동을 보인다).

② 캐논은 나타나는 정서의 종류에 상관없이 신체변화가 매우 동일하다고 지적하였다.

③ 정서의 경험에 피드백을 제공한다고 가정하는 내부 기관(위, 심장, 장 등)들이 뚜렷한 역할을 하지 않는다(우리는 내장 기관들의 움직임이나 변화에 대해 알지 못한다).

④ 정서적 경험은 신체반응보다 더 빨리 일어난다(분노를 느끼는 건 0.1초 이내이며, 신경계가 흥분성 호르몬을 분비하는 데는 1초가량 소요된다).

⑤ 정서적 각성상태를 인공적으로 유도해도 정서적 느낌을 낳지는 못한다고 지적했다(아드레날린을 주사하면, 신체기능은 변해도 정서를 경험하지는 않는다).

(2) 캐논-바드 이론의 시작

① 월터 캐논(Walter Cannon)은 자율신경계가 '싸움 혹은 도망' 반응을 담당한다는 것을 발견하였다.

② 캐논은 근육과 기관의 반응이 정서를 느끼도록 하기에는 너무 느리다고 주장하였다.

③ 캐논은 정서가 교감신경계의 활성화와 관련된다고 보았다.

④ 생리학자인 필립 바드(Philip Bard)는 제임스-랑게 이론에 대한 대안을 제안하였다.

> **더 알아두기**
>
> **교감신경계(SNS, Sympathetic Nerve System)**
> 자율신경계의 일종으로 일반적으로 긴장이 되는 상황에 처했을 때 활성화된다. 교감신경계가 활성화되면 투쟁-도피 반응이 일어난다.

(3) 캐논-바드 이론의 정의

① '정서의 인지·평가, 느낌, 생리적·행동적 측면'은 동시에 일어나긴 하지만, 각각 독립적이다.

② 인지, 느낌, 행동 간의 독립성을 가정한다는 것은 공포가 도주를 유발하는 것이 아니고, 도주하고 있다는 사실이 공포를 증가시키지 않는다는 것을 의미한다.

③ 정서적 경험과 신체적 지각이 동시에 독립적으로 발생한다. 어느 한쪽이 다른 한쪽을 초래하는 것이 아니다.

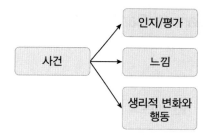

④ 나에게 달려오는 무서운 개를 보게 되면, 심장은 빠르게 뛰고 우리는 몸을 피하게 되며, 동시에 두려워진다는 것이다.

(4) 시상(thalamus)과 정서

① 시상은 감정의 경험을 제어하고, 시상하부는 감정의 표현을 제어한다.
② 캐논은 시상이 교감신경을 활성화하는 데에도 관여한다고 생각하였다.
③ 바드는 시상하부(hypothalamus)가 정서를 매개하는 데 중요한 역할을 한다고 보았다.
④ 캐논은 자율신경계를 차단하여도 정서가 경험된다고 주장하였다.
⑤ 감정의 상태는 말초적 내부 조직과 자발적 근육 조직으로부터 지각된 정보의 피드백으로부터 비롯되는 것이 아니다.
⑥ 정서란 대뇌의 일부인 시상에서 시작되고, 감각기관에서 나온 메시지가 '자율신경계(흥분), 골격근(움직임), 대뇌피질(의식적 사고)'에 동시에 전달된다.

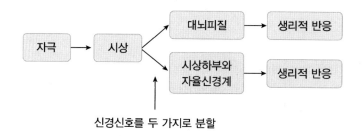

2 캐논-바드 이론에 대한 비판과 의의

(1) 비판

① 캐논-바드 이론은 제임스-랑게 이론보다 더 상식과 거리가 멀다고 평가받는다.
② 갑작스러운 큰 소음에도 사람의 심장 박동 증가, 근육 긴장, 땀 흘림 증가 등이 유발될 수 있다.
③ 정서적 행동은 우리가 정서적 상황에 있지 않을 때조차도 느낌을 변화시킬 수 있다.
④ 최근 몇십 년간 이 이론을 지지하는 연구는 거의 없었다.

(2) 의의

캐논-바드 이론은 정서의 인지적 측면을 강조하는 현대 이론들의 초석이 되었다.

3 제임스-랑게 이론과 캐논-바드 이론의 비교

구분	제임스-랑게 이론	캐논-바드 이론
신체 활성화와 정서표현	정서의 표현은 신체 활성화의 결과	정서의 표현과 신체 활성화가 동시에 일어남
유발자극과 반응	정서는 정서 유발 자극에 대한 개인의 생리적 반응에 뒤따르는 것	정서 유발 자극은 동시에 다양한 생리적 반응과 정서를 유발
예시	위험에 대해 지각하면 몸이 떨리기(신체 활성화·생리적 반응) 때문에 두려운(정서·정서표현) 것	어떤 위험을 지각하는 것은 떨리게(신체 활성화·생리적 반응) 만들고 두려움을 느끼게(정서·정서표현) 함

제3절 샤흐터-싱어(Schachter-Singer) 이론

1 이론의 개념

(1) 이론의 가정

① 샤흐터는 생리적 각성과 인지적 귀인 모두를 포함하는 정서이론을 제안하였다.

② 정서를 경험하기 위해서는 교감신경계의 각성과 아울러 이를 정서적인 것으로 명명하는 인지적 과정이 필요하다.

③ 정서를 수반하는 생리적 각성은 정서적 느낌이 얼마나 강한지를 결정하는 데 필수적이지만, 그것이 어떤 정서인지를 알게 해주지는 못한다.

④ 즉, 신체반응뿐 아니라 상황에 관한 정보를 근거로 정서를 느끼고 있는지 알아낸다.

(2) 정서의 정의

① 심박수, 호흡률, 땀 흘림 등의 신체적 피드백에만 근거해 정서를 알아차리기는 어렵다.

② 생리적 변화는 오직 정서의 강도를 결정하며, 어떤 정서를 경험하는지를 결정하지는 않는다.

③ 상황에 의존하여 각성을 상이하게 해석한다면, 서로 다른 상황에 배치된 사람들은 비록 동일한 각성을 갖고 있더라도 서로 다른 정서를 체험한다.

④ 우리는 호흡이나 땀 흘림 혹은 다른 활동들에 주의를 기울여서가 아니라, 상황을 평가하여 정서를 알아낸다.

2 샤흐터-싱어 이론에 근거한 실험

(1) 실험내용

- 젊은 남자들을 대상으로 경치매력에 관한 실험이라고 설명
- 한 집단은 강 위 3m 높이에 넓고 튼튼한 다리를 건너게 함
- 다른 집단은 계곡 위 70m 높이에 좁고 흔들리는 나무다리를 건너게 함
- 각각의 다리를 건너면 다리 끝에 젊은 여성 실험자가 질문을 하고, 궁금한 게 있으면 연락을 할 수 있도록 연락처를 알려줌

(2) 실험결과

- 튼튼한 다리를 건넌 집단의 9%가 추후 연락을 함
- 흔들 다리를 건넌 집단의 39%가 추후 연락을 함

(3) 결론

- 흔들 다리를 건넌 실험 참여자들은 다리를 건넌 후 심박수가 올라갔으며, 자신의 신체 각성 상태를 매력적인 여성 때문이라고 오귀인하는 결과를 보였다.
- 자신의 빠른 심장 박동을 느낀 남자들은 자신 앞의 여성이 매력적이라고 생각할 때에만 자신의 흥분을 그 여성에게 귀인할 것이다.

더 알아두기

정서이론의 비교

제임스-랑게 이론	생리적 변화 및 행동이 정서를 결정 (뱀이 보인다 → 심장이 뛴다 → 나는 무서운 것이다)
캐논-바드 이론	정서와 행동은 독립적으로 동시에 발생 (뱀이 보인다 → 무섭다, 호흡도 빨라진다, 도망간다)
샤흐터-싱어 이론	생리적 각성과 인지적 명명(상황에 대한 평가)으로 발생 (심장이 뛴다 왜? 뱀이 보인다 → 나는 무서운 것이다)

제4절 안면 피드백(facial feedback) 가설 기출

1 안면 피드백 가설의 개념

(1) 안면 피드백 가설의 정의

① 정서는 안면 근육의 움직임, 안면 온도의 변화, 안면 피부 속 분비선 활동 변화에 의해 발생한 감정으로부터 생겨난다.
② 정서는 얼굴에 있는 근육과 분비선 반응의 조합인 것이다.
③ 정서는 안면 행동으로부터 오는 자기 수용적 피드백을 지각하는 것이다.
④ 정서는 얼굴 움직임을 통해 제공된 피드백이 의식적으로 지각되었을 때 경험된다.

(2) 안면 피드백 가설에 따른 정서 활성화 사건들의 연속 과정의 예

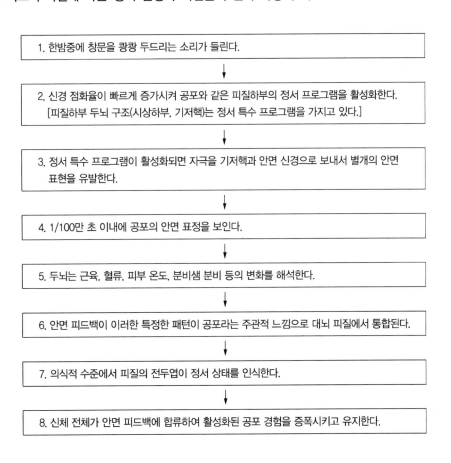

1. 한밤중에 창문을 쾅쾅 두드리는 소리가 들린다.

2. 신경 점화율이 빠르게 증가시켜 공포와 같은 피질하부의 정서 프로그램을 활성화한다.
[피질하부 두뇌 구조(시상하부, 기저핵)는 정서 특수 프로그램을 가지고 있다.]

3. 정서 특수 프로그램이 활성화되면 자극을 기저핵과 안면 신경으로 보내서 별개의 안면 표현을 유발한다.

4. 1/100만 초 이내에 공포의 안면 표정을 보인다.

5. 두뇌는 근육, 혈류, 피부 온도, 분비샘 분비 등의 변화를 해석한다.

6. 안면 피드백이 이러한 특정한 패턴이 공포라는 주관적 느낌으로 대뇌 피질에서 통합된다.

7. 의식적 수준에서 피질의 전두엽이 정서 상태를 인식한다.

8. 신체 전체가 안면 피드백에 합류하여 활성화된 공포 경험을 증폭시키고 유지한다.

(3) 안면 피드백의 역할

① 정서를 활성화하는 역할을 한다.

② 정서가 활성화되면 정서프로그램이 정서경험을 유지하도록 인지적·신체적 변화가 일어나도록 한다.

③ 얼굴의 움직임은 뇌의 온도를 변화시킨다.

    ㉠ 부정적 정서와 연관된 얼굴의 움직임은 호흡을 위축시키고, 뇌의 온도를 높이며, 부정적 감정을 유발한다.

    ㉡ 긍정적 정서와 연관된 얼굴의 움직임은 호흡을 높이고, 뇌의 온도를 낮추며, 긍정적 감정을 유발한다.

    ㉢ 뇌의 온도 변화는 가벼운 정서적 결과들을 야기한다.

2 안면 근육

(1) 안면 근육의 개념

① 인간의 얼굴에는 80개의 안면 근육이 있고, 그중 36개는 얼굴 표정과 관련된다.

② 얼굴 움직임의 양상들은 개별 정서표현을 만들어낸다.

③ '즐거움, 슬픔, 분노, 공포, 혐오' 등은 모두 구별 가능한 얼굴 표정을 가지고 있다.

(2) 정서표현과 관련된 주요 안면 근육

구분	분노	공포	혐오	슬픔	즐거움
이마 (전두근)		이마에 수평 주름살이 생기도록 수축함			
눈썹 (추미근)	눈썹을 안쪽과 아래쪽으로 당김	눈썹의 안쪽 끝부분을 위로 치켜올림		눈꺼풀 안쪽 끝부분을 올리고 함께 끌어당김	
눈 (안륜근)	아래 눈꺼풀을 위쪽으로 팽팽하게 당김	위 눈꺼풀을 끌어올리고 아래 눈꺼풀은 팽팽하게 긴장시킴		눈꺼풀 위쪽 안쪽 끝 부분을 올림	이완되면서 아래 눈에 주름이 보임
코 (비근)			코에 주름살이 형성되도록 함		
뺨 (관골근)			뺨을 위쪽으로 당김		뺨을 위쪽으로 올리면서 눈 아래 부위에 주름살을 보임

입술 (구륜근)	두 입술을 함께 단 단하게 누름				입술의 끝부분을 뒤쪽과 위쪽으로 끌어올림
턱 (구순방형근)		입술을 얼굴 뒤쪽 방향으로 끌어 당김	윗입술을 위쪽으 로 끌어당김		
입 (하제근)				입술의 끝부분을 아래쪽으로 당김	

3 안면 피드백 가설 검증

(1) 강한 안면 피드백 가설

① 사람의 안면 근육 조직을 조작하여 정서표현에 맞게 변환하면, 그 정서경험을 활성화할 것이다.

② **강한 안면 피드백 가설 검증 실험(Ekman et. al. 1983)**

> 1. 실험 참가자들에게 다음과 같이 지시한다(공포의 표정).
> "눈썹을 위로 올린 후 눈썹을 안쪽으로 당겨 주세요." → "이제 위쪽 눈꺼풀을 위로 올려 주세요." → "이 상태에서 입술을 수평으로 늘리면서 귀 쪽으로 당겨 주세요."
>
> 2. 참가자들은 이러한 표정을 유지한 상태에서 자신의 현재 정서상태를 질문지에 기록한다.
>
> 3. 일부 연구에서만 이 가설이 지지되었다.

③ 얼굴 근육이 만들어지면 심장 박동, 호흡 속도 등 생리적 반응에서 믿을 만한 변화가 발생한다.

④ 안면 근육을 의도적으로 변형시켰을 때 정서경험이 나타나는지에 대해 의견이 일치하지 않지만, 실제 약간의 영향이 있는 것으로 나타나고 있다.

(2) 약한 안면 피드백 가설

① 안면 피드백이 정서를 활성화하기보다는 정서의 강도를 변화시킨다는 것이다.

② 특정한 정서를 표현하도록 조정하는 것은 정서의 영향을 증진시킬 것이다.

③ 이미 즐거움을 느끼고 있을 때에도, 의도적으로 미소를 짓게 되면 즐거움이 더 커질 것이라는 의미이다.

④ 약한 안면 피드백 가설 검증 실험(Lanzetta et. al. 1976)

> 1. 실험 참가자들에게 각각 '유쾌한 내용, 불쾌한 내용, 중립적인 내용'의 비디오를 시청하는 중에 생기는 자연스러운 표정을 과장해서 표현하거나 억제하도록 지시한다.
>
> 2. 과장해서 표현하도록 한 참가자의 경우에는 정서와 생리적 경험의 강도가 높아졌다. 반면, 억제하도록 한 참가자는 정서와 생리적 강도가 약화된 것으로 나타났다.
>
> 3. 약한 안면 피드백 가설은 일관되게 지지되었다.

⑤ 이 가설은 우리가 느끼는 정서와 표현하는 정서 간의 상호 호혜적인 관계를 강조한다. 이 가설에 대해 비판하는 사람들은 안면 피드백의 기여도는 미미하며, 다른 요인들이 상대적으로 더 중요하다고 주장한다.

(3) 얼굴 표정의 선천성

① 안면 피드백 가설은 얼굴 표정이 타고난 것이라고 가정한다.
② 인간의 얼굴은 문화적 차이에 관계없이 유사한 표정을 보인다.
③ 정서와 관련한 얼굴 움직임은 타고나는 것이며, 학습되지 않는다는 여러 증거들이 있다.
  ㉠ 서로 다른 문화권의 사람들이 얼굴 표정과 정서적 경험을 선택하는 실험에서 동일한 결과를 보였다.
  ㉡ 사회화가 되기 전 유아들이 뚜렷하게 다른 얼굴 표정을 보여준다.
  ㉢ 앞이 보이지 않는 아동들이 같은 연령의 정상 아동들과 동일하게 인식 가능한 얼굴 표정을 보인다.
  ㉣ 학습이 어려운 심각한 정신장애가 있는 사람도 완벽한 정서 표정을 보여준다.

4 얼굴 표정으로 정서를 인식하는 능력

(1) 사람들은 훈련을 통해 타인의 정서적 얼굴 표정을 인식하는 방법을 익힐 수 있다.

(2) 기쁨을 나타내는 얼굴 표정은 일반적으로 가장 구분하기 쉬운 정서표현이다.

(3) 두려움의 얼굴 표정은 정확히 구분하기가 가장 어렵다.

(4) 서양권 사람들은 동양권 사람들에 비해 정서표현을 잘 구분하는 경향이 있다.

(5) 상대방의 정서를 얼굴 표정으로 파악할 때, 동양권 사람들은 주로 상대의 눈을 보지만, 서양권 사람들은 상대의 입을 보는 것으로 나타났다.

(6) 눈 주변에서 주는 정서에 대한 정보는 입 주변에서 주는 정보에 비해 모호하다.

(7) 상대방의 정서를 얼굴 표정으로 파악하려고(특히, 두려움이나 슬픔과 같은 정서) 한다면, 눈 주변보다는 입 주변을 관찰하는 데 주의를 기울이는 것이 효과적이다.

(8) 분노 정서를 파악하는 데에는 눈을, 혐오 정서를 파악하는 데는 코를 보는 것도 필수적이다.

제5절 정서의 이중체계 관점

(1) 인간은 정서를 활성화하고 조절하는, 두 개의 동시 발생적 체계를 가지고 있다.

(2) 원시적인 생물학적 체계와 함께 현대의 인지적 체계가 함께 결합하여, 적응적인 이중체계 정서기제를 만들어낸다.

생물학적 체계	• 정서적 자극에 대해 무의식적이고 반사적으로 반응하는, 타고난 자발적인 체계이다. • 진화론적 관점에서 생리학적 정서체계가 먼저 발생했다. • 자동적으로 정서를 발생시키는 방식을 만들어 기본적인 문제들을 수행한다.
인지적 체계	• 정서적 자극의 의미나 개인적 중요성을 평가함으로써 해석적으로 반응하는 경험을 기반으로 한 체계이다. • 인지적 정서체계는 대뇌가 발달하고 더 사회적이 되면서 나중에 생겼다. • 융통성 있고 학습과 개인적 경험에 개방적이어서 새롭고 상황특수적인 문제를 해결하기 위해 정서를 발생시킬 수 있다.

(3) 두 체계는 병렬적이며, 독립적인 체계로 존재하기보다는 서로에게 영향을 주고 보완하며 서로 돕는다.

(4) 정서는 인지적으로 발생하거나 생물학적으로 발생하는 것으로 개념화되어서는 안 된다.

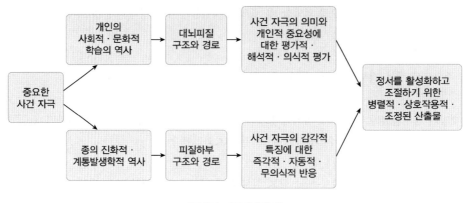

[정서의 이중체계관점]

(5) 어떤 사건에 대해 인지적 평가를 바꾸거나 각성 정도를 바꾸거나 신체적 표현을 바꾸면, 정서는 변할 수 있다.

(6) 인지, 각성, 행동의 준비, 표현, 외현적 행동으로 보이는 활동이 다함께 정서의 원인이 된다.

(7) 모든 정서는 각기 다른 요소들이 지속적으로 생기고 없어지고 서로 영향을 미치면서 존재한다.

01 정서이론에 대한 설명으로 옳지 <u>않은</u> 것을 모두 고른 것은?

> ㉠ 제임스-랑게는 어떤 상황에 대한 신체의 생리적 변화와 행동에 대해 사람들이 지각하는 것을 정서라고 하였다.
> ㉡ 안면 피드백 가설은 캐논-바드 이론을 지지한다.
> ㉢ 캐논-바드는 '정서의 인지, 느낌, 표현'이 순차적으로 일어난다고 하였다.
> ㉣ 샤흐터-싱어는 정서를 경험하는 데 교감신경계의 각성과 인지적 과정이 필요하다고 하였다.

① ㉠, ㉡
② ㉠, ㉢
③ ㉡, ㉢
④ ㉢, ㉣

02 제임스-랑게(James-Lange) 이론에 대한 설명으로 옳지 <u>않은</u> 것은?

① 신체와 정서 사이에 밀접한 관련이 있다고 하였다.
② 흥분을 일으키게 하는 사실을 지각하면 곧바로 신체변화가 따르고 그 신체변화에 대한 느낌이 정서라고 하였다.
③ 슬퍼서 우는 것이 아니라 울기 때문에 슬프고, 기쁘기 때문에 웃는 것이 아니라 웃어서 기쁜 감정을 느끼게 된다고 주장하였다.
④ 정서의 인지와 느낌은 생리적 각성 및 행동과 인과적으로 독립적이다.

01 ㉡ 안면 피드백 가설은 제임스-랑게 이론을 지지한다.
㉢ 캐논-바드는 '정서의 인지·평가, 느낌, 생리적·행동적 측면'은 독립적으로 동시에 일어나는 것이라고 하였다.

02 캐논-바드(Cannon-Bard) 이론에 해당하는 내용이다.

정답 (01 ③ 02 ④)

03 캐논-바드는 '정서의 인지·평가, 느낌, 생리적·행동적 측면'은 독립적으로 동시에 일어나는 것이라고 하였다.

03 제임스-랑게 이론과 캐논-바드 이론을 비교한 설명으로 틀린 것은?

① 제임스-랑게는 신체 활성화의 결과가 정서표현이라고 하였다.

② 캐논-바드는 정서표현과 생리적 반응이 독립적으로 일어나는 것이라고 하였다.

③ 제임스-랑게는 정서유발 자극에 대해 생리적 반응이 뒤따른다고 하였다.

④ 캐논-바드는 정서유발 자극에 대한 인지평가 후에 생리적 활성화가 이루어진다고 하였다.

04 캐논-바드 이론은 제임스-랑게 이론에 대한 비판으로, 고양이의 신경을 절단해도 개가 짖으면 분노 행동을 보인다는 실험을 통해 신체 변화가 없어도 정서가 나타난다고 주장하였다.

04 캐논-바드 이론에 대한 설명으로 옳지 않은 것은?

① 샤흐터-싱어 이론에 대한 비판으로 신체 변화가 없어도 정서가 나타난다고 주장하였다.

② 캐논은 정서가 교감신경계의 활성화와 관련된다고 하였다.

③ 정서적 경험과 신체적 지각 중 어느 한쪽이 다른 한쪽을 초래하는 것이 아니다.

④ 캐논은 자율신경계를 차단하여도 정서가 경험된다고 주장하였다.

05 시상하부는 감정의 표현을 제어한다.

05 캐논-바드 이론에 대한 설명으로 옳지 않은 것은?

① 시상은 감정의 경험을 제어한다.

② 시상하부는 인지 평가를 제어한다.

③ 바드는 시상하부(hypothalamus)가 정서를 매개하는 데 중요한 역할을 한다고 보았다.

④ 캐논-바드 이론은 정서의 인지적 측면을 강조하는 현대 이론들의 선구자 역할을 하였다.

정답 03 ④ 04 ① 05 ②

06 샤흐터-싱어 이론에 대한 설명으로 옳지 <u>않은</u> 것은?

① 생리적 각성과 인지적 귀인 모두를 포함하는 정서이론이다.
② 생리적 변화에 따라 어떤 정서를 경험하는지가 결정된다.
③ 심박수, 호흡률, 땀 흘림 등의 신체적 피드백에만 근거해 정서를 알아차리기는 어렵다.
④ 정서는 신체변화에 주의를 기울이는 것에 의해서가 아니라 상황을 어떻게 평가하느냐에 따라 정해진다.

생리적 변화는 오직 정서의 강도를 결정하며, 어떤 정서를 경험하는지를 결정하지 않는다.

07 안면 피드백 가설에 대한 설명으로 옳지 <u>않은</u> 것은?

① 이 가설은 제임스-랑게 이론을 지지해 주는 역할을 하였다.
② 안면 피드백은 정서를 활성화하는 역할을 한다.
③ 얼굴 움직임의 양상들은 개별 정서표현을 만들어낸다.
④ 얼굴 표정은 문화의 영향을 받아 학습된 것이라고 가정한다.

07 안면 피드백 가설은 얼굴 표정이 타고난 것이며, 인간의 얼굴은 문화적 차이에 관계없이 유사한 표정을 보인다고 가정한다.

08 안면 피드백 가설의 가정을 기반으로 할 때의 설명으로 옳지 <u>않은</u> 것은?

① 얼굴의 움직임은 뇌의 온도를 변화시키고, 이는 가벼운 정서적 결과를 야기한다.
② 정서는 안면행동으로부터 오는 자기수용적 피드백을 지각하는 것이다.
③ 정서는 얼굴에 있는 근육과 분비선반응의 조합인 것이다.
④ 긍정적 정서와 연관된 얼굴의 움직임은 호흡을 위축시키고, 뇌온도를 높인다.

08 부정적 정서와 연관된 얼굴의 움직임은 호흡을 위축시키고, 뇌온도를 높이며, 부정적 감정을 유발한다.

정답 (06 ② 07 ④ 08 ④)

09 강한 안면 피드백 가설의 여러 검증 연구에서 안면 근육을 의도적으로 변형시켰을 때 참여자들이 모두 동일한 정서를 경험하는 것으로 나타나지 않았다. 안면 근육을 의도적으로 변형시켰을 때 정서경험이 나타나는지에 대해 의견이 일치하지 않지만, 실제 약간의 영향이 있는 것으로 나타나고 있다.

09 강한 안면 피드백 가설과 약한 안면 피드백 가설에 대한 설명으로 옳지 **않은** 것은?

① 강한 안면 피드백 가설의 여러 검증을 통해 안면 근육을 의도적으로 변형시켰을 때 참여자들은 모두 동일한 정서를 경험하는 것으로 나타나, 정서경험에 안면 근육이 미치는 영향이 큰 것으로 밝혀졌다.

② 약한 안면 피드백 가설에서는 특정 정서를 표현하도록 조정하는 것은 정서의 영향을 증진시킬 것이라고 가정한다.

③ 강한 안면 피드백 가설은 안면 근육 조직을 조작하여 정서 표현에 맞게 변환하면 그 정서경험을 활성화한다고 가정한다.

④ 약한 안면 피드백 가설의 검증 결과들은 일관되며, 우리가 느끼는 정서와 표현하는 정서가 상호 호혜적인 관계라는 것을 강조한다.

10 기쁨의 얼굴 표정은 일반적으로 가장 구분하기 쉬운 정서표현이다. 두려움의 표정은 정확히 구분하기 가장 어렵다.

10 얼굴 표정으로 정서를 인식하는 것과 관련된 설명으로 옳지 **않은** 것은?

① 사람들은 훈련을 통해 타인의 정서적 얼굴 표정을 인식하는 방법을 익힐 수 있다.

② 서양권 사람들은 동양권 사람들에 비해 정서표현을 잘 구분하는 경향이 있다.

③ 두려움의 얼굴 표정은 일반적으로 가장 구분하기 쉬운 정서 표현이다.

④ 눈 주변에서 주는 정서에 대한 정보는 입 주변에서 주는 정보에 비해 모호하다.

정답 09 ① 10 ③

11 다음 내용과 관련되는 이론은 무엇인가?

> 인간은 정서를 활성화하고 조절하는 두 개의 동시 발생적 체계를 가지고 있다.

① 정서의 이중체계관점

② 샤흐터-싱어(Schachter-Singer) 이론

③ 캐논-바드(Cannon-Bard) 이론

④ 제임스-랑게(James-Lange) 이론

11 **정서의 이중체계관점**
- 인간은 정서를 활성화하고 조절하는 두 개의 동시 발생적 체계(생물학적 체계 + 인지적 체계)를 가지고 있다.
- 원시적인 생물학적 체계와 함께 현대의 인지적 체계가 함께 결합하여 적응적인 이중체계 정서기제를 만들어낸다.

정답 11 ①

SD에듀와 함께, 합격을 향해 떠나는 여행

제 6 장

개별정서

또 실패했는가? 괜찮다. 다시 실행하라. 그리고 더 나은 실패를 하라!

– 사뮈엘 베케트 –

제 6 장 | 개별정서

제1절　공포와 불안

1 공포와 위협에 대한 주의

(1) 공포와 불안의 차이

① 공포와 분노는 특정한 평가, 강렬한 느낌, 강한 생리적 각성, 뚜렷한 행동(도망이나 공격)과 연합되어 있다.

② 공포는 자신 혹은 사랑하는 사람의 위험을 지각할 때 나타나는 반응으로, 위협이 사라지면 재빨리 가라앉는다.

③ 불안은 '무언가 나쁜 일이 일어날 것 같다'와 같은, 보다 일반적인 기대를 의미한다.

④ 공포경험은 불쾌하고 혼란스러운 것과 동시에 유익한 것이다.
   ㉠ 공포는 일어날 것 같은 위험으로부터 주의를 끌어당기고, 우리가 그것을 피하도록 한다.
   ㉡ 공포를 느낄 때 눈을 크게 뜨는 것은 시각의 주변부에 있는 있을 법한 위협을 알아차리는 능력을 높인다.
   ㉢ 공포 시 숨을 헐떡이는 것은 더 많은 산소를 공급해 비상행동을 하기 위한 준비를 하는 것이다.
   ㉣ 눈을 크게 치켜뜨면 유아의 얼굴과 닮아 보이는데, 상대에게 호의적으로 보일 수 있다.

(2) 공포와 학습

① 갑작스런 큰 소음은 나이를 막론하고 모든 사람을 놀라게 한다.

② 사랑하는 사람들과 떨어지는 것은 또 다른 내장된 공포이다.

③ 대부분의 공포는 학습된다.
   ㉠ 왓슨(Watson)은 앨버트 실험에서 흰쥐와 큰 징소리를 연합해 공포를 학습시켰다. 공포학습이 된 아기 앨버트는 이후 흰쥐뿐 아니라 털이 있는 물체에도 공포반응을 보였다.
   ㉡ 어떤 공포는 다른 공포보다 더 잘 학습된다. 망치에 찧는 것보다 뱀이나 거미에게 물리는 경험이 공포학습이 더 잘된다.
   ㉢ 사람이 뱀, 거미, 높이 등에 대한 공포를 더 잘 학습하는 것은 타고난 성향 때문으로 볼 수 있다.
   ㉣ 관찰학습으로도 공포는 학습이 된다.
      ㉮ 다른 원숭이가 뱀을 무서워하는 것을 본 원숭이는 뱀을 무서워하게 된다.

④ **타고난 공포습득 성향**

ⓐ 뱀은 우리의 진화역사 동안 사람들에게 위험한 것이었기 때문에 유전자를 후대에 전달했다는 것이다.

ⓑ 뱀과 마주치게 되면 우리에게 나쁜 일이 발생했기 때문에 뱀을 보자마자 느끼는 공포는 우리를 위험에 대비하도록 한다.

ⓒ 뱀에게서 도망가는 내용의 영화를 본 원숭이는 뱀을 무서워하지만, 꽃을 보고 도망가는 내용의 영화를 본다고 원숭이가 꽃을 무서워하지는 않는다.

ⓓ 우리는 특정 대상들에 대한 공포를 학습할 수 있는 성향을 가지고 태어났다.

⑤ **공포대상의 특징**

ⓐ 사람들은 예측할 수 없고, 통제할 수 없고, 안전한 맥락에서 거의 경험한 적이 없는 대상에 대해 전형적으로 공포증을 나타낸다.

ⓑ 대부분 공포는 뱀이나 총처럼 대상 그 자체 때문에 발생하기도 하고, 상황에 대한 평가로부터 발생하기도 한다. 뱀에게 느끼는 공포는 '뱀의 종류와 뱀과 떨어진 거리'에 달려있고, 총에 대한 공포는 '총이 장전되었는지, 누가 총을 들고 있는지, 그 사람이 총을 가지고 어떻게 행동하는지'에 달려있다.

⑥ **공포의 통제감**

ⓐ 공포상황은 불확실성이 높아 어떤 나쁜 일이 일어날 것 같다면 공포를 느끼지만, 이미 발생했거나 일어날 것이 확실하다면 슬픔을 느낀다.

ⓑ 분노와 공포의 가장 큰 차이점도 통제감이다.

ⓒ 나와 비슷한 또래나 비슷한 힘을 가진 사람에게 정당한 이유 없이 불쾌한 일을 당한다면, 모욕과 분노를 일으킬 것이다.

ⓓ 나보다 힘이 세고 크거나 총을 가진 사람으로부터 정당한 이유 없이 불쾌한 일을 당한다면, 공포를 느낄 것이다.

(3) 공포와 위협에 대한 주의집중 기출

① 공포에 대한 가장 중요한 측면 중 하나는 잠재적 위협에 대해 주의를 집중시킨다는 것이다.

② 공포표정은 자동적으로 주의를 사로잡는다. 분노표정과 아기 그림도 우리의 주의를 사로잡는다.

③ 공포를 많이 느끼는 사람들의 주의는 우선적으로 공포와 관련된 단어로 향하게 되는 반면, 공포를 덜 느끼는 사람들의 주의는 덜 편파적이다.

④ 자극이 애매해서 그것을 의식적으로 식별할 수 없을 때조차 두려운 대상을 빠르게 처리한다.

〈실험〉

• 과정

1/100초 동안 화면에 번쩍하고 뱀 사진이 나타나며, 잠시 후 전기충격이 따라온다. 또한 똑같이 같은 시간 동안 거미 사진이 나타나고 전기충격은 없다. 이 과정을 반복한다. 실험참여자들은 뱀과 거미 사진 모두 인지하지 못하고, 인식하는 것은 단지 어떤 경우에는 전기충격이 오고 어떤 경우에는 전기충격이 오지 않는다는 것뿐이다.

- 결과

  뱀 사진이 번쩍하고 나타날 때 사람들은 심장박동수와 호흡이 증가한다. 자신의 심장박동수의 갑작스러운 증가를 가장 잘 보고하였던 사람이 언제 자신이 전기충격을 받을지에 대해서도 가장 잘 추측하였다.

⑤ 위 실험은 뇌의 어떤 부분이 거미와 뱀의 차이에 주목하고 조건화된 반응을 보인 것으로, 암묵학습이 되었다고 할 수 있다.

⑥ **공포학습의 함의**

  ㉠ 뇌의 어떤 부분들은 자극이 매우 약해서 그것을 의식적으로 식별할 수 없는 경우조차도 공포와 관련된 정보에 반응한다.

  ㉡ 심장박동수의 변화 같은 자신의 내적인 변화에 민감한 것은 비정서적 원인 때문일 수도 있지만, 암묵적으로 어떤 위협에 대한 반응일 가능성도 있다.

2 공포와 불안의 행동측정

(1) 공포의 얼굴표정

① **공포표정의 특징**

  ㉠ 모든 문화의 사람들이 공포의 얼굴표정을 인식한다는 것을 발견했다.

  ㉡ 안쪽과 바깥쪽 눈썹을 치켜 올려 두 눈썹을 끌어 모으는 것, 눈을 크게 뜨는 것, 입술 가장자리의 근육을 아래로 수축하는 것, 아래쪽 턱의 피부를 아래와 옆쪽으로 끌어내리는 것이다.

  ㉢ 공포의 얼굴표정은 놀랐을 때 보이는 얼굴과 유사해서 혼동할 수 있다. 눈썹이 수축되고 아래쪽 턱이 움직이는 것은 공포의 얼굴에서만 나타난다.

② **정서표정 감추기와 미세표정**

  ㉠ 공포를 포함한 대부분의 다른 정서들 표정은, 하나 또는 소수의 핵심적인 움직임만으로도 미묘하게 나타날 수 있다.

  ㉡ 모든 근육의 움직임을 포함하며 몇 초 동안 지속되는 완전하고 명백한 얼굴표정도 있다.

  ㉢ 그러나 자신의 정서를 억누르거나 숨기고자 노력할 때, 사람들은 가끔씩 매우 짧은 순간의 표정을 드러낸다.

  ㉣ 의도적으로 보이는 침착한 느낌과 모순되는 불수의적이고 순간적으로 나타나는 표정을 미세표정이라고 부른다.

  ㉤ 미세표정은 사람들의 숨겨진 느낌을 알아차리기 위해 현재 이용할 수 있는 가장 효과적인 방법이다.

(2) 놀람반사의 촉진

① **놀람반사**

   ⊙ 갑작스러운 큰 소음에 대해서 타고난 공포를 보이는 것이다.

   ⓛ 목 근육이 신속하게 긴장하고 눈을 꽉 감으며, 재빨리 어깨를 으쓱해서 목을 움츠려 당기고 두 팔을 머리를 향해 들어 올린다. 매우 취약한 목 부분을 보호하기 위해서이다.

   ⓒ 놀람반사과정

> 큰 소리 → 뇌교로 전달(1/1000초보다 짧은 시간이 걸림) → 연수와 척수에 있는 세포로 전달
> → 놀람반사가 나타남(전 과정은 1/5초보다 짧은 시간에 일어난다)

② **놀람상승작용**

   ⊙ 놀람반사 그 자체는 자동적이지만, 신경계의 나머지 부분으로부터 들어온 입력정보가 놀람반응의 강도를 조절한다.

   ⓛ 어떤 음향 이후에 갑작스러운 큰 소음은, 보통의 경우보다 더 큰 놀람반사를 일으킬 것이다.

   ⓒ 유쾌한 사건과 연합되었던 다른 음향을 들려주고 그 뒤에 큰 소음을 들으면, 작은 놀람반사를 일으킨다.

   ⓔ 불쾌한 자극이 있는 경우에 더 강한 놀람반사를 보인다.

(3) 기타 행동측정

① 공포의 행동측정치 중 하나는 움직임의 억제이다.

   ⊙ 냄새, 소리, 혹은 다른 위험의 신호들이 나타날 때 대부분의 작은 동물들은 얼어붙어 버린다.

   ⓛ 탐색을 하지 않는 것은 일반적으로 공포의 지표로 해석된다.

   ⓒ 억제된 기질의 아동은 새로운 환경에 놓이면 두려워하고 수줍어하는 경향이 있다.

② **특질에 따른 공포행동**

   ⊙ 행동측정치들은 현재의 공포경험뿐 아니라 특질공포를 평가하기 위해서도 사용될 수 있다.

   ⓛ 사람들은 중립적인 그림과 정서적인 그림이 있을 때, 처음 몇 초는 정서적인 그림에 더 집중하는 경향이 있다.

   ⓒ 공포수준이 높고 불안한 사람들은 특히 위협을 주는 정보에 강한 주의편향을 보인다.

   ⓔ 평균적으로 높은 공포수준을 가진 사람들은 스토리를 읽을 때 위협이 되는 문장에서 다른 사람들보다 더욱 회귀적인 눈 움직임(공포를 유발하는 문장을 다시 읽는 것 같은)을 보였다.

   ⓜ 성향적으로 불안한 사람은 위협이 되는 내용에 의해 특히 주의가 흐트러지는 듯하다.

3 공포와 불안의 생물학

(1) 공포와 자율신경계

① 자율신경계에서 공포연구

    ㉠ 자율신경계 반응의 역할이 공포맥락에서 가장 먼저 연구되었다.

    ㉡ 공포반응은 완전하고 명백한 교감신경계 활성화(심장박동과 혈압 증가)와 관련되어 있다. 부정적인 정서들도 심장박동과 혈압의 증가가 있지만, 분노반응은 손가락 체온이 상승한다는 반응이 추가된다.

② 도전, 위협, 분노의 생리적 반응

    ㉠ 과제해결에서 도전으로 인식하는가, 위협으로 인식하는가에 따라 생리적 변화가 있었다.

    ㉡ 위협조건에서 관찰된 생리적 변화는 교감신경계 활동의 증가와 일치한다.

    ㉢ 도전인식자의 심혈관체계는 가장 효율적인 방식으로 몸 전체로 혈액을 전달한다.

    ㉣ 심장은 더 빨리 움직여 단위박동당 더 많은 양의 혈액을 분출하고, 혈액이 몸으로 전달될 때 혈관으로부터 더 적은 저항을 받는다.

    ㉤ 위협은 공포와 같은 생리적 반응을 보이지만, 사람들에게 가장 큰 손실은 자존감에 타격을 받는다는 것이다.

    ㉥ 화가 난 사람들은 분노 대신 도전의 생리적 반응을 보일 수 있다. 그러나 도전에 대하여 인식하는 사람들은 분노가 아니라 기분이 좋음을 느낀다. 따라서 분노와 공포는 말초 저항의 차이를 보는 것으로 그 차이를 알 수 있을 것이다.

③ 공포의 생리적 반응

    ㉠ 전반적으로 혈관이 수축되는 경향성이 있음에도 불구하고, 공포를 느끼는 사람은 머리로 가는 혈액흐름이 증가한다.

    ㉡ 뇌로 가는 혈액의 증가는 응급반응 시 선택에 효율적이다.

    ㉢ 얼굴로 가는 혈액공급도 증가해 얼굴의 체온이 증가한다.

    ㉣ 대부분의 사람들이 거짓말을 하는 것에 대해 불안을 느낄 때 얼굴로 가는 혈액공급이 증가한다.

    ㉤ 놀란 사람이 흘리는 땀은 다른 종류의 땀과 명백히 다르다는 보고가 있다. 놀란 사람의 땀 냄새를 맡은 실험대상자들은 사진에 나타난 표정을 공포로 여기는 비율이 높았다.

(2) 거짓말 탐지

① 거짓말 탐지기의 원리

    ㉠ 폴리그래프(Polygraph)는 사람들이 거짓말을 할 때 불안해지고, 따라서 심장박동수와 혈압이 증가하고 빠르고 불규칙한 호흡패턴을 보이며, 피부전도가 증가하거나 혹은 다른 교감신경계 활동이 증가할 것이라는 가정에 기초한다.

    ㉡ 폴리그래프의 가정은 부분적으로 옳지만, 전적으로 옳지는 않다.

    ㉢ 내가 무죄라고 하더라도 폴리그래프 기계 앞에 앉으면 불안해질 것이다.

② **폴리그래프의 정확성**

　　⊙ 무죄인 사람들이 진실을 말할 때, 유죄인 사람들이 거짓말을 할 때보다도 더 불안해질 수 있다.

　　ⓛ 폴리그래프 검사의 정확성에 대한 연구는 매우 적은 편이다.

　　ⓒ 50개의 범죄사건을 다룬 소수의 연구결과에서 유죄인 사람들의 76%가 거짓말을 한다고 알아냈지만, 무죄인 사람의 37%가 거짓말을 하고 있는 것으로 구분하기도 했다.

　　ⓔ 폴리그래프의 결과는 매우 정확한 것도 아니고, 완전히 쓸모없는 것도 아니다.

　　ⓜ 대부분의 권위자들은 폴리그래프가 중요한 결정을 내리기에 충분할 정도로 정확하지는 않다는 것에 동의한다.

　　ⓗ 미국과 유럽의 법정은 폴리그래프 결과를 증거물로 채택하는 것을 허용하지 않는다.

③ 손과 몸동작 또한 사람들의 공포와 불안감 및 다른 정서들을 드러낼 수 있다.

　　예 많은 사람들이 거짓말을 할 때 잠깐 동안 어깨를 으쓱한다는 것을 발견하였다.

(3) 행동억제체계

① 동물의 공포반응

　　⊙ 동물들은 두려움을 느낄 때 도망을 가거나 싸움을 한다.

　　ⓛ 포식자를 발견할 때 또 하나의 반응은 움직이지 않는 것이다.

　　ⓒ 움직이지 않는 것은 주의를 집중하게 해주고, 포식자가 정지된 대상을 알아볼 가능성이 낮기 때문에 유용한 전략이다.

　　ⓔ 움직이지 않고 있을 때 심장박동수는 감소한다. 그러나 포식자가 다가오면 몸은 경고반응을 한다. 즉, 교감신경계는 크게 각성되고 심장박동수는 증가하며, 근육으로 가는 혈액이 증가하고 도망을 가기 시작한다.

② 행동억제체계

　　⊙ 공포상황에서 심장박동수가 느려지는 생리체계를 말한다.

　　ⓛ 공포상황에서 행동억제체계 반응은 필요한 순간에 근육장력을 증가시킴으로써 도망가기 위한 신체준비를 하는 것이다.

　　ⓒ 위협과 관련된 심장박동수의 감소는 부교감신경계에 의한 것이다.

　　ⓔ 병적인 행동억제체계 활성화는 '특질불안' 때문이다.

　　ⓜ 특질불안은 불안과 신경증적인 각성을 빈번하게 경험하는 경향성인데, 이런 사람들은 잠재적인 위협과 위험에 강하게 반응하는 경향이 있다.

(4) 공포와 편도체

① 편도체의 놀람반응 촉진

　　⊙ 놀람상승작용 효과는 편도체의 활성화에 의존하는 것으로 보인다.

　　ⓛ 편도체는 다양한 자극을, 그것에 뒤따라오는 위험한 결과물과 연합시키는 역할을 한다.

　　ⓒ 편도체는 '해마, 전두엽, 뇌교'와 놀람반사를 통제하는 다른 영역에도 정보를 보낸다.

ⓔ 편도체는 현재의 정서상태에 기초하여 놀람반응의 강도를 조정하는 역할을 한다.

ⓜ 우리가 놀람상승작용을 활용할 수 있도록 편도체는 공포행동의 측정치 역할을 한다.

② **편도체와 위험탐지**

ⓐ 편도체 활성화는 공포반응의 다른 측면인 위험탐지에도 필요하다.

ⓑ 편도체에만 손상을 입는 우르바흐-비테병을 가진 사람은 공포가 전혀 없는 것처럼 보인다.

ⓒ 편도체손상을 입은 사람은 일반적으로 슬픔이나 행복과 같은 다른 사람의 정서표현을 인식하지 못했는데, 특히 공포표현 인식이 손상되었다.

ⓓ 사회적 상호작용에 대한 공포를 보이는 사회공포증을 가지고 있는 사람은, 화가 나거나 경멸적인 얼굴을 보았을 때 특히 강한 편도체반응을 보인다.

ⓔ 편도체의 기능

• 편도체가 공포반응에 특화되어 있는 것은 아니다.
  - 편도체 활동이 정서적 기억형성을 촉진한다는 것이다.
  - 편도체만 손상된 환자는 자신이 경험한 외상에 대한 기억을 하고 있지만, 생생하고 침투적인 강렬한 종류의 기억을 보이지 않았다.

• 편도체의 활성화가 강렬한 정서를 느끼는 데 필요한 것으로 보인다.
  - 편도체 반응과 스트레스는 높은 상관을 보인다.

• 편도체의 활동성이 어떤 상황에서 좋은지 나쁜지와 같은 가치판단을 반영한다.
  - 히틀러의 이름을 읽는 것만으로도 편도체가 반응을 보이고, 좋은 사람을 평정하라는 지시에서는 테레사 수녀의 이름에도 반응을 하였다.

• 편도체는 처리하기 애매한 정서자극에 가장 강하게 반응한다.
  - 편도체손상을 입은 사람은 얼굴에 나타난 표정을 식별하는 데 어려움을 겪는다.
  - 편도체손상을 입은 사람은 목소리 톤으로부터 정서를 추론하는 데도 어려움을 겪는다.

(5) 불안 경감

① 진정제는 GABA(편도체를 포함하여 신경계 전반에 걸쳐 있는 주요 억제성 신경전달물질)로 알려진 신경전달물질의 효과를 촉진함으로써 작용한다.

② 콜레시스토키닌이라는 신경전달물질은 편도체에 흥분성 효과를 나타내어 GABA와 상반된 작용을 한다.

③ 코르티솔과 그 외의 다른 스트레스 관련 호르몬들은 편도체의 반응성을 증가시킨다.

④ 알코올은 편도체 반응성을 감소시킴으로써, 불안을 감소시키고 사회적 억제를 감소시킨다.

4 공포와 불안의 개인차

적절한 불안의 양이라는 것은 사람마다 다르다. 평균적으로 여성이 남성보다 더 많은 공포와 불안을 보고한다. 또한 여성은 갑작스러운 놀람반응이나 거미와 같은 여러 동물을 더 두려워하는데 이것이 공포와 혐오의 혼합경험이기 때문이다.

(1) 유전

① 유전적 차이가 불안발달에 기여한다.

② 공황장애와 공포증 모두 유사한 장애를 가진 친척, 특히 일란성 쌍생아와 같이 가까운 친족을 가진 사람들 사이에서도 보편적으로 나타난다.

③ 뇌에서 파생된 신경친화성 인자유전자(학습과 기억을 돕는 화학물질) 중 한 형태는 강한 학습된 공포를 형성하는 경향성과 관련이 있다.

④ 세로토닌수송체 유전자 가까이에 있는 염색체 일부가 세로토닌수송체 생산량을 조절한다.

    ㉠ 짧은 형태는 세로토닌수송체 생산을 줄이고 긴 형태는 더 많이 생산하게 만든다.

    ㉡ 짧은 형태의 유전자를 가진 사람이 더 큰 공포를 보이고, 새로운 공포를 학습하는 경향성이 더 크다는 것이 발견되었다.

⑤ 관절이 잘 휘는 질환을 가진 사람은 다른 사람들보다 공황장애나 다른 불안장애뿐만 아니라 강한 공포를 보일 가능성이 더 높다.

(2) 불안의 영향

① 불안은 공포증이나 공황장애 등을 보일 가능성에 영향을 미친다.

② 정서, 특히 공포와 불안은 삶의 모든 측면에서 우리의 사고에 영향을 준다. 사형제도, 군사력 이용, 총기보급 등을 지지하는 사람들은 그렇지 않은 사람들에 비해 놀람반응에 더 큰 반응을 보였는데, 이런 큰 소음과 같은 공포자극에 크게 반응하는 사람은 세상을 위험한 곳으로 볼 가능성이 크다는 것이다. 따라서 강력한 군대나 개인 총기소유 또는 강력한 법집행이 필요하다고 느낀다.

제2절　분노 기출

1 분노의 원인

(1) 분노의 개인차

① 분노의 개념
- ㉠ 분노는 상처받았거나 공격받은 느낌, 자신을 공격한 사람에게 상처를 주거나 그 사람을 몰아내려는 욕구와 관련이 있다.
- ㉡ 화가 난다는 것은 어떤 방식으로든 기분이 상하거나 침해를 당했다고 느꼈을 때이다.
- ㉢ 분노는 자율성, 즉 개인의 권리의 침해에 대한 반응이다.

② 분노의 특징
- ㉠ 다른 정서를 불러일으키지 않으면서 사람들을 확실하게 화나게 만드는 방법을 찾기는 힘들다.
- ㉡ 신랄한 모욕은 대부분의 사람들을 화나게 하지만, 또한 '공포, 슬픔, 당혹감'을 복합적으로 유발하기도 한다.
- ㉢ 공포는 특정 상황에 대한 거의 보편적인 반응인 반면, 분노는 개인별로 서로 다른 종류의 사건에 의해 나타난다.
- ㉣ 정서를 결정하는 데 있어서, 사건의 객관적인 속성보다는 사건에 대한 사람들의 평가 혹은 해석이 더 중요하다.
- ㉤ 분노의 전형성에 잘 들어맞지 않는 상황에서 사람들이 분노를 보인다는 것 또한 특징적인 것이다.

③ 전형적인 분노상황
- ㉠ 누군가가 의도적으로 혹은 생각의 부족으로 손해를 끼쳤을 때 대부분 분노가 발생한다.
- ㉡ '미국, 유럽, 아시아'의 학생들을 대상으로 한 연구에 따르면, 이들은 다른 사람이 자신을 불공정하게 취급하는 상황에서 분노를 가장 크게 느낀다고 보고하였다.
- ㉢ 좌절을 느낀 상황에 원인을 제공한 사람이 있는 경우에 분노를 느낀다.
- ㉣ 대개 분노는 다른 사람에 의해 유발되며, 자신의 목표를 방해하는 예상하지 못한 불쾌하고 불공정한 상황에서 분노를 경험한다.
- ㉤ 어떤 상황을 누군가를 비난하기 마땅한 것으로 지각할 때 분노를 느낀다고 한다.
- ㉥ 분노를 자주 느끼는 경향이 있는 사람은 불쾌한 상황에 대해 누군가를 비난해야 하는 것으로 해석하는 경향이 있다.
- ㉦ 통제할 수 없는 나쁜 상황은 분노보다는 슬픔을 더 유발한다.
- ㉧ 자기 스스로 문제를 일으킬만한 부주의하거나 어리석은 행동은 자기분노의 원인이 된다.
- ㉨ 자기분노는 대개 슬픔과 죄책감 혹은 당혹감과 혼합되어 있다.

(2) 분노의 가설

① 좌절-공격가설

㉠ 기대하고 있는 만족을 얻으려는 사람의 능력을 방해하는 것이 공격적인 행동을 낳는다는 것이다.

㉡ 상황에 대한 어떠한 인지적 평가도 없는 공격적 행동과 분노가 존재할 수 있다는 의미를 지닌다.

　　예 과제를 제출해야 하는 시간이 임박했는데 인터넷 연결이 자꾸 끊어진다면 컴퓨터에게 화가
　　　　난다.

② 인지-신연합모형(Cognitive-Neoassociationistic Model) : 귀인 없는 분노

㉠ 대부분의 정서연구는 정서가 어떤 사건에 대한 평가에 관한 귀인의 결과라고 제안한다.

㉡ 인지-신연합모형은 분노가 가끔은 책임에 대한 평가 없이도 불쾌함과 불편한 느낌으로부터 직
접적으로 발생한다는 것이다. 이는 분노는 귀인을 필요로 한다는 개념과는 모순되는 것이다.

㉢ 이 모형에 따르면 불쾌한 사건이나 감각(좌절, 고통, 역겨운 냄새, 짜증나는 더운 날씨 등이 해
당)이 분노와 공격을 촉진시킨다.

㉣ 너무 더움, 사람이 붐빔, 두통, 고통스러운 것, 악취 등의 불쾌한 상태는 누군가에 귀인하거나
해석할 수 없지만 그 자체로 분노의 느낌을 유발할 수 있다(Berkowitz, 1989).

㉤ 버코위츠(Berkowitz)는 정서가 자극이 전혀 없이도 배고픔이나 피로와 같은 신체적 느낌으로부
터 직접적으로 일어날 수 있다고 하였다.

㉥ 신체적 고통, 극도의 불쾌감 등을 겪은 사람은 모두 가까이에 있는 대상에게 공격적으로 행동하
는 경향이 있다.

③ 통제감 평가의 영향

㉠ 좌절, 고통, 다른 종류의 불편함은 분노와 공격을 이끌지만, 항상 그런 것은 아니다.

㉡ 공포와 분노를 구분하는 데 통제감 평가가 중요하다.

㉢ 위험에 처해 있고 통제할 수 없는 상황이라면, 분노보다는 공포가 나타난다.

㉣ 분노를 공개적으로 표현했을 때 예상되는 결과가 위협적이지 않다면 분노를 나타낸다.

　　예 자동차 운전 중 상대 운전자 때문에 종종 분노가 발생하는데, 안전한 차 안에서 보복의 두려움
　　　　없이 소리치고 화내고 심지어 욕을 할 수 있기 때문이다.

㉤ 분노를 표현했을 때 어떤 일이 벌어질지 확실치 않다면, 공격과 도망 사이에서 망설일 것이다.

㉥ 술이나 진정제를 적당히 먹은 사람은 상해에 대한 두려움을 억눌렀기 때문에 싸움을 시작한다.

㉦ 많은 양의 알코올이나 진정제를 먹는 것은 우리 몸을 가라앉게 만들어 더 이상 움직이지 않게
되거나 싸움을 멈추게 한다.

(3) 분노가설의 종합

① 정서이론에 관한 관점

㉠ 상황의 책임이 어디에 있느냐가 정서의 핵심이다.

㉡ 정서는 인지, 느낌, 생리적 변화, 행동을 포함한다.

㉢ 정서는 책임에 대한 평가 없이도 발생한다(인지-신연합모형).

㉣ 분노는 상황의 평가를 필요로 하지만, 의도는 핵심요소가 아니다.

② 적대적 의도의 평가는 인간의 분노에 중요한 것일 수 있다.

    ㉠ 엄마들은 자녀들이 엄마의 기분을 상하게 하거나 기대대로 살지 않을 때 분노한다.

    ㉡ 자녀들을 화나게 한 사건들 대부분은 부모가 자신들의 목표를 방해할 때였다.

③ **분노유발의 두 가지 형태**

    ㉠ 분노의 한 가지 형태는 특정 종류의 사건에 대한 반응이다.

    ㉡ 다른 하나는 일반적인 불편함에 기인하는 것으로 주변에 우연히 발생할 수 있는 어떤 것으로 향하는 경향이 있다.

④ **분노와 공격성의 관계**

    인지-신연합접근과 평가접근으로 공격적 행동을 설명할 수 있다.

Berkowitz의 CNA 접근

평가 접근

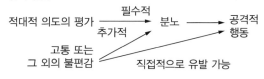

[분노와 공격성 행동에 관한 모형]

2 분노와 공격의 측정과 생리학적 측면

(1) 분노의 자기보고 측정치

① 정서의 표준적 정의를 '인지, 느낌, 생리적 변화와 행동을 포함하는 것'으로 가정한다면, 분노의 자기보고 측정은 '분노를 가져온 것에 대한 평가, 화가 난 느낌, 결과가 되는 행동'을 평가하는 것이다.

② 인지와 느낌을 측정하기 위해 주로 자기보고에 의존한다.

③ 자기보고는 정확성의 문제가 있는데, 자신의 분노를 인정하기 꺼려하는 경우가 종종 있기 때문이다.

④ 분노에는 다양한 차원이 있고, 다차원적 분노목록은 그중 몇 가지를 측정하고 있다.

    ㉠ 얼마나 화가 나 있는지를 측정한다.

    ㉡ 화가 나게 되는 다양한 상황을 측정한다.

    ㉢ 적대적 태도를 다룬다.

    ㉣ 분노를 어떻게 다루는지 묻는다.

⑤ 스필버그 상태특성-분노표현 척도(STAXI, Spielberger State-Trait Anger Expression Inventory) 는 가장 광범위하게 사용되는 분노 지필검사이다. 이 질문지는 현재 사건과 관련된 일시적 조건인 '상태'와 지속적인 성격적 측면인 '기질'에 관한 내용을 포함한다.

⑥ CAB-V(Constructive Anger Behavior-Verbal Style Scale)는 관찰자나 면접자가 기입하는 문항 들로 이루어져 있다.

⑦ 다양한 분노질문지가 존재하는 것의 이점은 각각의 질문지가 분노의 다소 다른 측면을 측정함으로 써, 연구자는 자신이 조사하고 있는 주제에 가장 적절한 하나의 도구를 고를 수 있다는 것이다.

(2) 분노의 얼굴표현과 유용성

① 분노의 얼굴표현

㉠ 전 세계 사람들은 원형적인 화난 얼굴을 알아차린다.

㉡ 분노의 원형은 눈을 부릅뜨고, 눈썹을 이마의 중간을 향해서 아래로 누르며, 아래쪽 눈꺼풀은 눈의 안쪽 중앙을 향해 끌어올리고, 입술을 꼭 다문다.

㉢ 얼굴변화 외에도 목소리 톤이나 신체자세가 변한다.

② 분노표현의 유용성

㉠ 분노의 표현은 상대가 화난 것을 알아차리고 사과를 하고 이해하며, 미래에 유사한 행동을 피하 게 되기 때문에 관계를 향상시킬 수 있다.

㉡ 적당한 분노의 유용성
- 권력과 지위가 주어진다.
- 협상에서 자신이 원하는 것을 더 많이 얻는 경향이 있다.
- 분노한 사람의 한계와 요구를 알게 한다.
- 사회적 상호작용을 향상시킨다.
- 대립상황을 준비할 때 분노를 느끼는 것을 선택할 수 있고, 이것은 자신이 원하는 것을 얻는 데 도움이 된다.

(3) 분노와 공격의 암묵적 측정

① 공격적 행동의 종류

㉠ 모든 공격적인 행동이 분노에서 시작되는 것은 아니며, 모든 분노가 공격적인 행동을 만드는 것 도 아니다.

㉡ 사람이 저지르는 대부분의 공격은 도구적이다.
- 도구적 공격은 단순히 어떤 것을 얻거나 어떤 결과를 성취하기 위한 수단으로 이용되는 행동이 나 위협적인 행동을 말한다.
- 적대적 공격은 다른 사람을 해칠 특별한 의도를 가진 것으로 분노에 의해 동기화된다.

㉢ 공격과 분노는 분명 관련이 있지만, 이 둘을 같은 것으로 가정하는 것은 잘못된 것이다.

㉣ 사람들이 매우 분노하였을 때조차도 노골적인 싸움은 드물게 발생한다.

② 분노와 공격의 암묵적 측정

  ㉠ 분노와 공격적 행동을 만들어내는 전형적인 실험방법은 공격적 행위와는 다르다. 이러한 방법들
  은 실제사건과는 거리가 있어 제한점들이 존재한다.

  ㉡ 암묵적 측정은 좀 더 미묘한 방식으로 정서를 감지하는 데 사용될 수 있다.

  ㉢ 분노와 공격의 암묵적 측정방법

  • 이야기 완성하기

> 사람들은 공격적인 사건이 포함된 짧고 완성되지 않은 이야기를 읽는다. → 몇 개의 문장을
> 써서 이야기를 완성한다. → 연구자는 각 사람이 쓴 공격적인 내용의 양을 기록한다.

  평균적으로 남성들이 여성들보다 결말에 공격적인 내용을 더 많이 포함하였고, 자신이 자주
  분노한다고 묘사한 사람들이 더 많은 공격적 내용을 포함하였다.

  • 주제 점 탐색과제

> 두 단어(공격적인 단어 하나와 그렇지 않은 단어 하나)가 화면에 짧게 번쩍하고 나타난다.
> → 한 단어는 위쪽에, 한 단어는 아래쪽에 위치한다. → 한 단어가 나타났던 같은 위치에 점
> 이 나타난다. → 참여자는 그 점이 나타난 위치를 빠르게 판단하여 키를 누른다.

  폭력경험이 있는 사람들은 공격과 관련된 단어들에 더 영향을 받아 주의가 분산되기 때문에
  반응이 더 느려진다.

  • 시각탐지과제

> 목표단어가 화면의 중앙에 짧게 나타난다. → 목표단어 주변에 세 개의 다른 단어가 나타난다.
> → 목표단어와 세 개의 새로운 단어가 나타난다. → 참여자는 목표단어의 위치를 알아낸다.

  목표단어가 폭력적인 단어에 둘러싸여 있는 경우에 폭력의 내력이 있는 사람은 두 번째 화면에
  서 폭력적인 단어를 발견하여 목표단어에 반응하는 것이 더 느린 경향이 있다. 이것은 폭력적
  인 단어가 어떤 사람에게 있어서는 주의를 분산시키기 때문이다.

  ㉣ 공격적인 단어는 분노와 폭력경향이 있는 사람들의 주의를 사로잡아 반응시간이 늦어진다. 그러
  나 이 시간의 차이는 '1초의 몇 분의 1'로 너무 짧은 시간이어서 실용적인 목적으로 사용하는 데
  는 한계가 있다.

(4) 분노와 공격의 생물학

분노나 공격발생에 책임이 있는 단 하나의 생물학적 기제는 발견하지 못했다. 일반적으로 공격을 억제
하는 기제들이 어떤 사람에게는 축소되어 있다는 것이 발견되었다.

① 분노의 신경해부학

  ㉠ 공격적 행동은 종종 충동적이고, 충동성의 기반 중 하나는 전전두피질의 손상이다.

  ㉡ 전전두피질의 특정 부분에 손상을 입은 사람의 특징

- 자신의 정서표현을 억제하는 데 문제가 있다.
- 도박에서 나쁜 결정을 함으로써 돈을 잃을 확률이 높다.
- 나중의 큰 보상보다는 지금의 작은 보상을 선택하는 경향이 있다.

ⓒ 충동적 살인과 같은 폭발적인 분노의 분출내력이 있는 사람은, 비록 증명된 뇌손상이 없더라도 전전두피질의 손상을 입은 사람과 같은 행동패턴을 보인다. 즉, 전전두피질은 그대로지만 정상적인 것보다는 덜 활동적일 수가 있다는 것이다.

ⓔ 분노가 특정 뇌영역을 활성화시키지만, 이를 fMRI로 측정하려 할 때의 문제점은 장치에 누워서 일상의 분노 경험을 표출하는 것이 어렵다는 것이다.

② **분노의 신경화학**

ⓐ 신경전달물질인 세로토닌은 충동조절과 공격성에 영향을 미치는 물질로 알려져 있다.

ⓑ 뇌간에 있는 몇 개의 신경세포 다발이 세로토닌을 만들어낸다. 그러나 뇌의 대부분 영역에 걸쳐서 활동성에 영향을 미친다.

ⓒ 세로토닌 수준이 낮은 쥐는 더 많이 싸우는 경향이 있고, 가장 낮은 수준의 세로토닌 대사물질을 가진 원숭이들이 싸움을 시작하고 공격의 희생자가 되는 경향이 크다는 것을 발견하였다.

ⓔ 세로토닌 수준이 낮은 원숭이 중 많은 수가 반복적으로 싸움에서 손상을 경험했고, 살아남은 공격적 원숭이들은 무리 내에서 지배적인 위치를 성취할 가능성이 높았다.

ⓜ 방화범이나 다른 폭력범죄로 유죄판결을 받은 사람들에게서 세로토닌 분비수준이 낮음을 발견하였다.

ⓗ 세로토닌과 폭력적 행동의 관계는 일관적이었지만, 그 효과의 크기는 중간정도였다.

ⓢ 공격성에 있어서 세로토닌의 정확한 역할은 불투명한 상태인데, 공격적 행동을 하는 동안 신경세포들은 실제로 세로토닌을 분비하지만, 공격할 태세를 준비하거나 공격을 억누르고 있는 동안에는 방출하지 않는다.

ⓞ 세로토닌을 증가시키는 약물은 때로는 공격적 행동을 감소시키지만, 항상 그렇지는 않다.

③ **분노와 자율신경계**

ⓐ 분노에 수반되는 생리적 상태는 공포와 매우 유사해 심장박동률이나 호흡률과 같은 생리적 각성을 나타낸다.

ⓑ 싸움의 초반에 각성은 자기 유지적이고 자기 확장적이다.

> 공격행동 → 시상하부는 부신에 메시지 보냄 → 스트레스 호르몬 분비 증가 → 시상하부활동 증가

> **더 알아두기**
>
> **시상하부**
> 시상 바로 밑에 위치한 작은 뇌구조로, 신체 내부환경을 조절하여 항상성을 유지하도록 함
>
> **부신**
> 콩팥 위에 위치한 내분비기관으로, 겉질에서는 '글루코코르티코이드, 염류코르티코이드, 남성호르몬'
> 을, 속질에서는 '에피네프린, 노르에피네프린과 같은 카테콜아민(교감신경자극 전달물질)'을 만들고
> 분비

ⓒ 일반적으로 화가 나면 분노는 빠른 시간 내에 커진다.

ⓔ 분노를 자주 그리고 강하게 표현하는 적대적인 사람들이 심장혈관계 문제에 더 취약하고 분노를 자주 경험한다.

ⓜ 분노를 자주 경험하지만 그것을 다르게 표현하는 사람들은 건강이 덜 위험한 것으로 나타났다.

ⓗ 심장질환의 위험은 분노 그 자체가 아닌 사람들이 분노를 어떻게 처리하느냐에 달려 있을 수 있다.

3 분노의 개인차

(1) 분노행동에 대한 일반적 견해

① 과거에 폭력적인 행위를 더 많이 했을수록, 미래에 폭력적인 행위를 저지를 가능성이 더 크다.

② **낮은 자존감이 폭력적인 행동의 원인이라는 가설**
자신을 실패자로 보는 사람들이 다른 사람을 공격함으로써 자신의 위치를 높이고자 시도한다고 주장하지만, 전반적으로 연구자들은 폭력적 행동과 낮은 자존감 간의 강한 상관을 발견하지 못하였다.

③ **폭력이 정신적 질병의 결과라는 가설**
알코올중독자나 약물남용자가 아닌 정신질환자는 다른 집단과 비슷한 정도의 범죄율을 보인다.

④ 억제수준이 낮은 사람이 더 폭력적인 행동을 하는 경향이 있다.

⑤ 다른 사람의 행동을 적대적으로 지각하는 사람들에게서 공격이 더 보편적임을 알 수 있다. 가장 분노경향이 높은 사람들은 다른 사람들에 비해 애매한 상황에서조차도 상대가 악의적인 의도를 가진 것으로 귀인하는 경향이 있음을 발견하였다.

(2) 분노행동의 생물학적 영향

① **유전과 분노행동**
ⓐ 공격적이고 범죄적인 행동변량의 약 40% 정도를 유전적 요인이 설명하고, 환경적 요인이 나머지를 설명한다.

ⓛ 어떠한 유전자가 강력한 효과를 가지는지는 밝혀지지 않았다.

ⓒ 공격적 행동과 연관된 어떤 유전자는 또한 자살시도율과도 약한 관련이 있다.

ⓔ 나이가 들어감에 따라 유전효과가 증가한다. 즉, 유전의 영향은 환경에 의존한다.

　　• 청소년의 범죄에서는 이란성 쌍둥이와 일란성 쌍둥이가 매우 유사하지만, 성인 범죄에서는 일란성 쌍둥이가 유사성이 더 컸다.

　　• 충동적인 폭력경향이 있는 사람은 반사회적인 행동과 잘 맞는 친구들, 이웃, 삶의 방식을 선택할 것이고, 따라서 유전적 소인을 증대시킨다.

ⓜ 아동기 동안의 학대는 이후 반사회적 행동가능성을 증가시키는데, 그러한 효과는 낮은 수준의 모노아민 산화효소(MAO-A)를 가진 사람에게서 더 크게 나타난다.

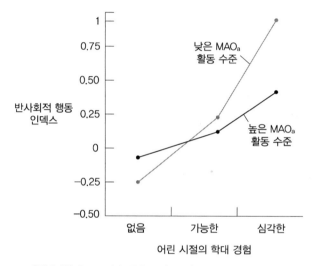

[학대경험과 모노아민 산화효소(MAOₐ) 수준에 따른 공격성]

> **더 알아두기**
>
> **모노아민 산화효소**
> 뇌에서 신경전달물질을 분해하는 효소로, '도파민, 노르에피네프린, 세로토닌'을 분해하여 분비가능한 양을 감소시키는데, 이것이 결핍된 쥐는 보통 쥐보다 더 공격성을 띠는 것으로 알려짐

② **분노행동과 공격성의 성차**

　ⓐ 일반적인 고정관념은 남성이 더 자주 화를 낸다는 것이지만, 이 관점은 지지되지 않는다.

　ⓑ 남성과 여성이 분노하는 사건의 빈도는 거의 같고, 화가 났을 때 무엇을 하는가에 차이가 있다.

　ⓒ 남성은 신체적으로 공격적인 행동을 더 많이 하고, 여성은 물리적 폭력보다는 간접적인 방식을 주로 사용한다는 것이다.

　ⓔ 일반적으로 폭력과 관련된 호르몬으로 알려진 테스토스테론의 폭력행동에서의 역할은 분명하지 않다.

ⓜ 한 개인에게 있어서 한 시점에서 다른 시점까지의 테스토스테론 양의 변동이 공격성을 예측하게 해줄 수 있지만, 개인 간 차이는 그만큼 의미를 가지지 않는다.

ⓗ 진화론에 따른 공격성의 성차에 대한 주장

- 수컷들은 싸움에서 이김으로써 다른 수컷을 내쫓고 암컷을 차지할 수 있다.
- 지배적인 수컷은 많은 암컷을 임신시킴으로써 자신의 유전자를 퍼뜨릴 가능성을 가지고 있다.
- 암컷이 자녀가 성장하기 전에 죽는다면, 자녀들은 살아남을 수 없고 암컷은 자신의 유전자를 다음으로 전달하지 못할 것이다.
- 암컷들도 자신과 자기의 자녀를 보호하거나 더 나아지기 위해 경쟁을 한다.

ⓢ 동물들의 공격성은 주로 도구적 동기를 보여주고 있어, 분노의 개인차라는 점에서 볼 때 진화적 설명이 의미가 있는지는 확실하지 않다.

(3) 분노행동의 환경적 영향

① 가족환경

ⓐ 폭력은 폭력적인 환경에서 자란 사람들 사이에서 퍼져 있다.

ⓑ 폭력적인 환경에서 자라는 것이 아동의 분노성향을 높인다.

ⓒ 폭력적인 부모와 유전자를 공유하기 때문에, 폭력적인 부모는 폭력적인 자녀를 가진다.

ⓓ 입양된 아이의 생물학적 부모가 폭력내력을 가지고 있고 입양부모에 의해 폭력에 노출이 되는 경우 가장 큰 폭력사건이 발생한다.

ⓔ 학대받은 아이들의 1/3이 학대하는 부모가 되는 것으로 나타났는데, 극도로 불리한 환경의 결과를 극복하는 능력인 탄력성이 삶의 중요한 능력으로 보인다.

ⓕ 학대경험은 어느 정도 부정적인 결과를 증가시키지만, 사람들의 삶과 안녕감에 긍정적 영향을 미칠 수도 있다.

② 미디어폭력의 영향

ⓐ 많은 연구들은 TV나 영화에서 폭력을 더 많이 보거나 폭력적인 게임을 더 많이 하는 사람이 공격적 행동에 더 많이 참여하는 경향이 있음을 보여준다.

ⓑ 폭력성이 폭력물을 보도록 하는 것인지, 폭력물을 보는 것이 폭력성을 이끄는 것인지의 결과는 명확하지 않다.

ⓒ 폭력에 자주 노출되는 것은 다른 사람의 고통에 대해 무뎌지게 하는 것으로 보인다.

ⓓ 폭력물 노출의 장기적 효과에 대한 정보는 아직 없지만, 폭력을 보는 것이 적어도 어떤 사람, 어떤 시간에는 폭력적 행동을 고무시킨다.

4 폭력예방

(1) 화해

① 화해란 싸움 뒤에 우정을 회복하고 더 이상의 적대행위를 방지하려는 시도를 말한다.

② 침팬지와 같이 매우 사회적인 동물들은 싸운 후에도 무리 내에 함께 머물러야 한다. 싸운 후에 침팬지들은 함께 있고, 껴안고, 손을 잡고 하면서 많은 시간을 함께 보낸다.

③ 화해의식을 치른 침팬지는 그 다음에 싸울 가능성이 낮다.

④ 사람 역시 계속되는 적대감을 참기는 어렵다. 싸움을 한 후에 화합을 회복할 가장 좋은 방법을 찾는다.

(2) 아동기 공격행동 통제하기

① 아동들, 특히 어린 소년들은 더 자주 싸운다. 아동기의 싸움은 사소한 것들이다.

② 어떤 아동들은 무자비하게 다른 사람들을 괴롭힌다.

③ 상대를 괴롭히는 아이인지, 괴롭힘을 당하는 아이인지, 양쪽 모두에 속하는지는 시간이 지나도 일관적이다.

④ 괴롭히는 아동은 자신의 이익이나 즐거움을 위해 자신의 힘을 이용하는데, 이것은 우리가 도구적 공격이라고 부르는 것이다.

⑤ 이러한 괴롭힘을 멈추게 하는 가장 좋은 방법은 감독하는 어른의 수를 늘리고 벌칙을 강화하는 것이다.

⑥ 못된 짓을 하면 반드시 벌을 받는다는 것을 확실히 하는 것이 중요하다.

(3) 성인기 분노 통제하기 : 분노관리훈련

분노관리훈련이란 사람들이 자신의 분노를 통제할 수 있도록 돕기 위해서 치료자가 사용하는 모든 방법을 말한다.

① 인지적 재구성

ㄱ 사건들을 덜 위협적이거나 덜 적대적인 것으로 재해석하고, 분노를 유발하는 사고들을 더 차분한 사고로 대체하는 것을 배운다.

ㄴ 인지적 재구성은 사람들이 불쾌한 사건을 우연적인 것이 아니라 고의적인 것으로 해석할 때 분노가 더 발생하기 쉽다는 연구에 기초하고 있다.

② 사회기술훈련

ㄱ 갈등의 원인 중 하나는 서투른 의사소통이다.

ㄴ 어떤 경우에 화를 내고, 어떤 경우에 이완하고, 어떤 경우에 말하기 전에 흥분을 가라 앉혀야 하는지를 구별하도록 가르치는 것이다.

③ **분산**
  ㉠ 어떤 사람이 막 화를 내려고 할 때 좋은 전략은 즐겁거나 유쾌한 것과 같은 다른 어떤 것에 대해 생각하는 것이다.
  ㉡ 정서적으로 고통스러운 경험을 회상하도록 한 경우 적대감으로 반응하였다.
  ㉢ 고통스러운 경험에서 그 때의 환경을 기억하는 것에서 사람들은 덜 흥분했다.
  ㉣ 사람들에게 자신의 고통이 아닌 상황적 측면들에 초점을 두도록 하는 것은 도움이 된다.

④ **노출치료**
  ㉠ 공포증에 대한 보편적인 처치는 체계적 둔감화이다.
  ㉡ 모욕을 받은 상태에서 침착함을 유지하도록 훈련하는 것이다.

⑤ **기타 치료**
  ㉠ 만성적인 공격문제에 대해 이야기를 하는 것이 도움을 주지만, 항상 그렇지는 않다.
  ㉡ 집단치료는 가끔 기대에 어긋난 결과를 낳기도 한다.
  ㉢ 폭력적인 청소년들이 12주간 집단으로 모여 친사회적인 행동에 관한 이야기를 나누는 프로그램에 참여한 후 비행행동이 증가하였다.

제3절   슬픔 기출

1 슬픔의 개념

(1) 슬픔의 의미
 ① 슬픔은 가장 부정적이고 가장 피하고 싶은 정서이다.
 ② 슬픔은 비록 영속적인 손실의 경험과 밀접한 관련이 있기는 하지만, 원칙적으로는 분리와 실패의 경험에서 비롯된다.
 ③ 슬픔을 느끼려면 손실의 대상에 대해 강한 애착이 있어야 한다.

(2) 슬픔의 원인
 ① 이별(죽음, 이혼, 잠깐의 헤어짐, 다툼으로 인한 이별)은 고통스럽다.
 ② 장소(고향), 직장, 지위 등으로부터의 이별을 통해 슬픔을 경험하기도 한다.
 ③ 손실로 유발된 슬픔에는 강렬한 체념의 느낌이 있다.
 ④ 시험에서 떨어지거나 경쟁에서 지는 상황 같은 실패 역시 슬픔으로 이어지게 된다.
 ⑤ 전쟁, 질병, 사고, 경제적 불황 같이 자신의 의지적 통제 밖의 실패조차도 슬픔을 유발하게 된다.

2 슬픔의 영향

(1) 슬픔과 동기

① 슬픔은 우리의 관심을 내부로 향하게 하며, 개인적 반성을 촉진한다.

② 신체적 각성이 급격히 감소하는 비활성화상태는 손실에 맞추어 인생계획과 목표를 다시 살펴볼 수 있는 시간을 갖고 반성하도록 촉진한다.

③ 일시적·부분적 손실에서 발생하는 슬픔은 슬픈 상황 이전의 상태로 환경을 복원하기 위해 필요한 행동을 취하도록 동기화한다.

　　㉠ 헤어진 뒤에 버림받은 연인은 망가진 관계를 회복하기 위해 사과하거나 선물을 보낸다.

　　㉡ 실패 이후에는 자신감을 회복하고 비슷한 실패가 다시 생기지 않도록 더욱 연습하게 된다.

④ 우리는 슬프기 때문에 사과하고 배상하려고 한다.

⑤ 불행하게도 많은 이별과 실패는 회복될 수 없다.

⑥ 희망이 없는 상황에서 사람들은 적극적이고 활발한 방식보다는 소극적이고 무기력한 방식으로 행동하게 되며, 이것은 궁극적으로 철회로 이어지게 된다.

(2) 슬픔의 긍정적 측면

① 사회적 집단의 응집력을 간접적으로 높여준다.

② 소중한 사람들과 분리되는 것은 슬픔을 유발하기 때문에, 그리고 슬픔은 매우 불편한 정서이기 때문에, 슬픔이 예상되면 사랑하는 사람들과 가깝게 지내려는 동기를 갖게 된다.

③ 다른 사람과의 관계가 아쉽지 않다면, 사회적 유대감을 유지하는 방식으로 행동하려는 동기가 낮을 것이다.

④ 학생이나 선수가 실패로 인한 고통을 견디기 어려울 것으로 예상하지 않는다면, 준비하고 연습하려는 동기가 낮을 것이다.

⑤ 슬픔이 비참하게 느껴지는 한, 슬픔은 생산적인 행동을 동기화하고 그러한 행동을 계속하게 할 것이다.

(3) 우울감

① 슬픔은 우울감으로 이어질 수 있다.

② 슬픔은 반성과 회복행동을 동기화하지만, 우울감은 사람들을 밀어내는 표현이 담긴 신호로 이득이 별로 없다.

③ 슬픔을 우울감으로 이어지게 하는 열쇠는 반추이다.

④ 영속적 손실로 인한 슬픔 위에 반추가 쌓이게 되면 그 결과는 종종 우울감으로 나타난다.

⑤ **다른 정서와 슬픔의 결합**

　　㉠ 정서적 과잉생산을 경험할 때(슬픔과 함께 분노, 두려움, 수치심, 좌절을 느낄 때), 반추는 슬픔을 동반한다.

ⓛ 자기비하적인 생각과 느낌이 슬픔과 더해지면 정서적 과잉생산을 경험하게 되고, 이것은 반추, 우울감 취약성으로 이어지게 된다.

ⓒ 반추에 기반한 우울감은 문제해결을 가로막고 집중을 분산시키며 부정적 생각을 자극한다.

ⓡ 우울감은 사회적 지지를 침해하며 회복적인 대처행동 대신 자신에게 해롭고 파괴적인 행동을 하게 한다.

제4절 정적 정서

1 행복과 정서 기출

(1) 행복의 개념과 정서

① 인생의 목표와 행복

ㄱ 많은 사람들이 인생의 일차적 목적을 행복이라고 말한다.

ㄴ '행복이란 무엇인지, 행복이 정서인지 또는 태도나 특질과 같은 것인지'와 같은 질문은 행복 연구에서 질문하는 것들이다.

ㄷ 정적 정서는 '분노, 공포, 우울'에 대한 연구보다 한참 후인 1990년대에 진지한 주목을 받기 시작했다.

ㄹ 정적 연구가 늦춰진 또 다른 이유는 행복이 다른 정서들보다 정의와 측정이 훨씬 어렵기 때문이다.

② 정서와 행복

ㄱ 공포와 분노는 전형적인 정서의 예이지만, 행복은 정서의 정의에 딱 맞게 떨어지지 않는다.

ㄴ 정서의 기준과 행복의 비교

- 정서는 자극에 대한 반응이다. 사람들은 종종 특별한 이유 없이 행복하기도 하다. 행복이나 만족감은 다른 전형적인 정서들보다 더 오래 지속된다. 어떤 면에서 행복은 성격특질에 가깝다.
- 정서는 '생리적, 행동적, 주관적' 변화들의 복합적인 연쇄이다. 행복이 유발하는 행동이 무엇인지 구체적이고 기능적인 행동을 특정하는 데 어려움이 있다.
- 정서는 상황에 대한 기능적 반응이다. 행복이 우리 삶에 어떤 방식으로 적응적인가? 행복이 상황적으로 적합도를 높이지만, 행복의 이득은 '공포, 분노, 또는 혐오'의 이득에 비해 덜 분명하다.

ㄷ 행복은 삶에 대한 일반적인 만족감이라는 의미에서 대부분의 표준적인 정서에 대한 정의에 부합하지 않는다.

ㄹ 대부분 일반인이나 연구자들이 행복이라고 부르는 것은 기분이나 감정으로서의 자격을 갖춘 장기적인 성향적 측면이다.

    ⓜ 행복하거나 만족하는 삶을 사는 사람들의 특징

      • 자율성, 자신이 처한 상황에 대한 능숙함, 인격적 성숙, 타인과의 긍정적 관계, 인생에 대한 능숙함, 인생에 대한 목표, 자기수용의 특징을 가지고 있다.

      • 이들은 나쁜 기분일 때 빨리 회복하는 편이다.

      • 주관적 안녕이 높아 자기 삶을 즐겁고 흥미로우며 만족스러운 것으로 평가한다.

    ⓗ 행복은 기쁨과 유사한 정서적 경험을 가지지만, 기쁨은 매우 다양한 사건들에 의해 순간적으로 유발되는 것이고, 행복은 단기적인 기쁨이 만들어 내는 여러 사건의 단순한 합이 아니다.

③ **특질로서의 행복측정**

    ㉠ 행복을 삶에 대한 만족감이 높고 전반적인 정적 정서경험이 빈번하고 부적 정서경험이 드문 것으로 정의한다.

    ㉡ 행복은 정서의 인지적 측면과 감정적 측면을 반영하고, 생리적 반응과 행동을 가지고 행복이라고 주장하기 어렵기 때문에 행복측정은 주로 자기보고에 의존한다.

      • 삶에 대한 만족척도

        - 각 진술문에 대해 1(전혀 동의하지 않는다)에서 7(매우 동의한다)까지 동의하는 정도에 따라 평가한다.

        - 척도문항은 예를 들어 "나는 나의 삶에 만족한다.", "내 인생의 조건들은 훌륭하다." 등이다.

      • 정적 정서 및 부적 정서척도(PANAS, Positive And Negative Affect Schedule)의 일부분인 정적 정서척도

        - 이 척도는 부정적 단어(겁먹은, 불편한, 괴로운 및 부끄러운 등) 10개와 긍정적 단어(열성적인, 흥미를 가진, 단호한, 흥분된, 기민한, 강한 등) 10개로 구성되어 있다.

        - 응답자는 일정한 시간 동안 척도상 각각의 단어가 자신의 느낌을 얼마나 잘 묘사하는지 1점부터 5점까지 평정한다.

        - 정적 정서척도를 높은 에너지와 전반적인 긍정적 기분을 측정하는 것으로 보는 것이 가장 적절하다는 데 많은 연구자들이 동의한다.

      • 질문지를 이용한 정서조사

        - 사람들에게 얼마나 행복한지 또 만족하고 있는지 직접 물어보는 대신에 그들의 연설이나 글의 일부를 뽑아 행복을 느끼는 것에 대해 얼마나 많이 언급하는지 세어본다.

        - 한 천주교 수녀단체는 1930년대 및 1940년대에 젊은 신입 수녀들에게 자신에 대해 기술하도록 요구하고 이 자전적 수필을 보관하였다. 자신의 수필에 가장 정적인 정서를 표현했던 사람들이 가장 오래 생존하였다.

        - 위 연구는 혼입이 될만한 생활방식의 변인들이 거의 없었다는 점에서 매우 주목할 만한 행복의 명백한 효과를 보여주는 연구이다.

(2) 행복의 원인

① **자기보고된 행복의 원인**

    ㉠ 어느 정도 부유한 국가들에서는 대부분 사람들이 전반적으로 행복하다고 말한다.

    ㉡ 행복한 사람들은 다른 사람들보다 그들의 유전자를 더 성공적으로 물려줄 가능성이 높다.

ⓒ 행복에 더 필요한 요건에 관한 질문에 대해 공통답변들은 자신들에게 일어날 수 있는 것이었다.
- 더 많은 돈 또는 소유물
- 훌륭한 일자리와 안정된 미래
- 새로운 연인 또는 현재 연인과의 더 나은 관계
- 높은 학점
- 가족이나 친구들과의 더 많은 시간
- 더 많은 수면

ⓔ '무엇이 당신을 행복하게 하는가?'라는 질문에 대해 공통된 답변들은 현재 자신의 행동이거나 쉽게 가용한 것(친구, 가족, 자연)에 대해 느끼는 것들이었다.
- 친구와 가족
- 남자 친구 또는 여자 친구
- 성공이나 성취의 느낌
- 편히 쉬는 것
- 스포츠를 하고 활동적이 되는 것
- 자연을 즐기는 것
- 음악과 유머
- 신앙
- 다른 사람들을 행복하게 하는 것

ⓜ 중년의 미국 성인들은 그들의 가족 및 친구들과의 관계가 삶에 대한 만족의 주요원천이라고 말했다. 공통된 답변으로는 신체적인 건강, 재정적인 안정성, 자기개발, 만족스러운 직업, 신념, 생활 속의 활동들을 단순히 즐기는 것 등이 포함된다.

ⓗ 서로 다른 생활양식을 가진 사람들은 서로 다른 답변을 하는 경향이 있다. 대학교육을 받은 사람들은 자신이 성취한 것을 주로 언급했고, 고등학교 교육만을 받은 사람은 자율성의 느낌(사건을 통제하고 있다고 느끼는 것)에 대해 언급하는 경향이 있었다.

ⓢ 통제감은 거의 모든 사람에게 중요하며, 통제감을 갖는 사람들은 다른 사람들보다 더 행복할 뿐 아니라 더 건강한 경향이 있다.

② **행복과 성격**

㉠ '하향적'이라는 의미는 성격이나 기질이 행복을 통제한다는 것이고, '상향적'이라는 의미는 생활사건들이 행복을 좌우한다는 것을 의미한다.

㉡ 많은 사람들이 자신에게 주어진 생활사건으로 예상되는 것보다 일관되게 덜 행복하다.

㉢ 행복의 결정요인 중 하나는 사람들의 천성적인 성향 또는 성격이다.

㉣ 현재의 행복정도는 몇 년 후 얼마나 행복할 것인가에 대한 좋은 예측요인이다.

㉤ 유전자가 이 개인차에 어느 정도 역할을 하는 것으로 나타났다.
- 일란성 쌍생아들이 이란성 쌍생아들보다 삶의 만족에 있어 더 강하게 닮아 있다.
- 많은 유전적 요인들이 신경전달물질이나 그 수용기의 생성을 변화시킴으로써 행복의 개인차에 기여하는 것으로 보인다.

ⓑ 신경전달물질의 영향
- 높은 도파민 수준이나 도파민수용기의 높은 반응성을 나타내는 유전적 성향을 가진 사람들이 행복한 것으로 나타났다.
- 도파민수용기의 높은 반응성은 외향성과 관련이 있고, 외향성은 행복과 매우 높은 상관을 가지는 성격특질이다. 그러나 도파민수용기와 외향성의 관계에 대한 연구들은 일관적이지 않은 결과를 보여주고 있다.
- 엔도르핀 전달물질들도 기분에 영향을 주는데, 엔도르핀의 방출은 행복할 때 증가하고 슬플 때 감소한다.

③ 행복과 부
㉠ 복권에 당첨된 사람들은 당첨 직후에 당연히 매우 높은 행복감을 보고하였지만, 몇 달 후 행복도는 평균수준까지 내려갔다.
㉡ 과거 한동안 심리학자들은 부가 행복과 별로 관련이 없다고 결론지었다.
㉢ 넓은 소득범위의 사람들을 조사해보면, 부유한 사람은 평균적으로 가난한 사람보다 더 행복한 경향이 있다.
㉣ 행복에 영향을 미치는 부의 특징
- 빈곤한 사람들은 자신들의 주변에 더 잘 사는 친구들이나 친척들이 있을 때 특히 불행하다.
- 어떤 사건의 정서적 영향은 그것이 예상되었던 것보다 더 좋은지 더 나쁜지에 달려있다.
- 건강에 따라 빈곤이 행복에 미치는 영향이 다르다. 가난하면서 행복한 것은 가능하지만, 가난하고 아프면서 행복하기는 어렵다.
㉤ 삶의 만족도가 높은 나라들의 특징
- 전반적으로 부유한 국가의 사람들은 가난한 국가의 사람들보다 더 높은 삶의 만족을 보고한다.
- 전반적으로 매우 종교적인 나라들에서 삶의 만족도가 더 높았다.
- 사회적 소수자들에 대한 처우가 좋은 나라들에서 삶의 만족도가 더 높다.
- 남성과 여성에게 동등한 지위를 제공하는 나라에서 삶의 만족도가 더 높은 경향이 있다.

④ 행복에 영향을 미치는 기타 변인들
㉠ 관계
- 일반적으로 가까운 사람들과 밀접한 관계를 가진 사람들이 더 행복하다고 말한다.
- 결혼한 사람들이 그렇지 않은 사람들보다 더 행복한 것으로 묘사된다. 강한 우정과 낭만적 애착이 사람들을 위해서 유익하다는 것이다.
- 결혼과 행복의 관계는 경우에 따라 다소 차이가 있지만, 평균적으로 부부관계가 원만한 사람들이 부부관계가 소원한 사람들에 비해 전반적 삶이 훨씬 더 행복하다고 말한다.
- 행복한 사람들은 더 행복한 친구들을 갖는 경향이 있고, 어떤 사람이 행복하면 그 사람의 친구들도 행복하다. 이는 행복이 주변 사람에게 전파된다는 것을 의미한다.
- 행복은 친밀한 관계를 촉진시키고, 친밀한 관계는 행복을 증가시킨다.
㉡ 건강한 사람들은 건강하지 않은 사람들보다 더 행복하다. 행복한 사람들은 거의 같은 정도로 아픈 경우에 슬픈 사람들보다 아프다는 말을 덜 하고 더 적은 수의 증세들을 보고하는 경향이 있다.

ⓒ 종교적인 신념을 가진 사람들은 그렇지 않은 사람들보다 더 행복한 경향이 있다. 종교가 명확한 목적의식, 고난 시 위안, 안정성, 공동체 소속감 등을 제공해 준다.

ⓔ 인생의 목표
- 행복한 사람들은 인생의 목표를 가지고 있을 가능성이 더 높다.
- 돈을 벌겠다는 목표가 항상 행복으로 이끌어 주지는 않는다.
- 아들러는 사람들의 일차적 동기가 우월성 추구이며, 사람들이 그러한 목표를 서로 다른 방법으로 추구한다고 제안하였다.
- 우월성을 얻기 위해 노력하는 가장 건강한 방법이자 만족을 느끼도록 이끌 가능성이 가장 높은 방법은 사회의 개선, 세계평화, 공정성 또는 지식의 발전 등과 같이 자기 자신을 넘어서는 어떤 것의 복지를 추구하는 것이다.
- 아들러의 이론은 이후 자존감으로 발전되었는데, 삶의 대한 만족이 자존감 자체에 좌우되는 것이 아니라 추구할 만한 것, 가치 있는 목표에 달려 있다는 것이다.

(3) 행복에 영향을 미치는 삶의 사건

① **외모** : 멋진 외모의 사람들은 평균적으로 사람들에 비해 낭만적 관계에서는 만족도가 더 높지만, 다른 면에서도 더 행복하다고 할 수 없다.

② **날씨** : 날씨가 단기간에 영향을 미치는 건 사실이지만, 따뜻한 캘리포니아 주의 사람들이 겨울이 길고 추운 미시간 주의 사람들보다 더 행복하다고 보고하지는 않는다.

③ **교육** : 교육은 그 자체로는 행복에 거의 영향을 주지 못한다. 그러나 다른 종류의 정적 정서로 간주할 수 있는 흥미와 유의미하게 상관을 갖는다. 교육을 잘 받은 사람일수록 다양한 흥미를 가지고 있는 경향이 있다.

④ **나이** : 건강한 65세 이상의 노인들은 젊은이들이나 중년들보다 더 많은 정적 정서와 더 적은 부적 정서를 보고한다. 두뇌활동에 대한 fMRI를 살펴보면 노인들의 편도체는 유쾌한 사진들에 대해 더 강하게 반응하며, 젊은이들은 불쾌한 사진들에 대해 더 강하게 반응한다.

⑤ **삶의 만족을 감소시키는 사건**
ⓐ 삶에서 강렬한 기쁨을 주는 대부분의 사건들은 짧은 순간의 상승만을 제공하지만, 어떤 사건들은 지속적인 영향을 가져올 수 있다.
ⓑ 신체에 중요한 장애를 초래하는 사건이나 사고는 삶에 대한 만족을 급격히 떨어뜨리고, 대부분의 사람들은 몇 년간 거의 회복을 보이지 못한다.
ⓒ 자부심을 느끼는 중요한 직장을 잃는다면 큰 상처를 받을 것이다. 실직을 경험하였을 때 급격한 만족도의 하락을 보이며, 심지어 15년 후까지도 평균적으로 만족도의 하락을 보였다.
ⓓ 죽음이나 이혼에 의해 배우자를 잃는 것은 강력한 영향을 미친다.
- 생활에 대한 만족은 상실 이전에 서서히 하락한다.
- 사별 전후와 이혼 전후를 비교하면 전반적으로 사별 전후가 이혼한 사람들보다 더 행복했다.
- 사별 후 삶에 대한 만족은 서서히 회복되었지만, 평균적으로 그 이전의 최고 수준까지 회복되지는 않았다.
- 사람에 따라 성공적으로 회복하는 경우도 있지만, 그렇지 않은 사람들도 있다.

(4) 삶에 대한 만족을 증가시킬 수 있는 활동

① 연구에 따르면 자신에게 일어난 사건들보다 내가 하고 있는 활동이 더 중요하다. 자신의 생활환경을 최근에 개선시킨 사람들은 짧은 기간 동안만 행복이 증가하였지만, 자신의 활동을 개선시킨 사람들은 훨씬 더 긴 기간 동안 행복이 지속되었다.

② 자신에게 감사한 일의 목록을 작성하는 것은 삶에 대한 만족, 낙관주의, 전반적인 건강개선에 도움이 된다.

③ 다른 사람을 돕는 것은 행복감을 높이는 일이다.

2 사랑과 정서

(1) 정서로서의 사랑

① 사랑이 무엇인지 정의를 내리는 것은 매우 어려운 일이다.

② 사랑의 대상들(사람, 동물, 음식, 물건 등) 간에 유사성이 존재하지만, 또한 대상 간의 차이도 매우 크다.

③ 어떤 감정이 더 두드러지는지는 대상에 따라, 혹은 시간에 따라 달라진다.

④ **사랑에 대한 다양한 관점**

　㉠ 여러 심리학자들은 사랑을 태도로 간주한다.

　　• 태도는 인지, 느낌, 행동을 포함한다는 점에서 정서와 비슷하다.

　　• 태도의 경우에는 인지적 측면이 강조되고, 정서의 경우에는 느낌 측면이 강조된다.

　　• 태도는 기능적일 수도 있고 아닐 수도 있지만, 정서는 기능적이다.

　　• 정서는 짧은 상태인 반면, 태도는 오래 지속된다.

　　• 사랑을 태도로 여기는 입장에서 사랑하는 사람의 안녕을 항상 기원하는 것을 강조한다.

　㉡ 어떤 이들은 사랑을 각본 혹은 어떤 사건이나 생각, 감정 및 행동 등에 대한 문화적으로 학습된 기대들로 정의한다.

　　• 낭만적 사랑에 대한 미국식 각본은 "두 사람이 만나 첫눈에 사랑에 빠진다. 누구도 두 사람 사이에 끼어들 수 없다. 두 사람은 온갖 장애를 극복하고 오래오래 행복하게 산다."로 요약될 수 있다.

　　• 이러한 각본은 특별한 정서경험뿐만 아니라 정서를 넘어서 상황과 적절한 행동의 측면까지 포함할 수 있다.

　㉢ 원형적인 접근

> **더 알아두기**
>
> **원형**
>
> 어떤 범주의 가장 이상적인 예를 기술하는 특징들의 집합이지만, 그 범주의 모든 구성원들이 모두 그 특징을 가지지 않을 수 있음

- 원형접근은 특정 언어를 사용하는 사람들이 특정 단어에 부여하는 의미를 강조한다.
- 가장 보편적인 사랑은 친밀한 관계(부모, 자녀, 가족, 연인, 친한 친구 등)에 대한 사랑이다.
- 가장 전형적인 사랑으로는 가족, 연인, 친구에 대한 사랑이다.
- 전형적인 사랑은 상대에 대한 헌신을 포함하며, 어려운 상황에서도 베풀고자 하는 의지를 포함한다.
- 전형적인 사랑은 상대의 장점뿐만 아니라 단점을 수용하여 그 사람을 있는 그대로 받아들이는 것을 의미한다.

(2) 사랑의 유형

볼비(Bowlby)는 친밀한 관계에서의 정서가 진화적 유산의 중요한 부분이라는 것에 동의하며 가족 내 유대의 생물학적 기초로 세 가지 행동프로그램, 즉 '애착, 돌봄, 성'을 주장하였다. 이러한 행동프로그램을 정서라고 지칭하지는 않았지만, 복합적인 사회적 본능이라고 주장하였다.

① 애착으로서의 사랑

> **더 알아두기**
>
> **애착**
> - 양육자에 대한 오랫동안 지속되는 정서적 유대
> - 그 사람 가까이 있고 싶은 욕구와 분리되었을 때의 고통, 위협을 느끼면 그 사람에게 가려는 경향성, 새로운 것을 탐색할 때 지지가 되는 느낌

ㄱ 애착의 개념
- 대부분의 사람들에게 있어서 사랑에 대한 최초의 경험은 부모에 대한 사랑이다.
- 볼비는 우리를 돌보고 양육해 주는 부모로부터 느끼는 사랑행동 프로그램이 가장 먼저 나타난다고 하였다.
- 유아는 주양육자에게 세 가지 형태(안정, 불안, 회피)의 애착유형을 보이는데, 애착유형의 형성은 양육자가 어떻게 반응하는지에 달려 있다.
- 주양육자의 민감한 양육, 아버지와 유아 간 행동적 동시성은 안정애착을 예측하는 것으로 나타났다.

ㄴ 아마에
- 영어에는 양육자에 대한 사랑의 느낌에 적용되는 특별한 단일 정서단어가 없다.
- 일본어인 '아마에'는 유아가 어머니에게 느끼는 감정과 흡사한 의미를 가진다.

- 이 정서는 유아가 발달상 어머니와 분리수준이 높아지는 6개월경 시작(애착이 시작되는 시기와 비슷함)되는데, 아이들이 엄마와 자신이 하나라는 느낌을 갖도록 만든다.
- 성인들도 자신이 힘들거나 아플 때 자신을 친절히 보살펴 주는 사람에 대해 이런 정서를 느낄 것이다.
- 일본에서는 성인기에도 어머니와 자식 간의 관계는 모든 다른 관계들이 갈망하는 가장 이상적인 관계로 간주되기 때문에 아마에가 종종 일본적인 정서로 간주되지만, 인류에게 기본적으로 공통된 심리적 현상이다(Doi, 1973).
- 미국과 같은 나라에서는 독립성을 매우 높은 가치로 부여하기 때문에, 아마에를 유발할 수 있는 상황을 의도적으로 회피하고자 하는 것으로 보인다.
- 미국 대학생들은 아마에와 관련된 느낌을 '의존적인, 아기 같은'과 같은 부정적인 정서경험과 연결시키고, 일본인 대학생들은 긍정적인 정서와 부정적인 정서 모두와 관련짓는다.

② **돌봄으로서의 사랑**
  - ㉠ 돌봄은 어리고, 무력하며, 절박하고, 고통스러워하는 사람이 관련된 광범위한 상황에서 활성화될 수 있다.
  - ㉡ 돌봄체계의 활성화와 관련될 수 있는 세 가지 정서상태는 '동정, 연민, 자애적 사랑'이다.
    - 동정은 고통을 겪고 있는 사람에 대한 걱정 어린 관심으로 정의된다.
    - 연민은 동정과 유사하지만, 받아들이는 사람이 곤경에 처해 있다는 것이 강조된다.
    - 자애적 사랑은 어림과 취약성의 단서에 의해 유발될 수 있는 정서로 정의된다.
  - ㉢ 동정과 연민은 개인적 괴로움이나 타인의 고통을 볼 때 느끼는 자기초점적 불안과 대비되지만, 자애적 사랑은 반드시 고통에 대한 반응일 필요는 없다.
  - ㉣ 동정, 연민, 자애적 사랑 모두가 다른 사람을 돕도록 동기화시킨다.
  - ㉤ 타인의 고통에 대하여 가장 큰 동정심을 느끼는 것으로 보고한 참여자들이 남을 돕는 도움행동을 가장 많이 보인다.
  - ㉥ 타인의 고통에 대해 어떤 사람들은 동정으로 반응하고, 어떤 사람들은 개인적 괴로움으로 반응한다(고통에 처한 사람의 슬픔에 공감은 하지만 자신의 정서를 조절할 수 있어서 상대의 고통에 압도되지 않을 때, 고통에 처한 누군가를 돕는 행동의 빈도는 가장 커진다).
  - ㉦ 동정의 '생리적 지표, 얼굴표정, 행동경향성'의 조합이 정서와 유사하다는 것이 확인되었다.
  - ㉧ '연민과 자애적 사랑이 정서인가?'라는 질문에 대해서는 더 많은 연구가 필요하다.

③ **성적 욕망**
  - ㉠ 대부분의 사람들은 문화적인 차이에도 불구하고 성적인 매력을 높여주는 몇몇 특징들에 대해 합의를 이룬다.
    - 건강한 사람이 더 섹시하게 보인다.
    - 윤기 있는 머리카락, 깨끗하고 생기 있는 피부는 매력적으로 간주된다.
    - 허리와 둔부의 크기는 0.7 : 1의 비율이 이상적이다.
    - 여러 얼굴을 컴퓨터로 합성했을 때 평균치인 얼굴은 매우 매력적이라고 평정한다. 평균적인 특징은 친숙한 것이고, 따라서 편안하게 느껴진다.
  - ㉡ 매력은 신체적 건강 및 다산성과 긍정적 상관을 가진다.

ⓒ 어린아이의 얼굴과 비슷하게 부드럽고 둥근 얼굴, 큰 눈과 작은 코를 가진 여성성은 남성의 얼굴과 여성의 얼굴 모두에서 매력적임을 발견하였다.

ⓐ 사람들은 밝은 성격이나 친절한 성격을 찾는다.

(3) 사랑의 생물학적 관점과 공감

① **옥시토신** 기출

ⓐ 생물학적으로 '애착, 돌봄, 성' 사이의 가장 큰 유사성은 뇌하수체호르몬인 옥시토신과 관련이 있다.

ⓑ 옥시토신의 역할
- 출산 시 자궁수축을 유도한다.
- 모유를 생성하고 분비하며 유선을 자극한다.
- 모성행동을 하는 신경전달물질을 방출하는 데 관여한다.
- 어머니와 아기의 피부접촉도 옥시토신을 방출하는데 이것은 애착행동, 즉 모성유대를 촉진한다.

ⓒ 일반적으로 한 쌍의 암수관계를 맺는 종들은 그렇지 않은 종들에 비해 성행위를 하는 동안 뇌의 특정 영역에서 옥시토신과 바소프레신을 더 많이 분비한다. 이 호르몬들의 분비 수준이 높은 포유류에서는 성적 행위가 애착을 유도할 수 있음을 의미한다.

ⓓ 바소프레신 수용기를 더 많이 가진 남성이 아내와 더 친밀한 관계를 맺고, 이혼에 대해 덜 생각하는 것으로 나타났다.

ⓔ 옥시토신은 낭만적 관계가 아닌 신뢰가 요구되는 관계에서의 행동을 예측한다.

ⓕ 사회적 지지와 신체적 건강의 관계에도 옥시토신이 관여한다는 증거가 있다.

② **내인성 아편제**

ⓐ 엔도르핀이 친밀한 관계에서 중요한 역할을 한다.

ⓑ 분리고통으로 인한 동물의 울음이 엔도르핀의 급격한 감소와 관련이 있다는 것이 발견되었다. 원숭이들이 어미에게서 분리될 때 소량의 모르핀을 주사하면 울음이 감소하는 반면, 아편성 수용기를 차단하는 날록손을 주사하면 울음이 증가한다.

ⓒ 사람들은 사랑하는 사람을 잃어버리거나 사랑하는 사람과 헤어졌을 때, 실제로 육체적인 고통과 비슷한 경험을 하는데, 엔도르핀은 천연진통제와 같은 역할을 한다.

ⓓ 아편제반응이 부족한 쥐들은 애착쾌감의 발달이 매우 약해 보인다.

③ **공감**

관계의 긍정적 측면들을 생각할 때 사람들은 종종 공감을 떠올린다. 공감은 '공감적 정확성'과 '정서적 공감'의 두 가지 측면에서 정의내릴 수 있다.

ⓐ 공감적 정확성은 타인의 생각과 느낌을 알아차리는 능력을 말한다.
- 상대방의 생각과 느낌을 추측함에 있어서 남성과 여성은 같은 정도의 정확도를 보였다.
- 파트너가 말을 많이 할 때, 특히 자신에 대한 말을 할 때 정확성은 특히 높았다.
- 파트너가 신체적으로 매력적인 경우에 더 높았다.

- 평균학점이 더 높은 사람들이 더 정확하게 공감하는 경향성이 있었다.
- 자주 미소 짓는 사람들이 파트너를 평가하는 데 더 정확한 것으로 밝혀졌다.
ⓒ 정서적 공감은 타인의 정서를 실제로 느끼는 것으로서, 일반적으로 주관적인 직접 경험으로 발생하는 정서의 생리적 반응과 유사하다.
- 정서적 공감은 각자의 생리적 상태와 행동적 상태를 맞추는 자연스러운 기제의 결과이다.
- 공감적 조망수용에 대한 질문에서 높은 점수를 받은 참여자들이 정서적 얼굴표정 사진을 볼 때 거울신경세포의 활동이 더 큰 것으로 나타났다.

［ 더 알아두기 ］

거울신경세포
우리가 다른 사람의 움직임을 관찰할 때와 우리 스스로 그러한 움직임을 할 때 유사한 활동패턴을 보이는 운동신경세포

ⓒ 우리가 이야기하는 것이 공감적 정확성인지 정서적 공감인지에 따라 공감의 영향은 달라진다.
ⓔ 상대가 느끼는 것이 무엇이냐에 따라 공감의 영향은 달라진다. 상대가 화가 나 있는 상황에서의 정서적 공감은 해로울 수 있다는 것이다.
ⓜ 행복한 관계를 갖는 사람들은 서로에게 불쾌한 감정을 거의 표현하지 않으며, 표현한다 하더라도 상대방은 대개 그것을 알아차리지 못한다.
ⓗ 파트너가 관계에 위협이 되는 어떤 것에 대해 생각할 때, 공감적 정확성은 관계에 대한 낮은 만족도와 관련이 있었다. 반대로 파트너의 생각과 느낌이 위협적인 것이 아닐 때, 공감적 정확성은 관계에 대한 높은 만족과 관련이 있었다.

(4) 결혼과 우정

① 낭만적 사랑과 동반자적 사랑

ⓐ 낭만적 사랑의 특징
- 젊은 성인들에게 가장 눈에 띄는 사랑의 종류는 낭만적 사랑이지만, 낭만적 관계는 문화에 따라 다르다.
- 모든 문화에서 필수조건은 아니지만, 낭만적 사랑은 결혼과 재생산의 동기를 갖는다.
- 관계만족과 관련된 변인들은 동성애와 이성애 커플에게서 유사하게 나타났다.
- 낭만적 관계의 첫 단계는 일반적으로 열정적 사랑이다.
  - 열정적 사랑의 단계에서는 상대를 이상화하는 경향이 있고 상대의 긍정적인 특성을 잘 인식하며 단점이나 한계는 의식하지 못한다.
  - 사랑에 빠진 사람의 뇌에서는 도파민 관련 보상영역을 포함한 광범위한 뇌영역이 활성화되어 황홀감과 쾌감을 느낀다.
  - 사랑에 빠지면 상대방의 성격, 행동, 태도의 다양한 측면을 자신에게 통합하기 시작하는데, 이는 자기확장과정을 거친다는 것이다.

ⓒ 동반자적 사랑의 특징
- 관계가 지속되면 전형적으로 관계에 대한 헌신이 증가하고, 자신을 상대방의 인생에 통합하기 시작한다.
- 동반자적 사랑은 장기간의 헌신을 약속하게 되며 '안전, 상호돌봄과 보호'를 강조하게 된다.
- 강한 동반자적 사랑은 열정적 사랑보다 더 큰 인생 만족감과 연관되며, 열정적 사랑은 강렬한 정서적 느낌과 연관되는 경향성을 보인다.
- 파트너의 결함이 특별한 상황과 관련된 것이라고 생각하거나 파트너의 장점과 관련되어 있다고 생각하면, 관계의 만족도가 더 높은 경향성이 있다.

② **낭만적 매력의 예측**
ⓐ 장기간의 안정된 관계를 가장 잘 예측하는 요인 중 하나는 유사성이다.
ⓑ 낭만적 관계는 두 사람의 '가치관, 생활양식, 취미활동, 신념' 등이 유사할 때 가장 성공적이다.
ⓒ 낭만적 사랑은 세 가지 스타일로 구분할 수 있는데, 두 사람이 같은 유형일 때 사랑에 성공할 가능성이 높다.

성애적 유형	열정과 육체적 화학반응에 기초한다.
유희적 유형	게임으로서의 사랑으로 비교적 자주 파트너를 바꾸는 사랑이다.
우정적 유형	우정에 기반을 둔 사랑이다.

③ **성인들의 낭만적 관계에서의 애착**
ⓐ 애착은 성인기 동안 친밀한 관계의 중요한 측면으로 남는다.
ⓑ 성인애착의 의미
- 오랫동안 분리되면 고통을 경험하고 친밀한 접촉을 원하는 것이다.
- 스트레스와 위협상황에서 지지를 얻기 위해 파트너에게 의지하는 것이다.
- 파트너로부터 안전과 신뢰를 얻어냄으로써 세상에 대해 개방적이고 참여적인 접근을 촉진하는 관계를 의미한다.

ⓒ 성인들도 유아와 마찬가지로, 위협이나 스트레스를 느끼면 보호와 위안을 위해 애착대상에게 의지한다.
ⓓ 성인들도 유아와 마찬가지로 서로 다른 애착유형(안정, 회피, 불안)과 동일한 비율을 보인다(Hazan & Shaver, 1987).
- 안정애착인 사람들은 스스로를 사랑스럽고 가치 있는 존재이며, 자신의 연인이 다정하고 신뢰할 수 있으며 의지할만한 사람이라고 생각한다.
- 불안애착인 사람들은 깊고 강렬한 관계를 원하지만, 실제로는 타인을 믿지 못하고 자신을 매력적으로 생각하지 않으며 버림받을까봐 항상 두려워한다.
- 회피애착의 사람들은 친밀하고 헌신적인 관계를 포기하는 경향을 보인다.

ⓔ 성인의 애착유형은 자신의 가치에 대한 것과 타인의 가치에 대한 두 가지의 '작동모형(애착불안과 애착회피)'으로 잘 측정된다(Kim Bartholomew, 1990).
- '자신'을 무가치하고 바람직하지 않다고 생각하는 사람들은 '애착불안'에서 높은 점수를 갖는다.
- '다른 사람들'에 대해 신뢰할 수 없다고 생각하고 친밀한 관계를 갖는 것에 가치를 두지 않는 사람은 '애착회피'에서 높은 점수를 보인다.

④ **결혼생활의 안정과 만족감**

㉠ 결혼생활의 안정성을 예측하게 해주는 변인들은 인구학적 특징들을 포함하고 있다.
- 나이(결혼 당시 나이가 20세 이상)
- 부모(양친 부모 슬하에서 성장)
- 연애 기간이 길고 동거하지 않은 경우
- 교육(비슷한 교육수준과 교육수준이 높은 경우)
- 수입(많은 경우)
- 성향(오랫동안 행복한 성향을 가진 경우)
- 지역(소도시나 시골 거주)
- 종교(종교가 있고 같은 종교)
- 나이(비교적 비슷한 나이와 유사한 태도를 가진 경우)
- 성관계(자주 가지며 싸움을 자주 안 하는 경우)

㉡ 위의 변인들이 결혼 생활의 안정을 유지하는 원인이 되는 것은 아니다.

㉢ 결혼만족도의 다른 요인들
- 결혼만족도는 첫 아이 출산 후 감소하고 지속되다가, 자녀들이 독립하면 다시 높아진다.
- 미국 여성들은 낭만을 지키는 것이 중요하다고 생각하지만, 일본 여성들은 29%만 동의한다.
- 헌신하려는 동기가 강한 사람이 덜 행복한 시기를 견디려는 의지를 가진다면, 이후 결혼생활에 만족을 하였다.
- 형평성(인생에 투입하는 노력, 자원, 기술 등)은 결혼만족을 예측하는 또 다른 변인이며, 파트너가 자신을 위해 희생할 마음을 가진다고 느끼면 관계에 대한 신뢰가 높아지는 경향이 있다.
- 형평성은 사랑의 시작단계에서 중요하지만 시간이 지나면 그다지 중요하지 않게 되는데, 실제로 가까운 친구나 부부 간의 친밀함을 나타내는 신호 중 하나는 도움에 대한 즉각적 보답이나 호의에 대한 가시적인 교환을 기대하지 않는다는 것이다.
- 행복한 부부는 자기개방성을 보인다.

㉣ 가트만(Gottman, 1994)은 부부관계에서의 심각한 문제점을 예측하게 해주는 네 가지 정서적 양상을 밝히고, 이것을 '종말을 예언하는 네 파괴자'라고 하였다.

비판	배우자나 배우자의 가족들에 대한 공격과 단점을 열거하고 문제점에 대해 상대를 비난하는 것으로 가장 파괴적인 양상 예 "당신이 언제 도와준 적 있어?"
방어	자신의 행동을 변명하거나 도리어 상대방을 비판함으로써 자신을 방어하는 것 예 "그래 잘났어! 잘난 당신이 하면 되겠네."
경멸	비아냥대거나 상대방이 무능력하고 자신보다 못하다는 것과 같은 모욕적 태도를 포함
담쌓기	상대가 무슨 말을 하려고 할 때 이것을 무시하거나 못하게 하는 것으로, 아무 말도 하지 않거나 먼 산을 보는 것 같은 행동을 하는 것

행복하지 않은 관계는 높은 수준의 분노로 가득 차 있고, 상대가 갖는 영향력을 부정하는 경향을 보이며, 대화에서 부정적인 정서가 높아지는 양상을 보인다.

ⓜ 만족스러운 관계의 특징
- 문제를 제기할 때 낮은 분노수준으로 무엇이 문제이고, 그 문제가 언제 발생했고, 해결책이 무엇인지에 대한 자신의 생각을 표현한다.
- 상대의 의견을 고려할 의지가 있다는 것을 보여주고, 해결책을 찾기 위해 상대의 영향력을 받아들일 의지가 있다는 것을 보여준다.
- 흥분하지 않고 비교적 침착한 상태를 유지한다.
- 가벼운 농담을 한다.
- 애정이나 행복을 표현한다.
- 긍정적 정서를 대화에 투입하는 자연스러운 방식을 찾는 것이 모두에게 큰 도움이 된다.
- 사랑과 애정을 보여주는 방식으로 즐거운 대화를 하는 것이 좋다.

⑤ **애착과 우정**
- ㉠ 사람들은 플라토닉한 관계의 친구들에 대해서도 애착을 형성할 수 있다.
- ㉡ 청소년기의 따뜻하고 안정적인 우정은 건강한 성인기를 위한 필수적인 기초이다.
- ㉢ 친구관계가 가깝고 많은 사람일수록 12년 후에 자존감이 높고, 우울이나 불안과 같은 심리적 문제들의 증상이 더 적음을 발견하였다(그러나 이것은 상관관계이지 인과관계가 아니다).
- ㉣ 자기 자신에 대해 좋게 생각하는 행복한 사람들은, 자기 자신을 싫어하는 불행한 사람들보다 주위사람들과 즐겁게 지낸다.
- ㉤ 성장하면서 스트레스나 위협상황에서 지지를 얻기 위해서 혹은 안전기지를 찾기 위해서 친구들에게 더 많이 의지하게 된다.
- ㉥ 부모와 또래들과 안정적인 관계를 보고한 청소년들이 청소년기에 전반적인 적응력이 높았다.
- ㉦ 부모와 불안전한 관계를 가지지만 친구들과 안정적인 관계를 가진 십대 청소년들은 그 반대의 경우보다 더 잘 적응하는 것으로 나타났다.
- ㉧ 청소년기의 우정의 효과는, 일시적이고 행동에 기반을 둔 우정보다는 친밀하고 온정적이고 지지적인 우정과의 관계성이 더 컸다.
- ㉨ 이는 친밀한 우정은 자기 자신에게 유익한 것이며 애착이 중요한 역할을 차지한다는 것을 시사한다.

3 정적 정서상태 기출

(1) 정적 정서의 개념

① **정적 정서의 기능과 특징**
- ㉠ 정적 정서의 기능은 부적 정서의 생리적·행동적 영향을 완화하도록 돕는다는 점이다.
- ㉡ 정적 정서들은 우리가 세상에 대해 생각하는 방식을 변화시키고 우리가 미래에 도움이 될 정보와 자원을 모으는 것을 도움으로써 적합도를 증진할 수 있다(Fredrickson, 1998).

ⓒ 확장과 구축이론에 따르면, 정적 정서들은 주의가 넓어지도록 촉진하여 환경에서 기회를 포착할 가능성을 높이고, 이 기회를 극대화하기 위해 우리가 행할 수 있는 행위의 유연성을 향상시킨다.

ⓓ 정적 정서들은 우리가 환경에 의해 제공된 기회를 이용하는 것을 돕는다.

ⓔ 정적 정서의 대조효과

- 유쾌한 사건은 우리를 행복하게 해주지만, 단지 유쾌하다고 아무 사건이나 행복을 느끼게 하는 것은 아니다.
- 우리의 정서는 대조효과에 영향을 받는다.

더 알아두기

대조효과

어떤 결과가 다른 가능한 결과에 비해서 더 좋았는지 아니면 더 나빴는지의 여부가 정서에 미치는 영향

- 어떤 사건이든 대안적 가능성이 무엇이냐에 따라서 보상이 될 수도 처벌이 될 수도 있다.
- B학점을 받은 경우, C학점을 예상한 학생은 행복하지만 A학점을 예상한 학생은 슬프고 좌절할 것이다.
- 동메달 수상자들이 은메달 수상자들보다 더 행복하게 보이고, 또 그렇게 행동한다.

② **정적 정서의 얼굴표정**

ⓐ 행복의 신체적 표현

- 동물들에게 분노와 공포는 거의 확실히 관찰 가능한 행동을 유발하지만, 행복은 명백한 신호를 주지는 않는다.
- 겁을 먹거나 화가 난 사람들은 자신의 주의를 공포나 분노의 대상에 제한적으로 집중하는 데 반해, 행복한 사람들은 자신의 주의를 넓게 확장한다.
- 행복의 결과물 중 하나는 속도인데, 행복한 사람들은 신속히 움직이고 빠르게 말하는 경향이 있다.
- 사람들을 더 빠르게 말하고 행동하도록 조작하면, 일반적으로 사람들은 더 행복해한다.

ⓑ 행복의 표현 : 뒤셴느 미소(Duchenne Smile)

- 행복과 연관된 행동으로 가장 쉽게 측정 가능한 것은 미소이다. 그러나 미소만으로 행복을 예측할 수는 없다.
- 연구자들은 특별한 종류의 미소를 발견하였는데, 처음으로 이것에 대해 묘사한 연구자의 이름을 따서 명명하였다.
- 치켜 올라간 눈, 눈 주변의 주름과 웃는 입모양을 포함하는 진짜 정적 정서의 표정이다.
- 뒤셴느 미소에서 나타나는 눈 주위 근육들의 수축은 의도적으로 제어하기가 어렵기 때문에, 뒤셴느 미소를 그럴듯하게 가장하기는 매우 어렵다.
- 즐거움이 충분히 강하다면 비-뒤셴느 미소는 점차 뒤셴느 미소가 된다.

    © 행복의 표현 : 입모양

- 통상적으로 어떤 사람의 표정에 나타난 행복은 거의 전적으로 입모양에 의해 평가된다.
- 눈의 표정이 다름에도 불구하고 입모양이 같으면 그 차이를 알아차리는 데 실패한다.
- 웃고 있는 입에 대한 우리의 자각이 전체 얼굴에 대한 평가를 지배한다.

    ② 행복의 강력한 척도로서의 뒤셴느 미소

- 정적 정서에 대한 연구에서 가장 강력하고 가장 믿을만한 것 중 하나이다.
- 뒤셴느 미소는 매우 미묘하고 입모양의 평가에 따라 달라지기 때문에, 행복의 지표로 사용하기가 어렵지만 매우 유용한 행복의 척도로 확인되었다.
- 대학졸업앨범 사진으로 성년기 삶을 예측한 연구에 따르면, 더 강한 뒤셴느 미소를 보인 여성들은 결혼생활에서 더 행복했고 이혼을 덜 했으며, 수십 년 뒤인 현재의 자신을 더 능력 있고 더 사회적으로 활동적인 것으로 묘사했다.

③ 정적 정서의 생리적 작용

    ㉠ 좌반구 전전두피질은 행복과 분노와 관련되고, 우반구 전전두피질은 슬픔과 공포와 관련되었다.

    ㉡ 평소 좌뇌활동이 더 큰 사람들은 다른 사람들에 비해 유쾌한 생활사건에 대해 더 강하게 반응하는 경향이 있다.

    ㉢ 평소 우뇌활동이 더 큰 사람들은 공포나 슬픔을 불러일으키는 사건들에 대해 다른 사람들보다 더 강하게 반응하는 경향이 있다.

    ㉣ 행복한 얼굴을 보고 있는 동안 유아들은 좌뇌 전두엽이 우뇌보다 활동적이었다.

    ㉤ 어른들을 대상으로 한 대부분의 연구들에서는 슬픔이 좌뇌보다 우뇌의 활동성을 더 유발했다.

(2) 열광

① 기대와 보상회로

    ㉠ 즐거운 경험을 기대하게 될 때 우리는 예기적 열광(보상에 대한 기대가 주는 즐거움)을 경험하게 된다.

    ㉡ 예기적 열광과 같은 정적 정서는 보상회로(전두엽의 일부와 복측피개영역 및 중격의지핵을 포함하는 뇌경로)라고 불리는 뇌경로와 연관되어 있다.

    ㉢ 예상하지 못했던 보상이나 예상보다 큰 보상은 도파민을 방출시킨다.

    ㉣ 예상된 만큼의 보상은 도파민을 방출시키지 못한다.

    ㉤ 예상에 못 미치는 보상이나 생략된 보상은 도파민의 방출을 억제하여 기저수준보다도 낮게 떨어뜨린다.

    ㉥ 중격의지핵은 코카인과 같은 마약, 섹스, 음식 및 비디오게임 등을 포함하는 광범위한 강화물에 대해 반응한다.

    ㉦ 편도체는 강화사건과 처벌사건에 따라 방식은 다르지만 양쪽 모두에 강한 반응을 보인다.

② 행동활성화체계

    ㉠ 중격의지핵과 복측피개영역에 있는 세포들은 보상이 예견되는 사건과 보상 자체 간의 관계성을 신속히 학습한다.

ⓛ 이 세포들이 활성화되면 보상을 경험할 수 있게 하는 행동이 나타나는데, 이 뇌영역들을 포함하는 경로를 행동활성화체계라고 한다.

ⓒ 이 체계는 맛있는 음식을 먹는 것에서부터 매력적인 사람과 눈을 맞추는 것, 유머, 좋아하는 음악을 듣는 것에 이르기까지 모든 종류의 보상상황에서 활성화된다.

ⓔ 이 체계는 무엇을 원하는 경우에 매우 활성화되지만, 그 보상을 소비하자마자 보상회로는 다시 조용해진다.

ⓜ 복권에 당첨되는 것처럼 부를 얻게 된 직후에는, 자신의 부가 평소보다 그리고 기대된 것보다 더 높기 때문에 사람들의 행복은 증가한다.

ⓗ 자신의 부에 익숙해진 후에 그러한 대조는 더 이상 존재하지 않으며, 행복은 평상시 수준으로 되돌아간다.

(3) 만족

① 배불리 먹거나 다른 보상을 소비한 뒤에 우리가 느끼는 만족도 하나의 정서로 간주되어야 한다.

② 사람들이 보상을 얻고 만족을 느낄 때 부교감신경계의 활동이 증가하는 징후가 나타난다.

③ 소비(음식섭취 후)에는 보상회로 내의 도파민활동이 잦아들고 전반적으로 행동을 느리게 하는 내인성 아편제의 활동으로 대체된다.

④ 프레드릭슨(Fredrickson)은 소비 후의 만족은 보상받았던 경로에 대한 기억을 촉진시킨다고 제안하였다.

(4) 희망과 낙관주의

① 희망의 본질

ⓜ 희망이란 도전적인 상황에서 원하는 결과를 가져올 수 있는 계획을 적극적으로 세울 때 나타나는 강력한 힘이다.

ⓛ 희망적인 사람들은 또한 낙관적인 경향이 있으며, 낙관주의는 희망이라는 정서를 촉진한다.

ⓒ 낙관주의란 대부분 좋은 일들이 일어날 것이라는 기대로 정의된다.

② 낙관주의와 성향

ⓜ 비관주의는 공포, 슬픔 및 분노를 비교적 쉽게 경험하는 경향성인 신경증 성향과 관계되지만, 같지는 않다.

ⓛ 종종 많은 사람들은 비현실적 낙관주의를 가지고 있다.

> **더 알아두기**
>
> **비현실적 낙관주의**
> 다른 사람들보다 나에게 더 좋은 일들이 있을 것이라는 흔한 신념

ⓒ 대부분의 미국 성인들은 어려운 문제에 대한 자신들의 추측의 정확성, 복권에 당첨될 확률, 복잡한 물리적 현상을 과대평가한다.

② 비현실적 낙관주의의 장점과 단점

장점	어느 정도의 비현실적 낙관주의는 나쁜 소식에 대처하거나 인생을 살아갈 에너지를 불러일으키는 데 도움이 된다.
단점	무모한 모험이나 어리석은 계획을 하도록 만들 수 있다.

③ **유익한 종류의 낙관주의**
　㉠ "내가 어떻게 하든 상관없이 모든 것이 다 잘 될 거야."는 아무것도 하지 않아도 된다는 믿음이므로 생산적인 것이 아니다.
　㉡ "내 문제는 해결할 수 있는 것들이야. 나는 성공할 수 있어."와 같은 믿음은 유익한 것이다.
　㉢ 비관주의자들은 바람직한 결과들을 자신들이 통제할 수 없다고 느끼는 경향이 있는 반면, 낙관주의자들은 자신의 행동이 바람직한 결과를 만들며 노력은 보상받는다고 믿는다.
　㉣ 지나친 자신감이 나쁜 결정을 만드는 경우를 제외하고, 낙관적인 태도는 특별히 단점이 없다.

④ **낙관주의의 이점**
　㉠ 낙관적인 사람들은 더 쉽게 친구들을 사귄다.
　㉡ 긴장되거나 시험적인 상황들에서 낙관적인 사람들은 불안을 덜 경험하고 정서적 탈진을 덜 한다.
　㉢ 타인에 비해 약물남용에 빠질 가능성이 낮다.
　㉣ 큰 수술을 받은 후에도 낙관적인 사람들은 고통을 덜 느끼고 전반적인 생활의 질이 더 좋다고 보고한다.
　㉤ 낙관적인 사람들은 자신의 어려움을 극복하기 위해 계획을 세우고 여러 다른 조치를 취할 가능성이 많다.

(5) 재미와 유머

① **재미의 특징**
　㉠ 어떤 대상을 지각하는 데 있어서 인지적 전환에 대한 반응으로서 유머를 경험한다.
　㉡ 유머는 놀라움(의외성)에 좌우된다.
　　예 처음 들었을 때 꽤 우스웠던 농담도, 두 번째는 덜 웃기거나 전혀 웃지 않는다.
　㉢ 어떤 농담의 전제를 이해하고 그 핵심을 받아들이기 위해서는 일종의 문화적 기준과 개인적 태도가 필요하다.
　㉣ 10년 전 코미디 영화는 지금은 통하지 않는다.
　㉤ 재미는 전달하는 사람에 따라 달라진다.
　　예 좋아하는 사람이 시도하는 유머를 더 즐기고 재미있다고 말할 가능성이 높다.
　㉥ 같은 인종이 농담으로 받아들이는 것을 다른 인종의 사람들이 하는 것은 주의해야 한다.
　㉦ 서로 다른 관점을 갖고 있다면 웃기려는 시도는 실패할 수 있고 심지어 모욕적으로 보일 수 있다.

② **사람들을 웃게 하는 것**
　㉠ 웃음은 근본적으로 일종의 의사소통이며, 사회적인 상황에서 발생한다.
　㉡ 사람들은 혼자 있을 때보다 사회적인 상황에서 훨씬 더 많이 미소 짓고 웃음 짓는다.

ⓒ 웃음은 하품과 유사하게 전염성이 높은데, 이는 상대의 웃음이 어떻게 들리는지에 달려 있다.
ⓔ 소리 없는 웃음은 듣는 사람에게 거의 정서적인 반응을 일으키지 못한다.

③ **웃음의 생물학적 차이**
ⓐ 웃음은 우리의 생물학적인 유산인 것으로 보인다.
　예 웃음의 표현적 특징 및 패턴은 모든 연령과 배경의 사람들 심지어 청각장애를 갖고 있는 사람들에게 거의 동일하다.
ⓑ 관찰에 따르면 사람들이 다른 사람에 대한 반응으로서가 아니라 주로 자신이 이야기를 하면서 웃는다는 것이 발견되었다.
ⓒ 웃음은 유머만큼이나 혹은 그 이상으로 사회적 지지를 주고받는 기능을 한다.
ⓓ 남자들은 농담을 더 많이 하지만, 여자들이 웃기를 더 많이 한다. 그러나 여자들이 평균적으로 남자들보다 더 즐거워한다는 것을 의미하는 것은 아니다.
ⓔ 웃음에서의 성차는 정서적 경험에서의 차이와 사회적 역할기대를 반영하는 것일 수 있다.

④ **웃음의 기능**
ⓐ 웃음과 미소는 둘 다 다른 사람들에게 편안하고 이해받고 있으며 존중받는 느낌을 준다.
ⓑ 웃음의 의미는 우리가 즐거운 시간을 보내고 있고 함께 있는 사람들을 좋아하며 그들과 친밀한 관계를 지속하고 싶어 한다는 것을 나타낸다.
ⓒ 유머를 포함한 긍정적인 경험들이 일반적으로 면역체계의 활동을 향상시킬 수 있다는 것을 발견하였다.
ⓓ 유머는 수술 환자들의 진통제 사용과 죽음에 대한 공포를 줄일 수 있다고 보고되었다.

(6) 흥미

① **흥미의 유발**
ⓐ 흥미는 일상생활에서 가장 빈번하게 경험하는 정서이다.
ⓑ 환경의 변화에 따른 반응으로 순간순간 흥미의 정도가 증가하거나 감소하기는 하지만, 흥미가 활성화된다기보다는 흥미의 방향이 바뀌는 것이다.
ⓒ '자극의 변화, 신기함, 불확실함, 복잡함, 퍼즐과 호기심, 도전, 발견'과 같은 환경적인 참신함은 흥미를 유발한다.
ⓓ 우리는 우리의 욕구나 안녕감과 관련된 것들, 새로운 정보를 얻을 수 있는 것, 이해를 증진할 수 있고, 배울 수 있는 기회가 제공되는 것들에 대해 흥미를 느낀다.
ⓔ 대부분의 사람들은 새롭고 복잡하게 보이는 것들에 대해 흥미를 느낀다.

② **흥미의 역할**
ⓐ 흥미는 학습을 증진시키며, 탐구하고 조사하고 찾아보고 조작하도록 한다.
ⓑ 우리 주변의 사물로부터 정보를 도출하려는 욕구를 창출한다.
ⓒ 흥미는 탐구하도록 동기부여하며, 우리가 원하는 정보를 얻도록 한다.
ⓓ 활력적 유형의 동기를 창출하며 환경과 열정적으로 상호작용하게 함으로써 탐구하고 배울 수 있도록 한다.

ⓜ 탐구하고 새로운 정보를 취하며 이해를 넓히는 과정에서 자기가 확장된다.

ⓗ 어떤 활동에 대한 개인의 흥미는 '그 활동에 얼마나 집중할 것인가', '그 사람이 관련 정보를 얼마나 잘 처리하고 이해하며 기억하는가'를 결정한다.

③ **흥미의 중요성**

㉠ 흥미는 환경적 참여를 동기화하여, '학습, 기술개발, 지식 획득 및 성취'를 촉진한다.

㉡ 동일한 학습과제에 흥미와 같은 동기적 지지를 가지고 참여할 때, 사람들은 계속 참여할 수 있도록 활기를 불어넣어 주는 동기적·인지적 활력을 흔히 경험하게 된다.

㉢ 흥미에 의한 참여는 동기적 자원(끈기) 및 인지적 자원(집중)을 고갈시키기보다는 충전해 줌으로써 소진되지 않도록 한다.

제5절   **혐오와 경멸**

1 혐오

(1) 혐오의 유발

① **혐오의 개념**

㉠ 혐오는 정반대를 의미하는 'dis'와 맛 또는 맛의 즐거움을 의미하는 'gust'로 이루어져 있다.

㉡ 혐오는 '기분 나쁜 대상이 입에 닿을지도 모르는 순간에 경험하는 극도의 불쾌감'으로 정의할 수 있다.

㉢ 어떤 대상을 멀리하고자 하는 욕구, 특히 입 안에 있는 대상을 뱉어내고자 하는 욕구를 수반한다.

㉣ 혐오는 어떤 대상과 접촉하는 것을 생각하는 것조차 거부하는 것이다.

㉤ 혐오의 진화적 가치는 분비물이나 썩은 고기를 먹을지도 모르는 상황에서 우리의 건강을 보호한다.

ⓗ 혐오라는 용어를 가끔은 도덕성과 관련지어 추상적이고 문화 특정적인 방식으로 사용한다.

② **혐오가 정서에 해당하는지 여부에 대한 논쟁**

혐오가 정서에 해당하는지 여부에 대한 많은 논쟁이 있다.

혐오는 정서이다.	혐오는 정서가 아니다.
• 혐오의 전형적인 얼굴표정은 전 세계 대부분에서 인식된다. • 혐오는 특정 평가와 관련이 있다. • 강한 혐오는 신체적으로 메스꺼운 느낌을 유발할 것이다.	• 정서들이 조건에 따라 많고 다양한 반응들을 일으키는 데 비해, 혐오에 대한 반응은 제한적이다. • 정서는 인지적 측면이 강조되는데, 혐오는 다른 정서만큼 인지적으로 침투가능하지 않다는 것이다. 혐오를 일으키는 유발원(바퀴벌레, 쥐, 배설물 등)을 다른 방식으로 생각하는 것이 혐오를 감소시킬 수 있지 않다는 것이다. • 정서가 추상적 정보(사건 그 자체가 아닌 그 정보가 의미하는 것)에 의해 유발될 수 있는데, 혐오는 그렇지 않다. 정서가 추상적 정보로 유발될 수 있는 것으로 간주하는 것이 맞는지, 추상적 정보가 혐오를 일으킬 수 없는지에 대해서 논쟁이 생기는 부분이다.

③ 혐오의 유발원

㉠ 대상의 생각에 따른 혐오
  • 혐오는 특정 종류의 반사가 아닌 특정 수준의 해석이 필요한 일이다. 문화에 따라 우리가 혐오하는 곤충을 맛있게 먹기도 하기 때문이다.
  • 냄새에 대한 우리의 반응은 냄새가 가지는 감각적 특징이 아니라 우리의 생각에 따라 결정되는 경우가 많다. 눈을 감고 냄새를 맡은 후 그것이 치즈냄새라고 한다면 우리는 그것을 맛있는 치즈로 인식하겠지만, 그것이 치즈가 아니라 토사물이었다고 정정한다면 그 냄새가 역겨워질 것이다.
  • 많은 혐오경험들도 감각의 질이나 대상이 건강에 어떤 영향을 미칠지가 아니라 대상에 대한 생각에 의존한다. 전혀 사용된 적 없는 깨끗한 변기에 담긴 물을 마실 수 있는가? 내가 맛있게 씹던 음식을 뱉어낸 후 다시 입에 넣을 수 있는가?
  • 우리는 실질적인 위험이 아니라 생각 때문에 혐오를 느끼는 것이다.
  • 우리는 일반적으로 우리가 숨기고 싶어 하는 것들을 볼 때 혐오를 느낀다.
  • 로진(Rozin)은 우리가 혐오스럽다고 생각하는 거의 모든 것들이 속성상 동물이라고 하였다. 우리는 스스로가 고상하고 깨끗하며 순수하다고 생각하고 싶어 하며, '창자, 배설물, 피' 등은 우리에게 우리 생활의 가장 더러운 모습을 연상시킨다고 생각하는 경향이 있다.

㉡ 혐오의 속성
  • 혐오는 감염이라는 속성을 가진다.
    예 바퀴벌레가 지나간 음식은 먹고 싶지 않으며, 누군가 살인을 저질렀을 때 입었던 옷이라면 아무리 깨끗하게 빨아도 입고 싶지 않을 것이다.
  • 혐오는 유사성을 가진다.
    예 만약 어떤 대상이 혐오스러운 대상과 유사하다면 같이 혐오스러울 것이다.
  • 연구에 따르면 추상적인 생각에 대한 반응으로 혐오를 느낄 수 있다.

(2) 혐오의 생물학

① 혐오와 관련된 생리적 프로파일은 복잡하고 우리는 아직까지 이를 완전히 이해하지 못하고 있다.

② 혐오가 심장박동수 증가, 피부 전도반응, 다른 교감신경계 각성신호들과 관련이 있다는 발견이 있지만, 또 다른 연구들에서는 심장박동수 감소, 부교감신경계 활성화신호와 관련이 있다는 결과가 나오기도 했다.

③ 극단적 혐오를 느끼는 사람들은 종종 구토를 하지만, 전형적으로 혐오를 추정할 수 있는 특징은 가벼운 정도의 메스꺼움이다.

④ 음식에 대한 혐오를 느끼는 것은 학습할 수 있고, 신체적 메스꺼움은 이 과정의 한 부분이다.
   ㉠ 맛있는 음식이라도 먹고 나서 구토를 한 경험이 있다면, 그 음식에 대해 혐오반응을 보이게 될 것이다.
   ㉡ 우리 몸이 오염된 음식에 대한 단 한 번의 경험 후에 그 음식을 위험하다고 즉각적으로 명명하는 것과 같다.

⑤ 혐오반응의 뇌영역
   ㉠ 혐오표정을 보는 것은 섬피질 혹은 뇌도라고 부르는 영역을 강하게 활성화시킨다.
   ㉡ 섬피질의 활동 없이도 혐오를 경험할 수 있지만, 혐오라는 단어를 사용하는 것과 혐오를 느끼는 것이 반드시 같은 것은 아니다.
      ㉖ 섬피질이 손상된 사람도 더러운 화장실을 보고 혐오스럽다고 묘사했다. 그러나 혐오라는 단어를 사용하는 것과 혐오를 느끼는 것이 반드시 같은 것은 아니다.
   ㉢ 섬피질활동은 공포를 유발하는 사진을 보고도 증가하였다.
   ㉣ 편도체 역시 혐오유발사진과 공포유발사진에서 강하게 반응하였다.
   ㉤ 섬피질은 혐오와 관계가 있지만, 신체변화의 자각을 포함하는 다른 정서와도 관련될 것이다.

(3) 핵심적 혐오와 도덕적 혐오

① 혐오의 범주에 포함되는 것
   ㉠ 이상한 맛, 음식
   ㉡ 신체 분비물(배설물, 소변, 콧물 등)
   ㉢ 용인할 수 없는 성적 행위(근친상간 등)
   ㉣ 피, 수술, 내장기관의 노출
   ㉤ 곤충, 거미, 뱀, 기타 불쾌감을 유발하는 동물들
   ㉥ 먼지와 세균
   ㉦ 시체와의 접촉
   ㉧ 사회·도덕적 위반행위

② 핵심(일차적)혐오
   ㉠ 받아들이기 힘든 음식에 대한 불쾌감은 일차적 혐오 혹은 핵심혐오이다.
   ㉡ 우리의 입에 집어넣는 생각과 관련된 것들이다.

ⓒ 핵심혐오를 포함하는 혐오를 쉽게 경험하는 사람은 다른 사람보다 범죄행위에 대해 극단적인 반
    감을 느낄 가능성이 크다.

③ **도덕적 혐오**

ㄱ 도덕적 혐오는 권리의 위반이나 잘못과 관련된다.

ㄴ ①의 혐오의 범주에서 음주운전자나 위선자, 다른 사회·도덕적 위반에 대한 혐오평정은 다른
    사건들 중 어느 것과도 높은 상관을 보이지 않았다.

ㄷ 우리가 어떤 부도덕한 행위에 대해 혐오스럽다고 말할 때 우리는 어쩌면 분노나 경멸이라는 용어
    를 사용해야 할 것이다.

(4) 혐오의 발달과 극복

① 혐오의 발달

ㄱ 혐오는 점차적으로 발달하며, 어떤 사람들은 다른 사람들보다 혐오를 더 강하게 경험한다.

ㄴ 아이들이 자라면 위험하다고 생각되는 음식을 거부하기 시작하고, 오염되었다고 생각하는 경우
    에도 음식을 거부한다.

ㄷ 혐오가 어떻게 발달하는지, 어떻게 혐오를 배우는지는 밝혀지지 않았다.

② 혐오와 성격

ㄱ 혐오의 표현은 성격특질 중 신경증성향과 높은 상관을 보인다.

ㄴ 신경증성향은 불쾌한 정서를 상대적으로 쉽게 경험하는 경향성을 의미한다.

ㄷ 쉽게 혐오를 경험하는 사람들은 슬픔이나 불안도 쉽게 경험한다.

ㄹ 혐오는 경험에 대한 개방성과는 부적 상관을 보인다.

③ 혐오의 극복

ㄱ 스스로 혐오의 얼굴표정을 짓지 않도록 한다.

ㄴ 대상에 대한 개념을 바꾼다("이것은 내가 생각했던 것이 아니다."라고 스스로에게 말한다).

ㄷ 스스로를 혐오대상에 점진적이고 반복적으로 노출시킨다.

ㄹ 시기가 적절하다고 생각되면 '나'와 '타인' 사이에 심리적 경계선을 낮춘다. 우리는 우리 자신의
    분비물이나 우리가 버린 것들은 다른 사람의 것들보다 덜 혐오스럽다고 생각한다. 연인들끼리
    또는 부모는 자녀에 대해서, 상대방을 마치 자신의 일부로 여기기 때문에 혐오스러운 것을 덜
    느끼는 것이다.

2 경멸

(1) 경멸의 의미

① 경멸은 다른 사람보다 도덕적으로 우월하다는 느낌에서 생겨난다.

② 일반적으로 어떤 측면에서 다른 사람에 대해 가치가 없다고 판단하는 것 이상을 의미한다.

③ 다른 사람의 행동에 대한 부정적 평가를 포함한다.

④ 경멸은 오로지 사회적 상호작용에서만 나타나기 때문에 본질적으로 사회적 정서이다.

(2) 경멸의 얼굴표정

① 경멸은 혐오감과 경험적 측면에서 겹치는 부분이 많지만, 나름의 독특한 선행요인이 있다.

② 다양한 문화권에 걸쳐 특유의 얼굴표정이 있다는 점에서 독특한 정서이다.

③ 경멸을 느낄 때 입술이 한쪽만 올라가고 입술에 힘을 주어 오므리는 표정을 짓는다.

④ 이러한 표정은 어떤 사람이 실제 자신이 기여하지 않은 성공을 떠벌리는 것을 듣는 것과 같은 상황에서 발생한다.

(3) 경멸의 기능

① 경멸은 사회적 위계를 유지한다.

② 다른 사람에 대해 우월함, 자신의 지배력을 암시한다. 이러한 암시는 매우 파괴적인 사회적 결과로 이어진다.

③ 결혼의 맥락에서 경멸이 나타나면 관계에 독이 되며, 그 결혼은 파경에 이를 가능성이 매우 높다.

제6절 　 자의식적 정서

자의식 정서는 모두 자기에 대한 평가를 반영한다. 자의식 정서의 발달을 위해서 우선적으로 자기의 평가가 이루어져야 한다. 따라서 자의식적 정서는 생후 1년에서 3년 사이에 발달하기 시작한다. 자기-타인관계에 대한 평가의 강조는 이 정서들의 사회적 기능이 중요하며, 이 정서들에 문화적 차이가 존재함을 의미한다.

1 자의식 정서의 종류 기출

(1) 당혹감

① **당혹감의 의미**

㉠ 당혹감은 사람들이 사회적 관습을 위반했을 때 느끼게 되는 정서이다.

㉡ 당혹감의 경험은 불쾌하지만, 상대에게 나의 바보 같고 어리석은 행동을 이해 바란다는 의미로 전달된다.

㉢ 당혹감의 표정은 실수를 했을 때 상대방이 우호적으로 나오도록 하며, 어색한 상황을 회복시키도록 도와준다.

㉣ 규칙을 위반한 아이들이 당혹감을 표현하면, 그렇지 않은 아이들보다 벌을 덜 받는다.

ⓜ 당혹스러워 보이는 사람을 더 잘 돕고 그 사람에 대해 애정을 보일 가능성이 높다.

ⓗ 당혹감은 행동에 고의가 없었음을 전하는 것이기 때문에 다른 사람들이 크게 화내지 않는 것인데, 상대가 이것을 의도적이라고 믿는다면 매우 화가 날 것이다.

② **당혹감의 발생**

㉠ 일반적으로 당혹감은 '사회적인 실수', '관심의 중심', '난처한 상황'일 때 발생한다.

㉡ 사람들은 각기 다른 이유로 인해 당혹감을 경험한다. 누군가는 사회적 실수로 당혹감을 느끼지만, 누군가는 그렇지 않을 수 있다.

㉢ 모든 당혹스러운 공통된 특징은 다른 사람에 의해 거부되기 쉽다고 생각될 때 경험할 수 있다는 것이다.

㉣ 당혹감은 자기에 대한 인식을 갖는 사람이 느끼는 정서이다.

③ **당혹감의 얼굴표정**

㉠ 시선이 마주치는 것을 피하고 손으로 눈을 가리거나 고개를 보통 왼쪽으로 돌려 숙이면서 얼굴을 보이지 않으려 한다.

㉡ 당혹감을 경험하는 사람들은 미소를 억누르려는 것처럼 긴장되어 있지만 종종 웃곤 한다.

㉢ 당혹감의 표정은 서로 다른 문화에서도 매우 유사하며, 아동이나 부하들이 수줍어하는 행동과 닮은 것으로 보인다.

㉣ 당혹감의 뚜렷한 표현은 얼굴홍조로, 피가 일시적으로 얼굴이나 목 또는 가슴 윗부분으로 몰리는 것이다.

㉤ 당혹감은 선조로부터 물려받은 진화된 행동이라고 가정된다. 그러나 동물들이 얼굴홍조를 띠는지 알 수 없으며, 최초의 인간은 어두운 피부를 가진 아프리카인이었기 때문에 붉어진 얼굴을 알아보기 어려웠을 것이다.

④ **당혹감의 개인차**

㉠ 당혹감척도의 특성

  • 당혹감의 기질적 경험을 측정하기 위해 연구자들은 종종 자기보고에 의존한다. 자신이 보고하는 측정치와 타인에 의해 관찰된 추정치 사이에는 중간정도의 정적 상관(+0.3)이 있다.

  • 당혹감척도, 당혹감취약성척도 등 당혹감을 측정하는 여러 개의 자기보고척도들이 사용되고 있다.

  • 당혹감척도들의 문제점은 답변의 일관성이 높지 않으며, 문항들이 타인과의 비교를 내포하고 있어 다른 사람들과 어떻게 비교해야 할지 정확히 모른다는 것이다.

㉡ 당혹감과 성격특성 간 상관

  • 당혹감 측정점수는 신경증성향척도의 점수들과 다소 상관이 높다.

  • 신경증성향은 '공포나 분노, 슬픔, 당혹감'과 같은 부정적인 정서들을 쉽게 경험하는 경향성이다.

  • 당혹감에 대한 민감성은 '사회적 불안, 수줍음, 외로움'과 정적 상관을 보이며, '외향성 및 자존감'과는 부적 상관을 보인다.

© 당혹감과 성격특성

- 사회적 상황에서 스스로에 대한 자신감이 높은 사람들은 자주 당혹해하지 않으며, 당혹해하더라도 이를 잘 다루는 편이다.
- 자신감이 부족한 사람들은 그렇게 생각할 필요가 없는 경우에도 그들이 사회적 실수를 많이 저지른다고 생각한다.
- 당혹감은 실수를 한 후 대인관계를 회복하는 기능을 한다.
- 많은 사람들 앞에서 당혹스러워하는 것을 특히 두려워하는 사람들은 생생하게 기억에 남는 사건들의 빈도를 지나치게 과장해서 말하는 경향이 있다. 당혹스러울 수 있는 상황에 대한 위험을 줄이기 위해 사람을 피하게 되는 사회공포증으로까지 발전할 수 있다.

② 당혹감의 인구학적 특성

- 당혹감에 대한 유의미한 남녀성차는 나타나지 않는다.
- 영아나 매우 어린 나이의 아동들은 전혀 당혹감을 경험하지 않는다.
- 10대가 되면 당혹감이 절정에 이른다.
- 성인기 동안에는 당혹감의 발생빈도가 점점 더 줄어든다. 당혹감의 감소는 자신감과 위신의 상승, 다른 사람에게 주는 인상에 대한 걱정의 감소를 반영할 수 있다.

(2) 수치심과 죄책감

① 수치심과 죄책감의 공통점

⊙ 사람들은 수치심과 죄책감의 얼굴표정을 확실히 구분하지 못한다.

ⓒ 수치심과 죄책감의 표현은 당혹감의 표현과 유사하게 시선을 떨어뜨리고, 구부정한 자세를 포함한다.

ⓒ 도덕적으로 잘못을 저질렀거나 스스로의 기대 혹은 주변 사람의 기대에 충분히 부응하지 못했다고 생각할 때 수치심이나 죄책감을 느낀다.

② 수치심과 죄책감은 서로 구별되어 인식될 수 있는 얼굴표정을 가지고 있지 않으며, 두 정서를 유발하는 주관적인 느낌이 서로 유사하다. 그러나 두 정서와 연관된 인지적 평가나 정서를 유발하는 상황에 대한 해석에 있어서 다소 차이가 있을 수 있다.

◎ 대부분의 기준으로 볼 때 수치심과 죄책감은 한 가지 정서의 변형으로 간주된다. 이것은 미국에서 관찰된 평가들이며 다른 문화권에서 두 정서의 공통된 증거가 제시되지 않았기 때문에, 두 정서의 구분은 사회적 영향을 크게 받는다고 가정하는 것이 옳을 것이다.

② 수치심 기출

⊙ 수치심은 뭔가 잘못하고 그 죄를 '자기'의 결함에 초점을 맞추었을 때 느끼는 부정적인 정서이다.

ⓒ 수치심은 나쁜 자기에 초점이 맞추어져 있다. 수치심을 느끼면 '내가 그렇게 어리석지 않았더라면'과 같은 말을 한다.

ⓒ 수치심이 높은 사람들의 특징

- 대인관계에서 문제가 더 많은 경향이 있다.
- 분노와 사회적 불안을 더 많이 경험하고 공감을 덜 느낀다.
- 자신에 대해 나쁘게 느낀다고 여겨진다.

- 자신의 부정적인 결과들을 스스로 통제하기 힘들거나 전혀 통제할 수 없는 '자기'의 결함에 원인을 돌리는 경향이 있다.

> **더 알아두기**
>
> **자기**
> 일관되고 지속적으로 나의 행위에 영향을 미치는 '나'를 의미한다.

- 다른 사람들이 못마땅해 한다는 느낌을 강하게 갖는다.
- 자신들이 할 수 있는 일이 거의 없다고 느끼기 때문에, 주변 사람들의 비난이 부당하다고 여기는 것으로 보인다.
- 다른 사람들의 못마땅해 하는 시선에 화가 나기 쉽다.
- 문제해결 시도의 질이 낮고 자신의 문제해결능력에 대한 믿음도 낮은 편이다.

③ **죄책감**
  ⊙ 죄책감은 무언가에 실패했거나 도덕적으로 잘못을 저지르긴 했지만 이를 바로잡고 앞으로 이러한 위반행위를 반복하지 않으려는 것에 초점을 맞추었을 때 느끼는 부정적인 정서이다.
  ⊙ 죄책감은 나쁜 행동에 초점이 맞추어져 있다. 죄책감을 느끼면 '내가 그런 행동을 하지만 않았더라면'과 같은 말을 한다.
  ⊙ 죄책감 성향이 높은 사람들의 특징
    - 자신의 개별적 행동에 대해 더 책임감을 갖고 이러한 행동을 되풀이할 것인지를 스스로 통제할 수 있다는 느낌을 더 강하게 갖는다.
    - 이러한 성향의 사람들은 평균보다 더 나은 해결책을 제시하는 경향이 있다.
    - 자신의 행동결과에 대한 높은 통제감과 만약 잘못을 저질렀다고 해도 스스로 이를 바로잡고 앞으로는 이러한 행동을 하지 않을 수 있다는 생각을 포함한다.

> **더 알아두기**
>
> **수치심과 죄책감의 차이점**
> 수치심은 '자기'에 초점이 맞추어져 있으며, 죄책감은 '행동'에 초점이 맞추어져 있다.

④ **죄책감과 뉘우침**
  ⊙ 죄책감과 뉘우침의 관계
    - 죄책감은 실수를 벌하고 손상된 것을 돌려놓기 위해 노력하도록 동기를 부여한다.
    - 죄책감을 잘 느끼지 않는 사람들은 이기적이고 타인을 배려하지 않는 경향이 있다.
    - 뉘우침은 자신의 잘못된 행동에 대해 후회하고 용서를 구하는 상태이다.
    - 종교적인 사람들이 비종교적인 사람들보다 용서를 더 많이 하는 경향이 있다.
  ⊙ 용서의 목적
    - 용서하는 사람은 기분이 나아진다.
    - 원한을 품는 것은 정신적으로나 신체적으로나 스트레스를 준다.

- 용서는 사람들 사이에 화해를 촉진하고 우호적인 관계를 다시 시작할 수 있게 한다.
- 상대가 의도적으로 해를 가한 후라도 진지하게 사과한다면 용서할 수 있다.
- 가벼운 해를 입힌 사람에게 '제가 용서합니다'라는 메시지를 전달하면 불쾌하게 반응할 수 있다. 이런 상황에서는 '괜찮습니다', '신경 쓰지 마세요'와 같이 보다 가벼운 표현이 더 효과적이다.

ⓒ 행위의 정당성과 용서
- 누군가에게 해를 입혔는데 용서받지 못한 것 같으면 자신의 행위를 정당화할 무언가를 해야 한다.
- 사람들은 자신의 행동들이 정당하다고 생각하고 싶어 한다(공정한 세상 가설).
- 일반적인 방법으로 해를 가한 사람은 '당할 짓을 했지'라고 스스로를 확신시킨다. 이 믿음은 더 높은 적개심을 이끈다.
- 어떤 이유로 해를 입힌 사람에게 사과하고 손해를 되돌릴 방법이 없다면, 사람들은 흔히 어떤 방식으로든 스스로를 벌하거나 즐거움의 기회를 포기한다.
- 사랑하는 사람이 죽고 나면 일반적으로 한동안 행복한 기분을 느낄 권리가 없다고 느낄 수 있다.

(3) 당혹감, 수치심, 죄책감의 관계

① 자신이나 타인의 기대에 미치지 못하는 경우, 우리는 당혹감이나 수치심, 죄책감을 느낀다.
② 세 정서의 공통점은 우리가 무언가 잘못했다는 생각을 반영한다는 것이다.
③ 당혹스러운 경험으로 구성된 문장들을 읽었을 때 뇌가 활성화되는 영역이 죄책감에 관한 문장을 읽었을 때와 거의 같다.
④ **당혹감, 수치심, 죄책감과 연합된 일반적인 경험**

당혹감의 경험	수치심의 경험	죄책감의 경험
• 수행과제를 잘 해내지 못한 것 • 신체적·인지적 실수 • 부적절한 복장 • 사회적 노출이나 침해 • 놀림 받음 • 남의 이목을 끔	• 수행과제를 잘 해내지 못한 것 • 다른 사람의 기분을 상하게 한 것 • 거짓말을 한 것 • 다른 사람들의 기대에 부응하지 못한 것 • 자신의 기대에 부응하지 못한 것	• 자신의 의무를 제대로 수행하지 못한 것 • 거짓말을 하거나 남을 속이거나 남의 물건을 훔친 것 • 친구나 애인에게 소홀히 한 것 • 다른 사람의 기분을 상하게 한 것 • 연인에 대한 부정 • 다이어트에 실패한 것

⑤ **당혹감, 수치심, 죄책감 경험의 차이**

당혹감	수치심	죄책감
• 주로 양해될 수 있는 실수나 우연한 사고에 발생 • 긍정적인 사건으로 인해 갑자기 다른 사람들에게 주목의 대상이 되었을 때 발생 • 단지 운이 없어 타인 앞에 노출되었을 때	흔히 기대에 부응하지 못했을 때 발생	• 어떤 일로 누군가에게 아픔을 주었을 때 • 다른 사람을 다치게 한다면 죄책감을 느낌 • 자신만을 다치게 한다면 후회를 함
	수치심과 죄책감의 경험을 기술한 사람들은 자신이 도덕적으로 기준을 위반하였다고 강하게 느꼈다.	

⑥ 당혹감은 예기치 못한 사건에 대한 반응으로 갑작스럽게 유발되어 잠시 동안 지속된 후 사라지지만, 수치심이나 죄책감을 유발하는 사건들은 더 많이 예측되었고 그 감정은 더 천천히 형성된다.

⑦ 당혹스러운 순간에는 자신에게 화가 나지 않지만, 수치심이나 죄책감을 경험할 때는 스스로에게 화가 난다고 보고한다.

⑧ 당혹감을 기술한 사람들은 사건에 대해 책임을 덜 느꼈고, 수치심이나 죄책감을 기술한 사람들은 개인적으로 사건에 책임이 있다고 느낀다.

⑨ 당혹감을 경험한 사람들은 다른 사람들이 자신을 쳐다보았고 재미있어 한다고 느끼지만, 수치심과 죄책감을 경험한 사람들은 주변 사람들이 화가 난 것 같다고 느낀다.

⑩ 당혹스러워 하는 사람은 수줍은 듯 소심한 미소를 보일 수 있지만, 수치심을 느끼는 사람은 미소를 짓지 않고 오히려 슬픈 듯이 입꼬리를 내린다.

(4) 자부심

① **자부심의 의미**

㉠ 자부심은 수치심이나 죄책감의 반대 정서로 어떤 긍정적인 결과를 낳은 공이 자신에게 있다는 것을 받아들일 때 느끼는 정서이다.

㉡ 자부심을 느낄 때 내가 그 좋은 사건을 유발했고 이에 대한 공을 인정받을 수 있다고 느낀다.

㉢ 좋은 사건은 우리의 긍정적인 자기상을 확인시켜 준다.

㉣ 인정받을 때 자기의식보다 재능이나 운이 더 중심이 되는 경우에는 자부심을 덜 느낀다.

㉤ 우연적 사건을 통제할 수 있다고 믿을 때 자부심을 느낀다.

　예 도박자들은 자신의 승리에 자부심을 느끼는데, 그들이 자신의 특성이나 판단의 어떤 요소가 그들의 행운에 영향을 미친다고 믿기 때문이다.

② **자부심의 표현**

㉠ 머리를 약간 뒤로 기울이고 앉거나, 서 있을 때 몸을 곧추 세우고 팔을 머리 위로 번쩍 올리거나 허리에 손을 얹는다.

㉡ 자부심의 표현은 지위가 높은 사람의 행동과 비슷하다.

㉢ 자부심을 표현하는 사람들은 사회에서 높은 위치를 유지하고 있다고 여겨진다.

㉣ 자신의 첫 번째 과제에서 자기가 매우 잘했다고 믿는 사람들은 두 번째 과제의 집단활동에서 중요한 역할을 맡았고, 같은 집단에 속해 있던 다른 구성원들은 이들을 매우 호감이 간다고 묘사했다.

③ **당혹감, 수치심, 자부심의 문화 차이**

ⓐ 자의식 정서들은 문화권마다 서로 다르게 나타날 수 있다. 자의식 정서에 관한 대부분의 연구들은 미국에서 수행된 것이다.

ⓑ 문화마다 이러한 정서를 불러일으키는 상황들이 다르다.

ⓒ 사회의 기대에 미치지 못했을 때 당혹감이나 수치심을 경험하지만, 사회의 기대는 각각의 문화권마다 다르다.

ⓓ 자부심을 유발하는 사건들에서의 문화 차이 중 어떤 부분은 '자기'의 속성에서 나타나는 차이와 관계가 있다.

> **더 알아두기**
>
> **자기**
>
> 다른 사람과 나를 구분해 주는 일관적인 특질로 정의되는 독특한 성격이다. 미국에서는 개성이 매우 가치 있게 여겨지며 대부분의 사람들이 남을 따라 하는 것을 거부하지만, 동아시아 국가들에서 '자기'는 다른 사람들과의 관계와 자신이 속한 집단에 의해 더 많이 정의된다.

ⓔ 자의식 정서를 유발하는 사건들에 있어서 중국인들은 가까운 혈육에 대해 마치 '자기'의 일부인 것처럼 반응한다.

ⓕ 자부심은 미국에서는 좋은 것으로 간주되지만, 대부분의 문화권에서 지나친 자부심은 눈살을 찌푸리게 한다.

ⓖ 일반적으로 미국인들은 개인주의보다 집단주의를 강조하는 문화권의 사람들에 비해 자부심을 더 편안하게 받아들이며 긍정적으로 생각한다.

ⓗ 중국인은 미국인과 비교해 일반적으로 자부심을 표현하는 것은 좋은 일이 아니라고 생각하며, 집단 구성원들에게 이익이 되는 업적에 대해서만 자부심을 표현하는 것이 사회적으로 적절하다는 데 동의하는 경향이 있다.

(5) 질투심과 선망

① 선망과 질투심은 모두 타인의 행운에 대한 억울함을 나타낸다.

② 우정, 섹스, 로맨스 등과 관련한 어떤 것을 언급할 때는 질투심이라는 용어를 사용한다.

③ 다른 사람의 직업이나 연봉을 부러워한다면 선망이나 질투심을 모두 사용할 수 있다.

④ 성적 질투심은 흔히 무모한 행동을 촉발하는데, 공격적 행동은 질투심의 흔한 결과이다.

⑤ 선망도 가끔 공격을 촉발한다. 사람들은 다른 사람이 가지거나 즐기지 못하도록 하기 위해 소중한 것을 망가뜨리기도 한다고 알려져 있다.

⑥ 선망의 이점은 우리가 다른 사람의 성공을 선망한다면 우리 자신의 성공의 수준을 높이도록 동기를 부여받을 수 있다는 것이다.

01 관찰학습으로도 공포는 학습이 된다.

01 공포와 학습원리에 대한 접근법과 관련된 설명으로 틀린 것은?

① 대부분의 공포는 학습된다.
② 어떤 공포는 다른 공포보다 더 잘 학습된다.
③ 우리는 특정 대상들에 대한 공포를 학습할 수 있는 성향을 가지고 태어났다.
④ 관찰학습만으로 공포는 학습되지 않는다.

02 **행동억제체계**
• 공포상황에서 심장박동수가 느려지는 생리체계를 말한다.
• 공포상황에 행동억제체계 반응은 필요한 순간에 근육장력을 증가시킴으로써 도망가기 위한 신체준비를 하는 것이다.
• 위협과 관련된 심장박동수의 감소는 부교감신경계에 의해 매개된다고 주장한다.
• 병적인 행동억제체계 활성화는 '특질불안' 때문이다.
• 특질불안은 불안과 신경증적인 각성을 빈번하게 경험하는 경향성인데, 이런 사람들은 잠재적인 위협과 위험에 강하게 반응하는 경향이 있다.

02 다음 내용에 해당하는 것은 무엇인가?

> • 공포상황에서 심장박동수가 느려지는 생리체계를 말한다.
> • 공포상황에서 나타나는 이 반응은 필요한 순간에 근육장력을 증가시킴으로써 도망가기 위한 신체준비를 하는 것이다.

① 행동억제체계
② 특질불안
③ 편도체 활성화
④ 자율신경계

정답 01 ④ 02 ①

03 다음 내용에 해당하는 이론은 무엇인가?

> • 분노는 가끔은 책임에 대한 평가 없이도 불쾌함과 불편한 느낌으로부터 직접적으로 발생한다.
> • 불쾌한 사건이나 감각(좌절, 고통, 역겨운 냄새, 짜증나는 더운 날씨 등이 해당)이 분노와 공격을 촉진시킨다.

① 좌절-공격가설
② 인지-신연합모형
③ 공정한 세상가설
④ 대립과정이론

03 인지-신연합모형 : 귀인 없는 분노
• 분노가 가끔은 책임에 대한 평가 없이도 불쾌함과 불편한 느낌으로부터 직접적으로 발생한다고 주장한다.
• 이 모형에 따르면 불쾌한 사건이나 감각(좌절, 고통, 역겨운 냄새, 짜증나는 더운 날씨 등이 해당)이 분노와 공격을 촉진시킨다.
• 너무 더움, 사람이 붐빔, 두통, 고통스러운 것, 악취 등의 불쾌한 상태는 누군가에 귀인하거나 해석할 수 없지만 그 자체로 분노의 느낌을 유발할 수 있다.
• 정서는 자극이 전혀 없이도 배고픔이나 피로와 같은 신체적 느낌으로부터 직접적으로 일어날 수 있다고 하였다.
• 신체적 고통, 극도의 불쾌감 등을 겪은 사람은 모두 가까이에 있는 대상에 공격적으로 행동하는 경향이 있다.

04 분노를 측정하는 방법 중 성격이 <u>다른</u> 하나는?

① 이야기 완성하기
② 주제 점 탐색과제
③ 시각탐지과제
④ 자기보고 측정

04 ①·②·③ 암묵적 측정에 해당한다.

정답 03 ② 04 ④

05 여성은 물리적 폭력보다는 간접적인 방식을 주로 사용하고, 남성은 신체적으로 공격적인 행동을 더 많이 한다.

05 분노행동과 공격성에 대한 설명으로 옳지 않은 것은?

① 남성과 여성이 분노하는 사건의 빈도는 거의 같고, 화가 났을 때 무엇을 하는가에 차이가 있다.
② 여성은 신체적으로 공격적인 행동을 더 많이 하고, 남성은 물리적 폭력보다는 간접적인 방식을 주로 사용한다.
③ 일반적인 고정관념은 남성이 더 자주 화를 낸다는 것이지만, 이 관점은 지지받지 않는다.
④ 폭력과 관련된 호르몬으로 알려진 테스토스테론의 폭력행동에서의 역할을 분명하지 않다.

06 ① TV나 영화의 폭력을 더 많이 보거나 폭력적인 게임을 더 많이 하는 사람이 공격적 행동에 더 많이 참여하는 경향이 있음을 보여준다.
③ 폭력에 자주 노출되는 것은 다른 사람의 고통에 대해 무뎌지게 하는 것으로 보인다.
④ 폭력을 보는 것이 적어도 어떤 사람, 어떤 시간에는 폭력적 행동을 고무시킨다.

06 미디어가 폭력행동에 미치는 영향에 대한 설명으로 옳은 것은?

① TV나 영화의 폭력을 더 많이 보거나 폭력적인 게임을 더 많이 하는 사람이 공격적 행동에 더 많이 참여하는 것은 아니다.
② 폭력성이 폭력물을 보도록 하는 것인지, 폭력물을 보는 것이 폭력성을 이끄는 것인지의 결과는 명확하지 않다.
③ 폭력에 자주 노출되어도 다른 사람의 고통에 대해 무뎌지지는 않는다.
④ 폭력을 보는 것은 장기적으로 어떤 사람의 폭력적 행동을 고무시킨다.

07 분노관리훈련
사람들이 자신의 분노를 통제할 수 있도록 돕기 위해서 치료자가 사용하는 모든 방법(인지적 재구성, 사회기술훈련, 분산, 노출치료 등)을 말한다.

07 다음 내용과 같은 방식을 사용하는 것은 무엇인가?

- 인지적 재구성
- 사회기술훈련
- 분산
- 노출치료

① 거짓말 탐지
② 분노관리훈련
③ 자기주장훈련
④ 자기노출훈련

정답 05 ② 06 ② 07 ②

08 아동기의 공격행동을 통제하기 위한 방법으로 옳지 <u>않은</u> 것은?

① 못된 짓을 하면 반드시 벌을 받는다는 것을 확실히 하는 것이 중요하다.

② 아동기의 싸움은 사소한 것부터 엄격하게 관리한다.

③ 적대적 공격행동을 하는 아동을 가려내는 것이 중요하다.

④ 감독하는 어른의 수를 늘리고 벌칙을 강화한다.

09 슬픔과 동기의 상호관계에 대한 설명으로 옳지 <u>않은</u> 것은?

① 슬픔은 우리의 관심을 외부로 향하게 하며, 환경요인을 탓하게 한다.

② 일시적, 부분적 손실에서 발생하는 슬픔은 슬픈 상황 이전의 상태로 환경을 복원하기 위해 필요한 행동을 취하도록 동기화한다.

③ 희망이 없는 상황에서 사람들은 적극적이고 활발한 방식보다는 소극적이고 무기력한 방식으로 행동하게 되며, 이것은 궁극적으로 철회로 이어지게 된다.

④ 신체적 각성이 급격히 감소하는 비활성화상태는 손실에 맞추어 인생계획과 목표를 다시 살펴볼 수 있는 시간을 갖고 반성하도록 촉진한다.

10 행복하거나 만족하는 삶을 사는 사람들의 특징에 해당하지 <u>않는</u> 것은?

① 나쁜 기분일 때 더 빠른 회복을 보이는 것은 아니다.

② 주관적 안녕이 높다.

③ 타인과의 긍정적 관계, 인생에 대한 목표, 자기수용의 특징을 가지고 있다.

④ 삶을 즐겁고 흥미로우며 만족스러운 것으로 평가한다.

---

08 아동들, 특히 어린 소년들은 더 자주 싸운다. 아동기의 싸움은 사소한 것들이다.

09 슬픔은 우리의 관심을 내부로 향하게 하며, 개인적 반성을 촉진한다.

10 행복하거나 만족하는 삶을 사는 사람들의 특징
- 자율성, 자신이 처한 상황에 대한 능숙함, 인격적 성숙, 타인과의 긍정적 관계, 인생에 대한 능숙함, 인생에 대한 목표, 자기수용의 특징을 가지고 있다.
- 이들은 나쁜 기분일 때 빨리 회복하는 편이다.
- 주관적 안녕이 높아 자기 삶을 즐겁고 흥미로우며 만족스러운 것으로 평가한다.

정답 08 ② 09 ① 10 ①

11
- 여러 심리학자들은 사랑을 태도로 간주한다.
- 사랑을 태도로 여기는 입장에서 사랑하는 사람의 안녕을 항상 기원하는 것을 강조한다.

11 다음 내용에서 괄호 안에 공통으로 들어갈 말로 알맞은 것은?

- 여러 심리학자들은 사랑을 (　　)(으)로 간주한다.
- 사랑을 (　　)(으)로 여기는 입장에서 사랑하는 사람의 안녕을 항상 기원하는 것을 강조한다.

① 인지　　　　　　② 태도
③ 학습　　　　　　④ 감정

12 동반자적 사랑의 특징에 해당하는 내용이다.

12 낭만적 사랑의 특징에 해당하지 않는 것은?

① 결혼과 재생산의 동기를 갖는다.
② 첫 단계는 일반적으로 열정적 사랑이다.
③ 장기간의 헌신을 약속하게 되며 안전, 상호돌봄과 보호를 강조하게 된다.
④ 낭만적 관계는 문화에 따라 다르다.

13 흥미의 역할
- 흥미는 학습을 증진시키는데, 탐구하고 조사하고 찾아보고 조작하도록 한다.
- 우리 주변의 사물로부터 정보를 도출하려는 욕구를 창출한다.
- 흥미는 탐구하도록 동기부여하며 우리가 원하는 정보를 얻도록 한다.
- 활력적 유형의 동기를 창출하며 환경과 열정적으로 상호작용하게 함으로써 탐구하고 배울 수 있도록 한다.
- 탐구하고 새로운 정보를 취하며 이해를 넓히는 과정에서 자기가 확장된다.
- 어떤 활동에 대한 개인의 흥미는 그 활동에 얼마나 집중할 것인가, 그 사람이 관련 정보를 얼마나 잘 처리하고 이해하고 기억하는가를 결정한다.

13 탐구하도록 동기부여하며 주변의 사물로부터 정보를 도출하려는 욕구를 창출하는 역할을 하는 정서는 무엇인가?

① 재미
② 희망
③ 흥미
④ 유머

정답 11 ② 12 ③ 13 ③

14 다음 내용과 같은 특징을 가진 정서는 무엇인가?

> • 이것이 정서라는 것에 대해 많은 논쟁이 있다.
> • 이것의 전형적인 얼굴표정은 전 세계 대부분에서 인식된다.
> • 가끔은 도덕성과 관련지어 추상적이고 문화 특정적인 방식으로 사용되기도 한다.

① 혐오
② 경멸
③ 분노
④ 슬픔

14 제시문은 혐오에 대한 설명이다.

15 다음 중 자의식적 정서에 속하지 <u>않는</u> 것은?

① 수치심
② 슬픔
③ 당혹감
④ 죄책감

15 자의식적 정서는 자신에 대한 평가를 반영하는 것으로, '당혹감, 수치심, 죄책감'이 이에 해당한다.

정답 14 ① 15 ②

SD에듀와 함께, 합격을 향해 떠나는 여행

제 7 장

정서와 인지

이성으로 비관해도 의지로써 낙관하라!

– 안토니오 그람시 –

제 **7** 장 │ 정서와 인지

제1절 **정서의 정보처리**

1 정서의 정보처리 방법 기출

(1) 정서에 따른 상황의 해석

① 정서는 주의와 기억, 즉 인지의 내용뿐만 아니라 정보를 처리하는 방법에도 영향을 준다.

② 우리가 결정을 할 때 결정의 내용과 결정의 방식을 구분하는 것은 중요하다.

③ 화가 난 사람은 부정적인 사건 대부분에서 우연한 상황을 탓하기보다는 타인을 비난하는 경향을 보인다.

④ 슬픈 사람은 부정적인 사건 대부분에서 타인을 비난하기보다는 우연한 상황을 탓하는 경향을 보인다.

⑤ 상황을 해석하고 추론하는 것에도 정서가 영향을 미친다.

> 例 9·11 테러가 발생하고 두 달 후 미국 성인들을 대상으로 한 연구에 따르면, 두려움에 대한 글을 막 작성한 참여자들이 그들 자신과 국가의 위험성 모두를 더 크게 추정했다.

⑥ 정서를 유발하는 것 중 하나가 사건에 대한 평가 혹은 해석인 것이다.

⑦ 일단 정서를 경험하게 되면, 평가경향성이 당분간 지속되어 뒤이어 일어나는 사건들도 동일한 방식으로 해석되기 쉽다.

(2) 체계적 사고와 휴리스틱 사고 기출

① **설득의 중심경로와 주변경로**

ㄱ 가용한 정보에 대한 철저하고 신중한 분석을 하는 방식을 '체계적 인지'라고 하며, 단순한 경험에 근거해 결정을 내리는 방식을 '휴리스틱 인지'라고 한다.

ㄴ '설득의 중심경로'는 사실과 논리의 제공으로 구성되는 체계적 인지와 관련된 것이다.

- 우울한 기분의 사람은 사실이나 주장의 내용에 보다 많은 주의를 기울인다.
- 자신의 결정이 중요한 결과를 낳고 의사결정에 노력을 기울일 가치가 있다고 생각한다면, 중심경로에 잘 반응한다.
- 논리적 주장 및 경제학적·과학적 자료를 이해하고 평가하는 데에는 훨씬 많은 노력이 필요하다.
- 메시지의 신뢰성은 체계적 사고과정과 관련되며, 초기 태도가 강한 사람들에게는 체계적 사고가 더 설득적이다.
- 슬픈 기분을 느끼는 사람은 약한 주장이 아닌, 강한 주장에 더 큰 영향을 받았다.
- 슬픈 기분은 행복한 기분보다 설득에 대한 주의 깊은 분석을 촉진하는 것으로 보인다.

ⓒ '설득의 주변경로'는 반복적인 홍보나 유명인의 추천 같은 피상적 요인들로 구성된 것으로, 휴리
스틱 인지와 관련된 것이다.
- 우리가 행복한 기분상태일 때 주변경로의 영향을 더 많이 받고, 중심경로의 영향을 덜 받는다.
- 설득메시지에 대해 모호한 입장을 가지고 있었던 사람은 메시지 근거의 신뢰성을 고려할 가능
성이 더 낮다.
- 청량음료, 맥주, 애완견 사료와 같은 광고는 신나는 음악을 들려주고 시청자를 즐겁게 만들며,
행복하고 매력적인 사람을 다수 등장시키고 상품을 보여준다.
- 행복한 기분의 사람은 사실이나 증거를 비판적으로 검토하지 않은 채 속단하기 쉽다.
- 행복한 기분의 학생들은 강한 주장이나 약한 주장에 똑같이 영향을 받았다.
ⓐ 선거 후보들은 선거운동을 할 때 전형적으로 두 가지 경로를 모두 공략한다.

② **고정관념과 의사결정**
㉠ 고정관념은 신속한 의사결정을 위한 또 다른 방법을 제공하며, 증거를 주의 깊게 분석하지 않는
휴리스틱을 사용하게 한다.
㉡ 행복한 사람들은 다른 사람들에 비해 고정관념을 더 적용하는 경향이 있다.
㉢ 행복한 사람들은 상황요인보다는 성격특질에 의해 다른 사람의 행동을 설명하기 쉬움을 발견하
였다.
㉣ 슬픔은 새로운 대상을 판단할 때 고정관념에 덜 의지하도록 한다.
㉤ 휴리스틱 사고과정은 새로운 상황이 만약 우리가 자주 경험했던 상황과 아주 비슷할 경우, 그
새로운 상황을 파악하고 기억하는 것에도 영향을 준다.
㉥ 우리가 어떤 활동을 반복적으로 경험하면, 우리는 그러한 상황에 대한 각본을 만들어낸다.
㉦ 반복적 행동으로 만들어진 각본은 우리의 행동을 습관적으로 만든다.

③ **정서에 따른 각본사용과 이유**
㉠ 행복한 기분의 사람은 실제로 들은 정보 대신에 일반적으로 일어나거나 일어날 것이라고 생각한
각본에 더 의존하는 것으로 보인다.
㉡ 슬픈 사람은 근거를 더 면밀히 따져보는 반면, 행복한 사람은 더 충동적으로 반응하고 첫인상을
따르며 고정관념에 의지하는 것으로 보인다.
㉢ 자신만만한 사람은 내용을 뒷받침하는 증거가 미약하더라도 이에 근거해 빠른 결정을 내리기
쉽다.
㉣ 슬픔이 더 명확하게 생각하도록 하는 이유
- 행복이 한정된 양의 주의나 내적 에너지를 다 써버려서 다른 용도에 쓸 에너지가 남지 않는다
는 것이다. 그러나 행복이 슬픔보다 정신적 에너지를 더 소모한다는 가설은 지지되지 않는다.
- 슬픔을 경험하는 사람들은 자신의 슬픔을 감소시키도록 동기화된다는 것이다. 더 이상 상처받
지 않기 위해 평소보다 세부적인 사항에 더 세심한 주의를 기울인다는 것이다.
- 행복한 사람들이 그들의 기분을 바탕으로 자신이 처한 상황이 매우 안전하고 편안하다고 추론
하는 반면, 슬픈 사람들은 자신의 슬픔을 주의를 요하는 위험한 상황에 처해 있다는 신호로
해석한다는 것이다.

(3) 긍정적 감정과 우울한 현실주의

① 긍정적 감정과 창의성

ㄱ 긍정적 감정은 중요한 인지적 강점을 가져다준다.

ㄴ 긍정적 감정은 창의성을 증진시킨다. 재미있는 영화를 본 사람들은 중립적 조건의 사람들보다 창의적 문제를 풀 가능성이 높았다.

ㄷ 유머는 어떤 대상이나 목표에 대해 우리가 가지고 있던 관점을 변화시키고, 완전히 새로운 시각으로 대상이나 목표를 바라보도록 한다.

ㄹ 즐거움과 행복은 창의성을 요구하는 상황에서 서로 다른 효과를 가질 수 있다. 행복하다고 말한 실험참가자들은 재미를 느낀 참가자들보다 창의적 문제를 잘 풀지 못하였다.

② 우울한 현실주의

ㄱ 우울한 현실주의 가설에 따르면, 경미한 우울증을 겪고 있는 사람은 행복하고 낙관적인 사람들보다 더 현실적이다.

ㄴ 기분부전을 겪는 사람은 경미한 정도로 우울하거나, 심지어 행복과 우울의 복합된 특징을 가지고 있다.

ㄷ 한 고전적 실험에 따르면, 기분부전을 겪는 학생들이 통제력의 부재를 더 정확히 인지한다는 것이지만 이 주장의 강력한 증거는 없다.

ㄹ 기분부전을 겪고 있는 사람들이 스스로를 과신하지 않는 것이지 그들이 항상 정확하다는 것을 뜻하는 것은 아니다.

ㅁ 기분부전을 겪는 사람들은 다른 사람들이 스스로를 긍정적인 시선으로 바라볼 때에도, 스스로를 부정적인 관점에서 바라보는 편향을 가지고 있었다.

③ 우울한 사람들의 평가에서의 특징

ㄱ 어떤 문제를 해결하는 데 있어 대부분의 사람들은 자신의 정답 수를 과대추정한다.

ㄴ 대조적으로 경미한 우울증을 겪는 사람들은 자신의 답에 대한 확신이 덜하며, 자신의 정답률을 과소추정한다.

ㄷ 과소평가는 기분부전을 겪는 사람들이 스스로를 부정적인 시각으로 바라봄을 뜻한다.

ㄹ 기분부전을 겪고 있는 학생들은 불쾌한 사건의 발생을 약간 더 정확하게 예측했다.

ㅁ 행복한 학생들은 유쾌한 사건을 더 정확하게 예측했다.

④ 우울증 환자의 정보수집과 결정

ㄱ 우울은 더 합리적인 정보처리를 촉진하지만, 부정적 편향을 낳는 것으로 보인다.

ㄴ 우울증 환자들이 어떤 결정을 내리기 전에 더 많은 정보를 수집하며, 더 현실적이고 합리적인 것처럼 보였다.

ㄷ 우울증 환자들이 결정을 내릴 때는 결정을 위한 정보를 수집하는 것과 무관하게, 자신들이 호의를 가진 것을 선택하는 경향을 보였다.

ㄹ 그들이 수집한 모든 부가적인 증거는 그들이 내린 결정의 질을 향상시키는 데 특별히 도움이 되지 않는 것으로 보인다.

ㅁ 우울증을 겪고 있는 사람들을 '합리적'보다는 '결단력 없음'으로 특징지을 수 있다.

ⓗ 심각한 우울증과 일시적 슬픔의 효과는 다르다. 체계적 처리는 중간수준의 슬픔에 의해 증가할 수 있지만, 강하고 장기적인 슬픔은 비관적 편향을 증가시킬 수 있다.

제2절　정서지능 기출

1 정서지능(Emotional Intelligence)의 개념

(1) 정서지능의 정의

① 정서가 주는 정보를 처리하는 능력이다(Mayer & Salovey, 1990).

② 정서지능에서 강조되는 부분은 자신의 정서적 경험에 대한 비판적 돌아보기 및 자신의 감정에 대한 능동적 조절이다.

③ 정서지능에서 말하는 정서는 인간의 사고를 더욱 지능적으로 활성화하며, 인지과정에 도움을 주고 촉진한다.

④ 메이어와 살로베이는 정서지능을 '자신과 타인의 감정과 정서를 점검하고, 그 감정들을 구별하며, 이러한 정보를 이용하여 자신의 사고와 행동을 이끄는 능력'이라고 하였다.

⑤ 메이어와 살로베이의 정서지능에 관한 세 가지 중요한 주장은 다음과 같다.

　㉠ 정서지능은 전통적인 지능이라는 개념에 반대되는 것이 아니다.

　㉡ 정서지능은 전통적으로 논의해 온 사회지능(Social Intelligence)의 한 하위요소로 볼 수 있다. 정서와 감정이 개입되어 있는 사회문제를 다룰 줄 아는 능력이다.

　㉢ 정서지능은 크게 세 영역으로 구분되는 정신활동으로 구성되며, 각 영역은 다시금 2~4개의 하위 능력으로 분류된다.

(2) 정서지능의 연구

① **지능의 개념**

　㉠ 지능이라는 개념은 인간의 지적 능력에 대한 연구가 시작된 이래 여러 학자에 의해 다양하게 정의되어 왔다.

　㉡ 최초로 지능을 정의한 사람은 비네와 사이먼(Binet & Simon, 1916)이다. 지능은 분별력과 독창성을 말하며 환경에 자신을 적응시키려는 능력, 즉 주어진 자극환경을 잘 판단하고 이해하며 추론하는 능력이라고 정의했다.

　㉢ 웩슬러(Wechsler, 1958)는 지능에 대하여 결단력 있게 행동하고 합리적으로 생각하며 환경에 효과적으로 대처하는 종합적인 능력이라고 했다.

     ⓔ 가드너(Gardner, 1983)는 지적 능력의 요소를 광범위하게 확장해 이를 언어지능, 논리-수학지능, 시각-공간지능, 음악지능, 신체운동지능, 대인관계지능, 자기성찰지능 및 자연탐구지능으로 구분했다.

- IQ 검사로 측정하는 전형적인 능력들뿐만 아니라 운동능력, 자신과 타인을 아는 능력, 음악적 재능 등을 포함시킴으로써 '지능'의 의미를 새롭게 정의했다.
- 자기성찰지능은 사람들 간의 기분과 의도의 차이를 변별하는 능력을 내포한다. 사람들 간의 기분과 의도를 변별함으로써 얻어진 정보로 정서들 간의 차이를 구분하고 정서를 명명하여 자신의 행동을 결정하고 이해하는 수단으로 활용하는 능력이다.

     ⓜ 다중지능의 정의는 정서지능의 정의와 매우 일치한다. 이와 같은 연구의 결과들은 정서나 감정을 지능이라고 칭할 수 있는 근거를 제공한다.

② **정서지능의 연구**

     ㉠ 1990년대 초 메이어와 살로베이는 개인 내 지능(자기성찰지능)에 대해 좀 더 명확하게 '정서지능'이라는 용어를 사용했다.

     ㉡ 정서지능을 기본적으로 자신의 정서에 대한 이해 능력, 스스로 감정을 조절할 수 있는 능력, 다른 사람에 대한 감정이입능력으로 정의했다.

     ㉢ 골먼(Goleman, 1995)은 메이어와 살로베이의 이론을 발전시켜 『Emotional Intelligence』라는 책을 저술하며, 정서지능의 중요성과 정서지능의 다섯 가지 구성요소를 제안하였다.

     ㉣ 골먼은 "한 사람의 성공을 예측할 때 지능검사나 학력평가로 측정한 지적 능력보다는 인성이란 말로 지칭된 마음의 특성이 유용하다."라고 역설하면서 정서지능의 중요성을 강조하였다.

(3) 정서지능의 구성요소

① **정서지능의 3영역 10요소 모형(Mayer & Salovey, 1990)** 기출

메이어와 살로베이는 정서를 크게 세 영역으로 나누고, 그 하위요인으로 '자기와 타인의 정서를 언어적·비언어적으로 인식하고 표현하는 능력, 자기와 타인 간의 정서조절능력, 정서를 적응적으로 활용하는 능력'을 들었다.

정서지능 구성요소	요소
정서의 인식과 표현	• 자기 정서의 언어적 인식과 표현 • 자기 정서의 비언어적 인식과 표현 • 타인 정서의 비언어적 인식과 표현 • 감정이입
정서의 조절	• 자기의 정서조절 • 타인의 정서조절
정서의 활용	• 융통성 있는 계획 세우기 • 창조적 사고 • 주의집중의 전환 • 동기화

② 정서지능의 4영역 4수준 16요소 모형(Mayer & Salovey, 1997)

메이어와 살로베이는 초기에 제시한 정서지능의 개념에 대한 비판과 개념상의 문제점을 인식하고, 기존의 정의에 정서에 대한 사고측면을 보충하고 기존의 구성요소를 정교화하고 세분화했다. 이에 따라 정서지능을 구성하는 능력들이 복잡성이나 능력의 중요성에 따라 위계를 갖게 되었고 발달수준에 따라 배열되었다. 또한 이들은 정서의 인식과 표현능력은 비교적 단순한 능력이며, 정서의 반영적 조절이 가장 높은 수준의 정서능력이라고 보았다.

영역		수준	요소
영역 I	정서의 인식과 표현	수준1 수준2 수준3 수준4	• 자신의 정서를 파악하기 • 자신의 외부정서를 파악하기 • 정서를 정확하게 표현하기 • 표현된 정서 구별하기
영역 II	정서에 의한 사고촉진	수준1 수준2 수준3 수준4	• 정서정보를 이용하여 사고의 우선순위 정하기 • 정서를 이용하여 판단하고 기억하기 • 정서를 이용하여 다양한 관점 취하기 • 정서를 활용하여 문제해결 촉진하기
영역 III	정서적 지식 활용	수준1 수준2 수준3 수준4	• 미묘한 정서 간의 관계 이해하고 명명하기 • 정서 속에 담긴 의미 해석하기 • 복잡하고 복합적인 감정 이해하기 • 정서 사이의 전환 이해하기
영역 IV	정서의 반영적 조절	수준1 수준2 수준3 수준4	• 정적·부적 정서들을 모두 받아들이기 • 자신의 정서에서 거리를 두거나 반영적으로 바라보기 • 자신과 타인의 관계 속에서 정서를 반영적으로 들여다보기 • 자신과 타인의 정서를 조절하기

③ 정서지능 5요소 모형(Goleman, 1995)

정서지능이라는 용어를 대중화한 골먼은 정서지능의 구성요소를 '자신의 감정을 인식하는 능력, 자신의 감정을 조절하는 능력, 자신의 동기를 부여하는 능력, 감정이입능력, 인간관계를 관리하는 능력'으로 범주화했다.

정서지능 구성요소	요소
자기인식	자신이 느끼는 감정을 재빨리 인식하고 알아차리는 능력
자기조절	인식된 자신의 감정을 적절하게 처리하고 변화시킬 수 있는 능력
자기동기화	• 어려움을 참아내어 자신의 성취를 위해 노력할 수 있는 능력 • 동기화, 만족지연 능력
타인과의 감정이입	타인의 감정을 자신의 것처럼 느끼고, 타인의 감정을 읽는 능력
대인관계 기술	인식한 타인의 감정에 적절하게 대처할 수 있는 능력

2 정서지능의 측정

(1) 자기보고 측정법

① **자기보고측정의 접근법**

ㄱ 한 가지 접근법은 정서지능을 성격특성으로 취급하여 자기보고로 측정하는 것이다.

ㄴ 위 ㄱ의 방법은 그 대답을 얼마나 신뢰해야 하는지에 대한 의문을 가지고 있다.

예 자기 스스로는 높은 점수를 주지만, 친구들로부터 낮은 점수를 받을 수 있다.

ㄷ 자기보고로 된 대부분의 정서지능 연구는 사람들이 얼마나 자신의 정서적인 상황을 잘 처리하는지에 대해 말하는 것과 정서지능 간의 관계를 측정하였다.

ㄹ 위 ㄷ의 방법은 하나의 자기보고 측정치를 다른 자기보고 측정치와 비교하는 것이다.

② **자기보고된 정서지능 점수에 따른 특징**

ㄱ 정서지능 점수가 높은 사람은 사회적 적응에서도 자신을 높게 평정하였다.

ㄴ 정서지능 점수가 높은 사람은 외향적·우호적이며, 외상적 경험을 겪은 후에 대부분의 사람들보다 더 잘 회복하는 경향이 있다.

ㄷ 자기보고된 정서지능이 높은 직원들은 업무의욕이 높고 작업 스트레스가 낮다고 보고하였다.

ㄹ 정서지능 점수가 낮은 남자는 다른 사람들보다 심리적 장애를 더 많이 가지는 경향이 있다.

ㅁ 정서지능 점수가 높은 사람은 사람들 얼굴의 정서표현을 가능한 한 빨리 인식하는 능력의 과제수행이 뛰어났다.

③ **자기보고 측정도구의 문제점**

ㄱ 검사가 정확하게 무엇을 측정하고 있는지에 대해 고민할 필요가 있다.

ㄴ 자기보고된 정서지능 측정점수가 '우호성, 외향성, 경험에 대한 개방성, 낮은 신경증 성향'과 같은 성격특성 측정치와 매우 강하게 상관이 있다.

ㄷ 정서지능이 유용한 개념이 되려면 이미 측정하고 있었던 성격특성에 대한 새로운 이름 이상의 의미를 지녀야 한다.

(2) 수행·능력 측정법 [기출]

① 정서지능을 측정하는 다른 방법은 표준화된 검사(IQ 검사)와 같이 능력을 검사하는 것이다.

② 가장 잘 알려졌고 가장 널리 사용되는 종류의 검사는 Mayer-Salovey-Caruso 정서지능 검사(MSCEIT)이다.

> 〈MSCEIT 문항 예시〉
> 직장에서 같이 일하는 누군가가 심란해하는 것처럼 보인다. 그는 여러분에게 조용한 곳에서 단둘이 점심을 먹자고 부탁한다. 잠시 후 그는 자신이 지원서에 거짓말을 해서 일자리를 얻었다고 여러분에게 털어놓는다. 이제 그는 죄책감을 느끼고 있으며, 그 사실이 들통날까 봐 두려워한다. 여러분은 어떻게 할 것인가?

③ 수행·능력검사의 핵심이슈는 정확한 정답이 무엇이고 어떤 방법으로 정답을 결정하는가이다.

     ⊙ 한 가지 방법은 전문가 채점방식이다.

     ⓒ 또 다른 것은 합의에 따르는 방법으로 다수가 결정한 것을 정확한 답으로 정하는 방식이다.

          • 합의 채점법의 문제는 만약 다수가 말하는 것이 정답이 된다면 이런 검사에서 소수만이 옳은 답을 할 수 있는 문항을 포함시키기 어렵다는 것이다.

          • MSCEIT는 특별히 뛰어난 정서지능을 가진 사람을 구별해낼 수는 없지만, 최악의 정서지능을 가진 사람을 구별해낼 수 있다.

          • 다수의 주장과 가장 다르게 대답을 하는 사람은 대개 조현병(정신분열증), 정신병질환자, 알코올의존증 환자나 알코올의존증에서 회복 중인 사람들, 본인 스스로 높은 불안수준을 가진 사람들이라고 할 수 있다.

     ⓒ 또 하나의 방법은 표적대상(검사질문에서 묘사되는 경험을 한 사람들)의 정답에 기반을 두는 것이다. 표적기반 채점은 큰 잠재력을 가지고 있지만, 아직까지 광범위하게 사용되고 있지는 않다.

(3) 정서지능검사의 신뢰도와 타당도

① MSCEIT의 저자들의 신뢰도는 0.9로 다른 표준화된 심리검사와 비슷하지만, 다른 연구에서는 0.5보다 낮은 신뢰도를 보여주었다.

② 신뢰도가 불확실하다면 누구라도 더 중요한 연구를 위해 그 검사를 사용해서는 안 된다.

③ 심리학자들은 정서지능검사들이 사용해도 될 만큼 충분한 타당성을 가지고 있는지에 대해 서로 간에 의견이 뚜렷하게 갈라진다.

④ 자기보고식 정서지능검사는 외향성, 우호성, 공감, 낮은 신경증성향과 같은 성격특성 측정도구와 중간정도로 높은 상관을 가진다.

⑤ 정서지능의 능력검사는 인지적 측정치와 중간정도로 양호한 상관이 있다. 현재 측정되고 있는 정서지능은 인지와 성격측정을 통해 우리가 이미 알고 있는 것에 더 부가적으로 말해주는 것이 없다.

3 정서지능의 학습

(1) 연령에 따른 정서지능

① 정서지능의 측정은 평균적으로 중년의 사람들이 젊은 사람들보다 점수가 높다.

② 사람들이 나이가 들고 더 많은 경험을 할수록 정서지능을 더 배운다는 것이다.

③ 일반적인 학술지능은 십대 후반과 20대 초반에 정점을 이룬 다음, 오랫동안 천천히 감소하기 시작한다.

④ 정서지능이 시간이 지나면서 향상된다면, 그것은 유동성 지능보다는 결정성 지능과 더 비슷한 것이다.

유동성 지능 vs 결정성 지능

유동성 지능	새롭고 친숙하지 않은 과제를 수행하는 데 더 중요하게 작용하며, 특히 신속한 의사결정이나 비언어적 내용과 관련이 있는 지능
결정성 지능	친숙한 과제를 수행하는 데 더 중요한 영향을 미치며, 특히 언어나 사전지식과 많은 관계가 있는 지능

(2) 정서지능의 향상

① 드라마수업, 키보드수업을 받은 아동들이 노래수업이나 아무런 수업을 받지 않은 아동들보다 수행을 더 잘 하였다.

② 음악훈련을 받은 성인들이 평균적으로 타인의 말로부터 그 사람의 정서를 인식하는 것이 우수하였다.

③ 드라마나 음악수업 훈련은 귀 기울여 듣고 억양의 미묘한 차이에 주의를 기울이도록 훈련시키는 것으로 생각된다.

④ 정서지능을 가르치는 방법에 대한 연구를 하는 것은 의미 있는 것으로 보인다.

⑤ 정서지능이 높아지는 방법을 강의하는 것으로는 효과가 없을 것이다.

제3절　스트레스와 정서

1 스트레스의 개념 기출

(1) 스트레스의 발견

① 셀리에(Selye)는 신체에 대한 각기 다른 종류의 위협은 각기 독특한 결과뿐 아니라 그러한 공격에 맞서 싸우기 위한 우리 몸의 일반적인 결과들을 만든다고 하였다.

② 위협에 대항하는 일반적·신체적 반응을 '일반적응증후군'으로 명명하고, 이것을 지칭하는 '스트레스'라는 용어를 도입하였다.

③ 일반적응증후군은 세 단계로 나타난다.

경고	우리 몸을 격렬한 활동에 알맞게 하기 위해 교감신경계가 크게 각성되는 짧은 기간이다.
저항	• 장기적이지만 중간 정도의 각성상태를 보이는 단계이다. • 저항단계 동안 부신피질은 '코르티솔, 에피네프린, 노르에피네프린' 호르몬을 분비한다.
탈진	더 심한 공격이 지속되면 몸은 '무력감, 피로, 식욕감퇴와 흥미의 감소' 등의 특징을 보인다.

④ **위협에 대한 우리 몸의 반응**

　㉠ 위협에 대한 장기간의 투쟁은 우리 몸이 다른 것을 할 능력을 감소시킨다.

　㉡ 면역체계 호르몬은 그 활동성이 감소하고, 우리 몸은 질병에 감염되기 쉬운 상태가 된다.

　㉢ 스트레스는 신체에 가해진 요구에 대한 불특정한 반응을 의미한다.

　㉣ 우리 삶에서 중요한 변화는 우리의 변화를 요구하는 스트레스를 준다.

　㉤ 긍정적으로 변하든 부정적으로 변하든, 변화는 우리에게 스트레스를 준다.

(2) 스트레스의 정의와 측정

① **스트레스의 정의**

　㉠ 개인에게 위협적으로 해석되어 생리적·행동적 반응을 유발하는 단일사건이나 사건들을 말한다 (McEwen, 2000).

　㉡ 맥쿠엔은 스트레스를 사건 그 자체로 정의한다.

　㉢ 셀리에의 정의는 긍정적인 변화까지 포함하는 모든 삶의 변화를 포함하는 반면, 맥쿠엔은 위협적인 사건에 한정한다.

　㉣ 멕쿠엔의 정의는 스트레스 사건 자체보다 개인이 그 사건을 어떻게 해석하는지에 따라 스트레스가 결정된다는 것을 강조한다.

② **스트레스의 측정**

　㉠ 사회적 재적응 평정척도(Social Readjustment Rating Scale)는 배우자의 죽음을 100점에 할당하게 한 후 그것과 비교할 때 다른 삶의 변화가 얼마나 스트레스를 초래하는지 평가하여 개발되었다.

　㉡ 이 척도는 최근 12개월 동안 경험한 항목에 체크하고, 각 항목에 대응하는 점수를 합산하는 방식으로 되어 있다.

　㉢ 이 척도의 첫 번째 문제점은 다양한 작은 스트레스 요인들의 점수를 합산하는데, 따라서 작은 요인들이 너무 큰 비중을 차지한다는 것이다.

　㉣ 두 번째 문제점은 같은 사건도 사람마다 다른 의미를 가지기 때문에, 스트레스를 주는 정도를 측정하는 것은 중요하지만 간단한 척도만 가지고 이를 알아내기는 거의 불가능하다는 것이다.

(3) 자극과 반응으로서의 스트레스

① **자극으로서의 스트레스**

　㉠ 스트레스는 예측할 수 없는 강력한 자극이다.

　㉡ 스트레스 자극은 지속적인 피로와 권태감을 불러일으키기도 하고, 내·외적인 위협요소를 내포하고 있다.

　㉢ 외적 요인이나 외적인 힘을 강조하는 사람은 스트레스에 대해 말할 때 "나는 스트레스가 많은 직업을 가지고 있어."라고 표현하는데, 이는 스트레스를 주는 자극을 말하는 것이다.

　㉣ 자극으로서 스트레스에 대한 반응을 긴장(Strain)이라고 한다.

외적인 힘 ─────→ 긴장

과다한 스트레스 ─────→ 붕괴 · 영구적 손상

- ⑩ 스트레스를 일으키는 외적 자극을 스트레스 인자(Stressor)라고 한다.
- ⑭ 성공적으로 스트레스를 관리하려면, 생활 속에 나타나는 스트레스 인자를 찾아야 한다.

② **반응으로서의 스트레스**

- ㉠ 반응으로서의 스트레스는 환경자극이나 요구에 대해 사람들이 보이는 반응에 초점을 두는 것이다.
- ㉡ "나는 스트레스를 받으면 입맛이 없어져."라고 하면 스트레스 반응을 표현한 것이다.

③ **스트레스 유발요인**

- ㉠ 주요 생활사건
  - '배우자의 사망, 결혼 혹은 이혼, 실직'과 같은 일은 인간의 삶에 큰 영향을 미치는 주요한 생활사건이다.
  - 주요 생활사건을 경험한 사람들은 강한 스트레스를 받으며, 이로 인해 신체질병을 갖게 될 확률이 높은 것으로 나타났다.
  - 사회적 재적응 평정척도는 각각의 주요 생활사건이 개인의 생활에 미치는 영향을 고려하여 스트레스 양으로 나타낸다.
- ㉡ 일상의 골칫거리
  - 사람들은 '교통체증, 지각, 소지품 분실, 친구나 가족과의 다툼'과 같은 일상의 사소한 일에서도 스트레스를 경험한다.
  - 일상의 사소한 골칫거리들은 사람들이 살아가면서 매일 부딪히는 것들로, 짜증스럽게 느껴지는 일들이다.
  - 개인이 느끼는 스트레스를 측정하기 위한 심리척도들은 '직업, 시간압박, 건강, 친구, 대인관계, 금전문제'와 같은 영역에서 개인이 직면하는 골치 아픈 일들을 측정한다.
  - 일상의 작은 골칫거리가 많을수록 부정적인 기분에 빠져들고 스트레스를 강하게 느끼며, 그에 따라 신체적 질병에 걸릴 확률이 높아진다.
  - 일상에서 경험하는 작은 일들에서 기쁨과 즐거움 및 만족스러움을 느끼는 경우도 있다.
  - 매일 일상에서 경험하는 기분을 상승시키는 기쁜 일은 분노나 우울과 같은 부정적인 기분 상태에서 벗어나게 해주며, 삶을 더 생산적으로 살아가게 하는 힘을 준다.
- ㉢ 좌절
  - 좌절은 어떤 일이 자신의 뜻이나 기대대로 전개되지 않을 때 느끼는 감정으로, 스트레스를 유발하는 주요요인이다.
  - 사람들은 누구나 일상생활에서 매일 크고 작은 좌절을 경험한다.
  - 사람들이 좌절을 느낄 때 경험하는 것은 대개 분노, 불안, 공포와 같은 부정적인 정서이다. 좌절을 지속적으로 경험하면 결국 심리적 탈진에 빠진다.

ⓔ 심리적 탈진
- 심리적 탈진(Psychological Burnout)은 '간호사, 교사, 종교인, 사회복지사, 상담가, 변호사, 경찰관, 기업체 간부, 교사' 등과 같이 강도 높은 대인관계 서비스업에 종사하는 사람에게서 많이 나타난다.
- 남에게 도움을 주면서도 정작 자신을 돌보지 않으면 심리적 탈진에 빠지기 쉽다.

ⓜ 대인관계 폭력
- 타인에게 신체적·정신적으로 폭력을 당하면, 매우 강한 강도의 스트레스를 경험하게 된다.
- 외상후스트레스장애는 심각한 위협이나 상처를 실제로 경험하거나 그러한 일이 타인에게 일어나는 것을 목격한 사람에게 나타나는 장애이다. 이처럼 큰 충격적 사건을 경험한 사람은 그 사건을 잊지 못하고 반복적으로 기억하며 악몽에 시달리고 두려움과 불안에 사로잡힌다.

2 스트레스가 인체에 미치는 영향 기출

(1) 건강에 대한 위험성의 증가
① 배우자의 죽음을 경험한 사람은 치아 문제에서부터 암에 이르기까지 수많은 종류의 병에 취약하다.
② 배우자의 죽음 후 6개월 동안 홀로 남게 된 사람들은 동년배인 다른 사람들에 비해 40~50% 이상 높은 사망률을 보인다.
③ 배우자의 죽음보다는 덜 심각한 삶의 변화 이후에도 사람들은 병을 앓게 되는 경향이 있다.
④ 많은 대학생들이 입학 첫해를 스트레스가 가장 많은 해로 평가하며, 그중 많은 사람들은 건강에 문제를 보였다.

(2) 심혈관계에 미치는 영향
① A유형 성격은 경쟁심, 성급함, 적개심 등의 특징을 갖는다.

> **더 알아두기**
>
> **A유형/B유형 성격**
> 심혈관계 질환에 걸리는 특성과 관련된 성격 유형의 분류로, A유형은 적대적이고 경쟁적이며 다양한 대상에 관심을 갖고 그것을 획득하려 하며 성급한 성격으로, 심혈관계 질환에 걸릴 가능성이 높은 유형을 의미한다. B유형 성격은 이와는 반대로 느긋하고 여유 있는 성격이 특징이다.

② 자기보고된 분노 및 적개심과 심장병의 위험성 혹은 심장병의 전조가 되는 상태들 간의 유의미한 관련이 있음이 밝혀졌다.
③ 강하지만 억제된 분노를 자주 경험하는 것은 더 높은 심장병 위험성과 관련된다.
④ 일과성 심근허혈증은 보통 고통스럽지 않으나 심근경색의 전조가 될 수 있다.

일과성 심근허혈증

잠깐 동안 심장근육에 혈류가 불충분해지는 현상

⑤ 화난 얼굴표정을 많이 보인 사람들은 그렇지 않은 사람보다 면담 도중 일과성 심근허혈증을 겪을 가능성이 더 컸다.

⑥ 최근 연구에 따르면 적개심뿐만 아니라 잦은 혹은 장기간 지속되는 모든 스트레스가 심혈관계 건강에 장기적인 악영향을 끼치는 것으로 나타났다.

⑦ 효과의 크기는 작았지만 높은 수준의 분노, 불안, 우울이 훗날의 고혈압 발병을 예측하는 것으로 나타났다.

⑧ 외상후스트레스장애를 겪은 여성이 14년 후 심장질환을 얻을 가능성이 3배 이상 높았다.

(3) 스트레스가 면역체계에 미치는 영향

① 교감신경계

㉠ 스트레스 사건은 교감신경계 각성을 높여 스트레스 반응의 경고단계로 들어간다.

㉡ 싸움 혹은 도주반응은 우리 몸을 격렬한 활동에 준비시키는데, 이러한 긴급준비상태가 장기간 유지되는 것은 아니다.

㉢ 긴장상황이 계속된다 해도 교감신경계의 흥분은 사라져 버린다.

㉣ 스트레스 상황에 맞서기 위해서는 지속적인 흥분이 필요하다.

② HPA축

HPA축(HPA Axis)

• 시상하부, 뇌하수체, 부신 사이의 직접적인 피드백의 복합적인 구성

• 이 기관들의 상호작용으로 구성된 HPA축은 주요 신경내분비계로서, '스트레스에 대한 반응과 소화, 면역계, 감정과 기분, 성, 에너지 저장 및 소모'를 포함한 다양한 신체 과정을 조절함

㉠ 지속적인 흥분을 위해서는 두 번째 체계인 시상하부, 뇌하수체 및 부신으로 이루어진 HPA축이 발동된다.

㉡ 이 기제는 우리 몸을 격렬한 활동에 적합하게 준비시키지만, 교감신경계보다 더 느리고 더 오랫동안 작용한다.

㉢ HPA가 신체를 장기적인 투쟁에 대비시킴에도 불구하고 우리가 그 작용을 끊임없이 격렬하게 느끼는 것은 아니다.

㉣ 우리는 자주 혼자 있고 싶어 하거나 우울해지고 변덕스러워지며 삶의 질이 떨어졌다고 불평하게 된다.

ⓜ HPA축의 스트레스 반응과정

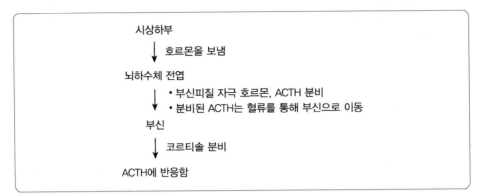

시상하부

↓ 호르몬을 보냄

뇌하수체 전엽

↓ • 부신피질 자극 호르몬, ACTH 분비
• 분비된 ACTH는 혈류를 통해 부신으로 이동

부신

↓ 코르티솔 분비

ACTH에 반응함

③ **코르티솔**
  ㉠ 단기간, 혹은 적당한 수준의 코르티솔 증가는 혈당을 높일 뿐 아니라 면역체계 기능도 자극하여, 바이러스에서 종양까지 각종 질병과 싸우는 것을 돕는다.
  ㉡ 단기간의 스트레스는 자연살상세포, 백혈구, 사이토카인 분비와 같은 면역체계의 특정 기능을 활성화한다.
  ㉢ 면역체계 반응은 질병과 싸우도록 돕는 다양한 신체적·행동적 효과를 가져온다. 면역 반응은 발열을 일으키거나 주요 신체의 열을 높이는데, 적당한 발열(39℃ 이하)은 감염을 이겨낼 확률을 높인다.
  ㉣ 단기간의 공포나 분노 또한 면역체계 반응의 다양한 기능을 자극한다. 수면이 줄거나, 식욕·성욕이 감퇴하고 몸이 아프다고 느끼게 된다.

④ **장기화된 스트레스의 영향**
  ㉠ 스트레스가 장기화되면 몸은 일반적응증후군의 탈진단계로 들어간다.
  ㉡ 스트레스에 대한 최초 반응은 스트레스 요인이 우리의 면역체계를 활성화하는 것이지만, 장기적인 스트레스는 거꾸로 면역체계를 위협한다.
  ㉢ 높은 스트레스를 받은 사람은 자연살상세포의 생성이 억제되므로, 질병에 걸릴 확률이 증가한다.
  ㉣ 스트레스 수준이나 코르티솔 분비량의 단기간 변화는 면역반응을 손상시키지 않는다.
  ㉤ 장기적인 코르티솔 증가는 혈당생산에 더 많은 에너지를 소비하게 만들기 때문에, 면역체계를 위한 단백질 합성에 필요한 에너지가 부족하게 된다.
  ㉥ 장기적인 코르티솔 증가는 기억력에 중요한 뇌부분인 해마에 대한 유독성 화학물질의 영향을 확대시킨다.
  ㉦ 높은 코르티솔 수준은 해마에 점진적인 손상을 입힘으로써 기억력의 손상을 가져오게 된다.

3 스트레스 극복

(1) 사회적 지지이론

① 사회적 관계가 스트레스를 받는 사람에게 사람들이 제공할 수 있는 격려를 통해서 스트레스의 영향을 완충한다고 제안한다.

② 사회적 지지는 '실용적인 도움, 정서적 위안, 인생의 의미감과 일관성'을 제공한다.

③ 건강에 좋은 행동을 촉진(적절한 수면, 식사, 운동 등)하고 긍정적인 감정을 증진시킨다.

④ 자기가 가치 있는 사람이라는 느낌의 발달 혹은 이런 것들의 조합을 통해 건강을 증진할 수 있다.

⑤ 사회적 지지는 남성 혹은 남성적 성역할 지향성을 갖고 있는 사람에게 더 효과적인 완충작용을 할 수 있다.

(2) 통제의 소재

> **더 알아두기**
>
> **통제의 소재**
> 우리가 우리 삶의 사건들을 통제할 수 있는 우리의 능력이 우리 내부에 있는지 혹은 외부에 있는지를 말하는 것

① 통제의 소재가 내부에 있다는 믿음을 보이는 사람들은 통제의 소재가 외부에 있다는 믿음을 보이는 사람들보다 삶의 변화와 이에 따르는 질병 간 상관관계가 더 낮다는 것을 보였다.

② 통제가 불가능한 것으로 평가된 항목들은 스트레스를 더 많이 주는 것으로 평가되었다.

③ 통제 가능한 것과 통제 불가능한 것은 사람들마다 평가하는 것이 다르다.

④ 자신의 삶 속의 사건들을 통제할 수 있다는 믿음이 스트레스에 대처하는 중요한 적응기제이다.

(3) 설명스타일과 표현스타일

① 우리가 사건들을 설명하는 방식이 20년~30년 후의 건강 상태를 예측한다는 연구가 있다.

② 25세 당시의 비관적인 설명 스타일은, 45세에서 60세 사이의 건강이 나쁠 것을 예측할 수 있다는 것이 발견되었다.

③ 자신의 삶에서 나쁜 사건들을 보다 낙관적인 방식으로 설명한 사람들은 시간이 흘렀을 때 비관적인 사람들보다 더 건강했다.

④ 대처방식으로 유머를 쓰는 것이 부정적인 삶의 사건들로 인한 스트레스 효과를 완화시킨다.

⑤ 자주 우는 사람들은 부정적인 삶의 사건들이 자주 일어날 때 기분의 혼란수준이 증가하는 것으로 나타났다.

(4) 스트레스를 잘 견디는 사람들의 특징

① 주위의 사건들로부터 스스로를 정서적으로 절연시킬 수 있는 것으로 보인다.

② 객관적일 수 있는 능력, 바꿀 수 없는 상황을 수용하는 능력이 있는 것으로 보인다.

③ 스스로를 정서적으로 긍정적인 용어로 기술하는 경향이 있었다.

④ 스트레스 상황에 대한 대안적인 계획을 미리 갖고 있다.

제4절   정서조절 기출

1 상황 초점적 전략

(1) 개념

① 정서를 유발하는 상황을 찾아 이를 피하거나 변화시키는 것이다.

② 부정적인 상황을 피하거나 개선시키려고 할 때면 불편을 야기한 원천을 줄여버릴 수 있다.

③ 이 전략은 '상황선택'과 '상황수정'으로 나눌 수 있다.

상황선택	단순히 특정 정서를 유발할 것 같은 상황에 들어갈 것인지 아닌지를 결정하는 것이다.
상황수정	해당 상황에 들어가는데, 이를 변화시키는 조치를 취하는 것이다.

(2) 상황선택 전략

① 특정 상황에 들어가기로 선택하는 것이 즐거울 수 있고, 장기적으로 이득이 되는 경우도 있다.

② 불쾌한 스트레스를 피하는 것이 이득이 될 수 있으며, 많은 사람들은 불필요한 스트레스로부터 자신을 방어하곤 한다.

③ 상황선택이 항상 최상의 정서조절 전략은 아니다.

④ 불쾌한 상황을 완전히 회피하는 것이 항상 현실적인 선택이 되는 것은 아니기 때문이다.

⑤ 극단적으로 상황선택을 사용하면 사람들의 기회와 관계형성에 제약이 생길 수 있다.

⑥ 스트레스를 주거나 불쾌한 상황을 항상 피하는 사람은 자신의 삶과 건강을 질서 있게 유지하는 데 실패할 수도 있다.

⑦ **상황회피 전략에 관한 연구**

㉠ 종단연구에서 회피적인 대처전략을 선택한 사람이 이후 4년에 걸쳐 인생 스트레스를 더 많이 경험한다.

㉡ 고도로 회피적인 대처스타일을 보고한 심장질환 환자가 이후 6년간 심장문제로 사망할 가능성이 더 큰 것으로 나타났다.

㉢ 회피전략을 많이 사용한다고 보고한 신장질환자가 이후 9년간 사망할 확률이 높았다.

⑧ 회피적 대처양식을 선택한 사람은 자신이 처한 문제에 공개적으로 대처하기보다 자신의 생명에 손상이 오도록 내버려 둔다.

⑨ 상황선택은 신중히 생각해서 사용해야 하는 전략이다.

(3) 상황수정 전략

① 상황수정에서는 원하는 정서상태를 촉진하기 위해 우리가 처해 있는 상황을 변화시키는 조치를 취하게 된다.

② 자신의 정서를 조절하기 위해 상황수정 또는 적극적 대처를 활용하는 사람들은 평균보다 신체적 건강과 심리적 안녕감이 더 좋은 경향이 있다.

③ 상황수정 또는 적극적 대처전략은 상황에 대한 즉시적 효과 이상의 기제를 통해 안녕감을 향상시켜 준다.

④ 최소한 앞으로 어떤 일이 일어날지 예측하고 대비할 수 있다면, 보다 덜 당혹스럽게 느낄 수 있을 것이다.

⑤ 상황에 대해 자신이 통제할 수 있는 것이 아무것도 없다고 느끼는 사람은 강한 통제감을 가지고 있는 사람보다 우울증에 걸릴 위험이 크다.

⑥ 상황을 통제할 수 있다는 생각을 갖는 것만으로도 스트레스를 크게 줄일 수 있다.

⑦ 상황수정 전략에 관한 연구

　　㉠ 뜨거운 자극을 자신이 통제할 수 있다고 믿은 참여자들은 통제할 수 없다고 알고 있던 다른 참여자들보다 고통을 덜 느낀 것으로 나타났다.

　　㉡ fMRI를 통한 뇌활동 측정결과 고통에 민감한 몇몇 뇌부위가 덜 각성된 것으로 나타났다.

　　㉢ 환자 스스로 진통제를 조절할 수 있도록 허락한 경우 약의 사용빈도와 사용량이 적게 나타났다.

　　㉣ 자신의 약물복용 시간을 스스로 통제한 환자들이 자신들의 고통관리에 대해 더 만족한다고 보고하였다.

(4) 효과적인 통제 방법

① 스스로 통제할 수 있다는 단순한 믿음이 주는 이점에는 한계가 있다.

② 단순히 결과만을 마음속에 그리고 있다면, 상황을 실질적으로 향상시키지 않을 뿐만 아니라 생산적으로 활동하는 것을 방해할 수 있다.

③ 진정으로 도움이 되는 것은 보상이나 영광을 가져다주게 만들어 줄 수 있는 작업을 하는 것을 마음속에 그려보는 것이다.

④ 시험을 잘보고 싶다면 자신이 도서관에 있는 모습이나 노트를 체계적으로 정리하는 모습을 떠올려보는 것이다.

⑤ 미래에 어떤 도전에 직면할 것을 예상하고 있다면, 그 도전이 다가왔을 때 무엇을 할 것인지를 상상함으로써 통제감을 가질 수 있다.

⑥ 심리적 면역방법은 우리 스스로를 보다 약한 형태의 스트레스 상황에 노출시키는 것이다.

　　예 군인들은 현실감 있는 상황에서 전투훈련을 한다.

⑦ 심리적 면역법에 연습이 된 사람들은 상황을 다루는 일련의 기술을 발달시키게 되고, 더 심각하고 도전적인 상황에 직면할 경우 그 기술을 적용할 수 있다.

2 인지 초점적 전략

(1) 주의집중의 통제

① 스트레스를 일으키는 대상을 보지 않거나 생각하지 않으려고 하는 것이다.

② 이 방법은 임상적 증후에 중요한 효과가 있다고 제안한다.

③ 대부분의 사람들은 중성자극보다는 임상적 자극에 더 주의를 기울인다.

④ 불안한 사람들은 특히 강한 편중성을 보인다.

⑤ **점 탐색 과제**

　　㉠ 주의집중 통제에 대한 점 탐색 연구는 자신 앞에 놓여 있는 자극에 의도적으로 주의를 기울이거나 무시하려는 사람들의 능력을 탐색한다.

　　㉡ 연구자들은 점 탐색 과제를 사용하여 위협적 자극에 대한 초기의 주의집중 편중성을 측정하였다.

> **〈실험〉**
>
> • 점 탐색 과제
>   화면에 두 개의 단어가 나란히 제시된다(하나는 중립적 단어이고 하나는 위협과 관계된 단어이다). → 짧은 시간이 지난 후 단어는 사라지고 화면에는 큰 점이 나타난다. → 참여자는 점의 위치에 상응하는 키보드 키를 누른다.
> • 키보드를 누르는 데 얼마의 시간이 걸리는지 측정하는 것으로, 반응시간이 짧은 것은 참여자의 주의가 점의 위치로 옮겨졌다는 것을 의미하며, 긴 반응시간은 참여자의 주의가 다른 곳에 있다는 것을 의미한다.

　　㉢ 대부분의 사람들이 점이 중립적 단어보다 위협적 단어를 대체했을 때 더 빨리 반응한다. 이것은 사람들의 주의가 위협적 단어에 주어지는 경향이 있다는 것을 의미한다.

　　㉣ 불안장애를 가진 사람들은 특히 위협단어와 중립단어가 동시에 제시된 후 점이 중립단어를 대체한 경우 반응시간이 느렸다. 이는 그들이 일단 주의를 기울였던 위협단어에 대한 위치에서 다른 데로 주의를 돌리는 것이 힘들다는 것을 시사한다.

⑥ 주의집중 통제는 특정 정서를 불러일으켰던 사고로부터 주의를 딴 데로 돌리려고 하는 데도 사용될 수 있다.

　　㉠ 정서적 상황을 생각하지 않으려는 전략은 프로이트의 방어기제인 억제(Suppression)와 유사하다.

　　㉡ 주의를 딴 데로 돌리는 것은 무의식적으로 부정하기보다는 당분간 스트레스를 주는 주제를 생각하지 않기로 결심하는 것이다.

〈실험〉
- 자신이 거절당했던 경험을 생생히 기억해 보라고 요청
- 한 집단은 기억을 떠올리는 동안 자신의 정서와 생리적인 감각에 주의를 기울이고, 다른 한 집단은 거부상황이 발생했던 장소의 세부특징에 주의를 기울이도록 함

ⓒ 장소의 세부특징에 주의를 기울이도록 한 참여자들은 적대감에 관련된 단어들에 보다 느리게 반응하고 분노감정을 적게 보고하였으며, 에세이를 쓰게 했을 때 분노와 괴로움에 대한 글을 적게 썼다.

ⓓ 거절당한 후 분노나 괴로움을 느끼고 나서 지연시간(음악청취, 책읽기 등)을 가질 경우, 기분이 향상되는 것으로 나타났고 다음 과제를 수행하는 데 집중도도 높아졌다.

⑦ **주의집중 통제법의 문제점**

ⓐ 많은 인지적 에너지를 요구한다.

ⓑ 사람들이 피로해지거나 오랫동안 자신의 생각을 통제하게 되면, 주의집중을 통제하는 능력이 소진될 수 있다.

ⓒ 이미 활성화된 생각과 자극에 대한 주의집중을 억제하는 것은 특히 어려운 형태의 인지적 통제라고 할 수 있다.

ⓓ 의도적으로 한 가지 사고를 통제하는 것보다 다른 일에 주의를 돌리는 것이 훨씬 쉽다.

(2) 인지적 재평가

① 인지적 재평가는 사건이나 자극에 대해 갖고 있던 정서적 반응을 변화시켜 주는 방식으로 생각하는 것이다. 상황에 관한 우리들의 평가를 바꾸면 정서반응이 변할 것이다.

② 제임스-랑게모형에 따르면 상황에 대한 정서적 반응은 해당상황을 어떻게 평가하고 해석하는지에 달려 있다.

③ 재평가는 상황이 발생하지 않은 척하거나 사태가 어떻게 전개될지에 관해 비현실적인 이야기를 만들어 내는 것을 의미하는 것은 아니다.

④ 현실적이지만 긍정적인(최소 중립적인) 상황해석에 집중하는 것을 의미한다.

⑤ 사람들이 더 큰 정서적 이슈나 반발하는 상황에 부딪혔을 때 스스로 생각하는 방식을 바꾸는 것을 '인지적 재구조화'라고 한다.

⑥ **인지적 재평가의 유용성**

ⓐ 불쾌한 지적을 받을 때 '사람들은 나를 미워해'라고 생각하는 대신에 '저 사람 오늘 기분이 안 좋군'이라고 생각할 수 있는 것이다.

ⓑ 인지적 재평가는 정서조절 전략으로서 효과적이면서도 건전한 방식이다.

ⓒ 스트레스를 주는 자극을 재평가해보라는 지시를 받은 사람은 스트레스에 대한 자기보고와 얼굴표현이 줄어드는 것으로 나타났다.

ⓓ 재평가 지시는 역겨운 사진을 보고 생긴 편도체 활성화를 감소시켰다.

ⓜ 인지적 재평가를 활용하고 있다고 보고한 사람들은 특성적인 정적 정서성이 더 높았고 부적 정서성이 더 작았으며 인생만족도가 높았다.

ⓗ 인지적 재평가를 활용하고 있는 사람은 타인들과의 정서공유가 더 많았고 동료들이 평가한 호감도가 더 높았으며 더 친밀한 관계를 형성하고 우울증에 걸릴 위험성이 더 낮았다.

(3) 재평가의 다른 유형들

① 가장 단순한 수준은 단순히 상황의 정서적 측면을 무시해 버리거나 사소한 면들에 주의의 초점을 맞추는 것이다. 신체적 외양 혹은 사람들이 입고 있는 옷과 같은 것들이다.

② 상황에 관한 농담을 하는 것도 정서를 향상시켜 줄 수 있을 것이다.

③ 서로의 입장을 바꾸어 보는 것도 중요한 재평가 방법이다.

④ 용서도 중요한 인지적 재평가 유형이 되는데, 다른 사람이 저지른 상처를 주는 상황에 대해 납득할 만한 해명을 찾아내려고 하는 노력이 포함된다. 용서는 용서받는 사람뿐만 아니라 용서하는 사람에게도 도움이 된다.

⑤ 유용한 전략 중 하나는 부정적인 사건에 주의를 기울이되 이 사건을 보다 유익한 방식으로 해석하려고 노력하는 것이다. 상처를 입고 피를 흘리는 병사사진을 보았을 때, '전쟁은 이미 끝났고 그 병사는 좋은 의학적 처치를 받았다'라고 자신에게 되뇌는 것이다.

⑥ **탄력적인 사람들의 특징**

ⓐ 부정적이거나 도전적인 상황이 가진 긍정적인 측면에 집중하는 전략을 '긍정적 재평가'(또는 '유익한 점 찾아내기')라고 한다.

ⓑ 여러 상관연구들은 긍정적 재평가가 특히 건전한 전략이 될 수 있다고 제안한다.

ⓒ 탄력적인 사람들(부정적인 사건으로부터 쉽게 회복할 수 있는 사람들)은 비탄력적인 사람들에 비해, 부정적인 사건이 가진 잠재적인 긍정적 효과에 대해 더 자주 생각한다.

ⓓ 긍정적 재평가에 관한 연구에서 정서적으로 건강한 집단의 사람들은 다양한 인지적 전략들 중에서 긍정적 재평가 전략을 유의미하게 많이 사용하였다.

ⓔ 긍정적인 재평가는 사람들의 삶을 개선시켜 주는 행동을 하도록 장려한다.

ⓕ 긍정적 재평가를 활용하는 사람들은 건강증진 행동을 더 보고하였고, 실제적으로 건강결과치도 좋은 것으로 나타났다.

⑦ 긍정적 재평가가 신체적 건강과는 관련이 없었으며, 더욱이 심리적 건강과는 부적으로 관련되었다는 보고도 나타났다.

⑧ 스트레스를 받는 상황에서 기회를 보는 것은 그런 기회가 줄 수 있는 이점을 찾아내는 행동을 동기화시켜 줄 수도 있고 희망을 유지하게 할 수도 있다. 그러나 실제 보이는 것보다 사태가 나쁘지 않다고 단순히 생각하는 것이 상황을 해결하고자 하는 개인의 동기를 저하시켜 버릴 수도 있다.

3 반응 초점적 전략 [기출]

반응 초점적 전략들이 가진 공통점은 상황 그 자체나 그 정서와 연관된 평가를 바꾸려고 하기보다는 정서의 체험이나 표현을 변화시키려는 목적을 가지고 있다는 것이다.

(1) 정서 표현하기

① 정화
- ㉠ 표현을 통해 강렬한 정서들을 겉으로 방출하는 것을 의미한다.
- ㉡ 정서가 우리의 내부에 갇혀 있을 때에는 어떻게 하든 이것을 밖으로 끌어내야 한다는 것이다.
- ㉢ 두려움이나 분노를 강렬하게 표현하는 것이 해당 정서를 신뢰할 만큼 감소시키지도 않을뿐더러 종종 증가시키기도 한다.
- ㉣ 부정적인 정서들을 방출시켜서 정서를 조절하고자 하는 사람들은 보통 사람들보다 대인관계에서 불안을 더 많이 느끼는 경향이 있다.
- ㉤ 정서적으로 고통스러운 상황에 대해 논의하는 것이 도움이 되기는 하지만, 이런 상황에 너무 오래 매달려 있는 것은 해로울 수 있다.

② 반추
- ㉠ 긍정적인 해결책보다 상황의 부정적인 측면에 주의를 기울이면서 특정 문제에 대해 오랜 시간 동안 지속적으로 생각하는 것이다.
- ㉡ 지나친 반추는 종종 임상적 우울증의 전조이자 요인이 되기도 한다.
  - 예 많은 이야기를 나눔으로써 자살을 예방하려는 시도는 때때로 반추를 하게 만들어 오히려 자살 위험성을 높일 수 있다.

③ 지나친 억제의 단점
- ㉠ 사고를 억제하는 것은 인지적인 요구를 발생시킨다.
- ㉡ 억제노력은 에너지를 많이 사용하게 만들어 다른 것에 주의를 기울이지 못하게 만든다.
- ㉢ 원치 않는 생각을 차단시키려는 노력은 달리 활용될 수도 있었을 자원을 소비해 버리는 것이다.

④ 자신이 겪는 문제에 대해 비교적 짧은 시간 동안 탐색해보기
- ㉠ 불쾌한 경험과 감정에 머물러 있는 것과 그에 대한 모든 생각을 회피하는 것 모두 바른 방법은 아니다.
- ㉡ 자신의 강렬하게 고통스러웠던 몇 가지 경험에 대해 자신들이 느꼈던 심층적인 생각과 감정들을 글로 기록해 본 사람들은 이후 생활에서 긍정적인 태도와 성공적인 경험을 하였다.
- ㉢ 스트레스를 받은 사건을 생각하고 가능한 해결책을 생각하도록 하는 것만으로도 긍정적인 효과를 얻는다.
- ㉣ 글쓰기 경험에서 도움을 얻은 사람들은 주로 쓰기를 통해 스트레스 사건과 그에 대한 자신의 반응을 이해하려 한 사람들이었다.
- ㉤ '왜냐하면, 이유, 깨달았다, 안다, 이해한다'와 같은 단어를 더 자주 사용할수록 '건강, 학업, 성취, 그리고 전반적인 적응' 등에서 얻는 이득이 더 많았다.
- ㉥ 글 쓰는 동안에 상황을 더 잘 이해할 수 있었기 때문에 글쓰기는 도움이 된 것으로 보인다.

ⓐ 강력하게 긍정적이었던 경험에 대해 비슷한 분량의 글쓰기를 하는 것도 이후 몇 개월간의 기분과
건강을 향상시켜 준다.

ⓞ 우는 것은 다른 사람들로부터의 사회적 지원을 불러올 때 가장 기분을 개선시켜 주는 것으로 나
타났다. 위로의 말, 접촉하기, 다른 친절한 행동이 있을 때 개선효과가 좋았다.

(2) 운동하기

① 가장 성공적인 반응 초점적인 대응전략 중의 하나는 신체적 활동이다.

② 운동이 우울증을 예방하는 믿음직한 방법이라는 연구가 지속적으로 발표되고 있고, 또한 불안을 예
방하는 데 도움을 준다.

③ 일회성의 운동은 효과를 볼 수 없으며, 지속적인 운동이 중요하다.

④ 적당한 강도의 운동은 기분을 개선시키지만, 과도한 운동은 기분을 더욱 나쁘게 할 수 있다.

⑤ **운동이 기분을 개선시키는 이유**

㉠ 운동을 통해 스트레스의 실제원인을 잊어버릴 수 있다.
- 관심을 돌리는 것(음악, 영화, TV 등)은 스트레스에 대한 한 가지 해결방법이 될 수 있다.
- 스트레스의 원인이 전혀 통제할 수 없는 것이라면 재평가 방법은 합리적인 전략이라고 할 수
없다.
- 스트레스 상황을 통제할 수 있다면 관심을 돌리는 것은 스트레스를 해결하는 기회를 빼앗는
결과가 될 수 있기 때문에 장기적으로 상황을 해결하는 것을 방해할 수 있다.

㉡ 전반적인 건강을 개선시켜 준다.
- 신체적인 조건이 양호한 사람들은 나쁜 사람들에 비해 스트레스 상황에서 덜 긴장하게 되고
공감적인 각성도 덜 나타난다.
- 근육의 긴장이나 각성은 주관적인 스트레스 감정의 일부이다.

㉢ 어떤 스트레스는 강력한 공격 또는 도피행동을 할 준비를 시키는데, 우리 신체는 스트레스를 받
은 후 신체적 활동을 하게 되면 몸이 이완되는 경향이 있다.

㉣ 엔도르핀 같은 신경전달물질이 더욱 활성화된다. 신체로부터 방출되는 자연 진통제의 일부분인
이러한 화학물질은 아편기능을 하여 기분이 개선되는 것과 강력하게 연관되어 있다.

(3) 이완시키기

① 운동과 마찬가지로 이완시키기는 근육의 긴장과 자율신경계 각성을 감소시켜 준다.

② 일반적으로 명상이라고 알려진 방법을 매일 수련하는 사람들은 스트레스를 덜 느끼게 되었다고 보
고한다.

③ 명상 프로그램에 참가한 사람들은 우울증이나 불안이 장기적으로 훨씬 감소하였다는 결과를 보여
준다.

④ 명상의 스트레스를 줄여준다는 결과에 대한 하나의 가설은 명상이 이완을 증진시켜 준다는 것이다.

〈명상방법〉

- 조용한 곳을 찾아라.
- 몸의 모든 근육이 어떻게 느끼는지를 알아챌 수 있도록 모든 근육을 긴장시키기 시작하라. 그런 다음 발부터 시작해 위쪽으로 하나씩 올라가면서 한 번에 하나씩 그 근육을 체계적으로 이완시켜라.
- 처음에 이완시키는 것이 어렵다고 해도 너무 신경 쓰지 마라. 궁극적으로 이완시키기는 걱정하는 것을 멈춤으로써 완성된다.
- 정해놓은 소리('음'과 같은) 또는 시도문구를 반복하거나, 주변의 어떤 단순한 대상 또는 형태에 집중하면서 가능한 한 많은 자극을 차단하라. 여러분이 편하게 느낄 수 있는 것이라면 어떤 것이든 좋다.

(4) 정서표현 억제하기와 신경생물학

① 정서표현 억제하기

    ㉠ 어떤 상황에 따라서 우리는 비판이나 무례한 비난을 받을 때 자신의 정서를 표출하지 않고 숨겨야할 것 같은 압박을 받기도 한다.

    ㉡ 정서표현 억제하기는 의식으로부터 사고과정을 차단하는 것으로, 정서에 대한 행동적 표현을 차단하는 것을 의미한다.

    ㉢ 정서표현을 억제하는 능력은 어떤 상황에서는 유용하다.

    ㉣ 정서를 억제하는 것은 인지적 자원의 측면에서 문제가 될 수 있다.

② 정서적 도피 전략 : 약물, 음주, 음식

    ㉠ 많은 사람들이 자신들이 겪고 있는 문제에서 벗어나기 위해 빠른 방법으로 술을 마시거나 약물의 도움을 받으려 한다.

    ㉡ 문제에서 도피하기 위해 술이나 약물에 의존하는 것 자체는 문제로 발전하기 쉽다.

    ㉢ 중독에 빠짐으로써 발생하는 명백한 문제가 생기거나 전형적으로 삶 자체에 문제가 생기게 된다.

    ㉣ 자신의 힘든 상황을 피하는 데 몰두하는 사람은 문제상황을 해결하기 위해 결코 어떤 건설적인 행동도 취하지 않을 것이다.

    ㉤ 힘든 상황에서 기분을 좋아지게 해주는 또 다른 방법은 먹는 것이다.

    ㉥ 긴장상황에서 벗어나기 위해 과식을 하는 사람들을 대부분 그렇게 먹고 난 뒤 더 기분이 나빠진다.

    ㉦ 술이나 약물과 마찬가지로 '정서적인 먹기 행동'이 습관화되면, 부정적인 사건에 대처하는 건설적이고 문제 초점적인 접근을 뒤로 밀어내는 경향이 생길 수 있다.

③ 정서조절의 신경생물학

    ㉠ 마음을 동요시키는 사진을 볼 때, 정서를 경험할 때 활성화되는 영역인 편도체와 전두엽 안와전두 부위에서 광범위한 활성화가 나타났다.

    ㉡ 다시 사진을 보고 재해석하고 있을 때는 두뇌 중 정서를 경험할 때 활성화되는 부위의 반응은 줄어든 반면, 인지적 과정과 관련된 전두엽의 다른 부분들이 활성화되었다.

ⓒ 정서의 재평가와 억제 시 전두엽 활성화가 증가되었다.

ⓔ 재평가는 해당 장면이 시작된 지 수초 이내에 활성화가 이루어진 반면, 억제조건은 꽤 시간이 지나야 활성화가 이루어진다.

ⓜ 재평가와 억제에 관한 두뇌활성화는 정서에 관한 과정모형에 근거한 가설과 일치하는데, 억제가 재평가 이후에 발생한다고 가정하는 것이다.

4 최선의 정서조절 전략

(1) 사회적 지지

① 사회적 지지의 실용적이면서 문제 초점적 효과는 주변 사람들이 문제에 대처하는 방법을 조언해 줄 수 있다는 것이다.

  例 새 직장을 구하는 일을 친구들이 도와줄 수 있으며, 병에 걸렸다면 병원에 데려다 줄 수 있고, 약을 타 주며, 음식을 가져다 줄 수도 있다.

② 사회적 지지는 정서적 위안을 제공해 준다.

  例 외로움은 사람을 상하게 할 수 있는데, 외로운 사람들은 자살의 위험이 크며, 가지각색의 스트레스 관련 질병에 걸릴 가능성이 높다.

  例 행복한 결혼생활을 하는 사람들과 친밀한 교우관계를 유지하고 있는 사람들은 스트레스를 적게 보고하고, 더 강한 면역반응을 보이며, 평균보다 훨씬 건강하다.

③ 친밀한 유대관계가 스트레스를 줄여준다.

(2) 효율적인 전략

① 성공하기만 한다면 상황 초점적 전략이 가장 효율적이라고 할 수 있다.

② 실제로 문제를 피하거나 줄일 수 있다면, 불쾌한 정서를 느낄 이유도 줄어들 것이다.

③ 자신들의 삶에서 일어난 사건들에 대해 통제감을 가장 강하게 느낀 사람들은 불안을 가장 적게 경험하였다.

④ 어떤 문제에 대해 통제할 수 있는 것이 거의 없다면, 상황을 재평가하거나 또는 정서적 반응을 조절하려고 노력하는 것이 될 것이다.

⑤ 가장 이상적인 것은 어떤 상황이냐에 따라서 '상황 초점적, 인지 초점적, 반응 초점적' 전략 중 가장 효율적이라고 생각되는 것을 적절히 사용하는 것이다.

(3) 정서표현의 억제

① 얼굴표정을 억제하는 것은 부적인 정서경험을 줄여주지 못하고, 스트레스의 신체적 증상을 증가시킬 수 있다.

② 정서반응을 억제하라는 지시를 받은 학생들은 혈압이 상승하는 결과를 보였다.

③ 정서억제 전략에 소요되는 인지적 노력으로 인해 다른 과제를 수행하는 데 쓰일 인지적 노력의 여지
는 줄어들게 된다.

④ 자신의 정서를 억제하라는 지시를 받은 사람들은 언어정보에 대한 기억력이 일관되게 떨어지는 결
과를 보여주었다.

⑤ 아시아 문화권에서는 유럽이나 미국에서보다 정서를 억제하는 것이 더 권장되고 있다.

(4) 정서의 재평가와 억제

① 재평가 전략을 사용하게 되면 사람들은 부정적 정서의 경험을 분산시키고 상황의 다른 측면에 주의
를 기울이게 된다.

② 억제는 재평가와 비교해 볼 때 사회적 관계에도 부정적인 영향을 준다.

③ 정서표현을 종종 억제한다고 보고한 사람들은 힘든 상황에 처해도 주변에서 친밀한 관계를 맺고 있
는 사람들의 사회적 지지에 그다지 의존하지 않는다.

④ 억제를 하는 사람들에게 주변 사람들도 그다지 호의적이지 않다.

⑤ 재평가 전략을 자주 사용한다고 답한 사람들의 경우, 또래집단 역시 이들에게 호의적이었다.

⑥ 상대방에게 습관적으로 자신의 정서를 숨기는 사람들은 주변사람들과 가까워지기가 힘들다.

⑦ 정서표현의 억제는 이상적인 정서조절 전략과 거리가 멀다.

(5) 정서 초점적 전략

① 자신이 겪고 있는 문제에 관해 이야기를 하거나 글을 써 보는 것은 정서적·신체적 건강에 긍정적인
영향을 줄 수 있다.

② 그러나 이러한 긍정적 영향은 상황의 부정적인 측면만을 반추하기보다 문제의 해결에 관심을 두고
행할 때로 한정된다.

③ 운동이나 명상은 장기적 효과에 대한 연구가 유망하지만, 전형적인 상관연구이기 때문에 인과관계
를 이야기하는 데에는 한계가 있다.

④ 약물이나, 술, 음식의 습관적 남용은 스트레스 대처, 특히 장기적인 대처방법으로 부적합하다는 것
이 명백하다.

01 정서와 상황에 대한 설명으로 옳은 것은?

① 화가 난 사람은 부정적인 사건 대부분에서 타인을 비난하기 보다는 우연한 상황을 탓하는 경향을 보인다.

② 슬픈 사람은 부정적인 사건 대부분에서 우연한 상황을 탓하기보다는 타인을 비난하는 경향을 보인다.

③ 상황을 해석하고 추론하는 것에는 정서가 영향을 주지 않는다.

④ 일단 정서를 경험하게 되면 평가경향성이 당분간 지속되어 뒤이어 일어나는 사건들도 동일한 방식으로 해석되기 쉽다.

02 우울한 사람이 보이는 특징으로 옳지 않은 것은?

① 경미한 우울증을 겪는 사람들은 자신의 정답 수를 과대추정 한다.

② 우울증 환자들이 어떤 결정을 내리기 전에 더 많은 정보를 수집하며, 더 현실적이고 합리적인 것처럼 보일 수 있다.

③ 기분부전을 겪고 있는 학생들은 불쾌한 사건의 발생을 약간 더 정확하게 예측했다.

④ 우울증 환자들이 결정을 내릴 때는 결정을 위한 정보를 수집하는 것과 무관하게 자신들이 호의를 가진 것을 선택하는 경향을 보였다.

---

01 ① 화가 난 사람은 부정적인 사건 대부분에서 우연한 상황을 탓하기보다는 타인을 비난하는 경향을 보인다.

② 슬픈 사람은 부정적인 사건 대부분에서 타인을 비난하기보다는 우연한 상황을 탓하는 경향을 보인다.

③ 상황을 해석하고 추론하는 것에도 정서가 영향을 미친다.

02 경미한 우울증을 겪는 사람들은 자신의 답에 대한 확신이 덜하며, 자신의 정답률을 과소추정한다.

정답 01 ④ 02 ①

03 정서지능의 요소 중 그 성격이 <u>다른</u> 하나는?

① 감정이입
② 동기화
③ 주의집중의 전환
④ 창조적 사고

»»Q

정서지능 구성요소	요소
정서의 인식과 표현	• 자기 정서의 언어적 인식과 표현 • 자기 정서의 비언어적 인식과 표현 • 타인 정서의 비언어적 인식과 표현 • 감정이입
정서의 조절	• 자기의 정서조절 • 타인의 정서조절
정서의 활용	• 융통성 있는 계획 세우기 • 창조적 사고 • 주의집중의 전환 • 동기화

03 감정이입은 정서의 인식과 표현에 대한 구성요소이다.
[문제 하단의 표 내용 참고]

04 다음 중 정서지능에 대한 설명으로 <u>틀린</u> 것은?

① 정서지능의 측정은 평균적으로 젊은 사람들이 중년의 사람들보다 점수가 높다.
② 정서지능은 정서가 주는 정보를 처리하는 능력이다.
③ 정서지능은 크게 세 영역으로 구분되는 정신활동으로 구성된다.
④ 정서지능이 시간이 지나면서 향상된다면 그것은 유동성 지능보다는 숙달 혹은 결정성 지능과 더 비슷한 것이다.

04 정서지능의 측정은 평균적으로 중년의 사람들이 젊은 사람들보다 점수가 높다.

정답 03 ① 04 ①

05
- 단기간의 스트레스는 자연살상세포, 백혈구, 사이토카인 분비와 같은 면역체계의 특정 기능을 활성화한다.
- 스트레스가 장기화되면 몸은 일반적응증후군의 탈진단계로 들어간다.

05 스트레스는 인체에 다양한 방식으로 영향을 미칠 수 있는데, 이에 대한 내용으로 **틀린** 것은?

① 강하지만 억제된 분노를 자주 경험하는 것은 더 높은 심장병 위험성과 관련된다.

② 스트레스 사건은 교감신경계 각성을 높여 스트레스 반응의 경고단계로 들어간다.

③ 높은 스트레스를 받은 사람은 자연살상세포의 생성이 억제되므로 질병에 걸릴 확률이 증가한다.

④ 스트레스는 장·단기 모두 위험하며, 기간에 따른 특징 차이는 나타나지 않는다.

06 제시문은 인지적 재평가의 유용성에 대한 내용이다.
인지적 재평가란 사건이나 자극에 대해 갖고 있던 정서적 반응을 변화시켜 주는 방식으로 생각하는 것이다. 상황에 관한 우리들의 평가를 바꾸면 정서반응이 변할 것이다.

06 다음 내용에 해당하는 정서조절의 전략은 무엇인가?

- 불쾌한 지적을 받을 때 '사람들은 나를 미워해'라고 생각하는 대신에 '저 사람 오늘 기분이 안 좋군'이라고 생각할 수 있는 방식이다.
- 이 방식은 정서조절 전략으로서 효과적이면서도 건전한 방식이다.
- 이 방식을 활용하고 있다고 보고한 사람들은 특성적인 정적 정서성이 더 높았고 부적 정서성이 더 작았으며 인생 만족도가 높았다.

① 상황선택 전략

② 상황수정 전략

③ 인지적 재평가

④ 주의집중 통제

정답 05 ④ 06 ③

07 정서표현을 억제할 때 나타날 수 있는 상황과 거리가 먼 것은?

① 정서반응을 억제하라는 지시를 받은 사람의 혈압이 상승하는 결과를 보인다.

② 정서억제 전략에 소요되는 인지적 노력으로 인해 다른 과제를 수행하는 데 쓰일 인지적 노력의 여지는 줄어들게 된다.

③ 자신의 정서를 억제하라는 지시를 받은 사람들은 언어정보에 대한 기억력이 일관되게 떨어질 수 있다.

④ 얼굴표정을 억제하는 것만으로 부적인 정서경험을 줄일 수 있다.

08 상황 그 자체나 그 정서와 연관된 평가를 바꾸려고 하기보다 정서의 체험이나 표현을 변화시키려는 목적을 가지는 정서전략에 해당하지 <u>않는</u> 것은?

① 정화

② 운동하기

③ 이완시키기

④ 상황수정전략

09 다음 내용과 가장 관련 깊은 것은 무엇인가?

- 적당한 수준으로 증가했을 때 혈당을 높일 뿐 아니라 면역체계 기능도 자극하여 바이러스에서 종양까지 각종 질병과 싸우는 것을 돕는다.
- 이 호르몬이 높은 수준일 때, 해마에 점진적인 손상을 입힘으로써 기억력의 손상을 가져오게 된다.

① 부신피질

② 코르티솔

③ 세로토닌

④ 도파민

---

07 얼굴표정을 억제하는 것은 부적인 정서경험을 줄여주지 못하고, 스트레스의 신체적 증상을 증가시킬 수 있다.

08 반응 초점적 전략
이 전략들이 가진 공통점은 이들이 상황 그 자체나 그 정서와 연관된 평가를 바꾸려고 하기보다 정서의 체험이나 표현을 변화시키려는 목적을 가지고 있다는 것이다.
- 정서 표현하기 : 정화, 반추 등
- 운동하기
- 이완시키기 등

09 제시문은 호르몬의 일종인 코르티솔에 대한 내용이다.

정답 07 ④ 08 ④ 09 ②

10 사회적 지지는 남성 혹은 남성적 성역할 지향성을 갖고 있는 사람에게 더 효과적인 완충작용을 할 수 있다.

10 **스트레스에 대처하는 이론 중 사회적 지지이론에 대한 설명으로 틀린 것은?**

① 사회적 관계가 스트레스를 받는 사람에게 사람들이 제공할 수 있는 격려를 통해서 스트레스의 효과를 완충한다.

② 사회적 지지는 실용적인 도움, 정서적 위안, 인생의 의미감과 일관성을 제공한다.

③ 사회적 지지는 여성 혹은 여성적 성역할 지향성을 갖고 있는 사람에게 더 효과적인 완충작용을 할 수 있다.

④ 사회적 지지는 건강에 좋은 행동을 촉진(적절한 수면, 식사, 운동 등)하고 긍정적인 감정을 증진시킨다.

정답 10 ③

부록

최종모의고사

할 수 있다고 믿는 사람은 그렇게 되고, 할 수 없다고 믿는 사람도 역시 그렇게 된다.

- 샤를 드골 -

제한시간 : 50분 | 시작 ___시 ___분 - 종료 ___시 ___분

정답 및 해설 327p

01 동기의 정의에 관한 설명으로 옳지 <u>않은</u> 것은?

① 넓은 의미로서는 어떤 장면에서 개인의 행동을 결정하는 의식적·무의식적 원인을 말한다.

② 갈증 등과 같은 유기체의 내적 상태를 가리키기도 한다.

③ 욕구와 동의어로 사용되며 비슷한 용어로 동인(Drive)이 있다.

④ 심리학에서는 행동을 일으킨 무의식적 측면을 동기라고 일컫는다.

02 동기의 심리학적 기원에 따라 의지를 설명한 이론 간 설명이 가장 적절한 것은?

① 제임스는 수행의지는 긍정적 결과를 추구하는 것이고 기피의지는 부정적 결과를 회피하는 것이라고 하였다.

② 분트는 의지를 요구하는 자발적 행위는 의지를 요구하지 않는 비자발적 행위(습관)로부터 진화한다고 하였다.

③ 루트비히 랑게는 어떤 자극에 대한 예상 반응보다 자극 자체에 주의를 기울일 때 반응이 빠르다고 하였다.

④ 나르지스 아흐는 어떤 습관을 극복하려면 의지의 강도가 습관의 강도 절반일 때 가능하다는 것을 알아냈다.

03 동기에 관한 행동주의 심리학자들의 설명 중 <u>틀린</u> 것은?

① 톨만은 기대와 가치의 상호기능이 만들어 내는 것이 행동이라고 하였다.

② 행동주의 심리학자들은 동기에서 유인자극이 수행하는 역할을 살핀다.

③ 효과의 법칙은 파블로프의 이론으로 유기체가 만족한 결과를 초래한 자극에 동기부여된다는 것이다.

④ 톨만은 잠재학습을 제안하였다.

04 동기가 내포하는 개념에 대한 설명으로 옳지 <u>않은</u> 것은?

① 일정한 방식으로 행동하도록 인간을 활성화시킨다.

② 과제의 난이도가 변화해도 한 번 형성된 동기는 변하지 않는다.

③ 인간행동의 방향을 설정하거나 목표를 지향시킨다.

④ 인간행동을 유지시키거나 지속시킨다.

05 동기의 특성에 대한 설명이 옳지 <u>않은</u> 것은?

① 어떤 특정한 행동은 분명한 방향을 가지고 있다.

② 지속성이나 강렬함 같은 지표들이 차이를 드러내지 못할 수도 있기 때문에 벡은 선호도가 동기를 설명하는 가장 기본적인 지표라고 하였다.

③ 동기에는 외현적 행동이 반드시 따라야 한다.

④ 다른 요인들을 무시할 수 있다고 가정할 때 외현적 반응, 지속성, 강렬함은 동기의 존재를 나타내는 합리적인 지표가 된다.

06 다음 내용에서 밑줄 친 이것에 해당하는 것은?

> <u>이것</u>은 신체가 다양한 상태들 각각에 대하여 적정수준이 존재한다는 개념이다. 신체가 <u>이것</u>을 유지하기 위해 적정수준을 너무 벗어나면 그 상태들을 감지하는 수용기에 의해 동기 회로들이 촉발되고 따라서 몸을 다시 적정수준으로 되돌리는 행동들이 시작된다.

① 항상성
② 욕구
③ 동기
④ 본능

07 강한 동기를 추론할 수 있는 증거가 <u>아닌</u> 것은?

① 행동이 강한 노력
② 긴 잠재기간
③ 높은 반응확률
④ 표정이나 몸짓의 표현

08 참여 관점에서 동기의 표현에 관한 설명으로 올바른 것은?

① 주체적 관여는 전략적으로 정보처리를 시도하고 전략을 이용하는 방식을 배우는지를 의미한다.

② 정서적 관여는 활동의 흐름에 주도적이고 건설적으로 기여하는 정도를 의미한다.

③ 인지적 관여는 불안과 같은 부정적 감정의 부재와 흥미와 같은 과제 개입 과정에서의 긍정적 감정의 출현을 의미한다.

④ 행동적 관여는 제시된 행동과 비슷한 표현으로 노력과 인내의 측면에서 개인이 활동하는 동안 얼마나 성실하게 참여하였는가를 의미한다.

09 동기의 표현에 관한 설명으로 옳지 <u>않은</u> 것은?

① 많은 사람들 앞에서 발표를 한다면 '에피네프린, 코르티솔' 같은 호르몬이 생산된다.

② 호르몬 변화는 '심박수, 혈압, 타액검사, 땀' 등과 같은 다양한 반응을 정신생리학 장비를 통해 측정할 수 있다.

③ 뇌활동의 변화는 행동·관여·정신생리학에서의 변화와는 매우 다르다.

④ 신경활동을 관찰함으로써 동기로 표현되는 상태를 측정하고 추론할 수 있다.

10 동기에 관한 선천적, 후천적 관점에 관한 비교가 <u>잘못된</u> 것은?

① 초기 이론가들은 선천적인 입장을 취하였다.

② 맥두걸이나 제임스와 같은 이론가들은 동기가 본능이라는 후천적인 요인이라고 하였다.

③ 20세기 중반부 동안에는 학습과 관련된 요인들에 관한 연구가 심리학을 주도하게 되었다.

④ 현대에도 선천적인 부분에 대해서는 동물 행동학자들이 계속 연구하고 있다.

11 맥두걸의 본능이론에 대한 설명으로 적절하지 <u>않은</u> 것은?

① 모든 본능은 '인지적, 정동적, 의욕적'이라는 세 가지 구성요소로 이루어져 있다고 보았다.

② 어떤 목표를 향한 노력을 본능적 행동의 목적성의 한 예로 보았다.

③ 본능은 단지 특정한 방식으로 반응하려는 성향이기만 한 게 아니라 그 이상이다.

④ 제임스의 의견과 같이 본능을 반사와 같은 것이라고 생각하였다.

12 다음 중 각인에 대한 설명으로 적절한 것은?

① 갓 깬 오리가 처음 보는 움직이는 물체를 따라가려고 하는 것을 말한다.

② 두 개 이상의 신호자극이 동시에 존재할 때 일어나는 반응행동이다.

③ 학습을 통한 수정이 가능하며, 환경에 따라 융통성 있게 변하고 적응적인, 항상 움직이는 탐색적인 행동을 말한다.

④ 특정한 자극에 대하여 일어나는 잘 통합된 고정적 반응패턴이다.

13 인간의 선천적인 행동 패턴에 대한 설명으로 <u>틀린</u> 것은?

① 기쁨, 슬픔, 공포, 놀람, 혐오감 등의 정서표현은 특정한 얼굴 움직임과 관련이 많다.

② 조류의 지저귐 발달과 인간의 언어발달이 여러 가지로 유사한 점이 있다고 주장한다.

③ 미소, 울음, 찡그림, 눈썹 치켜올리기는 문화마다 다른 모습을 보인다.

④ 특정한 방식으로 행동하도록 유전적으로 결정된 성향들도 그 발현을 위해서는 적당한 환경적 상황을 필요로 한다.

14 추동이론으로서 프로이트의 본능에 관한 설명으로 적절하지 <u>않은</u> 것은?

① 프로이트는 본능이라는 용어를 사용하지 않았지만 최초의 추동이론가로 볼 수 있다.
② 동력의 대상은 일생동안 변하지 않는다고 하였다.
③ 프로이트는 동기에 대해 최초로 에너지라는 개념을 사용한 이론가들 중 하나였다.
④ 프로이트는 동력이 '압력(Pressure), 목표(Aim), 대상(Object), 근원(Source)'이라는 특성을 지닌다고 하였다.

15 다음 중 추동에 대한 개념으로 옳지 <u>않은</u> 것은?

① 추동은 어떤 생리적 요구에 신체적 욕구를 충족시킬 수 있는 행동들을 하도록 하는 동기를 의미한다.
② 요구상태가 존재하면 유기체는 어떤 방식으로든 요구를 증가시키도록 동기화된다.
③ 추동의 한 가지 기본특성은 그것이 행동의 에너지원이 된다는 것이다.
④ 추동은 유기체가 반응을 시작하게 하는 원인을 제공한다.

16 다음 내용이 설명하는 용어는 무엇인가?

> 어떤 생리적 요구(Need, 배고픔과 같은)에 신체적 욕구(허기를 없앰)를 충족시킬 수 있는 행동(음식 먹기)들을 하도록 하는 동기를 의미한다. 이것은 행동의 에너지원이 되며, 요구상태를 감소시키는 행동은 이것을 감소시킨다.

① 본능   ② 욕구
③ 항상성   ④ 추동

17 다음 중 추동의 세 가지 특성이 <u>아닌</u> 것은?

① 강도
② 방향
③ 지속성
④ 리비도

18 다음 내용에 해당하는 이론을 주장한 학자는?

> 이 사람의 이론은 추동에 관한 이론 중 가장 큰 영향력을 미쳤다. 다윈의 영향을 받은 생존모형이며, 동기는 유기체가 기질적 요구를 만족시키기 위해 발달되는데 그것은 동물의 생존경쟁에서 어떤 이득을 제공하기 때문이라고 가정한다. 강화가 추동이 감소할 때 일어난다고 믿고 학습의 추동감소모형을 주장하였다. 추동이 없다면 반응이 일어나지 않고 행동이 강화될 수 없다고 하였다.

① 손다이크(Thorndike)
② 우드워스(Woodworth)
③ 헐(Hull)
④ 프로이트(Freud)

19 각성이론에 대한 설명으로 적절하지 <u>않은</u> 것은?

① 난이도가 낮은 과제는 각성수준이 높아야 수행에 효과적이다.
② 여커스-도드슨은 수행의 효율성은 각성이 중간수준에서 최대가 된다고 하였다.
③ 각성이론은 우리가 점점 각성될수록 행동이 변화할 것이라고 가정한다.
④ 한 번의 실수도 허용되지 않는 결승대회에 참가한 선수는 최고의 각성상태를 가져야 수행을 성공할 수 있다.

20 햅(Hebb)의 이론에 대한 설명으로 <u>틀린</u> 것은?

① 감각정보가 한 가지 역할을 한다고 믿었다.
② 자극에 의해 개체의 피질이 각성되지 않으면 자극의 단서기능은 아무 효과가 없을 것이다.
③ 피질은 외부 혹은 내부자극이 적을 때에도 RAS(망상활성체계)를 활성화시켜 각성을 높게 유지할 수 있다.
④ 햅(Hebb)에게서 동기란 RAS(망상활성체계)에 의한 피질의 활성화이다.

21 고전적 조건형성의 개념에 대한 설명으로 옳은 것은?

① 일반적으로 반사반응을 일으키지 않는 자극을 무조건자극이라 한다.
② 출생 시에는 존재하지 않았던 반사로 경험을 통하여 습득되어진 것을 중성반사라고 한다.

③ 훈련을 통해 반응을 유발하는 자극을 조건자극이라고 한다.
④ 유기체로 하여금 자연적이며 자동적인 반응을 일으키게 하는 자극을 중성자극이라고 한다.

22 다음 내용에서 설명하는 현상은 무엇인가?

> 쥐들에게 일반적인 물과 사카린(단맛) 맛이 나는 물을 먹게 하였다. 일부 쥐들에게 사카린 물을 마실 때 감마방사선을 노출시켰다(방사선은 구토를 유발함). 방사선에 노출된 쥐들은 사카린 물을 회피하였다. 단맛의 물이 구역질에 대한 조건자극(CS)이 된 것이다.

① 효과성 법칙
② 맛 혐오 학습
③ 잠재 학습
④ 추동감소 법칙

23 다음 중 강화에 대한 설명으로 옳지 <u>않은</u> 것은?

① 어떤 종류의 강화물이 제공되는가가 학습의 효과에 차이를 준다.
② 부적 강화는 행동이 어떤 자극의 제거나 자극강도의 감소를 통해 증가하는 것이다.
③ 일차 강화물은 그 자체의 성질로 인해 반응을 증가시킨다.
④ 토큰은 일차 강화물에 해당한다.

24 다음 내용에서 설명하는 개념은 무엇인가?

> 이전에 경험한 통제 불가능함으로 인해 '동기, 인지적 과정 및 정서'의 혼란이 수반되는 심리적 상태라고 정의할 수 있다. 유기체가 자신에게 일어나는 일을 통제할 수 없다는 것을 학습하는 행위에서 비롯된다는 것이 이 현상의 핵심이다.

① 동기의 결손
② 반응성 우울증
③ 학습된 무기력
④ 조건정서반응

25 다음 중 반두라의 관찰학습에 대한 설명이 옳지 <u>않은</u> 것은?

① 대리강화는 관찰학습과 같은 개념이다.
② 사람들은 모델을 관찰함으로써 '대리강화'나 '대리처벌'을 경험한다.
③ 사회학습이론이라는 이 접근은 사회적 조건들이 행동의 중요한 결정인이라는 것을 강조한다.
④ 인간은 스스로의 행동에 대해 스스로 강화하고, 부적절한 행동에 대해서는 스스로를 처벌한다.

26 관찰학습에서 모방의 과정을 순서대로 나열한 것은?

> ㉠ 강화에 대한 기대를 형성한다.
> ㉡ 행동의 시연은 행동의 수행을 개선한다.
> ㉢ 행동에 주의를 기울여야 한다.
> ㉣ 어떤 행동을 관찰하면 기억 속에 통합이 된다.

① ㉢ - ㉠ - ㉡ - ㉣
② ㉣ - ㉢ - ㉡ - ㉠
③ ㉣ - ㉡ - ㉢ - ㉠
④ ㉢ - ㉣ - ㉡ - ㉠

27 인지주의 및 사회인지적 관점의 동기이론인 톨만의 목적성 행동에 관한 설명으로 옳지 <u>않은</u> 것은?

① 어떤 유기체든지 행동은 인지와 목적에 의해 그 특성이 정해진다고 하였다.
② 유기체는 자신의 환경에 대한 인지도(Cognitive Map) 즉, 특정 목표가 발견될 수 있는 장소를 발달시킨다.
③ 행동에는 목적성이 있으며 특정한 행동이 구체적 목표로 이르게 한다는 것을 학습하는 과정에서 기대가 형성된다.
④ 동기의 목록을 '일차적 동기, 기대적 동기, 학습된 동기'의 세 가지로 만들었다.

28 레빈의 장이론에 대한 설명으로 옳지 <u>않은</u> 것은?

① 어떤 대상의 반응은 그것이 포함된 장 내에서 그 대상에 작용하는 모든 힘의 결과이다.

② 유인가 자체는 에너지 공급인이 되는 특성이 있다.

③ 각각의 요구가 긴장이라는 형태로 자기만의 독자적인 동기적 힘(에너지)을 생성한다.

④ 개인 내부적 영역 내에 어떤 요구 상태가 존재하면 그 요구를 만족시킬 수 있는 환경 내의 영역들이 그 요구와 관련하여 어떤 가치(유인가, 유인성)를 획득한다.

29 동조에 영향을 미치는 요인으로 볼 수 <u>없는</u> 것은?

① 집단의 모든 사람들이 같은 것을 말하거나 믿을 때

② 지위가 높은 사람이 의견을 제시할 때

③ 과제를 처리하기 쉬울 때

④ 개인주의 문화보다 집단주의 문화일 때

30 목표에 관한 설명으로 옳지 <u>않은</u> 것은?

① 구체적 목표는 많은 양의 지식과 신중한 설계를 요하기 때문에 효율적이지 않다.

② 이상적인 종착점상태에 대한 미래 중심적인 인지적 표상으로 행동을 이끌어 준다.

③ 현재 성취수준과 이상적 성취수준 간의 불일치를 '목표-수행불일치'라고 한다.

④ 목표가 어려워질수록 목표는 수행자에게 더 많은 활기를 북돋운다.

31 목표 설정에 관한 설명으로 알맞지 <u>않은</u> 것은?

① 궁극적으로 장기적 목표에 도달하도록 서로 연결된 일련의 단기 목표들을 설정하는 것은 끈기를 유지하는 데 도움이 된다.

② 재미있고 복잡한 절차를 필요로 하는 과제일 경우 목표 설정의 효과가 가장 크다.

③ 상충되는 목표로 인한 목표 갈등은 목표 과부화와 스트레스로 이어질 수 있다.

④ 흥미 있는 과제에서는 장기 목표만이 내재 동기를 촉진한다.

32 다음 내용은 무엇에 대한 설명인가?

> 한 사람의 '주의, 정보처리, 의사결정, 노력과 성공 및 실패의 의미에 대한 생각, 개인적 자질'을 지시하는 인지적 프레임으로, 한 사람의 '생각, 감정, 행동'에 수많은 중요한 후속의 결과들을 만들어 내는 인지적 동기시스템으로 기능한다.

① 마인드셋

② 실행의도

③ 정신적 시뮬레이션

④ 자기일치목표

33 마인드셋에 관한 설명으로 옳지 <u>않은</u> 것은?

① 숙고적 마인드셋을 가진 사람은 한 목표가 다른 것에 비해 얼마나 바람직한지와 같은 질문을 한다.

② 실행 마인드셋은 목표의 바람직함과 실현 가능성을 생각하지 않고 착수하고 목표를 성취하기까지 지속하는 데 집중한다.

③ 고정 마인드셋을 가진 사람은 부정적 피드백을 받으면 충분히 열심히 노력하지 않은 것에 귀인하고 노력을 늘린다.

④ 성장 마인드셋을 가진 사람들은 동기적으로 더 적응적인 것들을 수용한다.

34 목표의 통합모델에 관한 설명으로 옳지 <u>않은</u> 것은?

① 통합모델에서는 숙달 목표와 '수행 접근, 수행 회피'라는 두 개의 다른 성취 수행 목표가 존재한다.

② 숙달 목표를 가진 사람은 더 나은 유능성을 계발하고 진전을 하며 자기를 향상시키기 위해 어려운 과제를 선호한다.

③ 성취에 대한 기질적 욕구가 높은 사람들은 수행 접근 목표를 취하는 경향이 있다.

④ 과제 특수적 높은 유능성 기대를 지닌 사람은 수행 목표를 택하는 경향이 있다.

35 생리적 동기에 관한 설명으로 옳지 <u>않은</u> 것은?

① 욕구는 인간의 '성장, 안녕, 삶'에서 본질적이고 필수적인 조건이다.

② 욕구는 '생물학적, 심리적, 암묵적' 욕구로 구분하는데 이것은 인간만이 가진 특징이다.

③ 심리적 욕구는 '자율성, 유능성, 관계성'과 같은 욕구를 말한다.

④ 암묵적 욕구는 개인의 특징적인 '생각, 정서, 행동'으로부터 암시되거나 추론되는 심리적 욕구이다.

36 생리적 욕구에 대한 설명으로 옳지 <u>않은</u> 것은?

① 고정점이론은 개개인이 자신의 목표에 따른 몸무게나 지방의 수준을 가지고 있다는 것이다.

② 최적의 항상성수준 이하로 수분을 잃게 되면 심리적 갈증이라는 생물학적 욕구가 생성된다.

③ 외측 시상하부에는 맛과 같은 음식의 보상적 특성에 반응하는 뉴런들이 존재한다.

④ 동기적 관점에서 그렐린의 역할은 뇌에게 음식을 먹으라는 명령을 지속적으로 하는 것이다.

37 성과 관련된 동기에 대한 설명으로 옳지 <u>않은</u> 것은?

① 사춘기 이후 성 각본에서 중요한 부분은 성적 지향성을 확립하는 것이다.

② 여성의 경우에도 안드로겐은 성적 동기조절에 중요한 역할을 한다.

③ 매력적인 얼굴의 특징은 서로 다른 문화에서 많은 차이를 보인다.

④ 옥시토신은 분비되면 쾌감을 불러일으키고, 사회적 관계성과 유대감을 증진시킨다.

38 다음 내용이 설명하는 것은 무엇인가?

> 이것은 일시적·상황적으로 생성된 갈망이라고 정의되며, 상황적 압력과 요구에서 비롯되고 상황적 요구나 압력을 만족시키면 언제든지 사라진다. '쇼핑, 취업면접, 고향방문'과 같은 매일매일의 상황은 우리 안에 이것을 만들어 낸다.

① 외재적 욕구
② 내재적 욕구
③ 보상 욕구
④ 준욕구

40 외재동기의 유형에 대한 설명이 적절하지 <u>않은</u> 것은?

① 통합된 조절은 외재동기 중 동일시 조절 이전에 자신의 사고방식을 가치 있다고 내재화시키는 것이다.
② 외적 강요, 압박, 매력적인 외적 유인물, 결과, 보상에 의해 외적 조절을 한다.
③ 내사 조절은 죄책감과 해야 하는 것들의 압력에 의해 동기화된다.
④ 동일시 조절은 거의 내재화되고 자율적인 외재 동기를 말한다.

39 보상이 내재동기에 미치는 영향을 <u>잘못</u> 설명한 것은?

① 사실적 정보에 주의를 기울이고 빨리 답을 찾으려는 경향을 보인다.
② 외적 보상은 과제에 대한 흥미를 높인다.
③ 자율적 자기조절에 있어서 개인적 발전을 방해한다.
④ 매력적인 보상이 약속되면 외재적 이유로 과제를 수행한다고 믿게 된다.

제한시간: 50분 | 시작 ___시 ___분 – 종료 ___시 ___분

정답 및 해설 333p

01 다음 내용에서 설명하는 이론은 무엇인가?

> 혐오적 상태B가 점점 커지면 상태A라는 유쾌한 경험이 감소되기 때문에, 중독된 사람은 약물이 가져오는 쾌감 때문이 아니라 약물로 유지하던 상태A가 없을 때 일어나는 상태B의 혐오(금단현상)를 피하기 위해 약물을 계속하는 상황에 도달하게 된다.

① 자극추구이론
② 조기감각제한
③ 대립(반대)과정이론
④ 통증의 관문통제이론

02 사회적 동기에 대한 설명으로 옳지 <u>않은</u> 것은?

① 동조는 주위의 사람들이 하는 것을 자발적으로 따라하는 행위를 말한다.
② 순종이란 자신의 의사와는 상관없이 남의 명령에 따르는 것을 말한다.
③ 어떤 상황이 위급해 생각할 여유가 없다면 복종의 영향은 크다.
④ 자기지각이론에 따르면 우리는 일단 어떤 행동을 하고 나면 그 행동과 일관된 태도를 받아들인다.

03 타인의 존재가 수행에 미치는 영향을 설명한 것 중 옳지 <u>않은</u> 것은?

① 집단 속에서 개인의 수행은 개인 혼자 하는 수행보다 높게 나타나는 현상을 사회촉진현상이라고 한다.
② 혼자 있을 때보다 군중 속에 있을 때 타인의 어려움을 돕는 비율은 낮다.
③ 사람은 다른 사람도 똑같이 태만할 것이라고 믿기 때문에 노력을 덜 기울이는 것으로 보인다.
④ 몰개성화는 집단으로 행동하는 상황에서 구성원 개개인의 정체성과 책임감이 강화되는 현상이다.

04 다음 내용에서 설명하는 이론은 무엇인가?

> 우리의 인지가 부조화를 이룰 때에만 부조화를 해결하기 위해 동기가 활성화된다는 것으로, 우리가 우리의 '믿음, 태도 및 의견'을 우리의 외현적 행동과 일치하도록 유지하기 위해 노력한다는 것이다.

① 인지적 일관성이론
② 인지부조화이론
③ 자기지각이론
④ 계획된 행동이론

05 다음 중 욕구위계에 대한 설명으로 옳지 **않은** 것은?

① 자아실현욕구는 결핍된 것들에 의해 동기 유발된다.

② 매슬로우는 인간의 동기를 '생리적 욕구, 안전욕구, 애정과 소속의 욕구, 존중욕구, 자아실현욕구'의 5단계로 구분했다.

③ 생리적 욕구와 안전의 욕구가 충족되면 대인관계로부터 오는 애정과 소속의 욕구가 나타난다.

④ 모든 사람들은 존중받고자 하는 욕구를 갖고 있다.

06 다음 중 정서에 대한 설명으로 옳지 **않은** 것은?

① 정서는 '주관적, 생물학적, 목적적, 표현적' 현상으로 존재한다.

② 정서는 행동을 하도록 충동과 욕구를 생성하는 목적으로 향하게 하는 동기이다.

③ 정서를 표현하는 동안 우리는 어떻게 느끼는지와 현 상황을 어떻게 해석하는지를 타인과 비언어적으로 소통한다.

④ 일반적으로 정서는 중요하지 않은 사건을 통해 두뇌활동이 만들어 내는 것이다.

07 정서이론에 대한 설명으로 적절하지 **않은** 것은?

① 제임스-랑게이론은 정서란 특정 상황에 대한 사람들의 신체·생리적 변화와 행동에 대한 사람들의 지각이라고 하였다.

② 캐논-바드이론은 정서적 경험과 신체적 각성(지각)이 동시에 발생한다는 정서이론이다.

③ 샤흐터-싱어이론은 정서를 경험하기 위해서는 교감신경계의 각성과 인지적 과정이 있어야만 한다는 것이다.

④ 정서의 이중체계 관점은 '인지, 각성, 행동의 준비, 표현, 외현적 행동으로 보이는 활동'이 개별적으로 정서의 원인이 된다는 것이다.

08 정서에 따른 자율신경계의 역할에 대한 설명으로 옳지 **않은** 것은?

① 교감신경계와 부교감신경계는 한쪽이 꺼지면 한쪽은 켜진 상태이다.

② 부교감신경계의 흥분은 소화촉진효과를 가져온다.

③ 교감신경계 흥분의 효과는 몸의 온도를 낮추고 호흡을 늘린다.

④ 교감신경계 흥분의 효과는 근육에 더 많은 혈액을 공급한다.

09 뇌를 관찰하는 방법에 대한 설명으로 옳은 것은?

① 기능적 자기공명영상(fMRI)은 신경세포가 서로 소통하는 과정에서 탈분극할 때 전하를 발생시킨다는 사실에 근거한 방법이다.

② 뇌전도(EEG)는 혈액에 자기적 속성이 있다는 사실에 의한 검사방법이다.

③ 신경화학기법은 화학물질 중 대다수는 뇌에 바로 주사해야 하기 때문에 동물에게만 적용한다.

④ 양전자단층촬영술(PET)은 특정 자극의 처리를 담당하는 뇌활동을 알아내기 위하여 같은 자극을 반복적으로 제시하면서 EEG를 기록하고 이것을 평균한다.

10 다음 내용에 해당하는 뇌의 부위는?

> 주로 '동기, 학습, 정서'를 담당하는 기관이다. 이곳에 손상을 입은 개체는 어떤 것도 무서워하지 않는 것으로 보인다. 이곳이 손상된 사람은 두 얼굴이 같은 정서를 표현하는지 혹은 다른 정서를 표현하는지 잘 판단하지 못한다.

① 해마
② 편도체
③ 전전두피질
④ 시상하부

11 정서와 관련된 신경전달물질에 대한 설명으로 옳지 <u>않은</u> 것은?

① 도파민 작동성 신경전달은 기대와 보상의 느낌에 있어 핵심적인 것으로 보인다.
② 낮은 세로토닌은 공격행동과 관련이 있으며, 분노경험에 대한 역할을 하는 것으로 나타난다.
③ 엔도르핀이 감소되면, 육체적 고통뿐 아니라 사회적 상실이나 애도의 감정도 감소된다.
④ 알코올도 보상회로의 도파민활동을 증가시킨다.

12 정서의 기능에 대한 설명으로 옳지 <u>않은</u> 것은?

① 정서에 의해서 촉진되는 행동반응이 직접적으로 문제를 해결하거나 혹은 적어도 해결 상당한 정도의 가능성을 갖고 있다.
② 다른 사람들과의 관계를 지원함으로써 간접적으로 이로울 수 있다.

③ 정서가 적응특성이라는 제안은 모든 정서가 기능적이라는 것을 뜻한다.
④ 평균적으로 정서를 가진 개인은 그렇지 않은 개인보다 더 기능적이다.

13 신생아들의 정서반응에 관한 설명으로 옳지 <u>않은</u> 것은?

① 신생아 시기는 다른 영아의 울음에 반응을 보이지 않는 시기이다.
② 신생아의 울음 후에 미소와 웃음을 짓는 것은 양육자에게 계속 돌봐 달라는 메시지를 전달하는 것이다.
③ 미소는 영아의 인지발달과 사회발달에 매우 중요하다.
④ 모로반사는 '영아의 놀람'으로 기술되는데, 성인의 공포와 같은 것은 아니다.

14 정서적 의사소통의 발달에 관한 설명으로 옳지 <u>않은</u> 것은?

① 사회적 참조는 다른 사람들의 정서에 근거하여 애매한 상황에 대해 정서반응을 하는 것을 말한다.
② 영아가 매우 어릴 때부터 영아와 그 부모는 그들의 반응을 조정하는 것을 배운다.
③ 2세 아동은 원하는 것을 얻기 위해 정서를 조작할 수 있는 능력이 발달되지 않았다.
④ 어머니가 공포의 얼굴표정을 지으면서 장난감을 무서워하면 11개월의 아이도 장난감을 무서워한다.

15 청소년과 성인의 정서발달에 관한 설명으로 옳지 <u>않은</u> 것은?

① 청소년기 정서의 심각의 정도는 유전과 부모로부터 받는 동정과 이해의 양과 관련된다.

② 나이가 들수록 일반적으로 정서적인 일들에 대해 더 많은 주의를 기울이지 않는다.

③ 긍정성편향은 노년의 성인이 자신의 정서를 효과적인 방식으로 조절하는 데 도움이 된다.

④ 중년에는 남은 시간을 최대한 활용하려는 성인의 동기가 증가한다.

16 정서장애에 관한 설명으로 옳지 <u>않은</u> 것은?

① 우울증은 가족 내에서 공통적으로 발견되는 경향이 있다.

② 양극성장애는 기분이 고양되어 들떠있는 상태와 기분이 침체된 상태가 주기적으로 나타나는 일련의 장애로 조울증이라고도 한다.

③ 공황장애는 우울증의 한 종류로 학습된 무기력과 유사한 증상을 보인다.

④ 학습된 무기력은 우울증과 유사한 증상을 보인다.

17 정서의 표현과 관련된 설명으로 옳지 <u>않은</u> 것은?

① 다윈은 정서의 표현이 개체에게 생존과 번식상의 이점을 부여하기 때문에 진화했을 것이라고 주장했다.

② 전 세계 대부분의 사람들이 특정 얼굴 표정을 유사하게 해석한다.

③ 음성의 톤만으로 정서를 예측하기도 하며, 보고 들을 때 훨씬 더 빠르게 추측한다.

④ 자신이 속한 인종집단의 표현보다는 외부집단의 표현에 집중하기 때문에 더 잘 인지한다.

18 안면 피드백 가설에 대한 설명으로 옳지 <u>않은</u> 것은?

① 정서는 안면근육의 움직임, 안면온도의 변화, 안면피부 속 분비선활동 변화에 의해 발생한 감정으로부터 생겨난다는 것이다.

② 분노정서를 파악하는 데에는 코를, 혐오정서를 파악하는 데는 눈을 보는 것도 필수적이다.

③ 부정적 정서와 연관된 얼굴의 움직임은 호흡을 위축시키고 뇌온도를 높이며 부정적 감정을 유발한다.

④ 사람들은 훈련을 통해 타인의 정서적 얼굴표정을 인식하는 방법을 익힐 수 있다.

19 인간의 정서를 측정하는 방법으로 옳지 <u>않은</u> 것은?

① 자기보고측정방법

② 뇌파검사(EEG)

③ 행동관찰

④ 신경화학기법

20 공포에 대한 설명으로 옳지 <u>않은</u> 것은?

① 공포경험은 불쾌하고 혼란스러운 것으로 경험하지 않는 것이 유익하다.

② 갑작스런 큰 소음은 나이를 막론하고 모든 사람을 놀라게 한다.

③ 대부분의 공포는 학습된다.

④ 어떤 공포는 다른 공포보다 더 잘 학습된다.

21 공포학습이 가지는 의미에 대한 설명으로 옳지 <u>않은</u> 것은?

① 뇌의 어떤 부분들은 자극이 매우 약해서 그것을 의식적으로 식별할 수 없는 경우조차도 공포와 관련된 정보에 반응한다.

② 공포에 대한 가장 중요한 측면 중 하나는 잠재적 위협에 대해 주의를 집중시킨다는 것이다.

③ 공포표정은 자동적으로 주의를 사로잡는다.

④ 우리는 특정 대상들에 대한 공포를 학습할 수 있는 성향을 가지고 태어나지 않았다.

22 공포표정의 특징에 대한 설명으로 옳지 <u>않은</u> 것은?

① 눈썹이 수축하고 아래쪽 턱이 움직이는 것은 공포의 얼굴에서만 나타난다.

② 공포의 얼굴표정은 놀랐을 때 보이는 얼굴과 유사해서 혼동할 수 있다.

③ 모든 문화의 사람들이 공포의 얼굴표정을 인식하지는 않는다는 것을 발견했다.

④ 의도적으로 보이는 침착한 느낌과 모순되는 불수의적이고 순간적으로 나타나는 표정을 미세표정이라고 부른다.

23 공포반응에 관한 편도체에 대한 설명으로 옳지 <u>않은</u> 것은?

① 놀람상승작용효과는 편도체의 활성화에 의존하는 것으로 보인다.

② 편도체활동이 정서적 기억형성을 촉진한다는 것이다.

③ 편도체는 명확한 정서자극에 가장 강하게 반응한다.

④ 편도체만 손상을 입는 우르바흐-비테병을 가진 사람은 공포가 전혀 없는 것처럼 보인다.

24 불안과 관련된 신경전달물질에 대한 설명으로 옳지 <u>않은</u> 것은?

① 진정제는 GABA로 알려진 신경전달물질의 효과를 촉진함으로써 작용한다.

② 알코올은 편도체반응성을 증가시켜 불안을 감소시키고 사회적 억제를 감소시킨다.

③ 코르티솔과 같은 스트레스 관련 호르몬들은 편도체의 반응성을 증가시킨다.

④ 콜레시스토키닌은 편도체에 흥분성효과를 나타내어 GABA와 상반된 작용을 한다.

25 혐오와 경멸에 대한 설명으로 옳지 <u>않은</u> 것은?

① 혐오는 특정 종류의 반사가 아닌 특정 수준의 해석이 필요한 일이다.

② 혐오표정을 보는 것이 섬피질 혹은 뇌도라고 부르는 영역을 강하게 활성화시킨다.

③ 혐오의 표현은 성격특질 중 개방성 성향과 높은 상관을 보인다.

④ 경멸은 오로지 사회적 상호작용에서만 나타나기 때문에 본질적으로 사회적 정서이다.

26 분노에 대한 설명으로 옳지 <u>않은</u> 것은?

① 분노는 전형성에 잘 들어맞지 않는 상황에서 나타날 수 있다.

② 공포는 특정 상황에 대한 거의 보편적인 반응인 반면, 분노는 개인별로 서로 다른 종류의 사건에 의해 나타난다.

③ 분노는 자율성, 즉 개인의 권리의 침해에 대한 반응이다.

④ 통제할 수 없는 나쁜 상황은 슬픔보다는 분노를 더 유발한다.

27 분노와 관련된 가설에 대한 설명으로 옳지 <u>않은</u> 것은?

① 기대하고 있는 만족을 얻으려는 사람의 능력을 방해하는 어떤 것은 공격적인 행동을 낳는다는 것이다.

② 상황에 대한 인지적 평가 없이는 공격적 행동과 분노가 존재할 수 없다.

③ 정서는 자극이 전혀 없이도 배고픔이나 피로와 같은 신체적 느낌으로부터 직접적으로 일어날 수 있다고 하였다.

④ 불쾌한 사건이나 감각이 분노와 공격을 촉진시킨다.

28 분노표현의 유용성에 관한 설명으로 옳지 <u>않은</u> 것은?

① 권력과 지위가 주어진다.

② 전 세계 사람들이 인식하는 화난 얼굴은 나라마다 차이가 많다.

③ 협상에서 자신이 원하는 것을 더 많이 얻는 경향이 있다.

④ 효과적으로 분노를 조절하는 사람들은 그렇지 않은 사람들에 비해 사회적 기능을 더 잘한다.

29 분노행동과 공격성의 생물학적 영향을 설명한 것으로 옳지 <u>않은</u> 것은?

① 공격적이고 범죄적인 행동변량의 약 40%는 유전적 영향이다.

② 나이가 들어감에 따라 유전효과가 증가한다.

③ 어떠한 유전자가 강력한 효과를 가지는지가 최근 밝혀졌다.

④ 남성과 여성이 분노하는 사건의 빈도는 거의 같고 화가 났을 때 무엇을 하는가에 차이가 있다.

30 분노를 통제하는 방법으로 옳지 <u>않은</u> 것은?

① 고통스러운 경험에서 그 때의 환경보다 정서를 기억하도록 하면 학습이 되어 분노가 약해진다.

② 인지적 재구성은 분노를 유발하는 사고들을 더 차분한 사고로 대체하는 것을 배운다.

③ 사회기술훈련은 어떤 경우에 화를 내고 어떤 경우에 이완하고 어떤 경우에 말하기 전에 흥분을 가라 앉혀야 하는지를 구별하도록 가르치는 것이다.

④ 노출치료는 모욕을 받은 상태에서 침착함을 유지하도록 훈련하는 것이다.

31 슬픔에 관한 설명으로 옳지 <u>않은</u> 것은?

① 슬픔은 우리의 관심을 내부로 향하게 하며 개인적 반성을 촉진한다.

② 슬픔은 우울감으로 이어질 수 있다.

③ 반추에 기반한 우울감은 문제해결을 가로막고 집중을 분산시키며 부정적 생각을 자극한다.

④ 우울감은 반성과 회복적 행동을 동기화하지만, 슬픔은 사람들을 밀어내는 표현이 담긴 신호로 이득이 별로 없다.

32 행복에 관한 설명으로 옳지 <u>않은</u> 것은?

① 많은 사람들이 인생의 일차적 목적을 행복이라고 말한다.

② 행복은 삶에 대한 일반적인 만족감이라는 의미에서 대부분의 표준적인 정서에 대한 정의에 부합하지 않는다.

③ 행복의 원인은 유전적 요인보다 환경적 요인의 비율이 더 크다.

④ 현재의 행복정도는 몇 년 후 얼마나 행복할 것인가에 대한 좋은 예측요인이다.

33 행복에 영향을 미치는 요인들에 대한 설명으로 옳지 <u>않은</u> 것은?

① 노인들은 젊은이들이나 중년들보다 더 많은 정적 정서를 보고한다.

② 사별 전후와 이혼 전후를 비교하면 전반적으로 이혼 전후가 사별한 사람들보다 더 행복했다.

③ 다른 사람을 돕는 것은 행복감을 높이는 일이다.

④ 자신에게 감사한 일의 목록을 작성하면 삶에 대한 만족, 낙관주의, 전반적인 건강이 개선된다.

34 정적 정서의 대조효과에 관한 설명으로 옳지 <u>않은</u> 것은?

① 동메달 수상자들이 은메달 수상자들보다 더 행복하게 보이고 또 그렇게 행동한다.

② 대조효과란 어떤 결과가 다른 가능한 결과에 비해서 더 좋았는지 아니면 더 나빴는지의 여부가 미치는 정서적인 영향을 말한다.

③ 어떤 사건이든 대안적 가능성이 무엇이냐에 따라서 보상이 될 수도 처벌이 될 수도 있다.

④ 정적 정서들은 주의가 좁아지도록 촉진하여 환경에서 기회를 포착할 가능성을 낮춘다.

35 낙관주의의 이점에 관한 설명으로 옳지 <u>않은</u> 것은?

① 비현실적 낙관주의는 긍정성이 높아 현실성 있는 도전과 계획을 하게 한다.

② 긴장되거나 시험적인 상황들에서 낙관적인 사람들은 불안을 덜 경험하고 정서적 탈진을 덜 한다.

③ 희망적인 사람들은 또한 낙관적인 경향이 있으며, 낙관주의는 희망이라는 정서를 촉진한다.

④ 낙관적인 사람들은 더 쉽게 친구들을 사귄다.

36 자의식적 정서에 관한 설명으로 옳지 <u>않은</u> 것은?

① 사람들은 수치심과 죄책감의 얼굴표정을 확실히 구분하지 못한다.

② 수치심은 나쁜 자기에 초점이 맞추어져 있다.

③ 죄책감은 나쁜 행동에 초점이 맞추어져 있다.

④ 인정받을 때 자기의식보다 재능이나 운이 더 중심이 되는 경우에 자부심을 더 느낀다.

37 정서지능에 대한 설명이 옳지 <u>않은</u> 것은?

① 정서지능은 정서가 주는 정보를 처리하는 능력이다.

② 정서지능의 구성요소는 정서의 인식과 표현, 조절, 활용이다.

③ 정서지능의 측정은 평균적으로 젊은 사람들이 중년의 사람들보다 점수가 높다.

④ 정서지능은 전통적으로 논의해 온 사회지능의 하위요소로 볼 수 있다.

38 스트레스가 신체에 미치는 영향에 대한 설명으로 옳지 <u>않은</u> 것은?

① 스트레스 사건은 교감신경계 각성을 높여 스트레스 반응의 경고단계로 들어간다.

② 높은 코르티솔 수준은 해마에 점진적인 손상을 입힘으로써 기억력의 손상을 가져오게 된다.

③ 스트레스 수준이나 코르티솔 분비량의 단기간 변화에도 면역반응이 손상된다.

④ 높은 스트레스를 받은 사람은 자연살상세포의 생성이 억제되므로 질병에 걸릴 확률이 증가한다.

39 스트레스를 극복하는 방법에 대한 설명으로 옳지 <u>않은</u> 것은?

① 사회적 지지는 여성 혹은 여성적 성역할 지향성을 갖고 있는 사람에게 더 효과적인 완충작용을 할 수 있다.

② 사회적 관계가 스트레스를 받는 사람에게 사람들이 제공할 수 있는 격려를 통해서 스트레스의 효과를 완충한다고 제안한다.

③ 자신의 삶 속의 사건들을 통제할 수 있다는 믿음이 스트레스에 대처하는 중요한 적응기제이다.

④ 자신의 삶이 나쁜 사건들을 보다 낙관적인 방식으로 설명한 사람들은 시간이 흘렀을 때 비관적인 사람들보다 더 건강했다.

40 정서조절전략에 관한 설명으로 옳지 <u>않은</u> 것은?

① 상황초점적 전략은 정서를 유발하는 상황을 찾아 이를 피하거나 변화시키는 것이다.

② 인지적 재평가는 사건이나 자극에 대해 갖고 있던 정서적 반응을 변화시켜 주는 방식으로 생각하는 것이다.

③ 극단적으로 상황선택전략을 사용하면 사람들의 기회와 관계형성에 제약이 생길 수 있다.

④ 정서표현의 억제는 이상적인 정서조절 전략으로 활용되고 있다.

01	02	03	04	05	06	07	08	09	10	11	12	13	14	15	16	17	18	19	20
④	①	③	②	③	①	②	④	③	②	④	①	③	②	②	④	④	③	④	①
21	22	23	24	25	26	27	28	29	30	31	32	33	34	35	36	37	38	39	40
③	②	④	③	①	④	④	②	③	①	②	③	①	③	④	②	①	③	②	①

01 정답 ④

④ 심리학에서는 행동을 일으킨 의식적, 무의식적인 원인을 말한다.

02 정답 ①

② 분트는 의지를 요구하지 않는 비자발적 행위(습관)는 항상 처음에 상당한 의지를 요구하는 자발적 행위로부터 진화한다고 믿었다.

③ 루트비히 랑게는 동기 연구에서 최초의 실험을 수행하였다. 그는 사람들이 어떤 자극에 대한 예상반응에 주의를 기울일 때보다 그 자극 자체에 주의를 기울일 때 반응이 느리다는 사실을 알아냈다.

④ 나르지스 아흐는 의지에 관한 실험연구를 정립하였다. 그는 어떤 습관을 극복하려면 의지의 강도가 습관의 강도보다 강력해야만 한다는 사실을 알아냈다. 이 원리를 연합적 등가물이라고 하였다.

03 정답 ③

③ 효과의 법칙은 손다이크의 이론으로 유기체가 만족한 결과를 초래한 자극에 동기부여 된다는 것이다. 즉, 유인자극이 즉각적으로 뒤따르는 반응이 그렇지 않은 반응보다 그 상황과 더 강하게 연합된다는 것이다.

① 톨만은 기대-가치이론의 초석이 된 아이디어를 제공하였는데 행동은 기대성(행동이 성공적일 것이라고 지각하는 가능성)과 가치(결과가 바람직하다고 지각하는 정도)의 상호기능이 만들어 내는 것이라고 하였다.

② 유인자극은 유기체가 특정 행동을 수행하도록 동기화시키는 외부자극을 말한다.

④ 톨만의 잠재학습은 명확한 강화물 없이 일어나기 때문에 즉각적으로 표현되지 않는 학습을 지칭한다.

04 정답 ②

② 안드레아스 힐그루버는 동기의 난이도 법칙을 설명하였는데 과제 난이도의 증가는 자동적으로 사람들이 그 과제에 투여하는 노력의 양을 증가시킨다고 하였다.

05 정답 ③

③ 외현적 행동이 반드시 동기의 존재를 의미하지는 않는다(예 사자를 본 가젤이 공포에 얼어붙어 도망을 가지 못한다고 할 때 우리는 가젤이 도망갈 동기가 없다고 말하는 것에 동의할 수 없다. 왜냐하면 가젤이 외현적 행동은 보이지 않지만 심박수나 아드레날린 호르몬 등의 수치는 높게 나타날 것이기 때문이다).

06 정답 ①

① 항상성은 신체가 다양한 상태들 각각에 대하여 적정수준이 존재한다는 개념이다. 신체가 항상성을 유지하기 위해 적정수준을 너무 벗

어나면 그 상태들을 감지하는 수용기에 의해 동기 회로들이 촉발되고 따라서 몸을 다시 적정수준으로 되돌리는 행동들이 시작된다. 동기상태들 중 어떤 것들은 항상성 유지를 위해 작용한다는 것이 분명하다.

07 정답 ②
② 강한 동기의 존재를 추론할 수 있는 증거는 행동이 강한 노력, 긴 지속성, 짧은 잠재기간, 높은 반응확률, 표정이나 몸짓의 표현을 보이거나 대인이 다른 것 대신에 특정한 목표 물체를 추구할 때 등이다.

08 정답 ④
① 인지적 관여는 얼마나 전략적으로 정보처리를 시도하고 피상적인 학습전략보다 세련된 전략을 이용하는 방식을 배우는지를 의미한다.
② 주체적 관여는 질문하기, 선호 표현하기, 원하는 바와 욕구를 타인이 알게 하기와 같은 활동의 흐름에 주도적이고 건설적으로 기여하는 정도를 의미한다.
③ 정서적 관여는 불안과 같은 부정적 감정의 부재와 흥미와 같은 과제 개입 과정에서의 긍정적 감정의 출현을 의미한다.

09 정답 ③
③ 뇌활동의 변화는 행동·관여·정신생리학에서의 변화와 같다고 할 수 있다.

10 정답 ②
② 맥두걸(McDougall, 1970)이나 제임스(James, 1890)와 같은 초기 이론가들은 동기가 본능이라는 선천적인 요인이라고 하였다. 초기의 이러한 접근들이 지속되지는 않지만 현대

에도 동기의 구성요소 중 선천적인 부분에 대해서 동물행동학자나 비교행동학자들이 계속 연구하고 있다.

11 정답 ④
④ 맥두걸은 본능을 제임스와는 다르게 본 이론가였다. 즉, 본능을 반사와 같은 것이라고 생각하지 않았다.

12 정답 ①
①의 과정은 그 자체가 본능적인 구성요소와 학습된 구성요소를 다 포함하는 것으로 보인다. 갓깬 오리는 처음 보는 움직이는 물체를 따라가려고 한다. 자기에게 노출된 대상을 따라가고 애착을 형성하는데 애착의 대상은 학습된다. 그러나 애착되는 과정은 타고난 것으로 보인다.
② 갈등행동
③ 욕구행동 : 들쥐가 자신의 환경 내에서 먹이를 어디서 찾을 수 있는지를 학습하는 것
④ 완료행동 : 먹고 씹고 삼키는 것과 같은 것

13 정답 ③
③ 미소, 울음, 찡그림, 눈썹 치켜올리기는 모든 문화에 걸쳐서 적절한 상황에서 관찰된다.

14 정답 ②
② 동력의 대상은 개인 안에 있을 수도 있고 밖에 있을 수도 있는데 이는 동력이 만족되는 수단이다. 동력의 대상은 개인의 일생동안 변화할 수 있다. 새로운 것을 학습하면서 동력의 대상은 개인의 일생동안 변화할 수 있다.

15 정답 ②

② 요구상태가 존재하면 유기체는 어떤 방식으로든 요구를 감소시키도록 동기화된다.

16 정답 ④

④ 유기체 내에서 어떤 결손 혹은 과잉상태가 존재하면 몸을 다시 적당한 균형상태로 만들려는 추동이 활성화되는 것으로 생각되었다. 요구상태가 존재하면 유기체는 어떤 방식으로든 요구를 감소시키도록 동기화된다. 추동은 유기체가 반응을 시작하게 하는 원인을 제공한다.

17 정답 ④

④ 리비도는 프로이트가 말한 삶의 힘으로 성적에너지를 말한다.
① 추동의 강도라는 특성은 추동이 활성화 성질을 갖는다는 사실을 가리킨다.
② 접근하거나 회피하려는 경향은 해당 추동상태의 특성으로 간주하였다.
③ 추동은 현재 존재하고 있는 상황과 선호하는 상황 간의 차이가 줄어들 때까지 행동을 지속시키는 기능도 한다.

18 정답 ③

③ 헐의 이론은 추동에 관한 이론 중에서 가장 큰 영향력을 미쳤으며, 이 이론은 다윈의 영향을 받은 생존모형이었으며, 동기는 유기체가 기질적 요구를 만족시키기 위해 발달되는데 그것은 동물의 생존경쟁에서 어떤 이득을 제공하기 때문이라고 가정한다. 헐은 강화가 추동이 감소할 때 일어난다고 믿고 학습의 추동감소모형을 주장하였다. 추동이 없다면 반응이 일어나지 않고 행동이 강화될 수 없다.

19 정답 ④

④ 수행의 효율성은 각성이 중간수준에서 최대가 된다. 또한 과제의 특성에 따라서 쉬운 과제는 각성수준이 상대적으로 높을 때 그리고 어려운 과제는 각성수준이 상대적으로 낮을 때 수행의 효율성이 최대가 된다. 난이도가 높은 과제는 각성수준이 낮을 때 수행이 좋으며 난이도가 낮은 과제는 각성수준이 높을 때 수행이 효과적이다.

20 정답 ①

① 헵(Hebb)은 감각정보가 두 가지 역할을 한다고 믿었다. 한 가지는 단서기능으로 정보를 제공하는 것이고, 다른 하나는 각성기능으로 개체를 각성시키는 것이다.

21 정답 ③

① 일반적으로 반사반응을 일으키지 않는 자극을 중성자극이라 한다.
② 출생 시에는 존재하지 않았던 반사로 경험을 통하여 습득되어진 것을 조건반사라고 한다.
④ 유기체로 하여금 자연적이며 자동적인 반응을 일으키게 하는 자극을 무조건자극이라고 한다.

22 정답 ②

② 맛 혐오 학습 : 위험한 물질을 먹는 것을 회피할 수 있는 것은 선천적이지 않고 대부분 후천적으로 학습되는 것이다. 학습된 맛 혐오가 사람에게서도 증명되었는데 암 환자들이 메스꺼움을 야기하는 약물을 받기 전에 먹은 음식은 메스꺼움과 연합되어 그 음식에 대한 혐오가 형성되었다.
① 효과성 법칙 : 손다이크의 이론으로 수행결과에 만족하게 되면 그 활동을 되풀이하려는

경향이 있고 만족하지 않으면 수행을 피하려는 경향이 있다는 것이다.

③ 잠재 학습 : 학습이 성립하는 데 필요한 것으로 여겨지는 강화물(보상, 욕구 충족)이 제공되지 않아도 잠재적으로 이루어지는 학습으로, 필요한 상황에서 수행이 일어난다.

④ 추동감소 법칙 : 헐의 주장으로 강화는 추동이 감소할 때 일어난다고 믿고 학습의 추동감소모형을 주장하였다.

23 정답 ④

④ 이차 강화물은 선천적인 것이 아니라 학습에 의존하는 강화물로 조건강화물이라고도 한다. 칭찬, 인정, 미소, 박수, 돈, 토큰 등이 해당되는데 보통 다른 강화물들과 짝지어짐으로써 강화력을 획득한다.

24 정답 ③

① 셀리그만(Seligman)은 무기력에는 네 가지 주요 증상이 존재한다고 생각했다. 수동성(동기의 결손)은 고통스러운 상황을 겪은 유기체는 그것을 피하기 위한 행동을 학습하려고 하지 않는다. 셀리그만(Seligman)은 무기력한 상황에서 동물이 보이는 수동성은 사건을 통제할 수 없기 때문에 생겨나는 동기결손의 결과라고 믿었다.

② 반응성 우울증은 외부 사건에 대한 반응으로 나타나는 우울증으로 실직, 사랑하는 사람의 죽음, 실연, 경제적 문제, 신체적 장애, 노령 등과 같은 사건들이 원인이 된다.

④ 조건정서반응(Conditioned Emotional Response, CER)은 정서나 동기 상태와 연관된 자극은 조건동기유발인이 될 수 있다는 것이다.

25 정답 ①

① 대리강화는 관찰학습과 구분되는데 관찰학습에서는 우리가 반드시 특정 행동의 결과를 관찰하지 않고 단지 그 행동만을 관찰하는 것으로도 학습할 수 있기 때문이다.

26 정답 ④

④ 모방의 과정은 '주의, 파지, 운동재현, 동기' 순으로 진행된다.
먼저, 모델의 행동(정보)에 주의를 기울여야 한다.(ⓒ) → 정보는 심상과 언어적으로 유지되는 파지 과정으로 저장된다.(ⓔ) → 운동재현 과정을 통해 학습된 것이 얼마나 수행으로 변화되는가가 결정된다.(ⓛ) → 모델이 특정 행동을 수행하고 강화받는 것을 보면 자신도 특정 행동 후에 강화받을 것이라는 기대를 형성한다.(ⓙ)

27 정답 ④

④ 톨만은 다음과 같이 동기의 목록을 만들었다.

일차적 동기	내적인 변화에 의해 주로 촉발되는 동기(예 먹이, 물, 성을 추구하려는 동기, 배설하려는 동기, 고통을 피하려는 동기, 휴식하려는 동기, 특정한 종류의 접촉을 경험하려는 동기, 공격하려는 동기, 호기심을 감소시키려는 동기, 특정한 감각운동의 결핍을 충족시키려는 동기 등)
이차적 동기	외적인 조건에 의해 주로 촉발되는 동기(예 친목, 지배성, 의존성, 복종 등)
학습된 동기	원래는 개인의 기초적인 동기와 연합되었던 것으로 생각되는데 결국에는 그것이 유도되어 나온 초기의 동기와는 상당히 독립적으로 행동을 통제하는 동기(예 부, 출세와 같은 문화적인 목표)

28 정답 ②

② 유인가 자체는 에너지 공급인이 되는 특성이 전혀 없지만 심리적 사실들 중 요구를 만족시키는 어떤 것이 더 매력적인지 결정한다.
예 배고픔은 동기(에너지 공급인)가 된다. 이때 피자나 치킨은 유인가가 높지만 샐러드는 유인가가 낮다는 것이다.

29 정답 ③

③ 과제가 중요하면서 어려울 때

동조에 영향을 미치는 요인
• 집단이 자신에게 중요할 때
• 집단의 모든 사람들이 같은 것을 말하거나 믿을 때(①)
• 개인주의 문화보다 집단주의 문화일 때(④)
• 자신의 의견을 공개적으로 표현해야 하는 상황일 때
• 지위가 높은 사람이 의견을 제시할 때(②)
• 과제가 중요하면서 어려울 때
• 상대의 판단이 이해가 되지 않고 상황파악이 안 되어 적절한 설명을 찾지 못할 때

30 정답 ①

목표의 구체성
• 목표의 구체성은 수행자가 정확히 무엇을 해야 하는가에 대해 목표가 얼마나 분명하게 알려 주는가를 의미한다.
• 구체적 목표가 자신이 해야 할 일에 주의를 집중하도록 하고 사고의 모호함과 수행에서의 가변성을 감소시키기 때문이다.
• 애매한 목표는 수행의 범위가 비교적 큰 반면 구체적인 목표는 수행이 목표 수준 근처에 있어 수행의 범위가 비교적 작다.
• 구체적인 목표는 주의집중과 전략적 계획의 방향을 잡아 준다.

• 구체적 목표는 많은 양의 지식과 신중한 설계를 투입하여 전략적인 계획을 수립할 필요가 있다.

31 정답 ②

② 비교적 재미없고 단순한 절차만을 필요로 하는 과제일 경우 목표설정의 효과가 가장 크다. 과제 자체로는 발생될 수 없는 동기를 유발시키기 때문이다.

32 정답 ①

② 실행의도는 만약~그렇다면(If~Then) 형태의 계획으로 사전에 목표 추구과정을 구체화하는 것이다.
③ 정신적 시뮬레이션은 결과에 초점을 맞추는 대신 계획세우기와 문제해결에 초점을 맞추어야 한다.
④ 자기일치목표는 자신의 흥미, 필요, 가치 선호를 반영하는 것으로 자신과 조화를 이루며 확실하다고 느끼는 목표이다.

33 정답 ③

③ 성장 마인드셋을 가진 사람은 부정적 피드백을 받으면 충분히 열심히 노력하지 않은 것에 귀인하고 노력을 늘린다.

34 정답 ④

④ 과제 특수적 높은 유능성 기대를 지닌 사람은 숙달 목표를 택하는 경향이 있다.

35 정답 ②

② 욕구는 생물학적, 심리적, 암묵적 욕구로 구분하는데 생물학적 욕구는 다른 동물에게서도 공통적으로 볼 수 있다.

36 정답 ①

① 고정점이론은 개개인이 생물학적으로 결정된 몸무게나 자동 지방 조절장치를 가지고 있다는 것이다. 나이가 들면 고정점이 상승하고 또한 신진대사 하락, 만성적 음식 과다 섭취는 지방 세포 크기와 수를 상승시키고 고정점을 증가시킨다.

37 정답 ③

③ 매력적인 얼굴의 특징은 서로 다른 문화에서도 일치도를 보인다.

38 정답 ④

④ 제시문은 준욕구에 대한 설명이다.
① 외재적 동기(욕구)는 외적 강화인에 대한 만족을 위한 동기를 말한다.
② 내재적 욕구는 어떤 외적 보상 때문이 아니라 그 행동 자체가 보상이 되기 때문에 그 과제를 하도록 하는 것이다.

39 정답 ②

② 외적 보상은 과제에 대한 흥미를 떨어뜨린다. 처음에 매력적인 보상을 위해 과제를 수행했던 것은 이후 과제의 내재동기를 약화시킨다.

40 정답 ①

① 동일시 조절은 개인은 스스로에게 도움이 되고 자신과 타인의 관계에도 도움이 되기 때문에 일어나게 된다.

01	02	03	04	05	06	07	08	09	10	11	12	13	14	15	16	17	18	19	20
③	②	④	②	①	④	④	①	③	②	③	③	①	③	②	③	④	②	④	①
21	22	23	24	25	26	27	28	29	30	31	32	33	34	35	36	37	38	39	40
④	③	③	②	③	④	②	②	③	①	④	③	②	④	①	④	③	③	①	④

01 정답 ③

③ 대립(반대)과정이론은 한 자극에 의해서 처음에 만들어지는 반응상태(A)가 끝나고 나면 이후에 상반되는 다른 반응상태(B)가 나타나게 된다는 것이다.

02 정답 ②

② 복종이란 자신의 의사와는 상관없이 남의 명령에 따르는 것을 말하는 것으로, 권위를 가진 사람의 말을 따르는 것에서 나타난다.

03 정답 ④

④ 몰개성화(탈개인화)는 집단으로 행동하는 상황에서 구성원 개개인의 정체성과 책임감이 약화되어 집단행위에 민감해지는 현상이다. 군중 속에서 사람은 그들 주변에 있는 사람들이 하는 행동을 따라 하기 더 쉽다.

04 정답 ②

① 인지적 일관성이론은 인간의 사고, 믿음, 태도 및 행동 사이에 존재하는 관계가 동기를 생성할 수 있다는 생각에서 시작된다. 사람들은 내적인 비일관성을 최소화하려고 시도한다는 것으로 어떤 사람의 최적의 상태는 그 사람의 사고, 믿음, 태도 및 행동이 서로 일관적인 상태라는 것이다.

③ 자기지각이론은 외부인이 우리를 관찰하는 것처럼 스스로 자신의 행동을 관찰한 다음 이 관찰을 기초로 판단을 내린다는 것이다.

④ 계획된 행동이론은 행동은 대개 개인의 의도에 의해 매개된다는 것이다.

05 정답 ①

① 자아실현은 더 이상 결핍된 것들에 의해 동기유발되는 것이 아니라, 성장하도록 동기유발되고 스스로가 될 수 있는 모든 것이 되도록 동기유발된다.

06 정답 ④

④ 중요한 사건은 우리 속에서 특정한 패턴의 두뇌활동을 만들어 낸다.

07 정답 ④

④ 인지, 각성, 행동의 준비, 표현, 외현적 행동으로 보이는 활동이 다함께 정서의 원인이 된다. 모든 정서는 각기 다른 요소들이 지속적으로 생기고 없어지고 서로 영향을 미치면서 존재한다.

08 정답 ①

① 교감신경계와 부교감신경계는 모두 언제나 활동 상태이다. 스위치와 같이 한쪽이 꺼지고 한쪽은 켜진 상태가 아니다.

09 정답 ③

① 뇌전도(EEG)에 대한 설명이다.
② 기능적 자기공명영상(fMRI)에 대한 설명이다.
④ 사건-관련 전위(ERP)에 대한 설명이다.

10 정답 ②

① 해마 : 언어적 기억, 의식적 기억을 담당하는 기관으로 학습과 기억에 중요한 역할을 하고 단기기억을 장기기억으로 전환하는 데 관여한다.
③ 전전두피질 : 계획, 작업기억, 충동통제 등 진보한 인지기능과 관련되어 있다.
④ 시상하부 : 우리가 강한 정서를 경험할 때 우리 몸이 겪는 변화를 통제하는 중심구조이다. 자율신경계(싸움 혹은 도주) 흥분을 지시하고 스트레스 호르몬을 방출한다.

11 정답 ③

③ 엔도르핀이 분비되면 육체적 고통뿐 아니라 사회적 상실이나 애도의 감정도 감소된다.

12 정답 ③

③ 정서가 적응특성이라는 제안이 모든 정서가 기능적이라는 것을 뜻하지 않는다.

13 정답 ①

① 공감울음은 다른 신생아의 울음소리에 대한 반응으로서 울음을 보이는 것이다. 오직 다른 신생아의 울음만 이 반응을 일으키는데 다른 아기에게 주의집중되는 것을 방해하는 생물학적 관점으로 볼 수 있다.

14 정답 ③

③ 2세 아동은 자신의 정서가 타인에게 어떻게 영향을 주는지 잘 알기 때문에 원하는 것을 얻기 위해서 정서를 조작할 수 있다.

15 정답 ②

② 나이가 들수록 일반적으로 정서적인 일들에 대해 더 많은 주의를 기울인다.

16 정답 ③

③ 공황장애는 불안장애의 일종으로 심장박동의 급격한 증가, 가쁜 호흡, 땀 흘림, 몸의 떨림 및 가슴 통증이 수반된다.

17 정답 ④

④ 자신이 속한 인종집단의 표현을 외부집단의 표현보다 어느 정도 더 잘 인지하는 경향이 있다.

18 정답 ②

② 분노정서를 파악하는 데에는 눈을, 혐오정서를 파악하는 데는 코를 보는 것도 필수적이다.

19 정답 ④

④ 신경화학기법 : 화학물질을 뇌에 직접 주사하는 방법들을 사용하므로 사람들에게 사용하지 않는다.

20 정답 ①

① 공포경험은 불쾌하고 혼란스러운 것과 동시에 유익한 것이다. 공포는 일어날 것 같은 위험으로 주의를 주게 하여 우리가 그것을 피하도록 한다.

21 정답 ④

④ 우리는 특정 대상들에 대한 공포를 학습할 수 있는 성향을 가지고 태어났다.

22 정답 ③

③ 모든 문화의 사람들이 공포의 얼굴표정을 인식한다는 것을 발견했다.

23 정답 ③

③ 편도체는 처리하기 애매한 정서자극에 가장 강하게 반응한다.

24 정답 ②

② 알코올은 편도체반응성을 감소시켜 불안을 감소시키고 사회적 억제를 감소시킨다.

25 정답 ③

③ 혐오의 표현은 성격특질 중 신경증 성향과 높은 상관을 보인다.

26 정답 ④

④ 통제할 수 없는 나쁜 상황은 분노보다는 슬픔을 더 유발한다.

27 정답 ②

② 상황에 대한 어떠한 인지적 평가 없이도 공격적 행동과 분노가 존재할 수 있다(예 과제를 제출해야 하는 시간이 임박한데 인터넷 연결이 자꾸 끊어진다면 컴퓨터에게 화가 난다).

28 정답 ②

② 전 세계 사람들은 원형적인 '화난 얼굴'을 알아차린다.

29 정답 ③

③ 어떠한 유전자가 강력한 효과를 가지는지는 밝혀지지 않았다.

30 정답 ①

① 고통스러운 경험에서 그 때의 환경을 기억하는 것에서 사람들은 덜 흥분했다. 정서적으로 고통스러운 경험을 회상하도록 한 경우 적대감으로 반응하였다.

31 정답 ④

④ 슬픔은 반성과 회복적 행동을 동기화하지만 우울감은 사람들을 밀어내는 표현이 담긴 신호로 이득이 별로 없다.

32 정답 ③

③ 행복의 원인은 환경적 요인을 10%, 유전적 요인을 50%로 설명한다.

33 정답 ②

② 사별 전후와 이혼 전후를 비교하면 전반적으로 사별 전후가 이혼한 사람들보다 더 행복했다.

34 정답 ④

④ 확장과 구축이론에 따르면 정적 정서들은 주의가 넓어지도록 촉진하여 환경에서 기회를 포착할 가능성을 높이고 이 기회를 극대화하기 위해 우리가 행할 수 있는 행위의 유연성을 향상시킨다.

35 정답 ①

① 비현실적 낙관주의는 다른 사람들보다 나에게 더 좋은 일들이 있을 것이라는 흔한 신념을 말한다. 어느 정도의 비현실적 낙관주의는 나쁜 소식에 대처하거나 인생을 살아갈 에너지를 불러일으키는 데에 도움이 된다. 그러나 무모한 모험이나 어리석은 계획을 하도록 만들 수 있다.

36 정답 ④

④ 인정받을 때 자기의식보다 재능이나 운이 더 중심이 되는 경우에는 자부심을 덜 느낀다.

37 정답 ③

③ 정서지능의 측정은 평균적으로 중년의 사람들이 젊은 사람들보다 점수가 높다.

38 정답 ③

③ 스트레스 수준이나 코르티솔 분비량의 단기간 변화는 면역반응을 손상시키지 않는다. 단기간 혹은 적당한 수준의 코르티솔 증가는 혈당을 높일 뿐 아니라 면역체계기능도 자극하여 바이러스에서 종양까지 각종 질병과 싸우는 것을 돕는다.

39 정답 ①

① 사회적 지지는 남성 혹은 남성적 성역할 지향성을 갖고 있는 사람에게 더 효과적인 완충작용을 할 수 있다.

40 정답 ④

④ 정서표현의 억제는 이상적인 정서조절전략과 거리가 멀다. 정서표현을 억제한다고 보고한 사람들은 힘든 상황에 처해도 주변에서 친밀한 관계를 맺고 있는 사람들의 사회적 지지에 그다지 의존하지 않는다.

독학학위제 2단계 전공기초과정인정시험 답안지(객관식)

컴퓨터용 사인펜만 사용

★ 수험생은 수험번호와 응시과목 코드번호를 표기(마킹)한 후 일치여부를 반드시 확인할 것.

전공분야

성명

수험번호

과목코드 | 교시코드 | 응시과목

(1) 2

(2) ① ● ③ ④

※ 감독관 확인란

(인)

관 리 번 호
(응시자수)
(연번)

답안지 작성시 유의사항

1. 답안지는 반드시 컴퓨터용 사인펜을 사용하여 다음 보기와 같이 표기할 것.
   보기
   잘된 표기: ●
   잘못된 표기: ⊘ ⊗ ◐ ○ ●

2. 수험번호 (1)에는 아라비아 숫자로 쓰고, (2)에는 " ● "와 같이 표기할 것.
3. 과목코드는 뒷면 "과목코드번호"를 보고 해당과목의 코드번호를 찾아 표기하고,
   응시과목란에는 응시과목명을 한글로 기재할 것.
4. 교시코드는 문제지 전면 의 교시를 해당란에 " ● "와 같이 표기할 것.
5. 한번 표기한 답은 긁거나 수정액 및 스티커 등 어떠한 방법으로도 고쳐서는
   아니되고, 고친 문항은 "0"점 처리함.

[이 답안지는 마킹연습용 모의답안지입니다.]

독학학위제 2단계 전공기초과정인정시험 답안지(객관식)

컴퓨터용 사인펜만 사용

★ 수험생은 수험번호와 응시과목 코드번호를 표기(마킹)한 후 일치여부를 반드시 확인할 것.

전공분야

성명

수	험	번	호			
(1)		2	1		1	
(2)						

응시과목

과목코드	응시과목

교시코드 ① ② ③ ④

응시과목
1 ① ② ③ ④ 21 ① ② ③ ④
2 ① ② ③ ④ 22 ① ② ③ ④
3 ① ② ③ ④ 23 ① ② ③ ④
4 ① ② ③ ④ 24 ① ② ③ ④
5 ① ② ③ ④ 25 ① ② ③ ④
6 ① ② ③ ④ 26 ① ② ③ ④
7 ① ② ③ ④ 27 ① ② ③ ④
8 ① ② ③ ④ 28 ① ② ③ ④
9 ① ② ③ ④ 29 ① ② ③ ④
10 ① ② ③ ④ 30 ① ② ③ ④
11 ① ② ③ ④ 31 ① ② ③ ④
12 ① ② ③ ④ 32 ① ② ③ ④
13 ① ② ③ ④ 33 ① ② ③ ④
14 ① ② ③ ④ 34 ① ② ③ ④
15 ① ② ③ ④ 35 ① ② ③ ④
16 ① ② ③ ④ 36 ① ② ③ ④
17 ① ② ③ ④ 37 ① ② ③ ④
18 ① ② ③ ④ 38 ① ② ③ ④
19 ① ② ③ ④ 39 ① ② ③ ④
20 ① ② ③ ④ 40 ① ② ③ ④

답안지 작성시 유의사항

1. 답안지는 반드시 컴퓨터용 사인펜을 사용하여 다음 보기와 같이 표기할 것.
   보기) 잘 된 표기: ●
   잘못된 표기: ⊘ ⊗ ○◑ ○ ◐ ○ ◐ ⬤

2. 수험번호 (1)에는 아라비아 숫자로 쓰고, (2)에는 "●"와 같이 표기할 것.

3. 과목코드는 뒷면 "과목코드번호"를 보고 해당과목의 코드번호를 찾아 표기하고,
   응시과목란에는 응시과목명을 한글로 기재할 것.

4. 교시코드는 문제지 전면 의 교시를 해당란에 "●"와 같이 표기할 것.

5. 한번 표기한 답은 긁거나 수정액 및 스티커 등 어떠한 방법으로도 고쳐서는
   아니되고, 고친 문항은 "0"점 처리함.

※ 감독관 확인란

(인)

관 리 번 호

(연번)

(응시자수)

절취선

독학학위제 2단계 전공기초과정인정시험 답안지(객관식)

★ 수험생은 수험번호와 응시과목 코드번호를 표기(마킹)한 후 일치여부를 반드시 확인할 것.

전공분야

성 명

(1)

(2)

수 험 번 호

과목코드

응시과목

교시코드

답안지 작성시 유의사항

1. 답안지는 반드시 컴퓨터용 사인펜을 사용하여 다음 보기와 같이 표기할 것.
   보기
   잘된 표기: ●
   잘못된 표기: ⊗ ⦵ ① ◑ ●
2. 수험번호 (1)에는 아라비아 숫자로 쓰고, (2)에는 ● 와 같이 표기할 것.
3. 과목코드는 뒷면 "과목코드번호"를 보고 해당과목의 코드번호를 찾아 표기하고,
   응시과목란에는 응시과목명을 한글로 기재할 것.
4. 교시코드는 문제지 전면 의 교시를 해당란에 "●"와 같이 표기할 것.
5. 한번 표기한 답은 긁거나 수정액 및 스티커 등 어떠한 방법으로도 고쳐서는
   아니되고, 고친 문항은 "0"점 처리함.

[이 답안지는 마킹연습용 모의답안지입니다.]

※ 감독관 확인란

(인)

관 리 번 호

(응시자수)
(연번)

독학학위제 2단계 전공기초과정인정시험 답안지(객관식)

컴퓨터용 사인펜만 사용

★ 수험생은 수험번호와 응시과목 코드번호를 표기(마킹)한 후 일치여부를 반드시 확인할 것.

전공분야

성명

수험번호						
(1)	2	① ● ③ ④				

응시과목		과목코드	

응시과목

1	① ② ③ ④	21	① ② ③ ④
2	① ② ③ ④	22	① ② ③ ④
3	① ② ③ ④	23	① ② ③ ④
4	① ② ③ ④	24	① ② ③ ④
5	① ② ③ ④	25	① ② ③ ④
6	① ② ③ ④	26	① ② ③ ④
7	① ② ③ ④	27	① ② ③ ④
8	① ② ③ ④	28	① ② ③ ④
9	① ② ③ ④	29	① ② ③ ④
10	① ② ③ ④	30	① ② ③ ④
11	① ② ③ ④	31	① ② ③ ④
12	① ② ③ ④	32	① ② ③ ④
13	① ② ③ ④	33	① ② ③ ④
14	① ② ③ ④	34	① ② ③ ④
15	① ② ③ ④	35	① ② ③ ④
16	① ② ③ ④	36	① ② ③ ④
17	① ② ③ ④	37	① ② ③ ④
18	① ② ③ ④	38	① ② ③ ④
19	① ② ③ ④	39	① ② ③ ④
20	① ② ③ ④	40	① ② ③ ④

교시코드 ① ② ③ ④

답안지 작성시 유의사항

1. 답안지는 반드시 컴퓨터용 사인펜을 사용하여 다음 보기와 같이 표기할 것.
   보기 잘 된 표기: ● 잘못된 표기: ⊗ ⊙ ⊕ ◐ ○ ●
2. 수험번호 (1)에는 아라비아 숫자로 쓰고, (2)에는 " " 와 같이 표기할 것.
3. 과목코드는 뒷면 "과목코드번호"를 보고 해당과목의 코드번호를 찾아 표기하고,
   응시과목란에는 응시과목명을 한글로 기재할 것.
4. 교시코드는 문제지 전면 의 교시를 해당란에 " " 와 같이 표기할 것.
5. 한번 표기한 답은 긁거나 수정액 및 스티커 등 어떠한 방법으로도 고쳐서는
   아니되고, 고친 문항은 "0"점 처리됨.

※ 감독관 확인란

(인)

관 리 번 호	
(연번)	(응시자수)

독학학위제 2단계 전공기초과정인정시험 답안지(객관식)

컴퓨터용 사인펜만 사용

★ 수험생은 수험번호와 응시과목 코드번호를 표기(마킹)한 후 일치여부를 반드시 확인할 것.

전공분야

성명

수	험	번	호

(1)

2	―	―	―	―

(2)

①	①	①	①	①	①	①	①
②	②	②	②	②	②	②	②
③	③	③	③	③	③	③	③
④	④	④	④	④	④	④	④
⑤	⑤	⑤	⑤	⑤	⑤	⑤	⑤
⑥	⑥	⑥	⑥	⑥	⑥	⑥	⑥
⑦	⑦	⑦	⑦	⑦	⑦	⑦	⑦
⑧	⑧	⑧	⑧	⑧	⑧	⑧	⑧
⑨	⑨	⑨	⑨	⑨	⑨	⑨	⑨
⓪	⓪	⓪	⓪	⓪	⓪	⓪	⓪

※ 감독관 확인란

(인)

관리관 확인란 (연번)

(응시자수)

과목코드 / 응시과목

교시코드	응시과목

1	① ② ③ ④
2	① ② ③ ④
3	① ② ③ ④
4	① ② ③ ④
5	① ② ③ ④
6	① ② ③ ④
7	① ② ③ ④
8	① ② ③ ④
9	① ② ③ ④
10	① ② ③ ④
11	① ② ③ ④
12	① ② ③ ④
13	① ② ③ ④
14	① ② ③ ④
15	① ② ③ ④
16	① ② ③ ④
17	① ② ③ ④
18	① ② ③ ④
19	① ② ③ ④
20	① ② ③ ④
21	① ② ③ ④
22	① ② ③ ④
23	① ② ③ ④
24	① ② ③ ④
25	① ② ③ ④
26	① ② ③ ④
27	① ② ③ ④
28	① ② ③ ④
29	① ② ③ ④
30	① ② ③ ④
31	① ② ③ ④
32	① ② ③ ④
33	① ② ③ ④
34	① ② ③ ④
35	① ② ③ ④
36	① ② ③ ④
37	① ② ③ ④
38	① ② ③ ④
39	① ② ③ ④
40	① ② ③ ④

교시코드: ① ② ③ ④

답안지 작성시 유의사항

1. 답안지는 반드시 컴퓨터용 사인펜을 사용하여 다음 **보기**와 같이 표기할 것.
   보기 잘된 표기: ●
   잘못된 표기: ⊗ ⊙ ⊖ ○ ◑ ◐
2. 수험번호 (1)에는 아라비아 숫자로 쓰고, (2)에는 "●"와 같이 표기할 것.
3. 과목코드는 뒷면 "과목코드번호"를 보고 해당과목의 코드번호를 찾아 표기하고,
   응시과목란에는 응시과목명을 한글로 기재할 것.
4. 교시코드는 문제지 전면 의 교시를 해당란에 "●"와 같이 표기할 것.
5. 한번 표기한 답은 긁거나 수정액 및 스티커 등 어떠한 방법으로도 고쳐서는
   아니되고, 고친 문항은 "0"점 처리함.

[이 답안지는 마킹연습용 모의답안지입니다.]

독학학위제 2단계 전공기초과정인정시험 답안지(객관식)

컴퓨터용 사인펜만 사용

★ 수험생은 수험번호와 응시과목 코드번호를 표기(마킹)한 후 일치여부를 반드시 확인할 것.

전공분야	
성명	

수험번호

(1) | 2 | ① ● ③ ④

응시과목

	과목코드	응시과목		
		1	① ② ③ ④	21	① ② ③ ④
		2	① ② ③ ④	22	① ② ③ ④
		3	① ② ③ ④	23	① ② ③ ④
		4	① ② ③ ④	24	① ② ③ ④
		5	① ② ③ ④	25	① ② ③ ④

교시코드 ① ② ③ ④

과목코드	응시과목
	1 ① ② ③ ④ 21 ① ② ③ ④
	2 ① ② ③ ④ 22 ① ② ③ ④

감독관 확인란

※ 감독관 확인란 ㉮

관리번호 (연번) (응시자수)

답안지 작성시 유의사항

답안지는 반드시 컴퓨터용 사인펜을 사용하여 다음 [보기]와 같이 표기할 것.
[보기] 잘 된 표기: ● 잘못된 표기: ⊘ ⊗ ◑ ◐ ○●

1. 수험번호 (1)에는 아라비아 숫자로 쓰고, (2)에는 "●"와 같이 표기할 것.
2. 과목코드는 뒷면 "과목코드번호"를 보고 해당과목의 코드번호를 찾아 표기하고,
   응시과목란에는 응시과목명을 한글로 기재할 것.
3. 교시코드는 문제지 전면 의 교시를 해당란에 "●"와 같이 표기할 것.
4. 한번 표기한 답은 긁거나 수정액 및 스티커 등 어떠한 방법으로도 고쳐서는
   아니되고, 고친 문항은 "0"점 처리함.

[이 답안지는 마킹연습용 모의답안지입니다.]

SD에듀 독학사 심리학과 2단계 동기와 정서

개정4판1쇄 발행	2024년 02월 07일 (인쇄 2023년 12월 07일)
초 판 발 행	2019년 07월 05일 (인쇄 2019년 05월 10일)
발 행 인	박영일
책 임 편 집	이해욱
편 저	류소형
편 집 진 행	송영진 · 양희정
표지디자인	박종우
편집디자인	차성미 · 윤준호
발 행 처	(주)시대고시기획
출 판 등 록	제10-1521호
주 소	서울시 마포구 큰우물로 75 [도화동 538 성지 B/D] 9F
전 화	1600-3600
팩 스	02-701-8823
홈 페 이 지	www.sdedu.co.kr
I S B N	979-11-383-4776-1 (13180)
정 가	28,000원

SD에듀 독학사
심리학과

why

─── 왜? 독학사 심리학과인가? ───

4년제 심리학과 학위를 최소 시간과 비용으로 단 **1년** 만에 초고속 취득 가능!

1 독학사 11개 학과 중 가장 최근(2014년)에 신설된 학과

2 청소년상담사, 임상심리사 등 심리학 관련 자격증과 연관

3 심리치료사, 심리학 관련 언론사, 연구소, 공공기관 등 다양한 분야로 취업 가능

─── 심리학과 과정별 시험과목(2~4과정) ───

1~2과정 교양 및 전공기초과정은 객관식 40문제 구성

3~4과정 전공심화 및 학위취득과정은 객관식 24문제+**주관식 4문제** 구성

※ SD에듀에서 개설된 과목은 굵은 글씨로 표시하였습니다.

2과정(전공기초)	3과정(전공심화)	4과정(학위취득)
감각 및 지각심리학	산업 및 조직심리학	소비자 및 광고심리학
동기와 정서	상담심리학	심리학연구방법론
발달심리학	인지심리학	인지신경과학
사회심리학	학교심리학	임상심리학
성격심리학	학습심리학	
이상심리학	심리검사	
생물심리학	건강심리학	
심리통계	중독심리학	

─── SD에듀 심리학과 학습 커리큘럼 ───

기본이론부터 실전문제풀이 훈련까지!

SD에듀가 제시하는 각 과정별 최적화된 커리큘럼에 따라 학습해 보세요.

STEP 01
기본이론
핵심이론 분석으로
확실한 개념 이해

STEP 02
문제풀이
실전예상문제를 통해
실전문제에 적용

STEP 03
모의고사
최종모의고사로
실전 감각 키우기

STEP 04
핵심요약
빨리보는 간단한 키워드로
중요 포인트 체크

독학사 심리학과 2~4과정 교재 시리즈

독학학위제 공식 평가영역을 100% 반영한 이론과 문제로 구성된 완벽한 최신 기본서 라인업!

START

2과정

▶ **전공 기본서** [전 6종]
• 감각 및 지각심리학
• 동기와 정서
• 발달심리학
• 사회심리학
• 성격심리학
• 이상심리학

▶ **심리학 벼락치기** [출간 예정]
감각 및 지각심리학+동기와 정서+
발달심리학+사회심리학+
성격심리학+이상심리학

3과정

▶ **전공 기본서** [전 6종]
• 산업 및 조직심리학
• 상담심리학
• 인지심리학
• 학교심리학
• 학습심리학
• 심리검사

4과정

▶ **전공 기본서** [전 4종]
• 소비자 및 광고심리학
• 심리학연구방법론
• 인지신경과학
• 임상심리학

GOAL!

※ 표지 이미지 및 구성은 변경될 수 있습니다.

➕ **독학사 전문컨설턴트가 개인별 맞춤형 학습플랜을 제공해 드립니다.**

SD에듀 홈페이지 **www.sdedu.co.kr**   상담문의 **1600-3600** 평일 9~18시 / 토요일·공휴일 휴무

나는 이렇게 합격했다

여러분의 힘든 노력이 기억될 수 있도록
당신의 합격 스토리를 들려주세요.

합격생 인터뷰
상품권 증정

추첨을 통해
선물 증정

베스트 리뷰자 1등
갤럭시탭 S8 증정

베스트 리뷰자 2등
갤럭시 버즈2 증정

*SD*에듀 합격생이 전하는 합격 노하우

> "기초 없는 저도 합격했어요
> 여러분도 가능해요."
>
> 검정고시 합격생 이*주

> "불안하시다고요?
> 시대에듀와 나 자신을 믿으세요."
>
> 소방직 합격생 이*화

> "강의를 듣다 보니
> 자연스럽게 합격했어요."
>
> 사회복지직 합격생 곽*수

> "선생님 감사합니다.
> 제 인생의 최고의 선생님입니다."
>
> G-TELP 합격생 김*진

> "시험에 꼭 필요한 것만 딱딱!
> 시대에듀 인강 추천합니다."
>
> 물류관리사 합격생 이*환

> "시작과 끝은 시대에듀와 함께!
> 시대에듀를 선택한 건 최고의 선택 "
>
> 경비지도사 합격생 박*익

합격을 진심으로 축하드립니다!
합격수기 작성 / 인터뷰 신청

QR코드 스캔하고 ▷ ▷ ▷ ▶
이벤트 참여하여 푸짐한 경품받자!

합격의 공식
SD에듀